Unterwegs mit

Ralf Nestmeyer

Ralf Nestmeyer ist Historiker und lebt seit 1995 als freier Autor in Nürnberg. Er ist Mitglied im PEN-Zentrum Deutschland und hat nicht nur zahlreiche Reiseführer für den Michael Müller Verlag geschrieben, sondern auch Kriminalromane („Roter Lavendel", „Die Toten vom Mont Ventoux") sowie mehrere Sachbücher (Reclam, Klett-Cotta, Artemis&Winkler, Theiss Verlag). Für den Insel Verlag hat er literarische Anthologien über die Provence wie auch über Sizilien herausgegeben.
Weitere Infos unter www.nestmeyer.de.

Als Nürnberger Autor und Reisejournalist liegt mir dieser Stadtführer aus vielen Gründen besonders am Herzen:

Einerseits war er 1994 nicht nur meine erste Buchveröffentlichung, aus der sich eine bis heute andauernde, sehr fruchtbare Beziehung zum Michael Müller Verlag ergab. Diese ermöglichte mir auch, Reiseführer über meine europäischen Lieblingsregionen Südfrankreich und Südengland sowie Paris und London zu schreiben – womit ich im übertragenen Sinne von Nürnberg aus die Welt erkundet habe.

Zum anderen liegen zwischen der 1. und der 12. Auflage dieses Reisehandbuches mehr als 20 Jahre, in denen sich im Tourismus und in der Gastronomie unheimlich viel verändert hat. Nun, die Burg stand schon damals, aber das Neue Museum sowie das Dokumentationszentrum Reichsparteitagsgelände waren nicht mehr als kühne Wunschvorstellungen. Und so hat sich auch dieser Stadtführer mehrfach gewandelt und verändert und erscheint jetzt in der MM-City-Reihe mit Stadtrundgängen und Einkaufstipps. Zudem sind nicht nur meine persönlichen Tipps, sondern auch jene Adressen besonders hervorgehoben, für die nachhaltige und umweltverträgliche Aspekte zum Geschäftskonzept gehören.

Ich wünsche Ihnen viel Spaß in meiner Heimatstadt!

In eigener Sache

Während der Arbeit an dieser Ausgabe waren die Auswirkungen der Corona-Krise auf Restaurants, Hotels, Museen etc. noch nicht abzusehen. Deswegen können nicht alle Informationen in diesem Buch auf dem aktuellen Stand sein. Wir danken Ihnen für Ihr Verständnis und bitten Sie, gelegentlich einen Blick auf unsere Internetseiten zu werfen, wo wir Sie über Ihr Reisegebiet auf dem Laufenden halten. Wenn Sie mögen, können Sie diesen Service mit eigenen Erfahrungen vor Ort unterstützen. Schreiben Sie uns unter info@michael-mueller-verlag.de, Stichwort „Reisebuch-Updates". Wir sind dankbar für jeden aktuellen Hinweis.

Nürnberg

Fürth - Erlangen

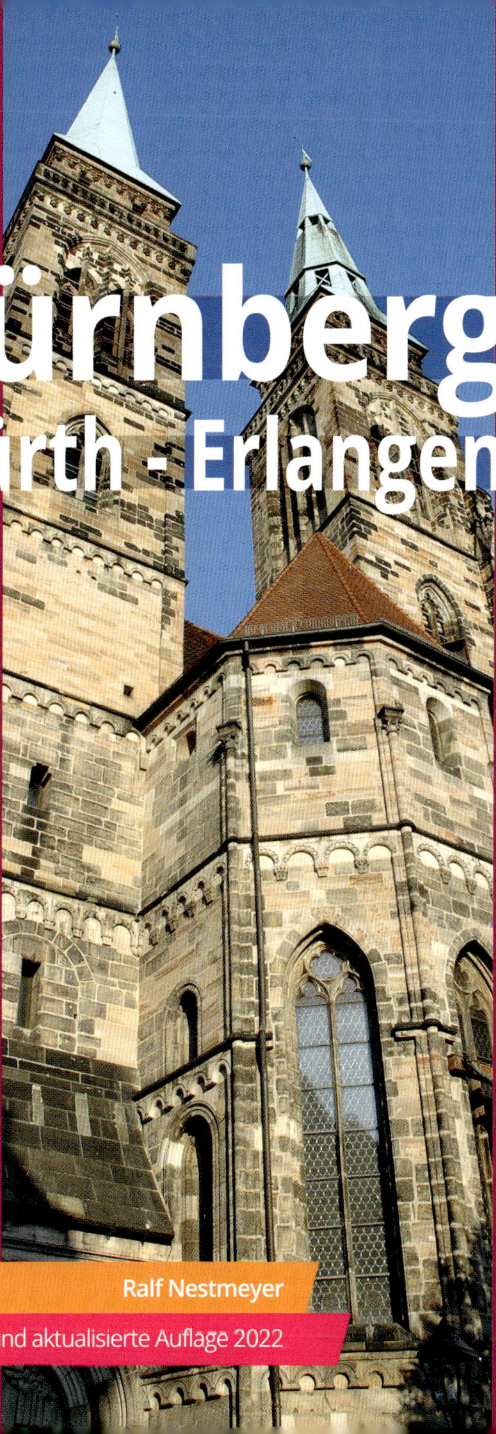

Ralf Nestmeyer

2. komplett überarbeitete und aktualisierte Auflage 2022

Inhalt

Burg

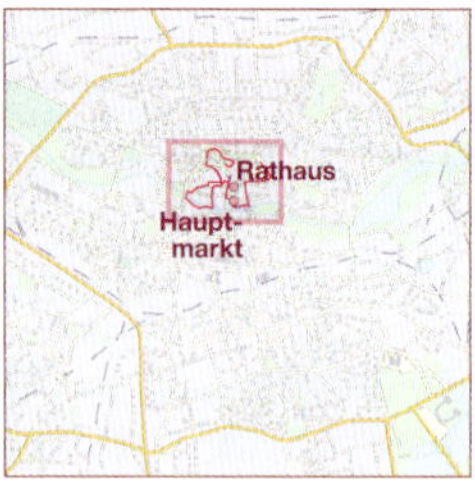

Rathaus
Haupt-
markt

Germanisches
Nationalmuseum
Neues
Museum

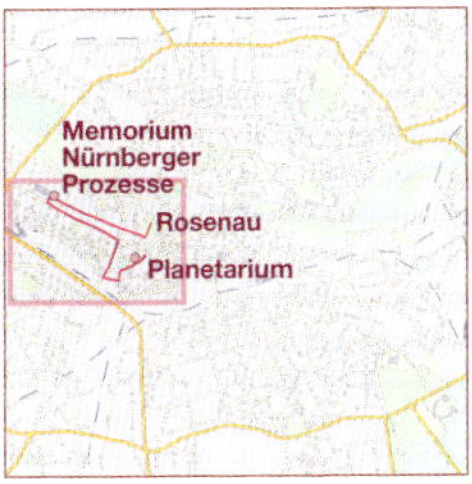

Multikulturelles Nürnberg

Tour 4: Gostenhof

Das multikulturelle Gostenhof ist der lebendigste Stadtteil Nürnbergs. Eine beispielhafte Sanierung machte das ehemalige „Glasscherbenviertel" zu einer attraktiven Wohngegend mit (noch) bezahlbaren Mieten, weshalb sich ebenso viele Kreative wie Immigranten angesiedelt haben. Hier gibt es die hippsten Cafés und die coolsten Boutiquen der Stadt.

■ S. 76

Vornehm und stadtnah

Tour 5: St. Johannis

St. Johannis ist nicht nur einer der ältesten Vororte von Nürnberg, sondern zugleich einer der quirligsten und attraktivsten Stadtteile. Einst Standort renommierter Bleistiftfabriken, hat sich die Struktur in den letzten 30 Jahren verändert: Wohnen in Pegnitznähe bei guter Kneipenlage. Touristisch interessant sind der Johannisfriedhof und die Hesperidengärten.

■ S. 90

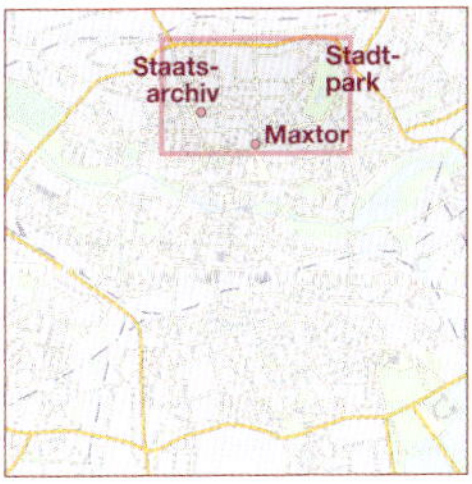

Schöne Jugendstilhäuser

Tour 6: Nordstadt

Die Nordstadt ist gewissermaßen Nürnbergs Vorzeigestadtteil. Hier finden sich trotz der Kriegszerstörungen noch zahlreiche großbürgerliche Häuser und Villen aus der Gründerzeit und der darauf folgenden Jahrhundertwende. Sehenswürdigkeiten sind eher rar, aber der direkt hinter der Burg gelegene Stadtteil, zu dem auch der Stadtpark gehört, besitzt viel Atmosphäre.

■ S. 102

Industrielles Nürnberg

Tour 7: Nürnbergs Süden

Südlich des Hauptbahnhofs erstreckt sich die Südstadt. Das aus mehreren Stadtteilen bestehende Areal ist ein traditionelles, stark von der Industrie geprägtes Arbeiterviertel. Große Betriebe wie Siemens-Schuckert und die Maschinenfabrik Augsburg-Nürnberg beschäftigten einst Zehntausende von Arbeitern. Grünanlagen und Sehenswürdigkeiten sind hingegen Mangelware.

■ S. 110

Kulissen der Gewalt

Tour 8: Ehemaliges Reichsparteitagsgelände

Im Südosten von Nürnberg erheben sich die bröckelnden Reste des ehemaligen Reichsparteitagsgeländes. „Worte aus Stein" nannte sie Albert Speer, der Architekt dieses Geländes, die Historiker sprechen heute von „Kulissen der Gewalt". Umfassend informiert das Dokumentationszentrum über die „dunklen Jahre".

■ S. 124

Links und rechts der Pegnitz

Tour 9: Nürnbergs Osten

Das östliche Pegnitztal ist das beliebteste Naherholungsgebiet der Stadt. Hier befindet sich eine bis zu 500 Meter breite grüne Oase mit dem Wöhrder See. Die auf beiden Seiten des Flusses gelegenen Stadtteile Erlenstegen, Mögeldorf und Laufamholz zählen zu den begehrtesten Wohngegenden Nürnbergs. Und in Hammer wurde Industriegeschichte geschrieben.

■ S. 134

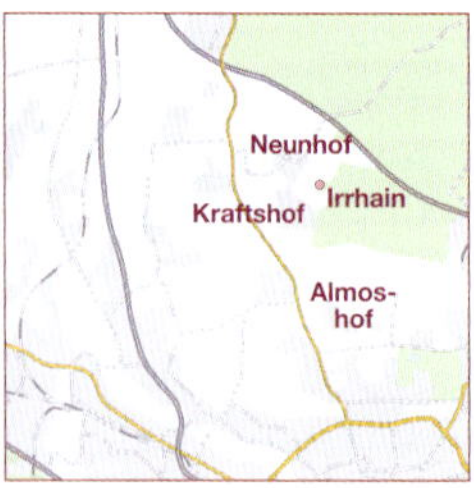

Dörfer und Landwirtschaft

Tour 10: Das Knoblauchsland

Als Knoblauchsland wird das auch heute noch größtenteils landwirtschaftlich genutzte Ackerland im Norden von Nürnberg bezeichnet. Unter den sehenswerten kleinen Dörfern ragen Neunhof mit seinem Schloss und Kraftshof mit seiner imposanten Wehrkirche heraus. Und mit dem Irrhain gibt es sogar noch ein verträumtes Poetenwäldchen, das dem Pegnesischen Blumenorden gehört.

■ S. 144

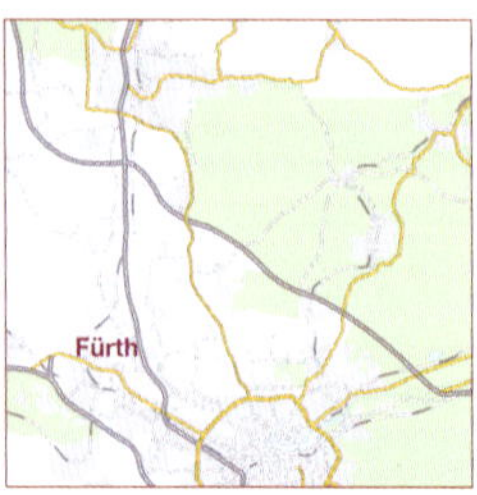

Die Kleeblattstadt

Fürth

„Kleeblattstadt", „Stadt der tausend Schlote" und „Fränkisches Jerusalem" – Fürth, „Nürnbergs kleine Schwester", hat nicht nur eine mehr als 1200 Jahre alte, immer noch lebendige Stadtgeschichte, sondern auch viele Gesichter. Egal, ob das Rathaus, der Stadtpark, das Rundfunkmuseum oder der jüdische Friedhof – in Fürth gibt es viel zu entdecken.

■ S. 148

Universität und Siemens

Erlangen

Erlangen gilt zwar in erster Linie als Universitäts- und Siemensstadt, doch auch in touristischer Hinsicht hat Erlangen einiges zu bieten: Die barocke Planstadt hinterlässt mit ihrem Schloss, dem Markgrafentheater, der Orangerie und dem Schlossgarten bis heute einen prunkvollen Eindruck. Ein Geheimtipp ist der Botanische Garten mit seinen Gewächshäusern.

■ S. 170

Nachlesen & Nachschlagen

Kompakt Auf einen Blick

Verzeichnisse

Was haben Sie entdeckt?

Haben Sie ein besonderes Restaurant, ein neues Museum oder ein nettes Hotel entdeckt? Wenn Sie Ergänzungen, Verbesserungen oder Tipps zum Buch haben, lassen Sie es uns bitte wissen!

Schreiben Sie an: Ralf Nestmeyer, Stichwort „Nürnberg"
c/o Michael Müller Verlag GmbH | Gerberei 19, D – 91054 Erlangen
ralf.nestmeyer@michael-mueller-verlag.de

nachhaltig, ökologisch, regional

mein Tipp Die besondere Empfehlung unseres Autors

Orientiert in
Nürnberg

Orientiert in Nürnberg

Stadt und Stadtviertel

Nürnberg hat mehr als eine halbe Million Einwohner. Dennoch präsentiert sich die fränkische Metropole als überschaubar. Das große touristische Kapital der Stadt sind die mächtige Burganlage und das von einem komplett erhaltenen Mauergürtel umschlossene historische Zentrum. Doch die Altstadt ist weit mehr als eine historische Kulisse, sie ist Einkaufszentrum und Flaniermeile zugleich.

Und wo liegen bitte Fürth und Erlangen?

Erlangen liegt rund 20 km nördlich von Nürnberg, Fürth quetscht sich zwischen die beiden Städte. Dabei scheinen mancherorts die Grenzen zwischen Nürnberg und seiner kleinen Schwester Fürth regelrecht zu verschwimmen.

Stadt, Land, Fluss

Auf Nürnberg übertragen bedeutet dies Burg, Altstadt, Pegnitz! Die Pegnitz teilt die Altstadt in zwei fast gleich große Hälften. Die nördliche (Sebalder-) Altstadt wird von der Burg dominiert. Hier findet sich die größte Kneipen- und Restaurantdichte Nürnbergs, aber auch das Spielzeugmuseum, das Rathaus und der Hauptmarkt, auf dem der berühmte Christkindlesmarkt abgehalten wird. Die Lorenzer Altstadt liegt südlich der Pegnitz. Hier erstreckt sich mit der Breiten Gasse sowie der König-, Karolinen- und Kaiserstraße die Fußgängerzone mit den großen Kaufhäusern und den zahlreichen Filialisten, doch finden sich mit dem Germanischen Nationalmuseum und dem postmodernen Neuen Museum auch zwei kulturelle Highlights.

Überschaubare Altstadt

Innerhalb des Nürnberger Zentrums lässt sich jedes Museum und jede Sehenswürdigkeit bequem zu Fuß erreichen, so dass sich selbst auf öffentliche Verkehrsmittel leicht verzichten lässt. Es dauert nicht einmal eine halbe Stunde, um vom Hauptbahnhof zur Kaiserburg hinaufzulaufen. Da die Altstadt von einer Stadtmauer umgeben ist, deren Grundriss einem Parallelogramm ähnelt, fällt die Orientierung leicht. Nach Norden hin steigen die Gassen und Straßen zur Burg hin an. Den Wechsel zwischen den beiden Stadthälften erleichtern mehrere (Fußgänger-)Brücken. Mit dem Auto kann man sich in der Altstadt allerdings kaum fortbewegen, daher sollte man rechtzeitig einen Parkplatz oder ein Parkhaus ansteuern. Zudem ist das Zentrum bequem mit der U-Bahn zu erreichen.

Romantische Innenstadt

Nürnberg ist für viele Besucher der Inbegriff deutscher Romantik und Tradi-

tion. Wer denkt beim Namen dieser Stadt nicht an Christkindlesmarkt und Spielwaren, Lebkuchen und Bratwürste, Butzenscheiben und Fachwerkhäuser? Gleichzeitig aber war bereits die Fahrt der ersten deutschen Eisenbahn von Nürnberg nach Fürth im Jahre 1835 ein Beweis dafür, dass sich in Nürnberg auch etwas bewegt: Um den mittelalterlichen Stadtkern herum hat sich eine fortschrittliche Industriemetropole entwickelt. Im Innenstadtbereich ist Nürnberg jedoch eine bis in den letzten Winkel hinein sympathische Stadt geblieben. Kaum eine andere deutsche Großstadt ist so beschaulich und leicht zu überblicken wie Nürnberg. Den besten Überblick hat man von der Kaiserburg: Das Nürnberger Wahrzeichen dominiert das historische Zentrum, kein Hochhaus sprengt den Rahmen, nur die hochgebuckelten Chöre der Sebaldus- und der Lorenzkirche ragen aus dem Meer steiler Dächer. Doch der Blick trügt: Im Zweiten Weltkrieg wurde Nürnberg so stark zerstört, dass der Stadtrat ernsthaft erwog, die Stadt an anderer Stelle wiederaufzubauen. Es kam bekanntlich anders: Aus dem Bombenschutt ist Nürnberg beinahe wiederauferstanden wie der sprichwörtliche Phönix aus der Asche – nur ein bisschen langsamer und mühevoller. Bei einem Spaziergang durch die Altstadt lassen sich die Lücken, die der Krieg geschlagen hat, zwar nicht ausblenden, das mittelalterliche Stadtbild mit seinen verwinkelten Gassen ist jedoch dank eines behutsamen Wiederaufbaus weitgehend erhalten geblieben.

Jenseits der Stadtmauer

Lebendige und attraktive Stadtteile sind St. Johannis und die Nordstadt. In Gostenhof ist die alternative Multikulti-Szene zu Hause. Der Osten ist durch das Pegnitztal geprägt, während die Südstadt als typische Arbeiterstadt gilt. Im Südosten der Stadt befindet sich das ehemalige Reichsparteitagsgeländes. Wer Lust auf eine kleine Landpartie hat, dem sei Kraftshof im Knoblauchsland mit seiner Wehrkirche ans Herz gelegt.

Natur pur

Nürnberg besitzt eine hohe Lebensqualität wie internationale Studien der Frankenmetropole bescheinigt haben. Dazu tragen auch sicher das große Freizeitangebot sowie die zahlreichen Naherholungsgebiete bei, zum Beispiel der Stadtpark, der Marienbergpark, der Luitpoldhain sowie der Wöhrder See mit seiner Norikusbucht. Das Pegnitztal oder der Reichswald bieten sich geradezu für Spaziergänge und Radtouren an.

Ein Stückchen weiter locken die Hersbrucker Schweiz im Osten und die Fränkische Schweiz im Norden zum Wandern und Klettern. Und schön einkehren kann man anschließend in einer der vielen dort beheimateten Privatbrauereien. Mit dem Auto oder öffentlichen Nahverkehr sind die schönen Landstriche in nicht einmal einer Stunde genauso schnell zu erreichen wie das Fränkische Seenland im Süden, an dessen Badeseen sich im Sommer Wasserratten und Sonnenanbeter tummeln.

Orientiert in Nürnberg

Sightseeing-Klassiker

Kaiserburg, Germanisches Nationalmuseum und das ehemalige Reichsparteitagsgelände – das sind die Klassiker der Frankenmetropole. Je nach persönlichen Vorlieben kann man Nürnberg von Highlight zu Highlight erkunden. Selbstverständlich gilt: Man muss sich nicht für jeden touristischen Hotspot interessieren.

Lebendige Geschichte

Wer sich für die Stadtgeschichte interessiert, kann sich im Fembohaus über die reichsstädtische Zeit, im Museum Industriekultur über das 19. Jahrhundert und im Dokumentationszentrum über den Nationalsozialismus informieren.

Im Museumsrausch

■ **Germanisches Nationalmuseum:** Das größte deutsche Museum für Kunst und Kulturgeschichte bietet auf über 50.000 Quadratmetern eine einzigartige Sammlung mit über einer Million Objekten. Zu den bedeutendsten Exponaten gehören der „Goldkegel von Ezelsdorf“, mehrere Gemälde von Albrecht Dürer und der original erhaltene Globus von Martin Behaim aus dem Jahre 1492. Das Spektrum reicht von der Vor- und Frühgeschichte bis zum frühen 20. Jahrhundert. → Tour 3, S. 66

■ **Spielzeugmuseum:** Nürnberg ist für seine Spielzeugindustrie weltberühmt. Im städtischen Spielzeugmuseum sind von der Puppenküche bis zur Modelleisenbahn nicht nur Spielsachen aus drei Jahrtausenden zu sehen, es wird auch versucht, die soziale und kulturelle Bedeutung von Spielen und Spielzeug aufzuzeigen. → Tour 2, S. 38

■ **Albrecht-Dürer-Haus:** Das Haus, das Albrecht Dürer bis zu seinem Tod im April 1528 fast 20 Jahre zusammen mit seiner Frau Agnes bewohnte, beherbergt eine Dauerausstellung, die sich dem Leben und Werk des berühmtesten Nürnbergers widmet. Unter dem Dach werden Originalgrafiken und Kopien bekannter Dürer-Werke präsentiert. → Tour 2, S. 33

Auf den Spuren des Nationalsozialismus

■ **Dokumentationszentrum ehemaliges Reichsparteitagsgelände:** Eindrucksvoll sind hier die dunklen Seiten der Nürnberger Vergangenheit während der Zeit des Nationalsozialismus zu sehen. Die überaus ansprechend konzipierte Dauerausstellung „Faszination und Gewalt“, die sich modernster audiovisueller Medien bedient, erklärt den Aufstieg der NSDAP, Nürnbergs Rolle als „Stadt der Reichsparteitage“ ebenso wie die Organisation der Reichsparteitage. Eindrucksvoll wird auch der Weg in den Zweiten Weltkrieg, insbesondere der Vernichtungskrieg in der Sowjetunion, geschildert. → Tour 8, S. 130

■ **Memorium Nürnberger Prozesse:** Mit dem Memorium wird das Kapitel der Nürnberger Kriegsverbrecherprozesse in museal-didaktischer Form vorbildlich aufgearbeitet. In diesem Zusammenhang ist auch der historische Schwurgerichtssaal 600 im Justizpalast öffentlich zugänglich gemacht worden. → Tour 4, S. 85

Burgen, Kirchen und Brunnen

■ **Kaiserburg:** Mit ihrer einzigartigen Silhouette ist die Nürnberger Burg das unumstrittene Wahrzeichen der Stadt. Die sich über einen 200 Meter langen Felssporn erstreckende Festung lohnt samt Kaiserburgmuseum, Doppelkapelle, Sinwellturm und Tiefen Brunnen einen Besuch. → Tour 1, S. 22

■ **Sebalduskirche:** Das nach dem Stadtheiligen Sebald benannte spätgotische Gotteshaus fasziniert vor allem durch seinen Ostchor. Das Hauptkunstwerk ist das von Peter Vischer geschaffene Sebaldusgrab, das als bedeutendster Messingguss Deutschlands gilt. → Tour 2, S. 38

■ **Lorenzkirche:** Die Lorenzkirche zählt fraglos zu den schönsten und größten gotischen Kirchen in Süddeutschland. Eindrucksvoll ist die von einer steinernen Rosette dominierte Westfassade. Herausragende Kunstwerke im Inneren sind der „englische Gruß" von Veit Stoß sowie das Sakramentshäuschen von Adam Kraft. → Tour 3, S. 63

■ **Schöner Brunnen:** Der an eine gotische Kirchturmspitze erinnernde Schöne Brunnen prägt zusammen mit der spätgotischen Frauenkirche das Bild des Hauptmarkts. → Tour 2, S. 44

Eisbären und Co.

■ **Tiergarten:** Der Nürnberger Tiergarten hat jährlich mehr Besucher als alle Museen der Stadt! Der einzigartige Landschaftszoo mit seinen großen Gehegen beherbergt rund 2400 Tiere und etwa 350 verschiedene Arten. In dem 63 Hektar großen Areal kann man spielend einen ganzen Tag verbringen und nicht nur die Eisbären beim Schwimmen und Tauchen beobachten. Interessant sind auch die Delphinlagune und das Manatihaus. → Tour 9, S. 140

Fürth und Erlangen

■ **Jüdisches Museum Franken:** Das Fürther Museum thematisiert die Geschichte und Kultur der Juden in Fürth und Franken, wobei der Blick auch auf die Gegenwart und die Zukunft gerichtet ist. Eindrucksvoll ist vor allem aber die Dauerausstellung, die mit zahlreichen Exponaten die herausragende Bedeutung Frankens als Zentrum jüdischen Lebens in Süddeutschland dokumentiert. → Fürth, S. 160

■ **Stadtmuseum Erlangen:** Von der Vorgeschichte über das mittelalterliche Erlangen bis hin zur Siemensstadt der Nachkriegszeit reicht das Spektrum der Dauerausstellung, wobei die Schwerpunkte auf der barocken Neugründung und der Industrialisierung liegen. → Erlangen, S. 178

Sightseeing-Alternativen

Glücklicherweise hat Nürnberg mehr zu bieten als die Kaiserburg und das Germanische Nationalmuseum. In der Frankenmetropole locken viele unbekannte Ecken und Sehenswürdigkeiten, die abseits der Haupttourismuspfade liegen, so die Hesperidengärten oder das Szeneviertel Gostenhof.

Der Wöhrder See ist ein Paradies für Kinder und Enten

Versteckte Museen

- **Museum Industriekultur:** In einem ehemaligen Eisenwerk zeigt das Museum eine Sammlung zur Alltagskultur des Industriezeitalters, wobei der Schwerpunkt auf der sich verändernden Lebenswelt liegt. → Tour 9, S. 143
- **DB-Museum:** Zwischen Nürnberg und Fürth fuhr 1835 die erste deutsche Eisenbahn. Das Firmenmuseum der Deutschen Bahn beleuchtet die verschiedenen Epochen der Eisenbahngeschichte von den Anfängen bis in die Gegenwart. → Tour 3, S. 68
- **Neues Museum:** Eine lange Glasfassade lenkt wie ein gläserner Vorhang den Blick auf die Kunst- und Designschätze des Museums. → Tour 3, S. 59
- **Lochgefängnisse:** Die holzverkleideten und mit Holzpritschen ausgestatteten Zellen sowie die eisenbeschlagenen Türen vermitteln einen guten Eindruck von den Zuständen in einem mittelalterlichen Gefängnis, kleiner Gruselfaktor inklusive. → Tour 2, S. 43

Lieblingsplätze

- **Tiergärtnertorplatz:** Das besondere Flair des abschüssigen Tiergärtnertorplatzes zieht selbst die Einheimischen magisch an. Da ist einmal das Szenecafé Wanderer, das den westlichen Teil des Platzes mit seinen Stühlen und Tischen erobert hat. Hinzu kommt noch viel junges Publikum, das es sich an lauen Sommerabenden einfach auf dem Pflaster bequem macht. → Tour 2, S. 30
- **Wasserwelt Wöhrder See:** Das Naherholungsgebiet lockt mit einem Sandstrand und einer Badebucht, zudem gibt es einen 440 Meter langen begehbaren Damm sowie einen Wasserspielplatz. → Tour 9, S. 136

Kleinode

- **Erfahrungsfeld zur Entfaltung der Sinne:** Die Stationen des Erfahrungsfeldes fordern Kinder wie auch Erwachsene dazu auf, ihre Wahrnehmung zu hinterfragen und ihre Sinne zu schulen. Es gibt faszinierende Stationen wie einen Barfußweg und eine Tastgalerie. Experimente, Übungen und Spielstationen laden zum aktiven Erleben ein. → Tour 9, S. 136

■ **Burggarten:** Der idyllische Burggarten, der allerdings nur in den Sommermonaten geöffnet ist, wurde direkt über den Festungsanlagen der Burgbastei angelegt, ideal für eine Pause zwischen den Sightseeing-Touren. → Tour 1, S. 27

■ **Hammer:** Im östlichen Pegnitztal findet sich eine historische Gewerbesiedlung, die neben einem zur Messingherstellung benötigten Hammerwerk errichtet wurde. → Tour 9, S. 138

■ **Johannisfriedhof:** Der aus einem Pestfriedhof hervorgegangene Johannisfriedhof zählt zu den kulturgeschichtlich und künstlerisch bedeutendsten Friedhöfen Europas. Albrecht Dürer, Adam Kraft und Veit Stoß fanden hier ihre letzte Ruhestätte. → Tour 5, S. 94

■ **Hesperidengärten:** Die noch erhaltenen Hesperidengärten zeugen eindrucksvoll vom barocken Hang des Nürnberger Bürgertums zur Repräsentation. Die schmalen Gärten besaßen einen Ziergarten und ein abschließendes Gartenhaus. → Tour 5, S. 93

■ **Nassauer Haus:** San Gimignano und Regensburg besitzen noch Dutzende mittelalterlicher Geschlechtertürme. In Nürnberg ist das Nassauer Haus der einzige noch existierende Wohnturm. → Tour 3, S. 65

■ **Wehrkirche Kraftshof:** Die Wehrkirche in Kraftshof im Knoblauchsland gehört zu den besterhaltenen ihrer Art in Franken. Drohte Gefahr, verschanzte sich die gesamte Dorfbevölkerung hinter den bis zu acht Meter hohen, teilweise begehbaren Mauern. → Tour 10, S. 145

Szeneviertel

■ **St. Johannis:** St. Johannis ist nicht nur einer der ältesten Vororte von Nürnberg, sondern zugleich einer der quirligsten und attraktivsten Stadtteile. Gute Restaurants, viele Kneipen und die Pegnitz vor der Haustür – was will man mehr? → Tour 5, S. 90

■ **Gostenhof:** Das multikulturelle Gostenhof ist der lebendigste Stadtteil Nürnbergs. Eine beispielhafte Sanierung machte das ehemalige Glasscherbenviertel zu einer attraktiven Wohngegend mit (noch) bezahlbaren Mieten, weshalb sich ebenso viele Kreative wie Immigranten angesiedelt haben. Zudem gibt es hippe Lokale wie das Café Regina. → Tour 4, S. 76

Fürth und Erlangen

■ **Deutsches Rundfunkmuseum:** Vom Dampfradio über den „Volksempfänger" bis zum „Heinzelmann" und „Postillon" dokumentiert das Museum die Geschichte des Rundfunks in Deutschland. → Fürth, S. 162

■ **Botanischer Garten Erlangen:** Der zur Universität Erlangen gehörende Garten lädt zu einem exotischen Spaziergang ein. Innerhalb weniger Minuten gelangt man von der Vegetation der arktischen Tundra zu tropischen Seerosen und Mangrovenpflanzen. → Erlangen, S. 177

Essen gehen

In Nürnberg steht natürlich die fränkische Küche an erster Stelle. Wer aber nach zwei Tagen keine Lust mehr auf Bratwürste und Schäufele hat, kann sich an der Pegnitz auch auf eine kulinarische Weltreise begeben. Das Spektrum reicht von Thailändisch über Türkisch bis zu Indisch. Und auch die Burgerläden haben Nürnberg fest im Griff.

Beliebter Sommertreff: die Terrasse der Brasserie Nitz

Nürnberger Küchenklassiker

Nürnbergs kulinarische Wahrzeichen sind die berühmten **Rostbratwürste** und das Schäufele. Erstere werden über Buchenholzscheiten auf dem Rost gegrillt und mit Kraut und Meerrettich (!) serviert. Wer will, kann sie aber auch als „Saure Zipfel" (im Essigsud gekocht) bestellen. Es gibt mehrere geschichtsträchtige Bratwurstküchen in der Stadt, darunter das *Bratwursthäusle* neben der Sebalduskirche. Zudem gibt es an vielen Bratwurstbuden das typisch fränkische Fastfood „Drei im Weggla", also drei Bratwürste im Brötchen.

Das **Schäufele** genießt in Nürnberg längst den Status eines Klassikers. Die Zubereitungsarten reichen von gekocht mit Sauerkraut bis zum traditionellen Krustenschäufele aus dem Ofen mit frischen Klößen. Jeder Einheimische hat seine Lieblingsgaststätte, in der es das für ihn beste Schäufele mit der besten goldbraunen Kruste gibt. Fleisch, vorzugsweise vom Schwein, ist überhaupt der wichtigste Bestandteil einer fränkischen Mahlzeit, wobei sich auch Innereien großer Beliebtheit erfreuen. Etwas ausgefallener ist der „Nürnberger Ochsenmaulsalat"; werden darunter noch Stadtwurst- und Presssackstücke sowie Eierscheiben gemischt, hat man ein „Nürnberger Gwerch" auf dem Teller.

Der beliebteste Fisch der Franken ist der **Karpfen**, vorzugsweise aus dem Aischgrund; dort hat die Fischzucht mit ihren Karpfenteichen sogar das Landschaftsbild nachhaltig verändert. Karpfen werden entweder gebacken oder blau serviert. Forelle, Zander, Hecht, Waller und Schleie veredeln die Fischkarte.

Von Anfang Mai bis zum 24. Juni (Johannis) stechen die Bauern aus dem Nürnberger Knoblauchsland **Spargel**. Er wird traditionell nur mit zerlassener Butter und Kartoffeln verzehrt, gerne auch mit Schinken, und manch Feinschmecker schwört auf einen herzhaften Spargelsalat. Wer in der zweiten Maihälfte in Nürnberg weilt, kann auch beim Spargelmarkt das „weiße Gold" direkt auf dem Hauptmarkt genießen.

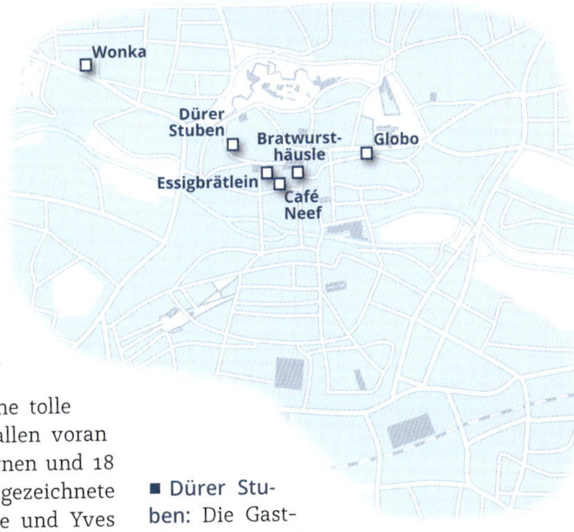

Nürnberg für Gourmets

Nürnberg ist aber auch eine tolle Stadt für **Feinschmecker**, allen voran das mit zwei Michelin-Sternen und 18 Gault-Millau-Punkten ausgezeichnete *Essigbrätlein*. Andree Köthe und Yves Ollech verfeinern vor allem Gemüse auf Weltklasseniveau, wobei sich die raffinierten Gerichte hinter so schlichten Namen wie „Kohlrabi und Haselnuss" oder „Spinat mit Rhabarber" verbergen. Auf sehr hohem Niveau kochen auch Christian Wonka im *Wonka*, Stefan Meier im *Zweisinn* und Diana Burkel im *Würzhaus*. Die beiden letzteren bieten unter der Woche auch sehr günstige Mittagsgerichte in Bistroatmosphäre.

Nürnberg international

Freunde italienischer Kochkunst treffen sich im *Da Claudio* oder im *A Tavola*. Auf exquisite thailändische Küche verstehen sich die *Etage* und das *Iu&On* in Johannis. Das *Ishihara* bietet japanische Küche auf hohem Niveau, Sushi-Liebhaber gehen ins *Cô Dung*. Für gute Steaks empfiehlt sich das *Eku-Inn* mit seinem 1970er-Jahre-Interieur oder der *Goldene Pudel* mit seinem hippen Großstadtambiente.

7 Tage Kulinarisch

■ **Bratwursthäusle:** Im zünftigen Ambiente werden die Rostbratwürste auf Buchenholzfeuer gegrillt und anschließend mit Weinsauerkraut oder Kartoffelsalat auf Zinntellern serviert. Im Sommer sitzt man auf der schönen Terrasse direkt vor dem Rathaus. → Tour 2, S. 52

■ **Dürer Stuben:** Die Gaststätte in einem uralten Fachwerkhaus ist ein Garant für eine ausgezeichnete fränkische Küche. Hier kann man jederzeit ein Schäufele bestellen. → Tour 2, S. 52

■ **Gatto Rosso:** In einem denkmalgeschützten Fachwerkhaus wird eine handwerklich perfekte und innovative italienische Küche geboten. Das Tagesangebot ist auch stark saisonal inspiriert. → Tour 4, S. 86

■ **Wonka:** Christian Wonka bürgt seit Jahren für die hohe Kochkunst in St. Johannis. Es gibt sogar ein eigenes vegetarisches Menü, das unter dem verführerischen Namen „Blüte, Blatt und Wurzel" jeden Feinschmecker begeistert. → Tour 5, S. 97

■ **Globo:** Interessante Mischung von regionaler und internationaler Küche, so bei einer Ceviche von der Erlanger Lachsforelle als Vorspeise. → Tour 2, S. 51

■ **Essigbrätlein:** Der Besuch verspricht eine hochinnovative Gemüseküche, die sich durch eine ungewöhnliche Geschmacksvielfalt auszeichnet. Ein wahres Gourmeterlebnis! → Tour 2, S. 50

■ **Café Neef:** Zum Abschluss noch ein Tipp für süße Schleckermäuler. Die riesigen Torten „vom Neef" genießen in Nürnberg Kultstatus! Egal, ob italienischer Obstkuchen oder Mousse-au-Chocolat-Torte – lassen Sie sich verführen! → Tour 2, S. 54

Heilig-Geist-Spital und Schuldturm

Wege durch Nürnberg

Stolze Burg und enge Gassen

Touren durch die Altstadt

Durch die Pegnitz in zwei Hälften geteilt, beherbergt die Altstadt Nürnbergs wichtigste Sehenswürdigkeiten. Zudem findet man hier auch viele gute Restaurants und schöne Cafés.

Das touristische Herz

Die Altstadt

Nürnberg erkundet man am besten von der Burg aus: Hier auf dem strategisch günstig gelegenen Sandsteinfelsen begann nicht nur die Bebauung der späteren Reichsstadt, sondern man hat von der Freiung aus auch einen wunderschönen Blick auf die gesamte Altstadt und ihre Dachkulisse.

Eindrucksvoll heben sich die Silhouetten der Sebaldus- und der Lorenzkirche von den niedrigeren Häusern der Altstadt ab. Nach den beiden Hauptkirchen sind auch die beiden Teile der Nürnberger Altstadt benannt. Der unterhalb der Burg gelegene, bis zur Pegnitz reichende nördliche Bereich wird als **Sebalder Altstadt**, der südlich der Pegnitz gelegene als **Lorenzer Altstadt** bezeichnet. Begrenzt wird die Altstadt von der fast vollständig erhaltenen Stadtumwallung mit mächtigen Türmen, Toren und einem breiten Graben, der teilweise als Grünanlage genutzt wird und zum Spazieren einlädt. Entlang der rund fünf Kilometer langen Stadtmauer – ihr Verlauf ähnelt einem schiefen Parallelogramm – führt heute eine Ringstraße.

Nicht zuletzt durch ihren mauerbewehrten Charakter präsentiert sich die Altstadt als geschlossenes Ensemble. Sie ist das Herz Nürnbergs und wird von Touristen wie Bewohnern gleichermaßen geliebt. So führt jede bauliche Veränderung bei den Einheimischen zu regen Diskussionen. In deren Bewusstsein wird die Altstadt übrigens mit der Stadt Nürnberg gleichgesetzt. Selbst jemand, der nur 500 Meter außerhalb der Stadtmauern wohnt, fährt oder geht „in die Stadt", wenn er die kurze Distanz zum Einkaufen überbrücken will. Die Liebe der Nürnberger zu ihrer Altstadt äußert sich auch in den regen Diskussionen, die durch jede bauliche Veränderung ausgelöst werden.

Zum Wohlfühlcharakter der Altstadt trägt sicherlich die in Etappen umgesetzte Verkehrsberuhigung bei, denn dies hat dazu geführt, dass man nun auf vielen Straßen gemütlich schlendern kann, wo sich noch vor drei Jahrzehnten die Blechkisten stauten. Tempo 30 in der gesamten Altstadt und nur noch Zufahrts-, aber keine Durchfahrtsmöglichkeiten haben die Attraktivität des Zentrums und die Lebensqualität merklich erhöht.

Winterlicher Fünfeckturm

In der Altstadt konzentrieren sich die **historischen Sehenswürdigkeiten,** darunter das Renaissance-Rathaus und schöne mittelalterliche Ensembles wie der Tiergärtnertorplatz und die Weißgerbergasse. Außerdem gibt es im Herzen Nürnbergs eine vielfältige **Museumslandschaft,** angefangen mit dem Germanischen Nationalmuseum, dem größten Hort deutscher Kunst und Kultur, bis hin zum Albrecht-Dürer-Haus, in dem Nürnbergs berühmtester Sohn gelebt und gearbeitet hat. Einen Überblick über die Stadtgeschichte bietet das Fembohaus, während sich das Spielzeugmuseum mit Nürnbergs Tradition als Spielzeugstadt auseinandersetzt. Ein Highlight für Liebhaber moderner Kunst ist das Neue Museum. Dieser architektonisch sehr gelungene Bau hat zudem eine vergessene Ecke der Stadt deutlich aufgewertet. Wer sich für Nürnbergs Untergrund interessiert, kann eine Führung durch die Felsengänge unternehmen oder sich beim Besuch der Lochgefängnisse etwas Gänsehautfeeling holen.

Unterhalb der Burg gibt es nicht nur die größte Fachwerk-, sondern auch die größte **Restaurant- und Kneipendichte** der Stadt. Egal, ob man Lust auf ein ofenfrisches Schäufele oder ein paar Rostbratwürste mit Kraut hat – hier wird man sicher das richtige Lokal entdecken. Auch das Essigbrätlein, Nürnbergs Gourmettempel, befindet sich in der Sebalder Altstadt. Shoppingfreunde können in kleinen Boutiquen und Geschäften stöbern, während sich die großen Kaufhäuser und Modeketten entlang der Fußgängerzonen in der Lorenzer Altstadt angesiedelt haben.

Auf dem **Hauptmarkt,** dem größten Platz der Altstadt, wird werktags ein bunter Markt abgehalten, doch finden hier auch zahlreiche Veranstaltungen statt, so das Bardentreffen oder der weltberühmte Nürnberger Christkindlesmarkt. Optisch wird der Hauptmarkt von der spätgotischen Frauenkirche und dem Schönen Brunnen dominiert.

Es lohnt sich auch entlang **Pegnitz** zu spazieren, die beide Stadthälften teilt und sogar zwei Inseln umschließt. Entlang des Flusses, den man auf mehreren historischen Brücken, wie der Fleischbrücke, überqueren kann, finden sich mit dem Heilig-Geist-Spital und dem Weinstadel zwei malerische Ensembles. Zudem gibt es an der Pegnitz auch ein paar idyllische Plätzchen, um eine entspannte Pause zu verbringen.

Mächtige Burganlage

Tour 1

Die Nürnberger Burg ist das Wahrzeichen der Frankenmetropole. Sie thront hoch auf einem lang gestreckten Sandsteinfelsen. Man kann sich leicht vorstellen, dass der seine Umgebung deutlich überragende Felsen geradezu prädestiniert erschien, um hier eine Burg zu errichten.

Tiefer Brunnen, fünfzig Meter tief in den Fels geschlagen, S. 25

Fünfeckturm, der älteste Teil der Burganlage, S. 26

Nürnberger Burgkapelle, faszinierende hochmittelalterliche Doppelkapelle, S. 25

Die Altstadt zu Füßen

Die Burg

Nürnberg verfügte später allerdings nicht nur über eine Burg, sondern genau genommen über drei Burgen: die Kaiserburg, die Burggrafenburg und eine reichsstädtische Burganlage. Im Westen des 250 Meter langen Felsen befindet sich der heute am besten erhaltene Teil, die **Kaiserburg.** In deren Innenhof ist auch das **Kaiserburgmuseum** untergebracht. Im äußeren Burghof befinden sich mit dem runden Sinwellturm und dem Tiefen Brunnen zwei weitere Sehenswürdigkeiten. Nach Osten – ungefähr im Bereich von Freiung, Walpurgiskapelle und Fünfeckturm – erhob sich die **burggräfliche Burg.** Der daran anschließende Komplex mit der Kaiserstallung und Luginsland gehörte zur **reichsstädtischen Burganlage.**

Durch ein hölzernes Tor gelangt man unweit des Fünfeckturms in den idyllischen Burggarten, der allerdings nur in den Sommer monaten geöffnet ist. Der Burggarten wurde direkt über der Burgbastei angelegt, die die nordwestliche Ecke der imposanten Stadtmauer absicherte. Die Veränderungen der Stadtbefestigung lassen sich am Tiergärtnertor anschaulich nachvollziehen. Dort beginnt auch Tour 2 (→ S. 30), die durch das Burgviertel in der Sebalder Altstadt führt. Es erstreckt sich direkt unterhalb der Burg und gilt als Keimzelle des mittelalterlichen Nürnbergs.

Sehenswertes

Wahrzeichen Nürnbergs

Kaiserburg

Wahrscheinlich thronte bereits im späten 9. oder frühen 10. Jahrhundert eine Adelsburg auf dem Sandsteinfelsen. Im Zuge der Auseinandersetzungen zwi-

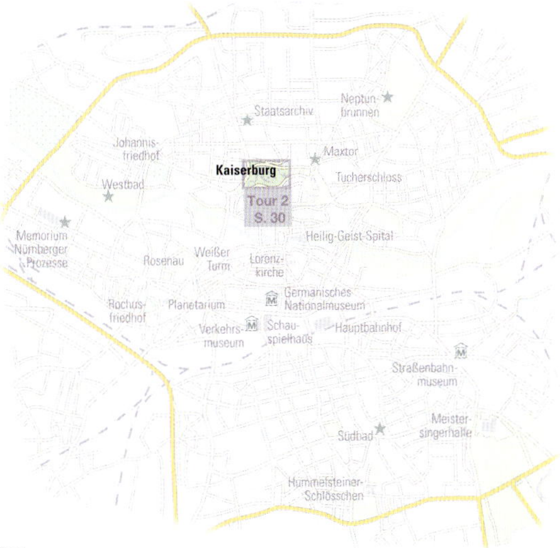

schen Kaiser Heinrich II. und den mächtigen Markgrafen von Schweinfurt eroberte wahrscheinlich der Kaiser die Burg und brannte sie nieder. Nürnberg stand fortan unter kaiserlicher Obhut und wurde vor allem von den Staufern gezielt zu einem Symbol des Kaisertums ausgebaut. Schon damals verfügte die Burganlage über einen Äußeren und einen trapezförmigen Inneren Burghof. Der Äußere Hof mit dem Sinwellturm und dem Tiefen Brunnen diente dem kaiserlichen Tross als Unterkunft, während der Innere Hof dem Kaiser, seinem engeren Kreis und der Repräsentation vorbehalten blieb. Der jetzige Zustand der Kaiserburg entspricht ungefähr dem nach 1500.

Einzig der **Palas** mit dem zweischiffigen Ritter- und Kaisersaal sowie dem Empfangs- und Wohnzimmer des Kaisers zeigt annähernd den ursprünglichen Aufbau. Im 19. Jahrhundert wollten die Wittelsbacher die Kaiserburg als Königsschloss nutzen und ließen sie ausbauen, aber die Nationalsozialisten entfernten alle romantisierenden Einbauten, um das karge und trutzige Mittelalter zu betonen. Doch dann kamen die Bomben des Zweiten Weltkriegs und fegten nicht nur die NS-Ideologie hinweg, sondern fast alle Bauwerke auf dem Burgfelsen – einzig die Doppelkapelle überstand den Krieg unversehrt –, so dass ein großer Teil der Gebäude (z. B. die einstige Kemenate) rekonstruiert werden musste.

Nürnberg im Kasten

Der sagenhafte Sprung des Ritters Eppelein

Die bekannteste Nürnberger Sage ist die über den Eppelein-Sprung. Beugt man sich ein paar Meter links vom Fünfeckturm über die Sandsteinmauer, so sieht man dort den angeblichen Hufabdruck vom Pferd des Ritters Eppelein von Gailingen, der dort täglich zigmal bestaunt wird. Eppelein war ein begüterter Edelmann, der sich wie so viele andere adelige Zeitgenossen als Räuber einen Namen gemacht und in der Gegend um Nürnberg sein Unwesen getrieben hatte. Die Sage erzählt, dass der von den Nürnbergern gefangene Raubritter hier an dieser Stelle mit seinem Pferd über den Stadtgraben gesprungen sein soll. Abgesehen von der Tatsache, dass der Graben damals nur wenige Meter breit war, ist unklar, ob die Sage auf einer wahren Begebenheit beruht. Seither kursiert jedenfalls der Spruch: „Die Nürnberger hängen keinen, sie hätten ihn denn." Letztlich ereilte Eppelein aber dennoch seine Strafe: Im Jahre 1381 wurde er in der Nähe von Neumarkt gefangen genommen und mit dem Schwert hingerichtet.

Burgblick vom Parkhaus Adlerstraße

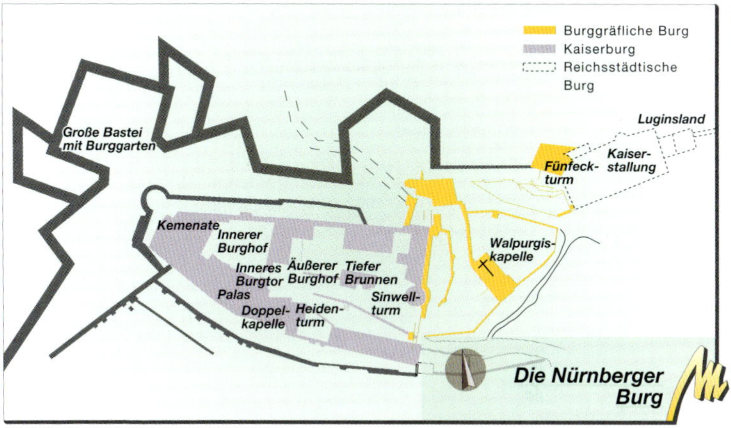

Die romanische **Doppelkapelle** demonstriert anschaulich die Gliederung der mittelalterlichen Standesgesellschaft. Die untere *Margaretenkapelle* ist nur spärlich beleuchtet, wirkt kryptenhaft und verfügt über einen eigenen Eingang vom Äußeren Burghof aus, während die Oberkapelle mit dem Altar und der Kaiserempore nur vom Palas aus betreten werden kann. Ursprünglich war die untere Kapelle dem einfachen Volk vorbehalten, die obere den privilegierteren Persönlichkeiten. Verbunden sind beide Teile der Kirche durch eine quadratische Öffnung in der Decke bzw. im Boden. Der als **Heidenturm** bezeichnete Chorturm diente im Mittelalter auch zu Wehrzwecken. Die Nürnberger Burgkapelle ist ein herausragendes Beispiel einer mittelalterlichen Doppelkapelle; dieser spezifisch deutsche Typ einer Herrschaftskapelle hat sich aus den karolingischen Pfalz- und Hofkapellen entwickelt.

Das in der im Krieg weitgehend zerstörten Kemenate untergebrachte **Kaiserburgmuseum** ist eine Zweigstelle des Germanischen Nationalmuseums. Neben der Baugeschichte der Burg beschäftigt sich das Museum vor allem mit der Entwicklung der mittelalterlichen Wehrtechnik und dem Waffenwesen. Kinder begeistern sich für die zahllosen ausgestellten Ritterrüstungen und Schwerter. Im Rahmen einer 2013 abgeschlossenen Neupräsentation wurde im Palas eine neue Rauminszenierung mit 3D-Animationen und wertvollen Leihgaben geschaffen.

Der wegen seiner Form so genannte **Sinwellturm** (*sinwel* ist eine alte Bezeichnung für „rund") war der Bergfried der staufischen Burg; er stammt aus dem späten 12. Jahrhundert und diente unter anderem dem Feuerschutz. Nach der Errichtung der vier runden Stadtmauertürme wurde sein Obergeschoss samt Türmerstube entsprechend umgebaut. Heute wird der Sinwellturm nur noch als Aussichtsturm benutzt; von der Plattform hat man eine hervorragende Sicht über Nürnberg und die Umgebung. Der gute Überblick war auch der Grund, weshalb man hier die städtische Feuerwache postiert hatte.

Inmitten des Äußeren Burghofs liegt der **Tiefe Brunnen.** Nur im Rahmen einer Burgführung kann man in das Brunnenhaus gelangen, in dem bei jeder Führung mit einem Kerzenleuchter eindrucksvoll die Tiefe des Brunnens demonstriert wird. Der 50 Meter tief in den Sandsteinfelsen geschlagene

Brunnenschacht stammt wahrscheinlich aus dem 12. Jahrhundert und sollte im Falle einer Belagerung die Wasserversorgung sicherstellen. Östlich schließt sich der Anbau einer ehemaligen Badestube mit Ankleideraum an.

Burg 13. April bis Sept. 9–18 Uhr, Okt. bis März 10–16 Uhr. Die Besichtigung des Tiefen Brunnens ist nur im Rahmen einer Führung möglich. Neben dem Tiefen Brunnen eröffnete Ende 2021 noch ein Burgcafé. Eintritt inkl. Kaiserburgmuseum 7 €, erm. 6 €. Nur Palas und Kaiserburgmuseum 5,50 €, erm. 4,50 €. www.kaiserburg-nuernberg.de.

Nürnbergs ältester Bau

Burggrafenburg

Das älteste Bauwerk Nürnbergs ist der wegen seines auffallenden Grundrisses (nur jenseits des Grabens genau zu erkennen) als **Fünfeckturm** bezeichnete Turm, der im Westen an die Kaiserstallung anschließt. Eventuell handelt es sich um den Bergfried der salischen Burganlage aus dem 11. Jahrhundert, der später in die Burggrafenburg integriert wurde. (Das spätgotische Backsteingeschoss wurde erst später errichtet, das Holzchörlein stammt aus dem Jahr 1953.) Zwischen Fünfeckturm, Walpurgiskapelle und der Freiung befand sich einst die älteste Befestigung, später gehörte dieser Teil zur Burggrafenburg, die mit Billigung der Nürnberger 1420 gebrandschatzt wurde. Links und rechts des Hohlwegs liegen noch immer ihre Trümmer unter einem Grashügel. Sieben Jahre später erwarb die Stadt die Burg zusammen mit den Vororten Gostenhof und Wöhrd.

Kornhaus und Turm

Reichsstädtische Burganlage

Die **Kaiserstallung** und der **Luginsland** gehörten zu den städtischen Bauten auf dem Burgberg. Die Kaiserstallung war ein Kornhaus, das 1494–95 von dem mit Abstand bedeutendsten städtischen Baumeister *Hans Beheim d. Ä.* gebaut wurde; das untere Geschoss wurde als Stallgebäude genutzt. Die

Kaiserstallung und Fünfeckturm

Eine Fußgängerbrücke führt von Norden zur Burg

Kaiserstallung verbindet architektonisch sehr geschickt den Fünfeckturm mit dem Luginsland. Beide Gebäude, Luginsland wie auch Kaiserstallung, waren im Zweiten Weltkrieg fast vollständig zerstört worden. Dem mustergültigen Wiederaufbau zu Beginn der fünfziger Jahre ist es zu verdanken, dass man die Kriegszerstörungen von außen kaum mehr wahrnehmen kann. Heute beherbergt die Kaiserstallung eines der schönsten Jugendgästehäuser Deutschlands. Der Luginsland wurde 1377 direkt neben der Burggrafenburg errichtet; er diente allerdings weniger, wie man aufgrund des Namens vermuten könnte, der Beobachtung des Hinterlandes, sondern vielmehr der des Burggrafen.

Beeindruckende Festungsbaukunst

Große Bastei mit Burggarten

Gegenüber dem Fünfeckturm befindet sich der Eingang zum **Burggarten.** Hier, direkt auf den nördlich und westlich der Burg gelegenen Festungsbastionen, liegt ein schöner gepflegter Garten. Obwohl der Verkehrslärm noch ein wenig heraufdröhnt, eignet sich der Burggarten ideal zum Ausspannen. Es gibt noch einen zweiten Eingang; ihn findet man am westlichen Ende der Straße Am Ölberg.

April bis Okt. 7.30–19.30 Uhr.

Ein eindrucksvolles Beispiel für die Festungsbaukunst des 16. Jahrhunderts ist die polygonale **Burgbastei.** Die alten höheren, aber weniger dicken Mauern konnten der Durchschlagskraft der für die Kriegführung im 16. Jahrhundert immer wichtiger werdenden Artillerie nicht mehr standhalten, so dass man sich zum Bau dieser neuen Befestigung gezwungen sah. Die neuen geböschten, in einer Zickzackform verlaufenden Festungsmauern verhinderten nicht nur die Entstehung eines toten Winkels, sondern vereitelten auch jeden direkten Feindbeschuss, da Brücken und Tunnel bogenförmig geführt wurden. Zusätzlich verhinderte ein vorgelagerter Ring von Gräben und Schanzen, dass der Feind der Stadt zu nahe kommen konnte. Angesichts des breiten

Grabens und der mächtigen Bastionen hält man noch heute unverhofft inne: Mehr als dreißig Meter ist der Graben breit und über zehn Meter hoch erheben sich die Mauern dieses gewaltigen Bollwerks der Festungsbaukunst, das zwischen 1538 und 1545 von dem italienischen Festungsbaumeister *Antonio Fazuni*, genannt „Il Maltese", nach den damals modernsten Erkenntnissen erweitert worden ist.

Vollständig erhaltene Stadtbefestigung

Stadtmauer

Das herausragende Merkmal einer spätmittelalterlichen Stadt war ihre Stadtbefestigung. Die Stadtmauer gewährte den Bewohnern ein größtmögliches Maß an Sicherheit. Im Falle der Bevölkerungszunahme musste sie jedoch – wie in Nürnberg mehrfach geschehen – erweitert werden. Die fünf Kilometer lange Nürnberger Stadtmauer, deren Grundriss einem Parallelogramm ähnelt, gehörte zu den größten im spätmittelalterlichen Europa. Im Gegensatz zu vielen anderen Städten von Nürnbergs Größenordnung blieb die Stadtumwallung bis heute fast vollständig erhalten, nur einige zusätzliche Durchbrüche, um das steigende Verkehrsaufkommen bewältigen zu können, wurden vorgenommen. Zu dem Zeitpunkt, als andere Städte wie Wien und Paris ihre Befestigungen abtrugen und in Boulevards verwandelten, dehnte sich Nürnberg weniger stark aus, so dass ein Abriss der Befestigung nicht nötig schien. Zum anderen wurde erst 1866 die Festungseigenschaft von Nürnberg aufgehoben. Ein gutes Jahrzehnt später lagen erneut Pläne für den Abbruch vor. Dieser konnte aber von einer engagierten Bürgerschaft verhindert werden, die sich der kulturhistorischen Bedeutung der Stadtmauer bewusst war. Zuvor sind allerdings schon im Norden und Osten Teile der Mauer niedergelegt worden. Heute ist die Altstadt noch von einer 3,8 Kilometer langen Mauer umgeben, die größtenteils von einem Graben gesäumt wird.

Entwicklung der Stadtmauer

Ob und in welchem Ausmaß Nürnberg im 11. und 12. Jahrhundert befestigt war, ist schwer zu sagen. Höchstwahr-

Die Nürnberger Stadtmauer ist rund fünf Kilometer lang

Die Burg → Karte S. 25

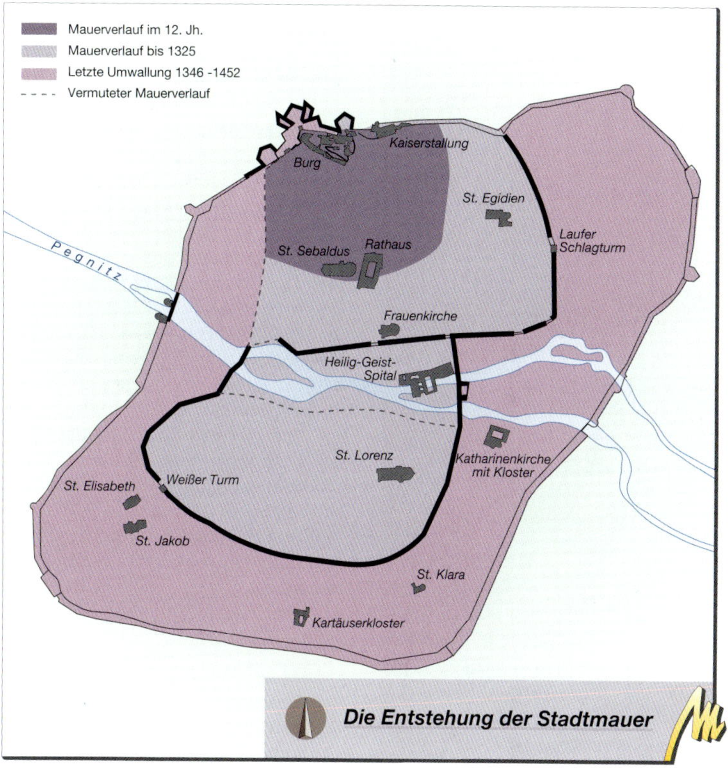

Die Entstehung der Stadtmauer

scheinlich hat es sich um keinen zusammenhängenden Mauerring gehandelt, sondern nur um ein System aus Gräben, Palisaden und Erdbefestigungen. In der Mitte des 13. Jahrhunderts entstand die sog. „vorletzte Stadtbefestigung", die zunächst aus zwei voneinander getrennten Mauerringen bestand. Erst um 1325 wurden die bis dahin voneinander getrennten Stadthälften miteinander verbunden. Mit dem Weißen Turm und dem Laufer Schlagturm sind noch zwei der ehemaligen Stadttore erhalten geblieben. Der Schuldturm auf der Insel Schütt und das Grabenstück entlang der Grübel- und der Peter-Vischer-Straße zeugen noch von dieser vorletzten Umwallung. Im Zuge der Stadterweiterung wurde der Graben größtenteils aufgefüllt; auf den gewonnenen Flächen errichtete man bevorzugt städtische Gebäude (Weinstadel, Mauthalle, Sieben Zeilen, etc.).

1346 nahm schließlich der Bau der letzten Stadtumwallung seinen Anfang. Ungefähr ein halbes Jahrhundert später konnte der Mauerring geschlossen werden. Insgesamt zählte die Umwallung 128 Türme, von denen noch ungefähr die Hälfte erhalten ist. Zu Beginn des 15. Jahrhunderts folgte angesichts der Gefahr eines drohenden Hussitenkrieges der Ausbau des mächtigen Grabens, wobei jeder Bürger mithelfen („schanzen") oder eine Abgabe entrichten musste; erst 1452, nach gut hundert Jahren, war die Stadtbefestigung somit endgültig fertig gestellt worden.

Nördlich der Pegnitz

Tour 2

Die Sebalder Altstadt ist seit jeher die vornehmere Stadthälfte gewesen. Hier lebte das alteingesessene Bürgertum in seinen stattlichen Häusern, hier wurde das Rathaus errichtet. Dieser Eindruck hat sich bis heute erhalten.

- **Albrecht-Dürer-Haus**, auf den Spuren von Nürnbergs größtem Sohn, S. 33
- **Weißgerbergasse**, Fachwerk an Fachwerk, S. 36
- **Spielzeugmuseum**, Nürnbergs Tradition als Spielzeugstadt, S. 38
- **Lochgefängnisse**, Erlebnis mit Gruselfaktor, S. 43
- **Sebalduskirche**, Nürnbergs bedeutendstes Gotteshaus, S. 38

Fachwerk und Kneipen

Sebalder Altstadt

Unterhalb der Burg gibt es eine Vielzahl von Kneipen und Restaurants, kleineren Läden und Antiquitätengeschäften. Das **Burgviertel** hat den Bombenhagel des Zweiten Weltkrieges relativ unbeschadet überstanden. Läuft man durch die engen Straßen und Gassen in der nordwestlichen Ecke der Stadtbefestigung, so bekommt man einen guten Eindruck davon, wie Nürnberg vor dem Krieg ausgesehen haben dürfte. Aber das ist Vergangenheit. Es gab und gibt aber auch Stimmen, die der Zerstörung ihre positiven Seiten abgewinnen konnten: Viele der so malerisch anzusehenden alten Häuser befanden sich nämlich in einem extrem schlechten Zustand; sie waren kaum bewohnbar, klein, dunkel und verfügten nicht einmal über die primitivsten sanitären Einrichtungen.

Durch das **Tiergärtnertor** führte einst der gesamte Verkehr in Richtung Frankfurt. Der untere Teil des Tiergärtnerturms stammt aus der zweiten Hälfte des 13. Jahrhunderts. Noch deutlich zu erkennen ist, dass der Verkehr ursprünglich direkt durch den Turm geführt wurde. Das enge Tor war dem Verkehrsaufkommen später nicht mehr gewachsen; ab 1545 wurde deshalb im Zuge der Errichtung einer neuen Festungsanlage um die Burg herum direkt daneben ein neues, größeres Tor geschaffen. Im Tiergärtnertorturm waren 1852 die ersten Ausstellungsstücke des neu gegründeten Germanischen Nationalmuseums untergebracht.

Spaziergang

Die Tour startet direkt am Tiergärtnertorplatz, einem der schönsten Plätze Nürnbergs. Hier befindet sich auch das

Albrecht-Dürer-Haus, dessen untere Stockwerke aus massiven Sandsteinquadern errichtet sind. Seit 1871 ist hier ein Museum untergebracht, das das Gedenken an Nürnbergs berühmtesten Sohn hochhält. Mitten auf dem viel fotografierten Tiergärtnertorplatz steht als Skulptur eine moderne Variante des **Dürerhasen.** Über die Bergstraße gelangt man hinunter zum **Dürer-Denkmal,** hinter dem sich auch der Eingang zu den historischen **Felsenkellern,** den **Kasematten** und zum **historischen Kunstbunker** versteckt. Wir nähern uns der Sebalduskirche, doch biegen wir zuvor rechter Hand in eine kopfsteingepflasterte Gasse namens **Füll** ein, in der mehrere Häuser mit schmucken Chörlein stehen. Am Ende der Füll geht es ein paar Treppen hinunter zum Weinmarkt, wo bereits die ersten Fachwerkhäuser der **Weißgerbergasse** zu sehen sind. Die von Kneipen und kleinen Geschäften gesäumte Weißgerbergasse führt in Richtung Pegnitz hinunter, die man hier auf dem schmalen **Kettensteg** überqueren kann. Wir laufen direkt am südlichen Pegnitzufer entlang bis zum Henkersteg und dem **Henkerhaus.** Vom Henkersteg bietet sich ein herrlicher Blick auf den schmucken **Weinstadel.** Über den verkehrsberuhigten Trödelmarkt, wo sich auch das **Bratwurstmuseum** befindet, geht es auf der Karlstraße wieder über die Pegnitz. Rechter Hand befindet sich beim Augustinerhof eine Zweigstelle des **Deutschen Museums,** noch ein Stück weiter gelangt man zum berühmten **Spielzeugmuseum.**

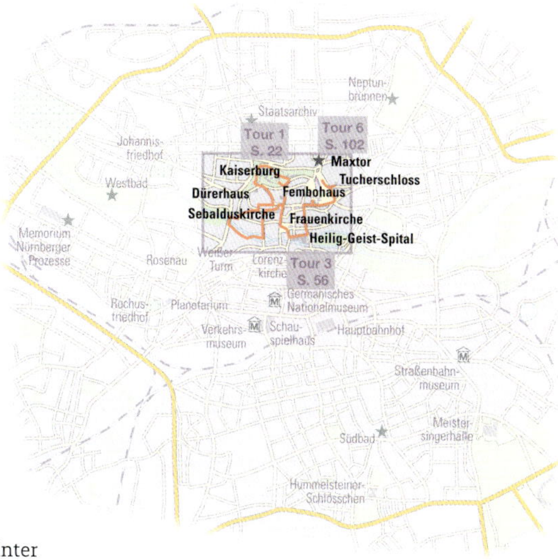

Von dort aus führt uns eine gegenüberliegende Straße direkt zum **Pfarrhaus Zu Unserer Lieben Frau.** Gegenüber erblicken wir den Westchor der **Sebalduskirche.** In unmittelbarer Umgebung der Sebalduskirche stehen mehrere sehr schmucke alte Bürgerhäuser, sowie das eigentliche Sebalder Pfarrhaus, das leicht an seinem reich verzierten Chörlein zu erkennen ist. Es handelt sich bei dem Chörlein um eine Kopie, das Original ist im Germanischen Nationalmuseum zu bewundern.

Die **Sebalduskirche** gehört zusammen mit der Lorenzkirche zu den eindrucksvollsten Gotteshäusern Nürnbergs. Angesichts der stattlichen Fassade und des mächtigen Ostchors kann man sich kaum mehr vorstellen, wie schwer die Kirche im Zweiten Weltkrieg beschädigt worden war. Kunsthistorisch bedeutend wie auch kurios ist das Sebaldusgrab von Peter Vischer: Denn es ist mehr als ungewöhnlich, dass in einer evangelischen Kirche die Reliquien eines von der katholischen Kirche kanonisierten Heiligen aufbewahrt werden.

Nördlich des Sebalder Platzes steht das imposante Schürstabhaus, dessen Fassade eine Sonnenuhr schmückt. Durch eine kleine Gasse hinter dem Schürstabhaus gelangt man zur Burgstraße, wo sich das **Stadtmuseum Fembohaus** in einem repräsentativen Spätrenaissancehaus befindet. Schräg gegenüber

Schmuckes Ensemble: Weinstadel und Wasserturm

blickt man in den Hof eines ehemaligen **Dominikanerklosters.** Nur 100 Meter den Berg hinunter, erhebt sich das mächtige **Rathaus,** mit dem sich die Reichsstadt noch ein letztes prächtiges Baudenkmal setzte. Im Untergeschoss des Rathauses sind die mittelalterlichen **Lochgefängnisse** untergebracht. Wenn man sich zur Sebalduskirche umdreht, so kann man an der Außenseite des imposanten Ostchors ein kleines Detail entdecken, das von der Verunglimpfung der Juden durch die christliche Bevölkerung im Mittelalter zeugt. Der Sockel einer heute nicht mehr existierenden Statue wurde als sog. *Judensau* gestaltet: Ein Mann und eine Frau, die anhand ihrer Kleidung deutlich als Juden zu identifizieren sind, nuckeln an den Zitzen eines Schweins.

Am *Bratwursthäusle* vorbei geht es zum **Hauptmarkt,** an dessen nordwestlicher Ecke der **Schöne Brunnen** steht. Hier auf dem Platz findet alljährlich der weltberühmte Christkindlesmarkt statt. Der Eröffnungsprolog wird traditionell von der Empore der **Frauenkirche** gesprochen. An Werktagen wird auf dem Hauptmarkt ein bunter Wochenmarkt abgehalten. Übrigens wurde der Hauptmarkt in früheren Zeiten mehrmals vom Hochwasser der Pegnitz überschwemmt, besonders schwer im Jahre 1909 (Hochwassermarken am Haus Hauptmarkt 3).

Vom Hauptmarkt ist es nur ein Katzensprung bis zum **Heilig-Geist-Spital,** dessen Schokoladenseite man von der Museumsbrücke bewundern kann. Die Spitalgebäude gruppierten sich um mehrere Höfe, so den Hanselhof mit dem gleichnamigen Brunnen und den von Spitzbogenarkaden gesäumte Kreuzigungshof. In einer an den Kreuzigungshof angrenzenden Halle steht auch das Hochgrab des Stifters. Schräg gegenüber dem Spital befindet sich der Hans-Sachs-Platz mit dem **Hans-Sachs-Denkmal.** Am Nordufer der Pegnitz erinnert der **Synagogengedenkstein** an die von den Nationalsozialisten zerstörte Nürnberger Hauptsynagoge, während der auf der Vorderen Insel Schütt errichtete **Männerschuldturm** die mittelalterliche Praxis des Schuldeneintreibens ins Gedächtnis ruft.

Über das Heugäßchen geht es hinauf zum **Egidienplatz**, an dessen Ostseite das Egidiengymnasium und die Egidienkirche einträchtig nebeneinander stehen. Die Nordseite des Egidienplatzes wird von der Fassade des im Krieg weitgehend zerstörten Pellerhauses dominiert. Die von Kneipen und Cafés gesäumte **Innere Laufer Gasse** führt direkt auf den **Laufer Schlagturm** zu, der noch den Verlauf der vorletzten Stadtmauer markiert. Durch den Torbogen hindurch und linker Hand den Berg hinauf, gelangt man in zwei Minuten zum repräsentativen **Tucherschloss** mit seiner Gartenanlage. Die nahe gelegenen **Sieben Zeilen** gelten ähnlich wie die später errichtete Augsburger Fuggerei als ein sozialgeschichtliches Monument der Frühen Neuzeit.

Sebalder Altstadt → Karte S. 52/53

Sehenswertes

Des Meisters Haus

Albrecht-Dürer-Haus

Direkt am Tiergärtnertorplatz steht das Dürerhaus; es stammt aus dem frühen 15. Jahrhundert. Albrecht Dürer hatte es 1509 erworben und bis zu seinem Tod im Jahre 1528 bewohnt. Somit dürften viele seiner bekanntesten Bilder hier entstanden sein. Das Haus wurde später allerdings mehrfach verändert; so stammt beispielsweise der 1898 hierher versetzte Giebelerker von einem anderen Haus (ursprünglich befand sich am Dürerhaus ein Aufzugserker). Nachdem das Haus im frühen 19. Jahrhundert ein Wallfahrtsort für Romantiker und Künstler geworden war, kaufte es die Stadt Nürnberg 1826, zwei Jahre vor Dürers 300. Todestag. Heute befindet sich in dem schmucken Fachwerkbau ein Museum, dessen Schwerpunkt auf dem Leben und Alltag des großen Künstlers liegt. Lobenswert ist die „Audio-Besucherführung", in der „Agnes Dürer" durch das Haus führt und so mancherlei Interessantes über ihren Mann und das abwechslungsreiche Leben in einem Künstlerhaushalt berichtet. In einem zum Dürerjahr 1971 errichteten Anbau (Dürer-Saal), den man getrost als architektonischen Fehlgriff bezeichnen darf, werden seit Sommer 2012 hochwertige Kopien hochwertige Kopien aus städtischem Besitz präsentiert, darunter die „Vier Apostel" sowie „Adam und Eva". Da die Reichsstadt Nürnberg immer wieder Originalgemälde an Herrscher wie den bayerischen Kurfürsten Maximilian abgeben musste, entstand der Wunsch, Dürers Gemälde wenigstens in adäquaten Kopien zu besitzen. In der Dachgalerie kann man sich zudem das „Graphische Kabinett" ansehen, das Wechselausstellungen aus den Beständen der Graphischen Sammlung der Stadt Nürnberg zeigt. In einer authentisch nachgebildeten Malerwerkstatt werden zudem künstlerische Techniken demonstriert. Touchscreens und interaktive Medienstationen erleichtern den Zugang zu Dürers Werk.

Albrecht-Dürer-Str. 39. Tgl. außer Mo 10–17 Uhr, Do bis 20 Uhr. Juli bis Sept. sowie Dez. auch Mo. Kostümführungen: Do 18 Uhr, Di, Mi und Sa um 15 Uhr, So um 11 Uhr. Eintritt 6 €, erm. 1,50 € (Tageskarte für 7 Museen: 9 €). Kostümführung 2,50 €.

Provozierende Kunst

Dürerhase

Schräg gegenüber dem Dürerhaus steht seit 1984 eine provozierende Bronzeplastik von *Jürgen Goertz*, der mit diesem Kunstwerk den Dürernaturalismus überwinden wollte. Die Plastik soll als Antwort auf den millionenfach reproduzierten **Dürerhasen** verstanden werden, der „durch seine volkstümliche Beliebtheit, seine Allgegenwärtigkeit zum ... bedrohlichsten Monster unserer Kunstgeschichte" (Jürgen Goertz) geworden ist.

Nürnberg im Kasten

Albrecht Dürer – der berühmteste Sohn der Stadt

Mit Albrecht Dürer hat Nürnberg den wohl bedeutendsten deutschen Maler hervorgebracht. Eine ganze Epoche, die „Dürerzeit“, ist nach ihm benannt, und sein Einfluss auf die altdeutsche Kunst kann gar nicht hoch genug eingestuft werden: Erst Albrecht Dürers Werke verhalfen der Renaissance und ihren künstlerischen Idealen zum Durchbruch in Deutschland. So förderte Dürer mit seinen Selbstporträts nicht nur die Herausbildung eines neuen künstlerischen Selbstbewusstseins, er führte beispielsweise auch den Begriff der „Landschaft“ in den deutschen Sprachgebrauch und in die Malerei ein.

Als drittes Kind eines aus Ungarn stammenden Goldschmiedes wurde Albrecht Dürer am 21. Mai 1471 in Nürnberg geboren. Mit dreizehn Jahren begann der junge Albrecht, der übrigens noch siebzehn (!) Geschwister hatte, eine Lehre im väterlichen Betrieb, um das Goldschmiedehandwerk zu erlernen. Doch der begabte Knabe hegte bald andere Pläne: Er wollte Maler werden! Sein Vater erhörte schließlich die Bitten seines Sohnes und vermittelte ihn an die benachbarte Werkstatt von Michael Wolgemut, dem seinerzeit renommiertesten Nürnberger Maler. Albrecht Dürer absolvierte bei Wolgemut eine zweite Lehre und ging, wie damals üblich, anschließend auf eine mehrjährige Wanderschaft, bevor er sich 1493 als Maler in seiner Heimatstadt niederließ. Doch Dürer hielt es nicht lange in Nürnberg: Obwohl frisch verheiratet, brach er schon im nächsten Jahr ohne seine Frau Agnes zu einer längeren Italienreise auf.

In Italien erhielt er entscheidende Anregungen, die seine weitere künstlerische Entwicklung maßgeblich beeinflussen sollten. Dürer vervollständigte seine Kenntnisse über die menschlichen Proportionen und die richtige Perspektive. Wieder nach Nürnberg zurückgekehrt, widmete sich Dürer verstärkt der Malerei; über mangelnde Aufträge konnte er sich nicht beklagen, die gebührende gesellschaftliche Anerkennung blieb ihm jedoch noch verwehrt. Ganz anders verhielt es sich jenseits der Alpen, wo Dürer während seiner zweiten Italienreise (1505–1507) in den vornehmsten Häusern empfangen wurde. Selbst der Doge von Venedig machte ihm in Venedig seine Aufwartung, und in Bologna ehrten ihn die Malerkollegen mit einem Fackelzug und anschließendem Festmahl. Mit einem leicht verbitterten Ton schrieb er in einem Brief aus Italien: „Hier bin ich ein Herr, daheim ein Schmarotzer.“

Durch Kaiser Maximilians Förderung wurden Albrecht Dürer in seinen reifen Jahren auch in Deutschland Ruhm und Ehre zuteil. In seinen letzten Lebensjahren wandte sich Dürer vor allem der Kunsttheorie zu. Neben Schriften zur Befestigungslehre, die aus Sorge um einen weiteren Vormarsch der Türken entstanden, verfasste er vor allem kunsttheoretische Lehrbücher über den richtigen Umgang mit der Perspektive und den Proportionen. Als Albrecht Dürer am 6. April 1528 kinderlos starb – er war dem eigenen Geschlecht weitaus mehr zugetan als seiner Agnes –, hinterließ er neben 70 Gemälden ein bedeutendes graphisches Werk mit 100 Kupferstichen, 350 Holzschnitten und 900 Zeichnungen. Beigesetzt wurde er auf dem Johannisfriedhof. Seine Bilder und Stiche sind ein eindrucksvolles Zeugnis, dass Dürer die Kunst als eine immerwährende schöpferische Auseinandersetzung mit der realen Welt begriff; außerhalb der Wirklichkeit gab es für ihn keine Schönheit: „Wahrhaftig steckt die Kunst in der Natur, wer sie heraus kann reißen, der hat sie.“

Sebalder Altstadt → Karte S. 52/53

Blick von der Burg auf das nächtliche Nürnberg

Erstes Künstlerdenkmal Deutschlands

Dürer-Denkmal

Mitten auf dem einstigen Milchmarkt (heute Albrecht-Dürer-Platz) steht seit 1840 das Dürer-Denkmal. Erhobenen Hauptes blickt der Meister selbstbewusst über den Platz. Das 1840 eingeweihte Denkmal geht auf einen Entwurf von *Christian Daniel Rauch* zurück und wurde von *Johann Daniel Burgschmiet* in Erz gegossen. Am 300. Todestag Dürers (1828) war der Grundstein zu diesem – heute nicht mehr als besonders eindrucksvoll empfundenen – Denkmal gelegt worden. Im 19. Jahrhundert sah man dies hingegen völlig anders: Das Dürer-Denkmal war das erste Denkmal in Deutschland, das einem Künstler und zugleich eines der ersten Denkmäler, das weder einem Kaiser noch einem Herrscher gewidmet war.

Tief unter der Burg ...

Felsenkeller, Kasematten und historischer Kunstbunker

Unterhalb des Burgviertels befinden sich die **Felsenkeller** mit ihren historischen Wasserstollen; sie sind nur im Rahmen einer Führung begehbar. Die bis zu vier Etagen in den Sandstein gehauenen unterirdischen Anlagen verfügen über ein ausgeklügeltes System zur selbsttätigen Durchlüftung. Im Laufe der Jahrhunderte hatten die Keller und Gänge verschiedene Funktionen: Sie dienten der Wasserversorgung, als Bier- und Weinlagerkeller und der Lebensmittellagerung. Lohnend ist auch eine Führung durch die Wehrgänge der Burgbasteien **(Kasematten)** und die geheimen Wasserstollen im Sandstein **(Lochwasserleitung)**. Bitte ziehen Sie sich warm an: Auch im Sommer herrscht in den Felsengängen eine Temperatur von nur 8° Celsius!

Ein Teil der Felsengänge wurde im Zweiten Weltkrieg genutzt, um die Nürnberger Kunstschätze einzulagern, wo sie die Kriegswirren im sog. **historischen Kunstbunker** unbeschadet überstanden haben.

Treffpunkt ist der Brauereiladen in der Bergstr. 19 (Eingang beim Dürer-Denkmal). **Felsenkeller:** Führungen (1:15 Std.) tgl. 11, 13, 15 und 17 Uhr, Sa/So 11–17 Uhr jede volle Stunde. Eintritt 6 €, erm. 5 €. **Kasematten und Lochwasserleitung:** Führungen April bis Okt. tgl.

15.15 Uhr, Sa/So auch 11.15 und 16.15 Uhr. Eintritt 7 €, erm. 6 €. **Historischer Kunstbunker**: Führungen tgl. 14.30 Uhr, Fr und Sa auch 17.30 Uhr, Sa/So auch 11.30 Uhr. Eintritt 6 €, erm. 5 €. www.felsengaenge-nuernberg.de.

Aufgefüllter Graben als vornehme Adresse

Füll

Der Name „Füll" erscheint zwar auf den ersten Blick etwas ungewöhnlich für einen Straßenzug, weiß man aber, dass er sich von einem aufgefüllten Graben ableitet, ist der kurze Name besser verständlich. Die noch mehrere vornehme Bürger- und Kaufmannshäuser beherbergende Füll gehört zu den am besten erhaltenen historischen Straßenzügen Nürnbergs. Am schönsten sind die Häuser mit den Hausnummern 12, 8 und 6; im letzteren gibt es einen malerischen Innenhof, der besichtigt werden kann (bei Wohnheim klingeln). Zudem finden sich sechs barocke Chörlein in der Füll.

Mittelalterliche Handwerkergasse

Weißgerbergasse

Ein typischer, ehemals von Handwerkern geprägter Straßenzug ist die Weißgerbergasse mit ihren zahlreich erhaltenen Fachwerkhäusern. Hier haben sich heute mehrere Kneipen, Schmuckhändler und ein Antiquariat angesiedelt. Eine Besonderheit des mittelalterlichen Nürnbergs war, dass es in der Stadt keine Zünfte gegeben hat. Das Handwerk war völlig dem patrizischen Rat unterstellt gewesen, und dieser duldete keine gewerblich oder politisch sich selbst organisierenden Zünfte und Bruderschaften. Um seine fernhändlerischen Interessen zu wahren, regelte und kontrollierte der Rat das Handwerk streng. Es wurden dabei drei Formen des Handwerks unterschieden: Die freie Kunst, das geschworene Handwerk und das gesperrte Handwerk; im letzteren durften nur Nürnberger Bürgersöhne als Lehrlinge aufgenommen werden, denen das Wandern untersagt war. Damit sollte erreicht werden, dass wichtige Exportgewerbe Monopole der Stadt blieben und nicht abwanderten.

Technische Wunderbrücke

Kettensteg

Der Kettensteg überbrückt die Pegnitz, kurz bevor sie die Altstadt wieder verlässt. Was heute wie eine harmlose, bescheidene Fußgängerbrücke aussieht, wurde 1824 als Wunderwerk der Technik gefeiert. Der von dem Nürnberger Mechaniker *Johann Georg Kuppler* (falscher Vorname auf der Tafel) montierte Kettensteg war die erste frei schwebende Flussbrücke Deutschlands! Die Konstruktion ist noch erhalten, wird aber seit 1930 von verschiedenen Trägern gestützt.

Nürnberg im Kasten

Die Nürnberger Chörlein

Die Nürnberger Bürgerhäuser erhielten ihren besonderen Charakter durch die soziale Struktur der spätmittelalterlichen und frühneuzeitlichen Großstadt. Besonders wichtig waren die strengen Bauvorschriften des Rates: So waren Traufseitigkeit und Firsthöhe festgelegt, Kellerhälse und vorkragende Obergeschosse verboten und das Recht auf Dacherker und Chörlein genau geregelt. Vor allem die meist hölzernen und mit Schnitzereien verzierten Erker, Chörlein genannt, sind ein typisches Nürnberger Produkt. Sie waren allerdings weniger das Zeichen einer besonderen Frömmigkeit, sondern dienten vielmehr der barocken Repräsentation und der Vergrößerung des Wohnraums. Im 17. und in der ersten Hälfte des 18. Jahrhunderts entstanden in Nürnberg mehr als dreihundert Chörlein.

Fachwerkidylle: Weißgerbergasse

Sebalder Altstadt → Karte S. 52/53

Geschichte des Alltags um 1600

Henkerhaus

In der ehemaligen „Dienstwohnung" des Nürnberger **Henkers** wurde eine Dauerausstellung zur Rechtsgeschichte der Reichsstadt eingerichtet. Mittels Hörstationen und Schautafeln erhält man tiefe Einblicke in die Alltagsgeschichte um 1600 und das Amt des Henkers.

Trödelmarkt 58. April bis Dez. tgl. außer Mo 12–17 Uhr. Eintritt 3 €, erm. 1,50 €. www.henkerhaus-nuernberg.de.

Vom Siechhaus zum Weinlager

Weinstadel

Eines der schönsten Fachwerkhäuser Nürnbergs ist mit Sicherheit der Weinstadel. Er wurde 1446–48 als Sondersiechenhaus für die Aussätzigen erbaut. Seit 1528 – die Aussätzigen waren mittlerweile vor die Tore der Stadt verbannt worden – diente er als Weinlager. Derzeit wird das Haus als Studentenwohnheim genutzt. Direkt neben dem Weinstadel befindet sich der Wasserturm (ca. 1325), einst Teil der vorletzten Stadtbefestigung. Den schönsten Blick auf das Ensemble hat man vom südlichen Ufer der Pegnitz.

Alles rund um die Wurst

Bratwurstmuseum

Das im November 2021 eröffnete Museum widmet sich der Geschichte der berühmten Nürnberger Bratwürste. An Medien- und Hörstationen erfährt man viele Details über die neun Zentimeter langen Würste.

Bratwurstgasse 1/Trödelmarkt 47. Tgl außer Mo 10–17 Uhr, Sa und So bis 18 Uhr. Eintritt 3 €, erm. 1,50 €. www.nuernberger-bratwuerste.de.

Faszination Technik

Deutsches Museum

Im Jahr 2021 eröffnete im Augustinerhof eine Zweigstelle des Deutschen Museums. In einem ansprechenden Neubau von Volker Staab wird auf einer Fläche von 4000 Quadratmetern unter dem Motto „Von Fiction zu Science" Naturwissenschaft und Technik erlebbar gemacht werden. Aufgegliedert ist die Dauerausstellung in die Bereiche „Arbeit und Alltag", „Körper und Geist", „System Stadt", „System Erde" und „Raum und Zeit".

Kritik gab es vor allem am Umgang mit den Steuergeldern, denn der Bayerische Staat hat das Gebäude für 25 Jahre zu einem jährlichen Preis von 2,8 Millionen Euro gemietet. Hinzu kommt eine Anschubfinanzierung von über 27 Millionen Euro. Dafür hätte der Freistaat selbst ein Museumsgebäude errichten können, das ihm dauerhaft gehört. Stattdessen werden in 25 Jahren 100 Millionen Euro für ein Museum ausgegeben, das mit 30.000 Besuchern pro Jahr kalkuliert. Das sind in 25 Jahren 750.000 Besucher, somit kostet jeder Museumsbesuch den Steuerzahler mehr als 133 €!

Augustinerhof 4. Tgl. außer Mo 10–18 Uhr. Eintritt 9,50 €, erm. 6 €, www.deutsches-museum.de/nuernberg.

Nürnbergs Tradition als Spielzeugstadt

Spielzeugmuseum

Nürnberg gilt gemeinhin als „die Spielzeugstadt". Das im Dürerjahr 1971 eröffnete Spielzeugmuseum dokumentiert nicht nur den historischen Wandel des Spielzeugs, sondern versucht auch, die Bedeutung von Spielen und Spielzeug in den unterschiedlichsten Erscheinungsformen darzustellen. Die Sammlung umfasst Spielzeug aus drei Jahrtausenden. Zu den Ausstellungsstücken zählen Holzspielzeug, Kaufläden, Puppenstuben und -küchen, Kinderbücher sowie Blechspielzeug aus verschiedenen Epochen und Ländern. Eine Modelleisenbahn darf selbstverständlich auch nicht fehlen. Wer sich für das Spielzeug seiner Kindheit interessiert, findet in der Abteilung „Spielzeug seit 1945" Lego-Steine, Schuco- und Matchbox-Autos, Barbie-Puppen, Playmobil-Figuren und sogar einen Game Boy. Bei den Kleinsten steht natürlich der Kinderbereich unter dem Dach hoch im Kurs, da sie dort mit Holz- und Plastikbausteinen spielen, in Büchern schmökern oder malen können. Im Sommerhalbjahr lockt dann noch ein Außenspielbereich mit zahlreichen Attraktionen (Heckenlabyrinth, Schwingkegelspiel etc.). Wer will, kann auch seinen Kindergeburtstag im Museum feiern. Derzeit existieren Pläne, das Museum zu erweitern und es so zum führenden Spielzeugmuseum Deutschlands auszubauen. Die Finanzierung des rund zehn Millionen Euro teuren Projekts ist allerdings noch nicht gesichert.

Karlstr. 13–15. Di–Fr 10–17 Uhr, Sa/So 10–18 Uhr. Während des Christkindlesmarktes auch Mo geöffnet. Eintritt 6 €, erm. 1,50 € (9 € als Tageskarte für 7 Museen). www.spielzeugmuseum-nuernberg.de.

Älteste Pfarrkirche der Stadt

Sebalduskirche

Die kulturgeschichtlich bedeutendste Nürnberger Kirche ist die nach dem heiligen Sebald benannte Sebalduskirche. Dem Bau ging vermutlich eine kleine, Peter und Paul geweihte Kapelle voraus; ein paar Jahre vor der Mitte des 13. Jahrhunderts entstand dann eine spätromanische Pfeilerbasilika. Bedingt durch die wachsende Bedeutung Nürnbergs und die große Anziehungskraft der Gebeine des heiligen Sebald sollte die Kirche schon bald vergrößert werden. Die Seitenschiffe wurden erweitert, das Querhaus und der Westchor umgebaut. Die größte Veränderung erfolgte durch die Neuerrichtung des Ostchores: 1379 war der Bau des eindrucksvollen spätgotischen Hallenchores abgeschlossen. Ursprünglich war die Sebalduskirche von einem Friedhof umgeben, der weit größer war als der freie Platz im Norden der Kirche. Doch nach einem 1518 vom Rat gefassten Beschluss durften die Toten nicht mehr in der Altstadt beerdigt werden. Im Süden deutet eine Mauer noch die einstige Begrenzung an. Die Bedeutung der Sebalduskirche wird an der Tatsache ersichtlich, dass der Kaiser, wenn er Nürnberg offiziell besuchte, zuerst in die Sebalduskirche ging, um dem Stadtpatron seine Referenz zu erweisen; dies geschah auch dann, wenn er von Süden kam und zuerst an der Lorenzkirche vorbei musste. 1524/25 wurden die Kirche wie auch der Rat lutherisch; die Hinwendung zur Reformation führte zu Problemen mit der Reliquienverehrung und dem Heiligenkult, die fortan verpönt waren.

Das ehemals besonders reich ausgestattete **Innere der Sebalduskirche** wurde im Zweiten Weltkrieg stark zerstört; Schwarzweißfotografien in der Kirche zeigen eindrucksvoll den damaligen Zustand. Trotzdem birgt die Kirche noch eine Vielzahl von Einzelkunstwerken, die durch Auslagerung den Krieg unversehrt überstanden haben, so beispielsweise das Taufbecken (um 1430) sowie verschiedene Altäre, darunter der Petersaltar (1480/90) im Westchor. Beeindruckend ist der sog. „Fürst der Welt" (um 1325) an der Langhausnordseite; sein Rücken ist von Maden und Würmern zerfressen und mahnt an die Sterblichkeit des Menschen. Daneben kann man zahlreiche weitere Kunstwerke bewundern: So das Tuchersche Epitaph, ein Marientriptychon des Hans Süß von Kulmbach (1508) und gegenüber an der Südseite des Ostchores das Votivbild der Familie Behaim, die Volckamersche Passion (1499) von Veit Stoß und vieles mehr.

Der Westchor der Sebalduskirche

Sebalder Altstadt → Karte S. 52/53

Nürnberg im Kasten

Sebald – Nürnbergs Stadtheiliger

Die Geschichte des heiligen Sebald ist nicht nur die Geschichte eines Heiligen, sondern auch ein Teil der Nürnberger Stadtgeschichte. Seine Herkunft ist unbekannt; er hat in der Mitte des 11. Jahrhunderts als Einsiedler in der Nähe von Nürnberg gelebt. Der Sage nach äußerte er den Wunsch, man möge seinen Leichnam auf einen Ochsenkarren legen und an der Stelle, wo die Ochsen anhielten, beerdigen. Angeblich stoppten die Tiere genau dort, wo sich heute die Sebalduskirche befindet. Zahlreiche Legenden und Wunder, die dem heiligen Sebald in späteren Jahren zugeschrieben wurden, übten eine große Anziehungskraft auf viele Gläubige aus. Die Pilgerströme zum Grab des Heiligen brachten einen erheblichen finanziellen Vorteil für Nürnberg mit sich. Einen Höhepunkt fand die Verehrung Sebalds in seiner feierlichen Heiligsprechung – die Nürnberger sicherten sich diese, indem sie dem Papst jahrzehntelang günstige Kredite gewährten – durch eine Kanonisationsbulle Papst Martin V. Seither wird der Sebaldustag offiziell am 19. August begangen.

Das herausragendste Kunstwerk in der Sebalduskirche ist das **Sebaldusgrab** aus der Werkstatt von *Peter Vischer* (Peter Vischer hat sich selbst an der östlichen Längsseite dargestellt, während auf der ihm gegenüberliegenden Seite der heilige Sebald zu sehen ist), es ist darüber hinaus der wohl bedeutendste Messingguss der deutschen Kunst. In den Jahren 1508 bis 1519 entstand das aus relativ großen Teilen zusammengesetzte Werk, dessen Stil deutlich den Geist der Renaissance und des Humanismus atmet. Das tonnenschwere Sebaldusgrab ist fast fünf Meter hoch und wird von zwölf Schnecken und vier Delphinen „getragen" und von einer Vielzahl von allegorischen Darstellungen und Reliefs aus dem Leben des Heiligen verziert. Die vier Reliefs an der Breitseite erzählen von den Wundern, die man ihm zuschreibt, so soll Sebald aus Eiszapfen ein Feuer entfacht und einem Blinden sein Augenlicht zurückgegeben haben. Das Grabmal umschließt den Schrein mit den in purpurne Säckchen eingenähten Reliquien des heiligen Sebaldus. Der mit Silberblech beschlagene und mit den Wappen der Stadt und des Reichs geschmückte Schrein wurde schon 1396 von dem Nürnberger Goldschmied *Fritz Habeltzheimer d. Ä.* gefertigt. Es spricht für die Bedeutung des heiligen Sebald, dass das heute im Germanischen Nationalmuseum ausgestellte Behältnis, in dem 1424–1796 die Reichskleinodien aufbewahrt worden waren, von ähnlicher Aufmachung ist wie der Schrein, der die Reliquien des heiligen Sebald umschließt. Bis zur Reformation wurde der Reliquienschrein am Sebaldustag in einer feierlichen Prozession von einigen verdienten Ratsherrn im Ostchor umhergetragen.

Das Sebaldusgrab

Juni bis Mitte Sept. tgl. 9.30–20 Uhr, April, Mai und Mitte Sept. bis Dez. bis 18 Uhr, Jan. bis März bis 16 Uhr. Turmführung (5 €, erm. 2 €) nach Anmeldung unter tourist@sebalduskirche.de erfragen. www.sebalduskirche.de.

Einblicke in ein Handelskontor

Pfarrhaus Zu Unserer Lieben Frau

Ein schönes Beispiel für ein spätmittelalterliches Nürnberger Kaufmannshaus befindet sich in der Winklerstraße. Das aus dem 14. Jahrhundert stammende Haus wurde von 1519 bis 1525 im Auftrag des Kaufmanns *Barthel Flückh* grundlegend umgebaut. Der für ein großes Kaufmannshaus typische dreiflügelige Bau mit Vorderhaus, Rückgebäude und Verbindungsflügel verfügt über einen Innenhof mit sehenswerten Galerien. Deutlich lässt sich im Innenhof die einstige Bestimmung als Kaufmannshaus nachvollziehen. Im Erdgeschoss befand sich das Handelskontor; die in einem von Pferden gezogenen Wagen angelieferte Ware wurde durch

Sebalder Altstadt → Karte S. 52/53

Chörlein am Sebalder Platz

das Kontor in den Innenhof geleitet, der Wagen konnte hier ent- und eventuell wieder beladen werden und dann durch das andere Tor den Hof wieder problemlos verlassen, ohne wenden zu müssen.

Winklerstr. 31. Das Gebäude beherbergt seit 1846 ein katholisches Pfarrhaus (Zu Unserer Lieben Frau). Der Innenhof kann besichtigt werden, wenn man zuvor im Pfarrbüro um Erlaubnis bittet. Das Büro ist Mo–Fr 8–12 Uhr geöffnet.

Stadtgeschichte in Patrizierhaus

Stadtmuseum Fembohaus

Das **Fembohaus** ist das einzige völlig erhaltene repräsentative Bürgerhaus der Spätrenaissance- und Barockzeit. Im Auftrag eines aus den Niederlanden eingewanderten Kaufmanns 1591–96 erbaut, beherrscht es weithin sichtbar das Straßenbild. Der eigentümliche Name Fembohaus geht auf den späteren Besitzer *Georg Christoph Franz Fembo* zurück. Die zahlreichen erhaltenen Einrichtungsgegenstände, darunter ein eindrucksvolles Vestibül mit einer Stuckdecke von *Carlo Brentano*, bilden den Grundstock für das 1958 hier eröffnete Stadtmuseum. Zusätzlich wurden unversehrt gebliebene Inneneinrichtungen anderer Nürnberger Bürgerhäuser eingebaut, wie das „Schöne Zimmer" aus dem ehemaligen Pellerhaus. Das Fembohaus vermittelt in seinen mehr als 30 Räumen einen sehr guten Einblick in die Nürnberger Geschichte und die reichsstädtische Wohnkultur des gehobenen Bürgertums. Außerdem zeigt das Museum Gemälde aus vier Jahrhunderten, Bildnisse bekannter Persönlichkeiten, das berühmte „Friedensmahl" *von Joachim von Sandrart*, Bronzen, Fayencen und Goldschmiedearbeiten sowie Modelle und Ansichten der Nürnberger Altstadt.

Um die imaginäre Reise durch die Stadtgeschichte beginnen zu können, muss man mit dem Aufzug in den vierten Stock fahren, wo ein hölzernes Stadtmodell mit Ton- und Lichtinstallation den Auftakt bildet. Weiter geht es mit den Themenkomplexen „Kaiser", „Rat", „Handel" und „Handwerk". Beim „Tanz der Generationen" kommen die

Nürnberg im Kasten

Ein diebischer Ratsherr

Der Nürnberger Patrizier *Nicolaus Muffel* war einer der angesehensten Bürger Nürnbergs. 1455 wurde er gar zum Vordersten Losunger (die Losung war eine direkte Steuer) gewählt und bekleidete dadurch das vornehmste und würdevollste Amt der Stadt. 1469 fiel Muffel allerdings jäh in den gesellschaftlichen Abgrund: Er wurde verhaftet und in das Lochgefängnis geführt, da er in nicht unerheblichem Umfang städtische Gelder veruntreut und zudem das Amtsgeheimnis gebrochen hatte. Der Grund für den Diebstahl war seine übersteigerte Reliquien-Sammlerwut, die er aus seinem Privatvermögen nicht mehr finanzieren konnte. Die Strafe war hart, Muffel wurde trotz seiner hohen gesellschaftlichen Stellung durch den Strang hingerichtet.

einstigen Bewohner zu Wort; die jüngere Stadtgeschichte wird mit zeitgenössischen Fotografien dokumentiert. In der neuen Dauerausstellung "Krone - Macht - Geschichte" werden die als Kopien ausgestellten Reichskleinodien in einen historischen Kontext eingebunden.

Burgstr. 15. Di–Fr 10–17 Uhr, Sa/So 10–18 Uhr. Eintritt 6 €, erm. 1,50 € (9 € als Tageskarte für 7 Museen). www.museen.nuernberg.de/fembohaus.

Ehemaliges Kloster

Dominikanerkloster

Direkt gegenüber, in der Burgstraße 6, kann man noch den Aufbau des ehemaligen **Dominikanerklosters** erkennen. Es wurde 1275 gegründet und zwei Jahrzehnte nach der Reformation aufgelöst. Ein Teil der Klostertrakte um zwei Höfe ist erhalten.

Renaissancepalast mitten in Franken

Rathaus

Das Nürnberger Rathaus ist ein eindrucksvolles Zeugnis für das Selbstbewusstsein der Freien Reichsstadt, die sich bei der Grundsteinlegung auf dem Höhepunkt ihrer Macht fühlte. Das von 1616 bis 1622 entstandene Rathaus war der letzte große Profanbau, der im reichsstädtischen Nürnberg errichtet worden ist. Ursprünglich als vierflügelige Anlage geplant, kam der Bau wegen der zunehmenden Gefahren des Dreißigjährigen Krieges und der damit verbundenen finanziellen Probleme nicht mehr zum Abschluss. An dem von *Jakob Wolff d. J.* entworfenen Bau lassen sich unschwer italienische Einflüsse erkennen. Anscheinend orientierte sich der Architekt, dem der Rat in jungen Jahren eine Studienreise nach Italien ermöglicht hatte, an italienischen Renaissancepalästen, wobei ihm der Palazzo Farnese und der Palazzo Spada in Rom als Vorbild dienten. Die Pavillonaufbauten in der Mitte und an den Ecken wurden hingegen in Anlehnung an die französische Schlossarchitektur entworfen. Die Wirkung des äußerst repräsentativen Rathausbaues wird allerdings durch die Nähe des gegenüberliegenden Sebalduschores geschmälert (man stelle sich den Bau auf einem freien Platz vor). Der gesamte Rathauskomplex birgt auch noch Teile seines Vorgängerbaus, so den 1332 bis 1340 errichteten **Großen Rathaussaal**, der einst als der größte profane Saalbau nördlich der Alpen gerühmt wurde. Von seiner Ausstattung haben sich wie vom gesamten Rathauskomplex nur wenige ausgelagerte Kunstgegenstände erhalten, der Rest wurde im Zweiten Weltkrieg zerstört.

Gruselige Kellergewölbe

Lochgefängnisse

Direkt unter dem Rathaus befinden sich seit rund 650 Jahren die mittelalterlichen Lochgefängnisse. Die holzverkleideten und mit Holzpritschen ausgestatteten Zellen sowie die eisenbeschlagenen Türen vermitteln einen guten Eindruck von den Zuständen in einem mittelalterlichen „Untersuchungsgefängnis", da die Gefangenen hier nur bis zur Fällung und Vollstreckung eines Urteils inhaftiert blieben. Besonders zwei Strafzellen mit Schließstöcken und die gewölbte, als „Kapelle" bezeichnete Folterkammer mit den Resten ihres einstigen Instrumentariums, Winde, Leiter, etc. lassen erahnen, unter welchen Umständen damals Verhöre stattgefunden haben, kleiner Gruselfaktor inklusive.

Rathausplatz 2, unter dem Alten Rathaus. Mitte März bis Okt. tgl. 10–16.30 Uhr, im Winter nur Di–Fr 10–16.30 Uhr, während des Christkindlesmarktes tgl. 10–16.30 Uhr. Vom 24.12 bis 5.2. geschlossen. Der Besuch ist nur im Rahmen einer Führung möglich. Eintritt 4 €, erm. 1,50 €.

Nürnbergs zentraler Platz

Hauptmarkt

Der Hauptmarkt ist der zentrale Platz in der Altstadt und war einst der größte gepflasterte Marktplatz nördlich der Alpen. Heute finden hier zahlreiche Veranstaltungen statt, so das Bardentreffen und der weltberühmte Christkindlesmarkt. Weniger bekannt hingegen ist die Geschichte des Nürnberger Hauptmarktes: An seiner Stelle befand sich einst das erste jüdische Ghetto Nürnbergs, das 1349 im Rahmen eines Pogroms niedergerissen wurde. Mehr als 600 Juden wurden dabei vor den Toren

Sebalder Altstadt → Karte S. 52/53

Nürnberg im Kasten

Die Reichskleinodien – Insignien der Macht

Die Kleinodien des Heiligen Römischen Reiches Deutscher Nation waren mehr als bloße Symbole der Herrscherwürde. Der jeweilige König legitimierte seine Herrschaft durch ihren rechtmäßigen Besitz. Die Reichskleinodien – im Laufe von vielen Jahrhunderten zusammengetragen – übten einen fast magischen Bann aus, von dem sich Herrscher wie Beherrschte gleichermaßen angezogen fühlten. Der Kronschatz gliederte sich in drei Teile: die eigentlichen Insignien (Krone, Reichsapfel, Zepter, Reichs- und Zeremonienschwert), die Gewänder und die Heiltümer (u. a. Partikel des Heiligen Kreuzes).

Vor den Hussiten von Schloss Karlstein nach Ofen in Sicherheit gebracht, gelangten die Reichskleinodien 1424 in die Reichsstadt Nürnberg, deren Bedeutung als Aufbewahrungsort des Kronschatzes wuchs.

Bis zum Jahr 1523 wurden sie dem Volke am Hauptmarkt alljährlich in einer feierlichen Zeremonie zur Schau gestellt. Danach sind sie nicht mehr öffentlich gezeigt worden. In den Wirren der napoleonischen Kriege wurden sie 1796 zum Schutz vor den anrückenden Revolutionstruppen über Regensburg nach Wien transportiert, jedoch trotz Zusicherung nicht mehr zurückgegeben. Von 1938 bis 1946 gaben die Reichskleinodien nochmals ein kurzes Zwischenspiel in Nürnberg. Nach dem Anschluss Österreichs sollten die Reichskleinodien am politischen Wallfahrtsort der Nazis Kunde von den „großdeutschen" Träumen der Vergangenheit geben und dadurch Hitlers Pläne historisch legitimieren. Nach Kriegsende veranlassten die Amerikaner die Rückkehr der Reichskleinodien in die Wiener Hofburg, wo sie sich noch heute befinden.

der Stadt grausam ermordet; ihr Hab und Gut beschlagnahmten die Nürnberger, sofern nicht noch andere geistliche und weltliche Würdenträger Ansprüche erhoben. Auf den Trümmern der zerstörten Synagoge errichtete man die Frauenkirche, die mit ihrer eindrucksvollen Westfassade seither den Hauptmarkt dominiert.

Die Juden duften zwar nach wenigen Jahren zurückkehren (das neue Ghetto befand sich nordöstlich des Hauptmarktes in der Gegend der heutigen Wunderburg- und Judengasse), 1499 wurden sie allerdings ein zweites Mal vertrieben. Bis in die zweite Hälfte des 19. Jahrhunderts war es keinem Juden mehr erlaubt, innerhalb der Stadtmauern zu nächtigen; nur tagsüber waren Besorgungen in Begleitung extra zu entlohnender alter Frauen erlaubt. Nach einer kurzen Epoche der Toleranz und Liberalität führte die nationalsozialistische Machtübernahme zu einschneidenden Maßnahmen gegen die jüdische Bevölkerung. Auf dem Hauptmarkt, der damals in „Adolf-Hitler-Platz" umbenannt worden war, wurden 1935 während des sog. „Reichsparteitags der Freiheit" die Nürnberger Gesetze verkündet.

Frauenkirche:
älteste Hallenkirche Frankens

Gotische Kirchturmspitze

Schöner Brunnen

Der 19 Meter hohe, an eine gotische Kirchturmspitze erinnernde Schöne Brunnen wurde gegen Ende des 14. Jahrhunderts im Nordwesten des Hauptmarkts errichtet. Bewundernswert ist der reiche biblisch-höfische Figurenzyklus. Die zahlreichen Figuren stellen Allegorien der Philosophie und der Freien Künste sowie der vier Evangelisten, vier Kirchenväter, sieben Kurfürsten, neun Helden und in der obersten Reihe Moses und sieben Propheten dar. An der Süd- wie auch an der Nordseite befinden sich in den rautenförmig gekreuzten Eisenstäben zwei drehbare Ringe, denen nachgesagt wird, Wünsche in Erfüllung gehen lassen zu können. Der erst kürzlich restaurierte Brunnen ist aber nur eine knapp hundert Jahre alte Kopie aus Muschelkalk. Die wenigen erhaltenen und teilweise stark verwitterten Reste des steinernen Originals befinden sich größtenteils im Germanischen Nationalmuseum.

Kaiserliche Hofkapelle statt Synagoge

Frauenkirche

Die östliche Seite des Hauptmarkts wird von der spätgotischen Schaufassade der Frauenkirche dominiert. Die Kirche wurde auf Veranlassung von *Kaiser Karl IV.* von 1352 bis 1358 an der Stelle der abgebrochenen Synagoge errichtet.

Nürnberg im Kasten

Das Nürnberger Patriziat: eitel und machtbewusst

Das Patriziat war ein Geburtsstand, der seine eigentliche Erfüllung in der Politik und der Erfüllung öffentlicher Aufgaben für das Gemeinwesen sah. Bis zu der Verfassungsreform im Jahre 1794 konnten nur männliche Mitglieder der ratsfähigen Patrizierfamilien ein höheres politisches Amt bekleiden. Diese Familien (z. B. Muffel, Imhoff, Haller, Schopper) stammten ursprünglich aus der Reichsministerialität und durften ritterliche Wappen und seit 1276 – wie der Adel – den Titel „Herr" führen. Ausgestorbene oder weggezogene Familien wurden anfangs durch Neuzugänge ersetzt. Seit 1521 schottete sich das 43 Geschlechter umfassende Nürnberger Patriziat ab. Bis 1728 wurden – mit einer Ausnahme – keine neuen Familien mehr aufgenommen. Somit kann man das in Nürnberg herrschende politische System durchaus als Oligarchie bezeichnen. Aufgrund ihres Vermögens und ihrer Handelstätigkeit führten die Patrizier einen herrschaftlich-adeligen Lebensstil. Hiervon zeugen bis heute die vielen Herrensitze rund um Nürnberg.

Sebalder Altstadt → Karte S. 52/53

Ein symbolischer Akt, der die Überlegenheit der katholischen Kirche demonstrieren sollte. Die dreischiffige Frauenkirche ist die älteste Hallenkirche Frankens; ihr Gesamteindruck zeigt deutlich die Handschrift des Prager Dombaumeisters *Peter Parler*. Besonders eindrucksvoll ist die Westfassade mit dem sich seit 1509 dort befindlichen **Männleinlaufen.** Jeden Tag um 12 Uhr mittags laufen die sieben Kurfürsten um Kaiser Karl IV. herum, während die Musikanten ihre Instrumente bewegen. Eine blau-gelbe Kugel über der Uhr zeigt die Mondphasen an. Als Nürnberg im Jahre 1806 an das katholische Bayern fiel, stand den Katholiken kein adäquates Gotteshaus zur Verfügung, und so beanspruchten sie die Frauenkirche am Hauptmarkt, die sie ein paar Jahre später käuflich erwarben. Die Renovierung gestaltete sich jedoch langwieriger und teurer als gedacht, denn die protestantischen Vorbesitzer bauten das gesamte bewegliche Inventar aus der Frauenkirche aus: Neben dem Altar, der Orgel, der gesamten Bestuhlung und den Fußbodenfliesen fiel sogar das bekannte „Männleinlaufen" dieser Aktion zum Opfer. Ein paar Jahrzehnte später wurde es jedoch wieder eingebaut. Von der einst umfangreichen Ausstattung der Frauenkirche ist fast nichts mehr erhalten. Der **Tucheraltar** (um 1445), dessen Triptychon Verkündigung, Kreuzigung und Auferstehung zeigt, stammt aus der abgerissenen Augustinerkirche.

Brückenbaukunst der Spätrenaissance

Fleischbrücke

Die zwischen 1596 und 1598 errichtete Steinbogenbrücke gilt als technisches Meisterwerk, da sie die Pegnitz ohne einen Mittelpfeiler und mit einer für die damalige Zeit ungewöhnlich flachen Bogenform überspannt. Mehr als 2.000 Eichenpfähle mussten dafür in das schlammige Flussbett gerammt werden. Eine derartige Konstruktion war notwendig, weil ein Mittelpfeiler der Strömung zu viel Widerstand geboten hätte und die Brücke mit Fuhrwerken befahrbar sein sollte. Als erstes Bauwerk in Bayern wurde die Fleischbrücke im Jahre 2011 mit dem Titel „Historisches Wahrzeichen der Ingenieurbaukunst in Deutschland" ausgezeichnet. Der Name geht auf die Schlachtbänke des benachbarten Fleischhauses zurück, an das noch ein steinernes Ochsenportal mit der lateinischen Inschrift erinnert: *Omnia habent ortus suaque in crementa sed ecce quem cernis nunquam bos fuit hic Vitulus* („Alle Dinge haben einen Anfang und ein Wachstum, aber der Ochse, den du hier siehst, ist niemals ein Kalb gewesen").

Versorgung von Bedürftigen

Heilig-Geist-Spital

Der Nürnberger Kaufmann und Reichsschultheiß *Konrad Groß*, einer der reichsten Männer seiner Zeit, war um seinen Seelenfrieden besorgt. Vorsorgend stiftete er 1331 das Heilig-Geist-Spital. Die Alten und Bedürftigen, die hier eine Unterkunft fanden, mussten zum Dank dafür täglich mehrmals für das Seelenheil des Stifters beten. Der ursprüngliche Bau wurde später einige Male verändert; bei einer dieser Erweiterungen entstanden die beiden den Fluss überspannenden Wasserbauten (um 1500). Noch heute ist in einem Teil des Gebäudes ein Altenheim untergebracht. Von 1424 bis 1796 waren in der im Zweiten Weltkrieg zerstörten Kirche des Heilig-Geist-Spitals die Reichskleinodien untergebracht.

Nürnbergs Meistersinger

Hans-Sachs-Denkmal

Hans Sachs (1494–1576), Schuhmacher und Poet, erfreute sich auch nach seinem Tod einer steten Beliebtheit, seine Schwänke und Fastnachtslieder wurden wieder und wieder gespielt. So ist es verständlich, dass man an seine Person mit einem Denkmal erinnern wollte. Damit erhielt der nach Albrecht Dürer wohl populärste Nürnberger eine im Sinne des denkmalverrückten Kaiserreichs angemessene Würdigung. In der Nähe seines im Zweiten Weltkrieg zerstörten Wohnhauses wurde 1874 das von *Konrad Kraußer* entworfene Hans-Sachs-Denkmal enthüllt. Es zeigt den berühmten Schuhmacher und Poeten, wie er auf einem Sockel sitzend inmitten seiner Bücher thront.

Zerstörte Synagoge

Synagogengedenkstein

In der Nähe des Hans-Sachs-Denkmals erinnert ein Gedenkstein an ein

Heilig-Geist-Spital

Nürnberg im Kasten

Die Nürnberger Gesetze: „Legalisierung" der Unmenschlichkeit

Am 15. September 1935 wurden während des Reichsparteitags auf einer Sondersitzung des Deutschen Reichstages die Nürnberger Gesetze erlassen. Es handelte sich dabei um zwei Gesetze: das „Gesetz zum Schutz des deutschen Blutes und der deutschen Ehre" und das „Reichsbürgergesetz". Das „Blutschutzgesetz" definierte den Judenbegriff bis hin zum Viertel- und Achteljuden, verbot Ehen und außerehelichen Geschlechtsverkehr zwischen Juden und „Ariern" und bedrohte „Blutschänder" mit schweren Strafen bis hin zur Sterilisation und Todesstrafe. Aufgrund des zweiten Gesetzes wurden Juden zu Einwohnern mit minderen Rechten deklariert.

unrühmliches Kapitel der Nürnberger Geschichte. Bereits drei Monate vor (!) der „Reichskristallnacht" wurde die Nürnberger Hauptsynagoge abgerissen, um das „ehrwürdige Nürnberger Altstadtbild zu säubern", wie es Julius Streicher formulierte. Die im Jahre 1874 vollendete Synagoge war jahrzehntelang das Symbol für den schnellen Aufstieg der Nürnberger Judengemeinde, bis die Nationalsozialisten den damit verbundenen Hoffnungen und Wünschen ein jähes Ende setzten. Heute erinnert nur noch dieser große Gedenkstein an das im maurischen Stil errichtete jüdische Gotteshaus.

Gefängnis für Zahlungsunfähige

Männerschuldturm

Im Zuge der Verbindung der beiden Mauerhälften über die Pegnitz entstand 1323 der Männerschuldturm als Teil der vorletzten Stadtbefestigung auf der Vorderen Insel Schütt. Wie der Name vermuten lässt, fristeten in ihm Männer ihr Leben, die den finanziellen Forderungen ihrer Gläubiger nicht mehr nachkommen konnten oder wollten. Arme Teufel, die über keinerlei Geldreserven verfügten, schmachteten oft jahrelang im Schuldturm; ihre einzige Hoffnung war, dass der Gläubiger der Sache überdrüssig wurde oder ein Einsehen hatte. Eine weitere Möglichkeit für die Freilassung war, dass dem Gläubiger die Angelegenheit zu teuer wurde, denn er musste für den Unterhalt des Gefangenen selbst aufkommen.

Früher Hort der Bildung

Egidiengymnasium

Das Gymnasium St. Egidien entstand 1526 in den Räumen des ehemaligen Schottenklosters und wurde auf Anregung von *Philipp Melanchthon* (vor dem Eingang befindet sich sein Denkmal aus dem Jahre 1826) gegründet. Es sollte seinen Unterricht gemäß den humanistisch-reformatorischen Bestrebungen am Studium der Bibel in der Ursprache ausrichten. In den Jahren 1697–99 war das ein Jahr zuvor abgebrannte Gymnasium nach den Plänen von Johann Trost wieder errichtet worden. Das Ergebnis war ein schlichter und edler, durch Lisenen gegliederter zweistöckiger Barockbau mit Walmdach und dreiachsigem Mittelrisalit.

Barocke Neuschöpfung

Egidienkirche

Es gibt nur wenige repräsentative Barockbauten in Nürnberg, da die Reichsstadt im Barockzeitalter bereits ihren Glanz verloren hatte; eine Ausnahme stellt die Egidienkirche dar. Nachdem der auf ein ehemaliges Schottenkloster zurückgehende Vorgängerbau 1696 durch einen Brand

Sebalder Altstadt → Karte S. 52/53

fast vollständig zerstört worden war, entschloss man sich 1711, auf den alten Mauerresten einen Neubau zu errichten. Die Egidienkirche stellte das größte städtische Bauvorhaben dar, das der Nürnberger Rat im 18. Jahrhundert durchführen ließ. Das Ergebnis war eine eindrucksvolle, selbstständige barocke Neuschöpfung von *Johann* und *Gottlieb Trost*. Der Bau vertrat die nüchtern-klassische Richtung des Barock. Die Stuckaturen stammten von dem Italiener *Donato Polli*, fielen jedoch 1945 größtenteils den Flammen zum Opfer. Weitgehend erhalten geblieben sind jedoch drei aneinandergebaute mittelalterliche Kapellen, die schon den Brand im Jahre 1696 überstanden hatten. Vom südlichen Querschiff aus gelangt man zunächst in die *Wolfgangskapelle*, die aus dem 15. Jahrhundert stammt. Der Bau der sich anschließenden *Euchariuskapelle* wird gar in die erste Hälfte des 12. Jahrhunderts datiert, als hier noch ein Königshof existierte. Die Schmuckgliederung der Wände dürfte von den aus Regensburg zugewanderten Schottenmönchen beeinflusst worden sein. Den Abschluss bildet die 1345 gestiftete *Tetzelkapelle* mit dem sehenswerten Landauergrabmal von *Adam Kraft* (1503) und die von der Gotik bis zum Barock reichenden Tetzelschen Totenschilde, eine für Nürnberger Patrizierkirchen typische Gedächtnisform.

Die Besichtigung der drei Kapellen ist nur nach vorheriger Anmeldung beim Pfarramt St. Egidien möglich; dort erhält man auch den Schlüssel. ✆ 0911/2141142 (nur 8–12 Uhr). www.egidienkirche.de.

Einst schönster Bürgersitz des Reiches

Pellerhaus

Der **Egidienplatz** wird optisch weniger von der barocken Egidienkirche als vom Pellerhaus – und einer Vielzahl parkender Autos – beherrscht. Die Spuren des letzten Krieges sind beim Pellerhaus nicht zu übersehen; nur noch das Erdgeschoss, der Treppenturm und – teilweise – die Hoffassaden der Obergeschosse sind erhalten geblieben, der Rest wurde in den fünfziger Jahren wieder aufgestockt. Vor seiner Zerstörung im Jahr 1945 war das Pellerhaus das eindrucksvollste und glänzendste der Nürnberger Bürgerhäuser, mehr noch, es wurde gar als „schönster Bürgersitz des ganzen Reiches" gerühmt. Das zu Beginn des 17. Jahrhunderts ganz im Stil der deutschen Spätrenaissance errichtete Haus mit seinem Arkadenhof kostete die immense Summe von 40.000 Gulden, das war 1000-mal mehr, als ein Handwerker im Jahr verdiente. Der Bauherr, der so viel Geld investierte, war kein Nürnberger, sondern

Nürnberg im Kasten

Der „Weltgeist" in den Stadtmauern

Georg Wilhelm Friedrich Hegel, ein enger Freund Hölderlins und Schellings sowie Verfasser des umfassendsten und einheitlichsten Gesamtwerks der deutschen Philosophie aus der Zeit des Deutschen Idealismus, war von 1808 bis 1816 in Nürnberg als Rektor der „Königlichen Gymnasialanstalt" und als Philosophieprofessor tätig. Hier vollendete er sein zweites philosophisches Hauptwerk, „Die Wissenschaft der der Logik", das zwischen 1812 und 1816 im Nürnberger Verlag Schrag veröffentlicht wurde. In Nürnberg heiratete er – trotz der Vorbehalte der Brauteltern gegen eine Ehe mit einem Bürgerlichen – *Marie Freiin von Tucher*, die schräg gegenüber dem Gymnasium im Tucherhaus auf dem Egidienberg lebte. 1816 verließ Hegel Nürnberg und folgte einem Ruf als Universitätsprofessor nach Heidelberg.

der aus Radolfzell am Bodensee stammende Kaufmann *Martin Peller*. Das mächtige und imposante Pellerhaus zeugte weniger von dem Raumbedarf als von dem Willen des damals wahrscheinlich wohlhabendsten Kaufmanns der Stadt, seinen Reichtum und seine Macht zur Schau zu stellen und sich dadurch jenes Ansehen zu verschaffen, das ihm die alteingesessenen Patrizierfamilien verwehrten. Peller blieb in ihren Augen gewissermaßen ein Fremder; erst 1730 wurde die Familie Peller für gerichtsfähig erklärt, ratsfähig wurde sie sogar erst 1788.

Die Eingangshalle und der Innenhof sind nur eingeschränkt geöffnet. Ein Modell des Pellerhauses und Teile seiner reichen, vor den Kriegszerstörungen geretteten Einrichtung – darunter das sehenswerte „Schöne Zimmer“ – sind im Stadtmuseum (Fembohaus) zu sehen.

Ehemaliges Stadttor

Laufer Schlagturm

Der Laufer Schlagturm ist eines von zwei erhaltenen Stadttoren der vorletzten Stadtbefestigung. Der schlanke Sandsteinquaderbau mit seiner spitzbogigen Tordurchfahrt und den Ausweichnischen dürfte kurz nach 1250 entstanden sein. Nördlich des Turmes schließt sich ein kurzes erhaltenes Stück der alten Stadtmauer und die nicht öffentlich zugängliche Landauerkapelle an. Direkt neben dem Laufer Schlagturm bietet die „Meisengeige“, eine fast schon legendäre Szenekneipe, seit rund 40 Jahren ihren Gästen erstklassigen Cappuccino.

Sommersitz der Nürnberger Patrizierfamilie

Tucherschloss

Das repräsentative Garten- und Sommerhaus der Familie *Tucher* wurde 1533–1544 im Stil französischer Renaissanceschlösser errichtet. Nach starken kriegsbedingten Zerstörungen erfolgte in den 1960er Jahren der Wieder-

Der Laufer Schlagturm – gespiegelt

aufbau bzw. die Restaurierung. Das mit Kunst- und Einrichtungsgegenständen von der Tucher'schen Familienstiftung ausgestattete Tucherschloss vermittelt einen guten Einblick in die Wohnkultur Nürnberger Patrizier. Zu sehen sind unter anderem Gemälde von Wolgemut, Schäufelein und Lenbach, Wandteppiche aus dem 15. bis 17. Jahrhundert, Emaillearbeiten und die Familien-Genealogie der Tucher. Im neu gestalteten Garten des Schlosses befindet sich der **Hirsvogelsaal**, eines der schönsten deutschen Interieurs aus der Renaissancezeit. Um die Einrichtung des Saals, die den Zweiten Weltkrieg in den Felsenkellern unbeschadet überstanden hat, ansprechend präsentieren zu können, errichtete man im Juni 2000 nur einen Steinwurf weit von seinem ursprünglichen Standort entfernt einen Neubau.

Hirschelgasse 9–11. Mo 10–15 Uhr, Do 13–17 Uhr, So 10–17 Uhr. Eintritt 6 €, erm. 1,50 € (9 € als Tageskarte für 7 Museen).

Historische Arbeitersiedlung

Sieben Zeilen

Ein Beispiel für die umsichtige Wirtschaftspolitik des Rates sind die Sieben Zeilen. Der Rat der Stadt war sehr darum bemüht, wichtige Handwerkszweige innerhalb seiner Mauern zu wissen. So entschloss er sich 1488, zwanzig oberschwäbische Barchentweber mit ihren Familien anzuwerben und ihnen das normalerweise nicht unerhebliche Bürgergeld zu erlassen. Da nicht genügend Unterkunftsmöglichkeiten vorhanden waren, ließ der Rat auf eigene Kosten mehrere Weberhäuser errichten. Damit war in Deutschland eine der frühesten sozialen Wohnsiedlungen entstanden, die zum Wegbereiter der späteren Augsburger Fuggerei wurde – ein sozialgeschichtliches Dokument von europäischer Bedeutung. Die auf dem Terrain des zugeschütteten vorletzten Stadtgrabens gebauten Sieben Zeilen zeugen aber auch davon, wie leicht das Bürgerrecht zu erwerben war, wenn die hierfür notwendigen wirtschaftlichen Voraussetzungen gegeben waren. Steht man heute vor den Sieben Zeilen mit ihren jeweils drei aneinandergebauten Häusern, muss man leider feststellen, dass die 21 Häuser allesamt nach dem Krieg neu errichtet worden sind, die Bombenangriffe des Zweiten Weltkrieges hatten das einzigartige Ensemble fast vollständig zerstört. Die südlichste der Sieben Zeilen, die nur geringfügig beschädigt worden war, fiel allerdings erst Anfang der siebziger Jahre der Euphorie des Wiederaufbaus zum Opfer. Es wurde ein fast identischer Neubau errichtet, anstatt die in Mitleidenschaft gezogene „Zeile" zu restaurieren.

Praktische Infos

→ Karte S. 52/53

Essen & Trinken

meinTipp: Essigbrätlein **20** Ausgefallene und kreative Küche in einem kleinen, urigen Fachwerkhaus. Das Essigbrätlein ist das mit Abstand beste Restaurant Nürnbergs (zwei Michelin-Sterne!), auch den Testessern von Gault-Millau war das Restaurant 18 von 20 möglichen Punkten wert. Der von Gault-Millau zum „Koch des Jahres 2012" gekürte Koch Andree Köthe und sein Kompagnon Yves Ollech haben ihre „Gewürzküche" längst zu einem Markenzeichen gemacht und überraschen mit teilweise sehr ungewöhnlichen Geschmackskreationen, wobei sie viel Wert auf regionale Produkte legen und ihr Gemüse und Fleisch von ausgesuchten Bio- und Demeterlieferanten beziehen. Statt Meeresfischen setzt man verstärkt auch auf Süßwasserfische, wie den auch als Donaulachs bezeichneten Huchen. Die Geschmacksnerven vollziehen wahre Freudensprünge. Krönender Abschluss sind die selbstgemachten Schokoladenplatten zum Kaffee/Espresso. Nicht zu vergessen: das hervorragende Weinangebot. Mehrgängiges Menü (auch vegetarisch) mittags 100 oder 110 €, abends ab 150 € für vier Gänge oder 180 € für ein 7-Gänge-Menü, Weinbegleitung 69–135 €. Eine telefonische Reservierung ist empfehlenswert. Di–Sa 12–14 und 19–22.30 Uhr. Am Weinmarkt 3, ✆ 0911/225131. www.essigbraetlein.de.

Gourmettempel Essigbrätlein

Abendstimmung an der Pegnitz

Brasserie Nitz **34** Der Name deutet es an: Hier wird klassische französische Küche serviert. Von der Meeresfrüchteplatte (49 € für 2 Pers.) über Moules frites (16 €) bis hin zu Austern, Steak tartare (17 €) und Maispoularde. Schöne Terrasse mit Blick auf die Pegnitz. So–Di Ruhetag. Augustinerhof 1, ✆ 0911/376766 270. https://brasserie-nitz.de.

Prison St. Michel **12** Im urigen Ambiente eines alten Fachwerkhauses wird zwar nicht ausgezeichnete, aber doch eine passable französische Küche geboten. Drei-Gang-Menü 32,90 €. Tgl. 19–1 Uhr. Irrerstr. 2, ✆ 0911/221191. www.facebook.com/pages/Prison-St-Michel-an-der-Burg/153123811406518.

Einzimmer Küche Bar **22** Klein, aber fein könnte das Motto dieses vorzüglichen Restaurants sein. Tim Kohler zaubert auf engem Raum wunderbare Gaumenfreunden, die Gault Millau mit 13 Punkten bewertet hat. Di–Sa 18–22 Uhr, Do–Sa auch 12–14 Uhr. Schustergasse 10, ✆ 0911/66463875. www.einzimmerkuechebar.de.

Sebald **14** Seit Jahren eine sichere Bank für eine ansprechende internationale Küche. Unter hohen Decken tafelt es sich vorzüglich, noch schöner sitzt man auf der großen Straßenterrasse. Hauptgerichte rund 25 €. Weinmarkt 14, ✆ 0911/381303. www.restaurant-sebald.de.

Engelhardts **17** Ein kulinarisches Highlight im Erdgeschoss des Hotel Elch. Vorzügliche thailändische Küche, freundlicher, unaufdringlicher Service, schöne Räumlichkeiten. Schöne Straßenterrasse. Alle Zutaten sind biozertifiziert und stammen aus der Region. Ein großes Lob verdient das Angebot an offenen Weinen! Keine Kreditkarten. Mo–Sa 17.30–23.30 Uhr. Irrerstr. 9, ✆ 0911/203302. http://engelhardts-nuernberg.de.

Mein Tipp **Globo** **13** Ein sehr ansprechendes Restaurant mit einer Mischung von regionaler und internationaler Küche, so bei einem Ceviche von der Erlanger Lachsforelle als Vorspeise. Abwechslungsreiche Hauptgerichte (Geschmortes vom fränkischen Rind mit Kümmel-Liebstöckel-Schmand) für 17–25 €. Schöne Straßenterrasse. So Ruhetag, Theresienplatz 1, ✆ 0911/25355515. www.globorestaurant.de.

Bratwurst-Röslein **24** Hier hat auch schon „der Kanzler der Einheit" seine 6 mit Kraut verspeist – oder waren es vielleicht doch ein Dutzend mehr? Auffallend sind die günstigen Preise,

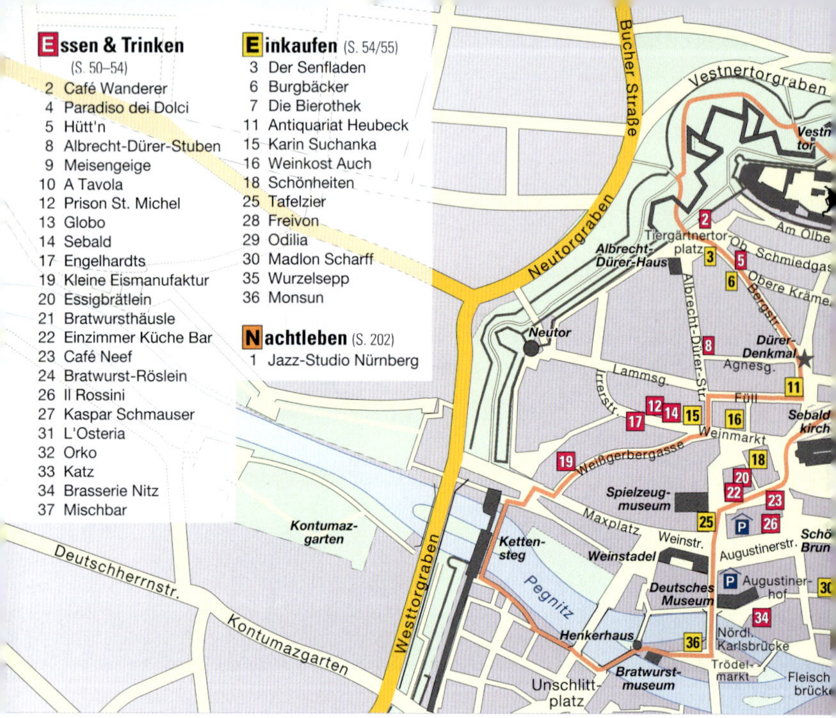

egal, ob Schäufele (15,90 €) oder Bratwurstgulasch (9,90 €). Die Räumlichkeiten sind riesig und können ganze Busgruppen aufnehmen; es mangelt daher an Charme. Straßenterrasse. Tgl. 10–24 Uhr. Obstmarkt 1, ✆ 0911/214860. www.bratwurst-roeslein.de.

Bratwursthäusle **21** Hier, direkt neben der Sebalduskirche und dem Rathaus, erfreut sich auch die lokale Prominenz an den fingerdicken Bratwürsten auf Buchenholzscheiten. Große Terrasse. Mo–Sa 11–22 Uhr, So 11–17 Uhr. Rathausplatz 1, ✆ 0911/227695. www.die-nuernberger-bratwurst.de.

meinTipp Albrecht-Dürer-Stuben **8** Nun, das Ambiente mit seinen zahllosen Dürerdarstellungen schrammt hart am Kitschfaktor vorbei, aber in diesem schönen Fachwerkhaus gibt es das wohl beste fränkische Essen in der Altstadt! Die saisonale Küche bietet im Winter auch Gänsebraten, aber zu den ganzjährigen Klassikern gehört eine fränkische Kartoffelsuppe (2,80 €) ebenso wie das Schäufele (12 €). Mo–Sa 18–24 Uhr, Fr und So 11.30–14.30 Uhr. Von Juni bis Aug. So geschlossen. Albrecht-Dürer-Str. 6, ✆ 0911/227209. www.albrecht-duerer-stube.de.

A Tavola **10** Neben dem Feinkostladen Il Nuraghe werden in dem italienischen Restaurant leckere Vorspeisen und Nudelgerichte aus Sardinien serviert. Hervorragendes Preis-Leistungs-Verhältnis. Schönes Ambiente mit offenen Weinregalen. Mo–Sa 11–22 Uhr. Theresienplatz 7, ✆ 0911/337687. https://bar-italiano-a-tavola.business.site.

Il Rossini **26** Im ehemaligen Café Central verbreitet dieses Restaurant trotz der modernen Räumlichkeiten etwas vom Flair einer typischen Trattoria, rot-weiß karierte Tischdecken inklusive, während die Köche hinter einer Glasscheibe vor sich hinwerkeln. Lecker sind die riesigen Pizzen, die leicht für zwei reichen, phantastisch auch die *Paccheri al Ragú d'anatra* für 13,50 €. Das Preis-Leistungs-Verhältnis ist moderat, die offenen Hausweine kosten nur 4,50 € und sind durchaus trinkbar. Schöne, große Straßenterrasse. Mo–Sa 11–23, So 15–23 Uhr. Augustinerstr. 2, ✆ 0911/5094417. https://il-rossini.de.

L'Osteria **31** dieser Italiener bietet ein phantastisches Pizzaangebot: Knusprig, mit frischen Zutaten und wagenradgroß werden sie serviert (reicht für zwei). Große Straßenterrasse. Tgl. 11–23 Uhr. Hans-Sachs-Platz 14, ✆ 0911/992 86635. https://losteria.net.

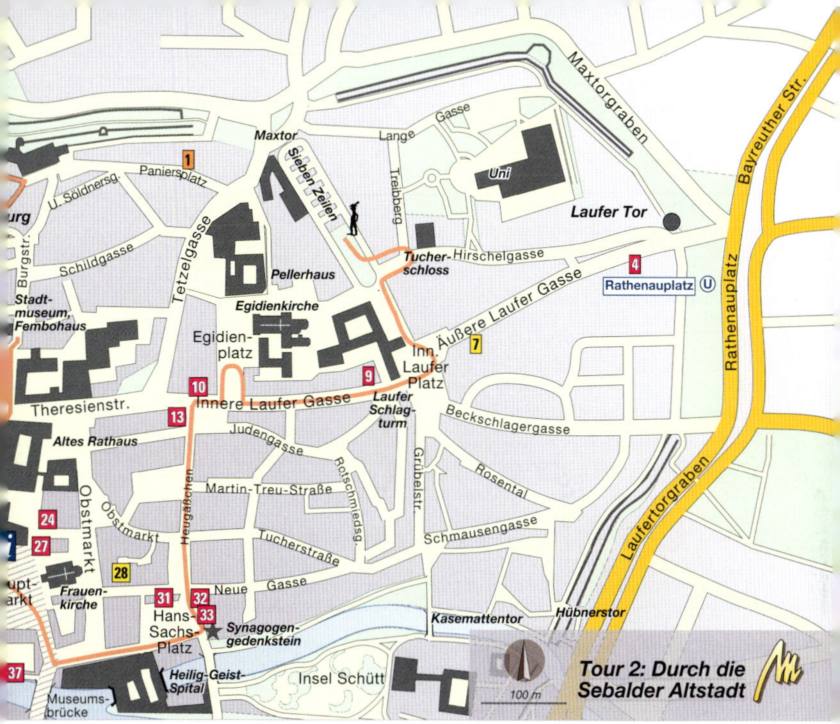

Mischbar 37 Direkt an der Pegnitz sitzt man hier unter den Arkaden und kann sich an den leckeren Smoothies, Bagels, Wraps, Salaten sowie wechselnden Suppen oder Currys erfreuen. Schöne schattige Terrasse. Mo–Do 10–21 Uhr, Fr und Sa 10–22 Uhr. Hauptmarkt 2, ✆ 0911/5689560. www.mischbar.net.

MeinTipp **Café Katz 33** Direkt beim Heilig-Geist-Spital gelegen, ist dies derzeit der „Place to be". Vor allem die große Terrasse, die spätabends in der Sonne liegt ist heiß begehrt. Im Inneren wirkt die Einrichtung ein wenig zusammengewürfelt, aber sehr charmant. Es gibt leckere Kuchen und kleine Häppchen, so Piadine, Salate oder selbstgemachte Suppen. Tgl. 11–1 Uhr, Fr/Sa bis 2 Uhr. Hans-Sachs-Platz 8, ✆ 0911/23690526. Facebook.

Orko 32 Direkt neben dem Katz wurde im Februar 2022 ein neues Café eröffnet, das am Wochenende in einen Barbetrieb übergeht. Serviert werden Häppchen, darunter leckere Wohlleben-Kuchen. Große Straßenterrasse. Tgl. 10–18 Uhr, Fr und Sa abends bis 24 Uhr, So 12–18 Uhr. Hans-Sachs-Platz 10.

Hütt'n 5 Aufgrund der Lage am Tiergärtnertorplatz finden auch zahlreiche Touristen zufällig den Weg hierher, aber unter den Gästen sind auch viele Nürnberger, die eine bodenständige fränkische Küche zu zivilen Preisen und großen Portionen (Schnitzel!) zu schätzen wissen. Schäufele 13,90 €. Große Straßenterrasse. Tgl. 11–24 Uhr, Sa bis 0.30 Uhr, So bis 22.30 Uhr. Bergstr. 20, ✆ 0911/2019881. www.huettn-nuernberg.de.

Paradiso dei Dolci 4 Ein wahres Paradies für Schleckermäuler! Sizilianisch inspirierte Köstlichkeiten wie Torta di Mandorla, Cannolo Siciliano oder Eis mit Brioche werden hier zubereitet. Straßenterrasse. Di–Fr 9–18.30, Sa/So 10–18.30 Uhr. Äußere Laufer Gasse 24, ✆ 0911/95648924. www.paradisodeidolci.de.

Kaspar Schmauser 27 Direkt am Hauptmarkt gibt es hier leckere Bowls, Currys, Suppen und Salate – und alles vegetarisch und vegan. Es gibt auch Kaffee oder Matcha, wahlweise mit Kuh- oder Hafermilch. Straßenterrassse. Tgl. 10–21.30, Sa/So bis 22.30 Uhr. Hauptmarkt 16, ✆ 0911/14965970. www.kaspar-schmauser.de.

Cafés

Meisengeige 9 Direkt neben dem Laufer Schlagturm gelegene Szene-Kneipe mit beinahe legendärem Ruf. Das Publikum setzt sich aus Künstlern, Intellektuellen und solchen, die sich dafür halten, zusammen. Selbst der ZEIT war die „Geige" schon ein paar Lobeshymnen wert. Etwas beengte Verhältnisse, hervorragender Kaffee. Auch wenn im Winter wegen der Kälte in ganz Nürnberg keiner mehr im Freien sitzt, hier harrt sicherlich jemand aus, bis die letzten Stühle eingesammelt werden. Tgl. ab 15.30 Uhr. Am Laufer Schlagturm 3, ✆ 0911/208283.

Kleine Eismanufaktur 19 Gilt als beste Eisdiele der Stadt! Die liebevollen Eiskreationen erfreuen sich größter Beliebtheit, so beispielsweise die Sorte Fleur de Sel/Crème Brûlée. Zumeist wird auf Bioprodukte zurückgegriffen. Tgl. 12–20 Uhr. Weißgerbergasse 28. https://kleine-eismanufaktur.de.

MeinTipp **Café Wanderer 2** Das denkmalgeschützte Fuhrmannsstübchen gegenüber dem Dürerhaus ist zwar winzig, doch wenn bei schönem Wetter die große Terrasse geöffnet hat, sitzt man auf dem wohl schönsten Platz Nürnbergs. Leckerer Cappuccino! Selbstbedienung. Di–Sa 10–19 Uhr, So 12–19 Uhr, im Sommer tgl. 10–2 Uhr (Terrasse bis 24 Uhr). Weihnachten bis Febr. Betriebsferien. Beim Tiergärtnertor 2–6, ✆ 0911/3666334. www.cafe-wanderer.de.

MeinTipp **Café Neef 23** Kleines, alteingesessenes Café, das für seine ausgezeichneten Backwaren und Torten in ganz Nürnberg gerühmt wird. Allerdings kein klassisches Kaffeehaus, deshalb nur wenige Plätze in den jüngst renovierten Innenräumen. Straßenterrasse mit Blick auf die Sebalduskirche. Mo–Fr 8.30–18 Uhr, Sa 8.30–17 Uhr. Winklerstr. 29, ✆ 0911/225179. www.confiserie-neef.de.

Einkaufen

Die Bierothek 7 Ein Paradies für Bierliebhaber! Mehr als 300 verschiedene Biere aus zahlreichen Ländern, aber selbstverständlich auch aus Franken. Es werden auch Bierseminare veranstaltet. Mo–Sa 12–20 Uhr. Äußere Laufer Gasse 8, ✆ 0911/49068106. https://bierothek.de/stores/nuernberg.

Wurzelsepp 35 Erlesene Gewürze, Teesorten, Kräuter und Bonbons. Mo–Fr 9.30–19 Uhr, Sa 9.30–18 Uhr. Hauptmarkt 1, ✆ 0911/226612. www.wurzelsepp-nuernberg.de.

MeinTipp **Burgbäcker 6** In der am Dürerplatz gelegenen Filiale der Bäckerei Düll gibt es die besten Nürnberger Lebkuchen, so schwer und nussig, dass man süchtig werden könnte … Allerdings nicht den günstigeren „Bruch" kaufen, das lohnt sich nicht, denn diese Lebkuchen sind wesentlich dünner. Mo–Fr 7–18 Uhr, Sa 7–13 Uhr. Bergstr. 23. www.lebkuchen-nuernberg.com.

Bike-Event vor dem Rathaus

Nächtliche Pegnitzidylle

Sebalder Altstadt → Karte S. 52/53

Madlon Scharff 30 Ein weiterer Tee- und Kräuterladen beim Hauptmarkt, der durch seine liebevolle Tante-Emma-Einrichtung gefällt und hauptsächlich von Einheimischen frequentiert wird. Wer will, kann sich hier auch seine individuellen Teemischungen (ohne Aromazusätze) zusammenstellen lassen. Mo–Fr 9.30–17.30 Uhr, Sa 9.30–14.30 Uhr. Tuchgasse 4, ✆ 0911/224002.

Der Senfladen 3 Direkt beim Tiergärtnertorplatz finden hier Senfliebhaber Senf in über 230 Variationen, vom Altfränkischen Biersenf bis hin zu Bärlauch Senf und einem höllisch scharfen Chili-Diavolo-Senf. Di–Fr 12–18 Uhr, Sa 11–18 Uhr. Bergstr. 27, ✆ 0911/3944977. https://senfladen.bayern.

Weinkost Auch 16 Gibt es in Nürnberg eine bessere Adresse für eine Weinhandlung als den stimmungsvollen Weinmarkt? In minimalistischem Ambiente bietet Karlheinz Auch hier edle Tropfen (auch Bio) an. Mi–Sa 14–20 Uhr, ab 17 Uhr öffnet die „Weinbar“. Weinmarkt 10, ✆ 0911/221670. www.weinkostauch.de.

Karin Suchanka 15 Ebenfalls am Weinmarkt, individuelle Designtaschen für jeden Anlass und Geschmack. Di–Fr 11–18 Uhr, Sa 11–16 Uhr. Weinmarkt 12 a, ✆ 0911/9374330. www.feinetaschen.de.

Schönheiten 18 Schräg gegenüber bietet diese phantasievolle Dekorationsnäherei zahlreiche „Einfälle aus Stoff“, vom Sofakissen über Schals bis hin zu Vorhängen und Stulpen für den Unterarm. Di–Fr 11–18 Uhr, Sa 11–16 Uhr. Weinmarkt 12, ✆ 0911/2774263.

Freivon 28 Hier gibt es zahlreiche Lebensmittel unverpackt. Eigene Behälter mitbringen. Mo–Fr 10–19 Uhr, Sa 10–17 Uhr. Hans-Sachs-Gasse 9, ✆ 0911/25314544. www.freivonladen.de.

Tafelzier 25 Eine noble Patisserie. Im Angebot sind Macarons, Éclairs und Choux sowie französische Backwaren. Tgl. 9–19 Uhr, Sa 14–17 Uhr. Weintraubengasse 2, ✆ 0911/13137340. www.tafelzier.de.

Odilia 29 Eine edle Schokoladenmanufaktur mit verführerischen Bio-Dattel-Produkten. Mo–So 10–19 Uhr, Hauptmarkt 11, ✆ 0911/24466577. https://odilia.de.

Monsun 36 Individueller Silberschmuck aus Asien. Mo–Mi 11–18 Uhr, Do und Fr 11–19 Uhr, Sa 11–17 Uhr. Trödelmarkt 34, ✆ 0911/223165.

Antiquariat Heubeck 11 Man kann zwar auch im Internet nach alten Büchern suchen, doch ersetzt dies das Stöbern nach Zufallsfunden nur schwer. Selbstverständlich finden sich hier in der Altstadt auch viele Titel über Nürnberg und Franken. Mo–Fr 10–18 Uhr, Sa 10–16 Uhr. Albrecht-Dürer-Platz 3, ✆ 0911/205 9971. www.antiquariat-heubeck.de.

Südlich der Pegnitz

Tour 3

Im Gegensatz zur „feineren“ Sebalder Altstadt wurde die Lorenzer Altstadt schon immer von einfacheren Leuten bewohnt. Südlich der Pegnitz befand sich im Spätmittelalter das Frauenhaus, und es verwundert nicht, dass hier heute noch die „sündige Meile“ Nürnbergs zu finden ist.

- **Germanisches Nationalmuseum**, Dürer, Behaim-Globus und mehr, S. 66
- **Lorenzkirche**, sakrale Gotik, S. 63
- **Neues Museum**, grandioser Museumsbau mit moderner Kunst, S. 59
- **Mauthalle**, imposanter Kornspeicher. S. 60
- **DB-Museum**, ein Highlight für Eisenbahnfreunde, S. 68

Shopping und Kultur

Lorenzer Altstadt

Während in der Sebalder Altstadt noch eine größere Anzahl an Wohnungen existiert, hat sich die Lorenzer Altstadt fast ausschließlich zu einem Geschäfts- und Büroviertel mit einer sich über mehrere Straßenzüge erstreckenden Fußgängerzone entwickelt. Die Pfannenschmiedsgasse und die Breite Gasse sind das Herz der 1966 angelegten autofreien Zone. Seither breitet sie sich unaufhaltsam aus.

Spaziergang

Die Tour startet am Nürnberger **Hauptbahnhof**, der gewissermaßen die Eingangspforte zur Lorenzer Altstadt darstellt. Vom Bahnhofsvorplatz ist der **Frauentorturm** nicht zu übersehen: Der charakteristische Rundturm ist Teil der mächtigen Befestigungsanlagen, die das mittelalterliche Nürnberg einst beschützten. Direkt hinter dem Frauentorturm öffnet sich der Eingang zum **Handwerkerhof**, auf dessen kopfsteingepflasterten Gassen allerlei Handwerkskunst angeboten wird. Auf der anderen Straßenseite markiert ein moderner Glaskubus den Eingang zum **Kunsthaus K 4**, das unter seinem früheren Namen KOMM 1981 für bundesweite Schlagzeilen sorgte, als sich hier die größte Massenverhaftung der deutschen Nachkriegsgeschichte ereignete.

Entlang der Königstraße gelangt man direkt zur Mauthalle, wobei sich noch zwei Abstecher anbieten: Durch eine schmale Gasse kann man bereits einen Blick auf die Glasfassade des **Neuen Museums** werfen. Dieses besitzt nicht nur eine interessante Sammlung aus den Bereichen Design und moderner Kunst, sondern ist auch ein architektonisch anspruchsvoller Bau. Etwas versteckt an der Königstraße liegt auch die **Klarakirche**.

Hundert Meter weiter trifft man auf die **Mauthalle,** einen mächtigen Sandsteinbau, der einst als Kornspeicher genutzt wurde. Direkt daneben steht das Warenhaus **Kaufhof,** an dessen Architektur sich einst die Gemüter erhitzten. Wer will, kann direkt weiter durch die Fußgängerzone zur Lorenzkirche laufen.

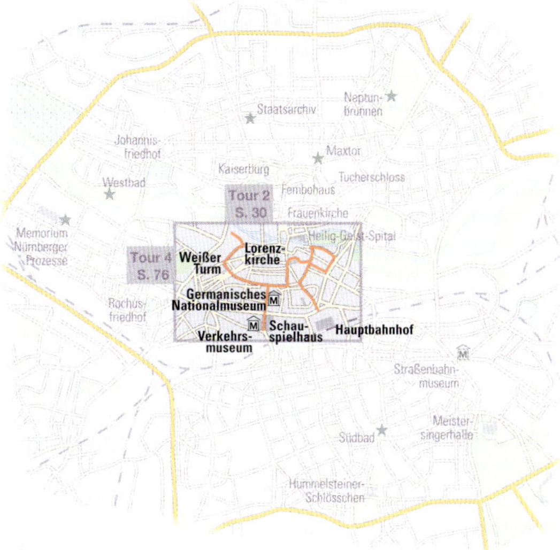

Unser Stadtspaziergang aber führt noch über die Lorenzer Straße zum versteckt liegenden **Handwerkermuseum**. Dann weiter zur **Kunsthalle** und zu dem in der Norishalle untergebrachten **Naturhistorischen Museum**. Beide Museen markieren den Verlauf der ehemaligen Stadtmauer. Am Multiplexkino Cine-Città und an der Stadtbibliothek vorbei, gelangt man in einem Bogen zur Ruine des **Katharinenklosters,** dessen Kreuzgang ein Café der Stadtbibliothek beherbergt. Wir gehen die Peter-Vischer-Straße hinauf, bis man rechter Hand den mächtigen Ostchor der Lorenzkirche erblicken kann. An der Nordseite der Kirche erstreckt sich der Lorenzer Platz. Die **Lorenzkirche** mit ihrer filigranen Rosette gilt als einer der schönsten süddeutschen Kirchenbauten und lohnt eine ausführliche Besichtigung.

Der Platz vor der Westfassade der Lorenzkirche geht in die breite Karolinenstraße über, die schon im Mittelalter als Straßenmarkt diente und heute als die teuerste Adresse in der Fußgängerzone gilt. Schräg gegenüber der Lorenzkirche erhebt sich das als Wohnturm errichtete **Nassauer Haus.** Zudem eröffnet sich ein grandioser Blick auf die Nürnberger Kaiserburg, die sich in ihrer ganzen Breite präsentiert. Wir wenden uns nach Süden und tauchen in die Fußgängerzone ein. An der **Breiten Gasse** und der Rückseite eines Kaufhauses (Galeria Kaufhof) vorbei, gelangen wir zum **Zeughaus,** das heute als Polizeirevier genutzt wird. Von hier ist es nur ein Katzensprung zum **Germanischen Nationalmuseum,** dessen Eingang man über die **Straße der Menschenrechte** erreicht.

Wer noch Lust auf einen weiteren Museumsbesuch hat, kann noch einen Abstecher zum **DB-Museum** unternehmen. Entlang der Dr.-Kurt-Schumacher-Straße gelangt man zum **Weißen Turm,** der einsam wie ein Solitär noch an die vorletzte Stadtbefestigung erinnert. Vor dem Weißen Turm steht der **Ehekarussell-Brunnen,** ein verspielter Figurenbrunnen, während auf der anderen Seite die **Elisabethkirche** leicht an ihrer Kuppel zu erkennen ist. Im **Turm der Sinne** kann man seine optische Wahrnehmung auf eine spielerische Probe stellen, bevor es hinunter zum **Unschlittplatz** geht, wo der rätselhafte Kaspar Hauser das erste Mal gesehen wurde. Der Platz mit seiner historischen Bausubstanz stellt einen deutlichen Kontrast zum modernen **Kreuzgassenviertel** dar, welches unlängst auf einer benachbarten Kriegsbrachfläche am Pegnitzufer errichtet worden ist.

Sehenswertes

Neurokoko aus Muschelkalk

Hauptbahnhof

Der Nürnberger Hauptbahnhof ist ein mächtiger Neurokokobau aus Muschelkalk, der anstelle des 1844–46 erbauten Hauptbahnhofs errichtet wurde, als dieser den Anforderungen seiner Zeit nicht mehr gerecht wurde. Der heutige Hauptbahnhof entstand von 1900 bis 1906 mit finanzieller Hilfe des *Prinzregenten Luitpold* – wofür ihm die reiche Nürnberger Bürgerschaft dankbar ein Reiterdenkmal errichten ließ beziehungsweise ihn mit der Aussicht auf dieses Denkmal schon vorher zu „ködern" versuchte. Dieses Denkmal stand allerdings nicht lange vor dem Hauptbahnhof, denn die Nazis schmolzen es ein paar Jahrzehnte später wegen seines Materialwertes ein.

Der Frauenturm ragt über die Stadtmauer

Ehemaliges Haupttor

Frauentorturm

Der große Bevölkerungszuwachs führte ab 1346 zur letzten Erweiterung der mittelalterlichen Stadtbefestigung. Im Jahr 1388 entstand das Frauentor mit dem Frauentorturm als Eingangspforte der Handelsstraße nach Regensburg (heute zumeist als Königstorturm und Königstor bezeichnet). Ursprünglich waren der Frauentorturm und auch die anderen drei runden Stadtmauertürme viereckig wie der Tiergärtnertorturm; aufgrund der Erfahrungen aus dem Zweiten Markgrafenkrieg versuchte man ab 1556, die Haupttortürme durch eine bis zu fünf Meter dicke Ummantelung besser gegen Artilleriebeschuss zu schützen; dabei gewann man zugleich auch eine hohe Plattform für die Aufstellung eigener Geschütze.

Kunsthandwerk im einstigen Waffenhof

Handwerkerhof

Direkt neben dem Frauentor liegt der heute als Handwerkerhof bezeichnete einstige Waffenhof. Wer sich angesichts der Butzenscheibenromantik ins Mittelalter versetzt glaubt, dem muss leider gesagt werden, dass das ganze Szenario mit den „schnuckeligen" Häusern nur eine „Disney-Attrappe" ist, die anlässlich der Feierlichkeiten zum Dürerjahr 1971 (500. Geburtstag) aufgebaut worden war. Zwar hat der Handwerkerhof wenig mit dem mittelalterlichen Handwerksleben gemein, doch sorgen die nicht ausbleibenden Touristenströme für seinen weiteren Fortbestand.

Königstraße. Tgl. 8–22.30 Uhr, So 10–22.30 Uhr. www.handwerkerhof.de.

Nürnberg im Kasten

Hektographierte Haftbefehle: Die Massenverhaftung vom 5. März 1981

Nachdem bei einer Demonstration gegen die Vernichtung von Wohnraum in der Innenstadt mehrere Schaufensterscheiben zerstört worden waren, hatte die Polizei das KOMM, wohin sich ein Teil der Demonstrationsteilnehmer zurückgezogen hatte, abgeriegelt. Nach Ausstellung der Haftbefehle wurden alle im KOMM befindlichen Personen, darunter auch eine große Zahl von Nicht-Demonstrationsteilnehmern, die sich zufällig ebenfalls im KOMM aufgehalten hatten, verhaftet. Insgesamt 164 Personen wurden abgeführt, die Staatsanwaltschaft hektographierte gleichlautende Haftbefehle. Nur wenige wurden wieder freigelassen, die Mehrheit der zumeist jugendlichen KOMM-Besucher wies man verschiedenen bayerischen Gefängnissen zu, in denen sie bis zu drei Wochen inhaftiert blieben.

In ganz Deutschland kam es zu lautstarken Protesten und großer Empörung wegen dieser größten Massenverhaftung seit Kriegsende, die in keiner Relation zum Tatvorwurf stand. In Nürnberg versammelten sich vor der Lorenzkirche 10.000 Menschen zu einer Kundgebung, auf der der damalige Kulturreferent Hermann Glaser die Verhaftungen als einen „Polizei-, Justiz- und jugendpolitischen Skandal" anprangerte. Die Verfahren wurden übrigens Monate später eingestellt, die Kosten musste die Staatskasse tragen.

Städtisches Kulturzentrum

Kunsthaus K4

Dem Handwerkerhof direkt gegenüber befindet sich das unlängst wiedereröffnete Künstlerhaus, das ehemalige KOMM. Das aus dem frühen 20. Jahrhundert stammende Bauwerk kann auf eine sehr wechselhafte Geschichte zurückblicken: Nach Kriegsende nutzten die Amerikaner das stark beschädigte Gebäude unter anderem als Sendestation für den AFN; 1973 zog schließlich das selbstverwaltete KOMM (Abkürzung für Kommunikationszentrum) ein, das durch die Massenverhaftung vom 5. März 1981 in ganz Deutschland bekannt geworden ist (→ Kasten). Konservativen Politikern war das KOMM ein steter Dorn im Auge; nach einer Änderung der kommunalen Machtverhältnisse (1996) beschloss der Nürnberger Stadtrat, das Gebäude wieder seiner ursprünglichen Bestimmung zuzuführen. Ein – in konservativen Kreisen architektonisch lange umstrittener – Glaskubus wurde 2001 errichtet, um den Eingangsbereich attraktiver zu gestalten.

Königstr. 93. Tgl. außer Mo 10–18 Uhr, Mi bis 20 Uhr. Eintritt 5 €, erm. 2,50 €. www.kunsthaus-nuernberg.de.

Kunst und Design unter einem Dach

Neues Museum – Staatliches Museum für Kunst und Design

Seit April 2000 besitzt die Moderne Kunst in Nürnberg endlich einen ihrer Bedeutung gemäßen Standort. Der Architekt *Volker Staab* hat einen überaus ansprechenden Neubau entworfen: Eine hundert Meter lange Glasfassade lenkt wie ein gläserner Vorhang den Blick auf die Schätze des Museums, davor öffnet sich ein weiter Platz, der zwischen Moderne und Tradition vermitteln will. Architektonisches Glanzstück im Inneren ist eine Treppenspirale, die Assoziationen an das New Yorker Guggenheim-Museum wecken soll.

Insgesamt stehen 3000 Quadratmeter Ausstellungsfläche zur Verfügung; eng mit einander verzahnt werden dabei

Lorenzer Altstadt → Karte S. 72/73

die Kunstsammlungen (weltweit die drittgrößte Gerhard-Richter-Sammlung) und die Designsammlung präsentiert (Malerei und Plastik treffen Fotografie, Videokunst und Installationen); 700 Quadratmeter bleiben Wechselausstellungen vorbehalten. Eine gut sortierte Kunstbuchhandlung und ein Restaurant runden das Museumsvergnügen ab.

Klarissenplatz. Di–So 10–18 Uhr, Do bis 20 Uhr. Eintritt 7 €, erm. 6 €, So 1 €. www.nmn.de.

Kirche des früheren Klarissenklosters

Klarakirche

Die aus dem 13. Jahrhundert stammende Klarakirche gehörte einst zum Kloster der Magdalenerinnen. Die Hinwendung der Reichsstadt Nürnberg zur Reformation bedeutete zwangsläufig das Ende des mittlerweile zum Klarissenorden gehörenden Klosters. Auch der Widerstand von *Caritas Pirckheimer* – einer Schwester des berühmten Humanisten Willibald Pirckheimer –, die von 1503 bis zu ihrem Tod im Jahre 1532 Äbtissin war, nutzte nichts. Ab 1525 durften keine Novizinnen mehr aufgenommen werden; im Jahr 1596 starb die letzte Nonne, und das Kloster wurde aufgelöst.

Königstr. 32. www.st-klara-nuernberg.de.

Größtes Kornhaus der Stadt

Mauthalle

Die Mauthalle wurde – wie viele andere städtische Gebäude – auf dem aufgefüllten Graben der vorletzten Stadt-

Hinter einem gläsernen Vorhang: Neues Museum

befestigung als reichsstädtisches Kornhaus errichtet. Die 85 Meter lange, 20 Meter breite und 29 Meter hohe Halle war das größte von insgesamt zwölf Kornhäusern der Reichsstadt, die in Krisenzeiten die Getreideversorgung der Bevölkerung sicherstellen sollten (die Öffnungen im Steildach für die Belüftung des Getreides zeugen noch davon). Der Name Mauthalle rührt vom städtischen Zollamt („Maut") her, welches zusammen mit einer Stadtwaage seit 1572 hier untergebracht war. Erbaut wurde das wuchtige Kornhaus 1498–1502 vom städtischen Baumeister *Hans Beheim d. Ä.* Im Jahr 1898 erfolgte die Umwandlung der Mauthalle in ein Geschäftshaus, was zu verschiedenen baulichen Veränderungen vor allem im Erdgeschoss führte. An der südöstlichen Ecke sind die alten Normmaße der Nürnberger Ziegel eingeritzt.

Konsumtempel als Zankapfel

Kaufhof

Zwischen Mauthalle und Lorenzkirche erhebt sich der Bau eines großen Warenhauses, das zum Kaufhof-Konzern gehört. Als das Kaufhaus am 10. November 1950 eröffnet wurde, kam es neben einem großen Ansturm auf den Konsumtempel in der Stadt auch zu Protesten – sie führten zur Gründung des Vereins der Altstadtfreunde – gegen das bis dahin größte Einzelbauprojekt in der Altstadt; dem Bauherrn wurde Rücksichtslosigkeit gegenüber den historisch gewachsenen Strukturen vorgeworfen.

Drei mittelalterliche Handwerkshäuser

Museum |22|20|18| Kühnertsgasse (Handwerkermuseum)

In einem sehenswerten Ensemble mittelalterlicher Handwerkerhäuser aus dem 14. Jahrhundert wurde ein kleines Museum eingerichtet, das Einblicke in den Alltag und das Arbeitsleben der reichsstädtischen Handwerker bietet.

Kühnertsgasse 22. Mi und Sa/So 14–17 Uhr. Eintritt 3 €, erm. 2 €. www.altstadtfreunde-nuernberg.de.

Moderne und zeitgenössische Kunst

Kunsthalle

In ihrem Hauptgebäude an der Lorenzer Straße zeigt die seit 1967 bestehende Kunsthalle Nürnberg wechselnde Ausstellungen moderner und zeitgenössischer Kunst. Im Mittelpunkt steht die Auseinandersetzung mit den neuesten Positionen der internationalen Kunst, deren provokante Ansätze und Installationen das Kunstverständnis

Lorenzer Altstadt → Karte S. 72/73

mancher Nürnberger in der Vergangenheit überfordert hat.

Lorenzer Str. 32. Di–So 10–18 Uhr, Mi bis 20 Uhr. Eintritt 5 €, erm. 2,50 €. www.kunsthalle.nuernberg.de.

Mineralien, Fossilien und Co.

Naturhistorisches Museum

Das Spektrum des Museums reicht von Funden zur Vor- und Frühgeschichte über die heimische Geologie bis hin zu Mineralien und Fossilien aus allen Erdzeitaltern sowie der Völkerkunde (Südsee, Sibirien, Mittelamerika, Sahara und Westafrika). Sehenswert ist die Abteilung Auslandsarchäologie mit interessanten Funden zur Vorgeschichte Jordaniens und der Nabatäer-Kultur, die auf zahlreichen Ausgrabungen im antiken Petra basiert. Im Obergeschoss dient ein 7,40 Meter langer *Plateosaurus* als Blickfang. Rund 250 Quadratmeter von insgesamt 1300 Quadratmetern werden zusammen mit dem Stadtarchiv für Sonderausstellungen genutzt.

Marientorgraben 8. Tgl. außer Sa 10–17 Uhr, Fr bis 21 Uhr. Eintritt 3,50 €, erm. 2 €. www.naturhistorischesmuseumnuernberg.de.

Wechselvolle Geschichte

Katharinenkloster

Auf eine besonders ereignisreiche Geschichte kann das 1297 geweihte Katharinenkloster zurückblicken, das ähnlich dem Klarissenkloster 1590 nach dem Tod der letzten Nonne aufgelöst worden war. Von da an begann eine bewegte profane Nutzung: Ab 1620 versammelten sich hier die Nürnberger Meistersinger, um ihre Singschule abzuhalten. Schließlich fasste der Rat 1769 den Beschluss, im Katharinenkloster das städtische Armen- und Arbeitshaus einzurichten, in dem auch Waisenkinder unter den erbärmlichsten Verhältnissen zur Arbeit herangezogen (gezwungen) wurden. Nach einem kurzen Zwischenspiel als Kaserne und als Volkshochschule erschien den Nationalsozialisten das ehemalige Kloster als der geeignete Aufbewahrungsort für die aus Wien „heimgeholten" Reichskleinodien. Im Krieg wurde das Gebäude weitgehend zerstört; in der Kirchenruine finden Konzerte und andere Open-Air-Veranstaltungen statt. Der stimmungsvolle Hof des Kreuzgangs beherbergt die Terrasse des Hermann-Kesten-Zeitungscafés.

Nürnberg im Kasten

Veit Stoß – ein Künstler auf Abwegen

Der Steinmetz und Bildhauer *Veit Stoß* (1447–1533), der in Horb am Neckar geboren wurde, hatte sich in den 1470er Jahren in Nürnberg niedergelassen, verließ die Stadt aber bald wieder, um zwei Jahrzehnte lang als Wit Stwosz in Krakau zu arbeiten, bevor er 1496 endgültig zurückkehrte. Der begnadete Künstler hatte bei seinen Finanzgeschäften allerdings eine weniger glückliche Hand. Nachdem er eine große Summe Summe in eine Handelsgesellschaft investierte, die kurz darauf in Konkurs ging, fälschte er einen Schuldschein. Der Betrug flog auf und Veit Stoß wurde öffentlich vom Henker durch beide Wangen gebrannt. Er erreichte jedoch gegen den Willen des Rates bei Kaiser Maximilian I. seine Rehabilitation. Dadurch erhielt seine Werkstatt wieder bedeutende Aufträge, so 1517 den von *Anton Tucher* für den Engelsgruß.

Gotische Basilika

Lorenzkirche

Als mit dem Bau der südlich der Pegnitz gelegenen Planstadt begonnen wurde, errichtete man selbstverständlich auch hier ein Gotteshaus; bereits 1235 ist eine Kapelle des hl. Laurentius erwähnt worden, 1243 eine Heilig-Grab-Kapelle. Wohl um der Größe der Bevölkerung und dem Bedürfnis nach einer angemessen großen Kirche gerecht zu werden, entstand seit etwa 1270 an der Stelle der romanischen Vorgängerkapellen die heutige Lorenzkirche. An diesen frühgotischen Bau erinnert heute noch das Langhaus mit seinem kargen Strebewerk und den streng proportionierten Spitzbogenarkaden. Die Orientierung an der Sebalduskirche ist nicht zu übersehen, auch wenn man die Lorenzkirche bewusst größer baute als das ältere Vorbild: So wurde später – wie bei der Sebalduskirche – der ältere Ostchor abgebrochen und durch einen neuen größeren, lichtdurchfluteteren ersetzt; von der Burg aus betrachtet, ähneln sich die Silhouetten sehr. Ein besonders eindrucksvolles Bild bietet die Westfassade mit ihrem Portal und der Rosette, wenn man sich der Lorenzkirche über die Karolinenstraße nähert. Für die steinerne Rosette (Durchmesser 10,28 m), deren Sockel eine Scheingalerie bildet, gibt es keine Vorbilder im fränkischen Raum. Man muss bis nach Nordfrankreich, vor allem nach Rouen, aber auch nach Sens und Meaux blicken, um etwas Vergleichbares zu finden. Tagsüber ist der Platz vor der Lorenzkirche der lebendigste in der gesamten Innenstadt. Egal, ob religiöse Moralprediger, Straßenmusikanten oder politische Gruppierungen und Bürgerbewegungen, sie alle nutzen den Platz als Bühne bzw. Diskussionsforum.

Lorenzkirche ▲

Filigran: Sakramentshäuschen ▼

Dank der geringeren Trefferquote der alliierten Bomberpiloten sind im **Inneren der Lorenzkirche** weitaus mehr Kunstwerke erhalten geblieben als in der Sebalduskirche. Die einzelnen Reliefs, Chorfenster, Altäre und Figuren werden hier allerdings nicht im Einzelnen beschrieben, sondern das Augenmerk wird auf die zwei bedeutendsten Kunstwerke, das Sakramentshäuschen und den Engelsgruß, gerichtet.

Das an einem Strebepfeiler im Ostchor stehende, 18 Meter hohe **Sakramentshäuschen** von *Adam Kraft* entstand zwischen 1493 und 1496. Die Kosten des Kunstwerks in Höhe von 700 Gulden entsprachen seinerzeit dem Wert von drei Häusern in bester Stadtlage. Einer der reichsten und angesehensten Nürnberger Kaufleute, der Patrizier *Hans IV. Imhoff*, der damals Pfleger der Lorenzkirche war, stiftete das weltberühmte Werk. Das schlanke, turmartig aufragende Sakramentshäuschen gehört zu den künstlerisch wertvollsten Schöpfungen der Spätgotik. Der Steinmetz Adam Kraft (mit Klöpfel und Meißel) hat sich selbst mit seinen beiden Gesellen am Fuß des Kunstwerks dargestellt. In den darüber liegenden Stockwerken sind Darstellungen von Christi Leiden, Tod und Auferstehung zu sehen.

Der aus Lindenholz geschnitzte **Engelsgruß**, den *Veit Stoß* 1517/18 im Auftrag von Anton Tucher anfertigte, hängt frei in der Mitte des Chores. Am Vorabend der Reformation entstand dieses bedeutende Kunstwerk, das noch ganz dem Geist der Marienverehrung entstammt. Von einem ovalen Rosenkranz umgeben, sind mit überlebensgroßen Figuren der Verkündigungsengel und Maria dargestellt. Als der Berliner Aufklärer Friedrich Nicolai 1781 die Nürnberger Kirchen besuchte, wunderte er sich, weshalb der „englische Gruß" des Veit Stoß, „der für ein Meisterwerk gehalten wird ... in einem großen Sacke steckt" und so nicht bestaunt werden konnte. Nicolai führte dies schließlich auf die Herren Kirchenvorsteher von St. Lorenz zurück und wünschte, ihnen könnte jemand bedeuten, „dass ein Kunstwerk im geringsten nichts verliert, vielleicht gar gewinnt, wenn die Vergoldung nicht so schön ist; und dass sie von jedem verständigen Manne ausgelacht werden, wenn sie ein Meisterstück, das der Stadt Nürnberg Ehre ma-

Das Nassauer Haus liegt in der Fußgängerzone

chen soll, ferner in einen Sack stecken, und am Gewölbe hängen lassen, nur um die Vergoldung zu schonen."

Am Lorenzer Platz, gegenüber der Nordseite der Lorenzkirche, steht ein ehemals von der Bayerischen Staatsbank genutzter Bau aus dem Jahre 1951. Dem Architekten *Sep Ruf* ist es mit seinem Konzept gelungen, dem gotischen Chor der Lorenzkirche einen architektonisch anspruchsvollen und wohlproportionierten Neubau gegenüberzustellen, den man ohne Zweifel als einen der gelungensten 1950er-Jahre-Bauten Nürnbergs bezeichnen kann. Seit 2014 dient das Gebäude als zweiter Dienstsitz des Bayerischen Staatsministeriums der Finanzen und für Heimat.

Die Lorenzkirche ist Mo–Sa 9–17 Uhr und So 13–16 Uhr geöffnet. Von Mai bis Okt. findet Sa um 14 und 15.30 Uhr eine Turmführung statt (5 €, erm. 2 €). www.lorenzkirche.de.

Letzter erhaltener Wohnturm

Nassauer Haus

Das Nassauer Haus ist das einzige erhaltene Beispiel mittelalterlicher Turmhäuser der Reichsministerialen, die früher – ähnlich wie heute noch in Regensburg – das Bild Nürnbergs bestimmten; der wehrhafte Charakter des gotischen Wohnhauses hatte schon bei seiner Fertigstellung nur noch einen symbolischen Wert. Das Erdgeschoss und das erste Obergeschoss stammen aus dem späten 12. oder frühen 13. Jahrhundert. Seit dem letzten Umbau (1431–37) hat das Turmhaus seine heutige Form mit Zinnenkranz und den drei Ecktürmchen erhalten.

Lorenzer Altstadt → Karte S. 72/73

Nürnberg im Kasten

Hermann Kesten – Nürnbergs bedeutendster Schriftsteller des 20. Jahrhunderts

Kurz nach seiner Geburt im Jahre 1900 zogen die Eltern von *Hermann Kesten* nach Nürnberg. In der Breiten Gasse verbrachte der zukünftige Schriftsteller einen großen Teil seiner Jugend. 1928 erschien sein erster Roman „Josef sucht die Freiheit", der in Nürnberg spielt und für den Kesten sogleich mit einer „Ehrenden Erwähnung beim Kleistpreis 1929" bedacht wurde. Der Roman ist in den 1920er Jahren angesiedelt, jener legendären Epoche, der Kesten schriftstellerisch zeitlebens verhaftet blieb; auch das Suchen und Sichbewegen sind früh zu seinem eigentlichen Lebensmotiv geworden, denn „Anbindungen hemmen den Schreibfluss".

Nach dem Studium war er erst Lektor, dann literarischer Leiter des Kiepenheuer-Verlages in Berlin, bevor er 1933 in die Niederlande und später in die USA emigrierte. Kesten war mit nahezu allen bekannten Exilschriftstellern befreundet und hat einige von ihnen in seinem Buch „Dichter im Café" porträ tiert. Kesten war ein steter Reisender, der sich seine Freiheit durch das Exil bewahren musste und seither am liebsten in der unmittelbaren Nähe eines Bahnhofs gewohnt hatte. Die Flucht als Daseinsform. Obwohl er sich zu aktuellen Themen immer wieder in der deutschen Presse zu Wort meldete und regen Anteil an den Debatten nahm, verlegte Kesten seinen Wohnsitz nie mehr zurück nach Deutschland. Nichtsdestotrotz hat Hermann Kesten über all die Jahre bis hin zu seinem Tod stets den Bezug zu Nürnberg gesucht. Kesten, der von 1972 bis 1976 Präsident des PEN war, veröffentlichte eine Vielzahl von Romanen, Novellen und Biographien. Im Alter kam er dann zu großen Ehren: 1974 erhielt er den Georg-Büchner-Preis, 1977 den Nelly-Sachs-Preis; 1980 wurde ihm die Ehrenbürgerurkunde der Stadt Nürnberg verliehen. Am 3. Mai 1996 ist Hermann Kesten in Basel gestorben. www.kesten.de.

Frühe Fußgängerzone

Breite Gasse

Die Breite Gasse ist die Keimzelle der Nürnberger Fußgängerzone. Sie und die benachbarte Pfannenschmiedsgasse waren 1966 die ersten Straßen, die in eine verkehrsfreie Zone umgewandelt wurden. Seither hat sich viel verändert. Immer mehr alteingesessene Einzelhändler sind wegen der extrem hohen Mieten aus der Fußgängerzone verschwunden. Einige davon wurden durch Billiganbieter ersetzt, andernorts herrscht mittlerweile Leerstand. So hat der älteste Teil der Nürnberger Fußgängerzone in den letzten Jahren mehr und mehr an Attraktivität verloren, die Corona-Krise hat die Situation noch einmal verschärft.

Vom Waffenarsenal zum Polizeirevier

Zeughaus

Hinter der Mauthalle befindet sich das Zeughaus (heute Polizeirevier). Es steht allerdings nur noch die Vorderfront des Eingangsportals. Kurz vor Ende des Zweiten Weltkrieges brannte das jahrhundertelang als Waffenarsenal genutzte Gebäude völlig aus. Das 1588 erbaute Zeughaus galt im 17. und 18. Jahrhundert als eine der größten Attraktionen Nürnbergs. Gegen Eintritt konnte sogar die reichsstädtische Waffenkammer besichtigt werden.

„The Way of Human Rights"

Straße der Menschenrechte

Ein beeindruckendes öffentliches Kunstwerk ist die „Straße der Menschenrechte" von *Dani Karavan* in der Kartäusergasse vor dem Eingang des Germanischen Nationalmuseums. Auf 29 in einer Linie ausgerichteten Säulen und einer Eiche sind die Artikel der Menschenrechte jeweils in Deutsch und einer Fremdsprache eingemeißelt. In der Kartäusergasse befindet sich auch der architektonisch anspruchsvolle Eingang zum Neubau des Germanischen Nationalmuseums. Es ist das bedeutendste Museum für deutsche Kultur und Geschichte, und es fällt nicht schwer, hier ganze Tage zu verbringen.

Größter Hort deutscher Kunst

Germanisches Nationalmuseum

Das Germanische Nationalmuseum wurde 1852 von dem fränkischen Landadeligen *Hans Freiherr von und zu Aufseß* gegründet. Die Aufgabe des Museums sollte sein, „ein wohlgeordnetes Generalrepertorium über das ganze Quellenmaterial für die deutsche Geschichte, Literatur und Kunst, vorläufig von der ältesten Zeit bis zum Jahr 1650, herzustellen". Die Stadt Nürnberg erschien dem Museumsgründer als „der beste Sitz für eine solche deutsche Nationalanstalt", deren Grundstock anfangs seine eigene Sammlung bildete. Der heute etwas irreführend wirkende Zusatz „germanisch" sollte in einer Epoche, in der man das Fehlen eines deutschen Nationalstaates – im Gegensatz zu Ländern wie Frankreich und England – als besonders schmerzhaft empfunden hatte, die ganze „Nation", die sich durch eine gemeinsame Sprache, Geschichte und Kultur auszeichnet, im Rahmen eines neuen Museums dokumentieren. Ein sich veränderndes Geschichtsverständnis führte dazu, dass der ursprüngliche Sammlungszeitraum nach und nach bis zum frühen 20. Jahrhundert ausgedehnt wurde.

Seit 1857 befindet sich das Museum in einem ehemaligen Kartäuserkloster; seither wurde es baulich stark verändert. 1902 und 1920 erweitert, durch den Krieg stark in Mitleidenschaft gezogen, 1947 wiedereröffnet und von 1956 bis 1958 erneut erweitert, hat das

Mittelalterliche Kunst im Germanischen Nationalmuseum

Lorenzer Altstadt → Karte S. 72/73

Germanische Nationalmuseum 1993 mit der Fertigstellung eines neuen Gebäudes seine (vorerst?) endgültige Form gefunden. Der gesamte Komplex fasziniert durch seine verschachtelten Bauten verschiedener Architekturstile. Neben dem historischen Kern, der Huldigung an den Historismus und der gelungenen Erweiterung der fünfziger Jahre durch *Sep Ruf* besticht heute vor allem der postmoderne Bau in der Kartäusergasse mit der integrierten „Straße der Menschenrechte" von *Dani Karavan*. Die Nutzfläche des Museums hat sich seit 1993 auf über 50.000 Quadratmeter erhöht. Dadurch ist das Germanische Nationalmuseum nicht nur das größte deutsche Museum für Kunst und Kulturgeschichte geworden, sondern zugleich eines der größten der Welt.

Die Sammlung des Museums umfasst 1,2 Millionen Objekte zur Kunst- und Kulturgeschichte des deutschsprachigen Raumes. Der Sammlungsschwerpunkt des Museums liegt bei Gemälden, Skulpturen, Kunsthandwerk, Möbeln und Spielzeug sowie bei historischen Musik- und wissenschaftlichen Instrumenten. Höhepunkte der Sammlung sind u. a. Gemälde von Dürer („Porträt des Malers Michael Wolgemut"), Cranach, Altdorfer und Rembrandt, der original erhaltene Behaim-Globus sowie die Kreuzwegstationen von Adam Kraft. Etwa 20.000 Objekte sind in den Schausammlungen zu besichtigen, der „Rest" schlummert im Depot. Das Spektrum reicht von der Vor- und Frühgeschichte (herausragend der „Goldkegel" von Ezelsdorf, der Capuanische Bronzekessel sowie die Adlerfibel von Domagnano) bis zur modernen Alltagskultur („Frankfurter Küche"). Sehenswert ist auch die Mittelalterabteilung. Angefangen von der Schatzkunst und mittelalterlichen Bronzearbeiten über die Holz- und Steinskulpturen bis hin zu Glasgemälden, frühen Zeugnissen der Tafelmalerei und wertvollen Textilien sind hier zahlreiche hochrangige Werke versammelt. Vor den Augen der Besucher breitet sich ein faszinierendes Panorama der Kultur des Frühen und Hohen

Mittelalters aus. Interessant ist auch die Spielzeugabteilung mit alten, detailfreudig eingerichteten Nürnberger Puppenhäusern. In der Abteilung 19. und 20. Jahrhundert spannt sich das Spektrum über Gemälde von Ernst Ludwig Kirchner und Egon Schiele bis zu Gebrauchsdesign der 1960er Jahre.

Im Germanischen Nationalmuseum ist auch das Gewerbemuseum untergebracht, welches 1869 von den beiden Industriellen *Lothar Faber* und *Theodor Cramer-Klett* gegründet worden war. Die aus dem europäischen sowie vorder- und ostasiatischen Kulturkreis stammenden Exponate des Gewerbemuseums umfassen Kunsthandwerk und Gebrauchsgegenstände aus den Materialien Glas, Keramik und Elfenbein sowie Gegenstände aus verschiedenen Metallen, Möbel, Textilien, Spielzeug, Uhren und Schmuck. Ansprechend sind auch das zugehörige Museumsrestaurant bzw. -café sowie der Cedon-Museumsshop mit zahlreichen Geschenkartikeln, Büchern, Katalogen und einer sehr großen Auswahl an Kunstpostkarten.

Kartäusergasse 1. Di–So 10–18 Uhr, Mi bis 20.30 Uhr. Eintritt 8 €, erm. 5 € (eine Stunde vor Schließung ist der Eintritt frei, Mi ab 17.30 Uhr). www.gnm.de.

Für Eisenbahnfans und Technikfreaks

DB-Museum und Museum für Kommunikation (Verkehrsmuseum)

Zwischen Nürnberg und Fürth fuhr bekanntlich 1835 die erste deutsche Eisenbahn. Es erschien daher 1899 naheliegend, hier das „königlich bayerische Eisenbahnmuseum“ einzurichten; 1902 wurde es um eine Postabteilung erweitert. Seit 1925 befindet sich das Verkehrsmuseum, das zu den ältesten technikgeschichtlichen Museen Europas gehört, an seinem heutigen Standort in der Lessingstraße. Es dokumentiert anschaulich die Geschichte von Bahn und Post in Deutschland sowie die kulturgeschichtliche Entwicklung

Dazwischen liegen rund 170 Jahre Bahn- und Technikgeschichte

der Eisenbahn und des Postwesens. Seit der Privatisierung von Bahn und Post wurde das Verkehrsmuseum umstrukturiert und in ein Firmenmuseum der Deutschen Bahn und ein Museum für Kommunikation aufgesplittet.

Auf rund 2.500 Quadratmetern Fläche wird im **DB-Museum** die umfassendste Sammlung zur Geschichte der Eisenbahn in Deutschland präsentiert. Die Dauerausstellung zeigt ansprechend die technischen, kulturellen und sozialhistorischen Veränderungen, wobei auch unangenehme Themen wie der Nationalsozialismus und die Bedeutung der Reichsbahn für Krieg und Holocaust nicht ausgespart bleiben. Interessant ist ebenso der Bereich, der den Wandel der Bahnhöfe von 1835 bis in die Gegenwart schildert. Auf rund 360 Gleismetern stehen berühmte Originalfahrzeuge: Neben historischen Fahrzeugen (von der Adler-Lokomotive existiert leider nur ein Nachbau) wie dem Salonwagen des Reichskanzler Otto von Bismarck und zwei Wagen aus dem Hofzug Ludwig II. gilt es auch, einen ICE zu bewundern. Nicht nur für Kinder gibt es einen Erlebnisbereich „Eisenbahntechnik zum Anfassen" sowie eine große Modellbahnanlage aus den 1960er Jahren. Im „Modellarium" werden 1300 Eisenbahnmodelle präsentiert, zudem zeigt die Ausstellung „Im Deutschland der zwei Bahnen" die Geschichte der Eisenbahn im geteilten Deutschland.

Das im selben Haus befindliche **Museum für Kommunikation** wurde 2010 vollkommen neu gestaltet und widmet sich der Frage, wie Menschen kommunizieren. Ob mit Tönen, Bildern oder mit Schrift – die Möglichkeiten, sich mitzuteilen und Informationen zu speichern sind extrem vielfältig. Das Museum ermutigt auf spielerische Weise, sich mit den verschiedensten Kommunikationsformen auseinanderzusetzen, wobei es auch zahlreiche interaktive Stationen gibt. Das Spektrum der Dauerausstellung reicht dabei von der Telefonvermittlung über die Kommunikation mit Kleidung oder durch Gestik bis hin zur Briefkultur und dem Web 2.0. Zu den interessantesten Exponaten gehören beispielsweise eine nachgebaute ägyptische Grabkammer sowie ein Exemplar der berühmten Enigma-Verschlüsselungsmaschine.

Lessingstr. 6. Di–Fr 9–17 Uhr, Sa/So 10–18 Uhr. Eintritt 7 €, erm. 4 €. www.dbmuseum.de und www.mfk-nuernberg.de.

Torturm der Stadtbefestigung

Weißer Turm

Der Weiße Turm gehört wie der Laufer Schlagturm zu den wenigen erhaltenen Resten der vorletzten Stadtbefestigung. Er wurde kurz nach der Mitte des 13. Jahrhunderts errichtet. Die kleine vorgelagerte Barbakane mit den beiden Rundtürmen ist nur eine Rekonstruktion.

Die Höhen und Tiefen der Ehe

Ehekarussell-Brunnen

Vor dem Weißen Turm steht mit dem pompösen Ehekarussell-Brunnen des Braunschweiger Künstlers *Jürgen Weber* der größte europäische Figurenbrunnen des 20. Jahrhunderts. Dem 1984 eingeweihten Brunnen liegt ein Gedicht von *Hans Sachs* mit dem Titel „Das bittersüße ehlich Leben" zugrunde (es ist in ein Herz am Brunnenrand eingemeißelt), das Freud und Leid des Ehelebens zusammenfasst. Vor, während und kurz nach seiner Aufstellung war er – vor allem wegen seiner prallen Figuren – heftig umstritten; mittlerweile haben sich die Wogen wieder geglättet, und die Nürnberger sind mit „ihrem" Brunnen zufrieden; vor allem Kinder zeigen sich von dem Brunnen, seinen vielen Fontänen und der Möglichkeit zu planschen begeistert.

Lorenzer Altstadt → Karte S. 72/73

Klassizismus in Nürnberg

Elisabethkirche

Der einzige größere klassizistische Bau in Nürnberg ist die Elisabethkirche mit ihrer weithin sichtbaren Kuppel; sie entstand in der zweiten Hälfte des 18. Jahrhunderts an der Stelle der ehemaligen Hauskapelle des um 1210 gegründeten Deutschorden-Spitals. Der Bau, an dem verschiedene Architekten beteiligt waren, zog sich über mehrere Jahrzehnte hin, was dazu führte, dass der Auftraggeber, der Deutsche Ritterorden, noch während der Bauzeit aufgelöst wurde (1809). Nach zeitweiliger Zweckentfremdung gelang es erst 1902/03, den Innenausbau der katholischen Elisabethkirche zu vollenden. Auch die der Elisabethkirche gegenüberliegende **Jakobskirche** gehörte einst zum Deutschen Orden. Sie bildet mit ihrem spätmittelalterlichen Aussehen einen schönen Kontrast zur Elisabethkirche.

Museum zum Begreifen der Sinne

Turm der Sinne

Mit einem besonderen museumsdidaktischen Konzept will der Turm der Sinne zum kritischen Denken anregen. Die sinnliche Erfahrung steht dabei als Grundlage für das naturwissenschaftliche Verständnis im Mittelpunkt. Mit interessanten Experimenten wird die persönliche Wahrnehmung spielerisch in Frage gestellt.

Im Mohrenturm, Splittertormauer 17. Di–Fr 13–17 Uhr, Sa/So ab 10–18 Uhr, in den Ferien tgl. 10–18 Uhr. Eintritt 8 €, erm. 5,50 €. www.turmdersinne.de.

Wo Kaspar Hauser auftauchte

Unschlittplatz

Am Unschlittplatz findet man noch mehrere ältere Häuser, darunter ein 500 Jahre altes Kornhaus (Obere Wörthstraße 26), eines der wenigen Nürnberger Gebäude im Barockstil (Nr. 1) sowie ein dreigeschossiges Rokokohaus (Nr. 5) und ein paar Handwerkerhäuser (Nr. 3, 8, 10, 12). Der hauptsächlich als Parkplatz dienende Unschlittplatz soll in den nächsten Jahren begrünt und verschönert werden. Bekannt geworden ist der Unschlittplatz durch ein rätselhaftes Findelkind mit dem Namen *Kaspar Hauser*, das am 2. Pfingstfeiertag des Jahres 1828 an der Ecke des Hauses mit der Nummer 8 stockend zwei Nürnberger ansprach. Die mysteriöse Herkunft des verwahrlosten Jünglings, der kaum richtig sprechen konnte, hat zu zahlreichen Spekulationen Anlass gegeben. Vor allem nach seiner spektakulären Ermordung in Ansbach (1833) hielt sich bis heute das Gerücht, dass es sich um einen unerwünschten badischen Prinzen gehandelt haben soll.

Moderne Architektur in der Altstadt

Kreuzgassenviertel

Das Kreuzgassenviertel ist eines der wenigen Beispiele für moderne Architektur in der Nürnberger Altstadt. Bewusst wurde hier versucht, den größtenteils gesichtslosen, historisierenden Bauten der letzten beiden Jahrzehnte einen modernen Akzent entgegenzusetzen. Den Liebhabern und Verfechtern von Chörlein, Butzenscheiben und nachahmender Fachwerkidylle ist das Viertel zwischen der Oberen und Unteren Kreuzgasse von Anfang an ein Dorn im Auge gewesen. Dabei richtete sich die Kritik weniger gegen gestalterische Mängel (solche könnte man am Kaspar-Hauser-Platz ausmachen), sondern gegen jeglichen Anflug von moderner Architektur in der Altstadt.

Praktische Infos

→ Karte S. 72/73

Essen & Trinken

mein Tipp Sushi Glas **30** Empfehlenswerte Sushibar mit minimalistischem Design, in unmittelbarer Nähe des Germanischen Nationalmuseums. Die kalorienarmen japanischen „Fischröllchen" verführen Augen und Gaumen gleichermaßen. Der Service ist oft leider nachlässig und langsam. Große Straßenterrasse. Mo–Mi 12–23 Uhr, Do–Sa 12–24 Uhr. Kornmarkt 5–7, ✆ 0911/2059901. www.sushi-glas.de.

Fränk'ness und Imperial **33** Fernsehkoch Alexander Herrmann betreibt seit 2017 auch ein Lokal in Nürnberg. Das im Erdgeschoss gelegene Lokal Fränk'ness bietet einfachere Kost, so einen geflämmten Saibling mit Blattspinat für 14,90 €. Im Obergeschoss verwöhnt das Imperial mit offener Küche auf hohem Niveau. 5-Gang-Menü 135 €, vegetarisch 119 €. Di–Sa 18–24 Uhr (Fränkness 11.30–22 Uhr). Königstr. 70, ✆ 0911/24029955. https://fraenkness.de bzw. https://ah-imperial.de.

Goldener Pudel **34** Das im Lounge-Stil eingerichtete Steakhouse ist einer der coolsten Orte Nürnbergs und könnte jederzeit auch in London zu finden sein. Das Preisniveau ist allerdings sehr gehoben (150 Gramm Filet aus Schleswig-Holstein kosten 27 €), die Beilagen und Saucen werden extra berechnet. Sehr lecker als Vorspeise ist das Lachs-Tatar (16,50 €). Es gibt auch eine Bar. Di–Sa 18 Uhr bis spät geöffnet. Grasersgasse 15, ✆ 0911/242786550. www.goldenerpudel.com.

Zeit & Raum **7** Serviert wird hier in Pegnitznähe eine passable französische Küche (viele Salate, Flammkuchen, Galettes und Fondues) in einem teilweise urigen Gewölbe. Moderates Preisniveau. Das Lokal gibt sich „animal friendly" – obwohl Hunde im Lokal nicht nur Tierhaarallergiker stören. Straßenterrasse. Tgl. 17–2, Sa und So ab 9 Uhr. Wespennest 2, ✆ 0911/227406. www.zeiti.net.

Ishihara **36** Vorzügliches japanisches Restaurant, das weit mehr bietet als das übliche Sushi. Wer noch nie japanisch essen war, sollte zum Kennenlernen ein – im Vergleich zum Abend – preiswerte Mittagsgerichte (20–24 €) versuchen. Abends kosten die vier Menüs von 38 bis 58 €, aber es lohnt sich, da die Köche die Gerichte direkt vor den Augen der Gäste auf der heißen Platte zubereiten. Zum Abschluss gibt es Vanilleeis mit heißer Himbeersoße. Mo–Sa 12–14.30 und 18–22 Uhr. Schottengasse 3, ✆ 0911/226395. www.ishihara.de.

Museumsbrücke – italienisches Flair

Historische Bratwurstküche 35 Schönes historisches Ambiente. Die auf offenem Buchenholzfeuer zubereiteten Rostbratwürste gibt es ab 9,20 € (6 Stück mit Beilage). Tgl. 11.30–22 Uhr. Zirkelschmiedsgasse 26, ✆ 0911/2059288. www.bratwurstkueche.de.

Bratwurstglöcklein 46 Einst war das Bratwurstglöcklein direkt an die im Krieg zerstörte Moritzkapelle angebaut. Im Dürerjahr 1971 wurde es im neu entstandenen Handwerkerhof unter dem traditionsreichen Namen wiedereröffnet. Tgl. außer So 10.30–22 Uhr. Im Handwerkerhof, ✆ 0911/227625. www.die-nuernberger-bratwurst.de.

Restauration Kopernikus 2 Der Biergarten beim Krakauer Haus liegt gewissermaßen auf (!) der Stadtmauer. Serviert werden fränkische und polnische Spezialitäten. Im Sommer lockt der große Biergarten. Tgl. 12–24 Uhr, Mo ab 16 Uhr geöffnet, im Winter nur Sa und So am Mittag. Hintere Insel Schütt, ✆ 0911/242 7740. www.restauration-kopernikus.de.

Estragon 31 Das Estragon ist eine gemeinnützige GmbH, sein Team besteht zum Teil aus Menschen mit Behinderung, die von fachqualifizierten Kräften geschult worden sind. Die Küche mit wechselnder Karte ist mediterran inspiriert (darunter zahlreiche vegetarische Gerichte) und keineswegs überteuert. Ein beliebter Event ist das Nolight Dinner in absoluter Dunkelheit (Vier-Gänge-Menü zu 50 €). Di–Fr 11–22 Uhr, Sa ab 17 Uhr. Jakobstr. 19, ✆ 0911/2418030. www.estragon-nuernberg.de.

Eku-Inn 39 Der Klassiker unter den Nürnberger Steakhäusern. Besonders zu empfehlen ist es dem Liebhaber von 1970er-Jahre-Interieur. Das wichtigste sind aber die unübertroffen guten Steaks, darunter auch Filet vom kanadi-

schen Bison. Tgl. 11.30–23 Uhr. Färberstr. 39, ✆ 0911/225069. www.eku-inn.de.

Cô Dung 44 Gleich nebenan befindet sich eine der besten Sushi-Adressen der Stadt. Neben Sushi gibt es panasiatische Spezialitäten zu vergleichsweise günstigen Preisen. Tgl. 11.30–23 Uhr. Färberstr. 41, ✆ 0911/48973469. www.codung-sushi.de.

Fuyiyama 27 Schon allein der großzügige Innenraum mit seinen Holzlamellen erzeugt einen Wow-Effekt. Es gibt in Nürnberg und wohl auch in ganz Deutschland kein anderes Lokal mit einer ähnlich beeindruckenden Innenarchitektur. Serviert werden neben zahlreichen Sushi-Variationen Ramen-Suppen, Salate sowie panasiatische Nudel- und Currygerichte. Günstigere Mittagsgerichte. Straßenterrasse. Tgl. 11.30–23 Uhr. Dr.-Kurt-Schumacher-Str. 1, ✆ 0911/24035072. https://fujiyama-nuernberg.de.

Cucina al Centro 5 Das kleine italienische Bistro liegt ein wenig abgeschieden im Schatten der Fußgängerzone und der Sehenswürdigkeiten. In den Räumen einer ehemaligen Metzgerei wird vor allem Pasta in den unterschiedlichsten Variationen serviert (7–10 €). Ideal für den schnellen Mittagshunger, dazu ein Glas Wein und ein Espresso, und mit der Toskana im Herzen schwebt man davon. Mo–Sa 10–20 Uhr. Hintere Ledergasse 26, ✆ 0911/242 7127. www.cucinaalcentro.de.

Karstadt/Perfetto 15 Im Untergeschoss im Karstadt-Haus gibt es einen herrlichen Feinkostmarkt mit „Steak-Point", „Asia-Point", „Austern-Bar" und „Champagner-Bar". Unser Tipp sind die perfekt zubereiteten Steaks sowie die Austern-Bar mit ihren Fischgerichten (z. B. der gut gefüllte „feurige Fischtopf" für 23,80 €). Tgl. außer So 9.30–20 Uhr. Königstr. 14, ✆ 0911/2132490.

Padelle d'Italia 24 Ausgezeichneter Italiener. Egal, ob Pasta oder Fischgerichte – hier wird man nicht enttäuscht. Es gibt auch Pizzen. Fast immer ziemlich voll, so dass eine Reservierung ratsam erscheint. So Ruhetag. Theatergasse 17, ✆ 0911/2742130. www.padelleditalia.de.

Brezen Kolb 16 Es steht außer Frage: Die besten Brezen in Nürnberg (wenn nicht gar weltweit!) gibt es beim Brezen Kolb. Egal, ob nur mit Salz (0,70 €) oder mit diversen Belägen. Über das Stadtgebiet sind mehr als ein Dutzend Verkaufsstellen verteilt. Am meisten frequentiert ist der Stand in der Karolinenstraße unweit der Lorenzkirche. Tgl. außer So 9–20 Uhr. Drei Wochen Anfang August Betriebsferien. www.brezen-kolb.de.

Kokoro 41 Allein schon die Lage am wunderschönen Platz vor dem Neuen Museum wäre einen Besuch wert. Ebenso ansprechend ist die moderne unterkühlte Einrichtung, allerdings ist es etwas eng. Serviert wird leckeres Sushi, die anderen Gerichte, so die Ente, überzeugten nicht. Herrliche Straßenterrasse! Di–Fr 11–23, Sa/So ab 12 Uhr, 14.30–17.30 Uhr nur Barbetrieb. Klarissenplatz, ✆ 0911/66486801. www.kokororestaurant.de.

Kokono 40 Gleich um die Ecke und die Namensähnlichkeit ist verwirrend. Serviert wird eine Pan-Asian-Cuisine sowie Sushi. Hervorragende Auswahl an Vorspeisen, so das delikate Thunfisch-Tartar für 8,50 €. Große Straßenterrasse! Tgl. 12–23 Uhr. Luitpoldstr. 7, ✆ 0911/24293399. https://kokono-restaurant.de.

Chiba 20 Authentische Sichuan-Küche, darunter auch ungewöhnliche Kost wie Gekochtes Schweineblut, Kutteln und Frühstücksfleisch in scharfer Brühe. Straßenterrasse. Mo Ruhetag. Lorenzer Str. 25, ✆ 0911/37677868. https://chiba-nuernberg.de.

Literaturhaus 38 Für Literaturfreunde, die sich in dem im Pseudo-Stil einer Pariser Brasserie eingerichteten Café an fränkischer und mediterraner Küche erfreuen wollen. Straßenterrasse. Tgl. 9–24 Uhr, So bis 18 Uhr. Luitpoldstr. 6, ✆ 0911/2342658. www.restaurant-im-literaturhaus.de.

Weinerei 18 Eigentlich keine öffentliche Bar, sondern ein Verein, der die Kunst und Kultur in Europa fördert. Man bestimmt selbst den Preis für den Wein und „spendet" so an den Verein. Diverse Events. Mi und Sa 20–1 Uhr. Königstr. 33–37 (Ostermayr Passage). www.weinerei.de.

meinTipp **Bierwerk 3** Ein Paradies für Bierliebhaber! Es stehen nicht nur zwölf wechselnde offene Biere, sondern zudem 150 verschiedene Flaschenbiere zur Auswahl. Das Spektrum reicht von kleinen regionalen Brauereien bis hin zu belgischen und amerikanischen Bieren. Zu essen gibt es Vesperplatten, beispielsweise mit Wurst und Käse für 12,50 €. Sehr freundlicher Service. Straßenterrasse. Di–Do 18–24 Uhr, Fr und Sa 18–2 Uhr. Unschlittplatz 9, ✆ 0911/47892114. www.bierwerk-nuernberg.de.

Cafés

Treibhaus 11 Attraktives, unweit der Fußgängerzone gelegenes Café, in dem man bis 14 Uhr ein Frühstück ordern kann. Große Straßenterrasse. Tgl. 9–1 Uhr, Fr und Sa bis 2 Uhr. Karl-Grillenberger-Str. 28, ✆ 0911/223041. www.cafetreibhaus.de.

Café Beer 21 Unlängst renoviertes, alteingesessenes Café in der Fußgängerzone. Ideal auch zum Frühstücken, lecker sind die Torten. Straßenterrasse. Mo–Sa 9–19 Uhr. Breite Gasse 79, ✆ 0911/2308420. www.cafebeer.de.

Café Arte 42 Direkt „unter" der Kartäusergasse befindet sich dieses unlängst komplett renovierte Museumscafé im Verbindungstrakt des Germanischen Nationalmuseums. Auch ohne Eintritt bezahlen zu müssen, kann man hier einkehren und sich nicht nur an kleinen Snacks und Kuchen erfreuen: Es gibt auch ein Restaurant mit ansprechender (teilweise österreichischer) Küche, alle Zutaten stammen von regionalen Lieferanten, vieles in Bioqualität. Di–So 10–18 Uhr, Mi bis 21 Uhr. ✆ 0911/133 1286. www.arte-vivere.de.

Einkaufen

meinTipp **Antiquariat Deuerlein 22** Das Antiquariat von Tom Deuerlein ist nicht nur bei Bücherfreunden beliebt, sondern es gibt auch einen perfekten Espresso, den man bei schönem Wetter auf der sonnigen Straßenterrasse trinken kann. Zu essen gibt es leckere kleine Häppchen sowie Kuchen. Tgl. 10–19 Uhr. Lorenzer Str. 33. www.deuerlein.com.

Ultra Comix 37 Ein Paradies für Comic-Fans auf drei Etagen. Egal, ob deutsch oder international: Hier fehlt kein Comic-Held. Mo–Fr 10–19.30 Uhr, Sa 10–18 Uhr. Vordere Sterngasse 2. www.ultra-comix.de.

Chocolat 13 Schokoladenträume in vielerlei Variationen von ausgesuchten Herstellern (Zotter, Domori, Dolfin, etc.). Im Ausschank: verschiedene Sorten Trinkschokolade. Es werden auch Seminare veranstaltet. Mo–Sa 10–18 Uhr.

Josephsplatz 26/28 (Eingang Hutergasse), ✆ 0911/2427888. www.chocolatnuernberg.de.

Lotus Naturkostladen **1** Direkt am Pegnitzufer ist der Naturkostladen seit Jahren auf Ökokost spezialisiert. Mittags auch warme Gerichte. Mo–Fr 9.30–18 Uhr, Sa bis 16 Uhr. Unschlittplatz 1, ✆ 0911/243598. www.naturkostladen-lotos.de.

ebl **26** Großer Ökosupermarkt im Maximum. Sehr umfangreiches Angebot: von exotischen Früchten über Frischfleisch (Metzgerei) und Wein bis hin zu Naturkosmetik. Integriert ist ein kleines Café, das auch günstige, wechselnde Tagesgerichte anbietet. Mo–Sa 9–20 Uhr. Kornmarkt 8, ✆ 0911/23695973.

Evas Teeplantage **45** Egal, ob grün, schwarz oder bio – in diesem Fachgeschäft werden mehr als 400 Teesorten angeboten. Wer will, kann sich auch gleich im Laden an einer Tasse Tee erfreuen. Mo–Fr 9.30–18 Uhr, Sa 9.30–15 Uhr. Vordere Sterngasse, ✆ 0911/223 556. www.evasteeplantage.de.

U eins **17** Der Concept-Store im Untergeschoss des Wöhrl bietet auf 3500 m² hippe Modelabels. Mo–Sa 10-20 Uhr. Ludwigsplatz 12–24.www.facebook.com/ueinsfashion.

Glore Fashion **6** In einem ansprechenden Laden wird „globally responsible fashion“ für Männer und Frauen verkauft. Das klingt wesentlich hipper als „Ökoklamotten“ und wirklich: Mit dem Müsliflair vergangener Jahrzehnte haben die modischen Kreationen nicht das geringste gemein. Mo–Fr 11–19.30 Uhr, Sa 11–19 Uhr. Karl-Grillenberger-Str. 24, ✆ 0911/891 5955. www.glore.de.

Gudrun Sjödèn **10** Farbenfrohes schwedisches Modelabel für Frauen, das auf nachhaltige und ökologische Produkte wert legt. Josephsplatz 1, ✆ 0911/243717. www.gudrunsjoeden.de.

Kauf Dich glücklich **14** Das Konzept ist so einfach wie gut: Die Kunden sollen sich in diesen Klamotten wie zu Hause fühlen, sich etwas aus den eigenen Kollektionen aussuchen und glücklich nach Hause schweben. Mo–Sa 10.30–20 Uhr. Vordere Ledergasse 2. www.kaufdichgluecklich-shop.de.

Leib & Seele **9** Feinste Mode von Kontatto, Hüftgold, Please und Imperial wird in einem faszinierenden Shopkonzept präsentiert. Mo–Sa 11–20 Uhr. Adlerstr. 38, ✆ 0911/2375120. www.leib-seele.com.

Weißer Turm und Barbakane

Lebkuckucksnest **43** Mitten in einer ehemals schlecht beleumundeten Luitpoldstraße betreibt das Modelabel Blutsgeschwister eine feine Boutique. Präsentiert wird Frauenmode mit Mut zu Mustern und Farben und einem nicht zu leugnenden Retrochic. „Seelenkleidung für das süße Leben“, lautet das Motto der Firma. Mo–Sa 11–19 Uhr. Luitpoldstr. 9, ✆ 0911/47788747. www.blutsgeschwister.de.

Crämer & Co **19** Verteilt auf vier Etagen gibt es hier keine Jeans, die es nicht gibt, darunter auch Nobelmarken. Mo–Sa 10–20 Uhr. Breite Gasse 18. www.craemerco.de.

British Empire **25** Kultklamotten aus England, vom T-Shirt bis zu Chucks. Krebsgasse 9, ✆ 0911/2403040. www.britishempire-shop.de.

Mammut Store **12** Alles für die Freunde von Bergsport und anderen Outdooraktivitäten. Josephsplatz 18, ✆ 0911/93755985.

1. FCN Clubhaus **8** Ein Fanshop, der auch als Begegnungsstätte dient. Josephsplatz 4, ✆ 0911/217333. www.fcn-fan-shop.de.

Grüne Erde **32** Organic Living für Menschen, die ihre Wohnräume mit qualitativ hochwertigen ökologischen Möbeln und Materialien ausstatten. Vordere Sterngasse, ✆ 089/1200990.

Oxfam **23** Hinter dem Secondhand-Laden steckt eine soziale Idee, denn die Einnahmen gehen an Bedürftige und Sozialprojekte in aller Welt. Mo–Fr 10–19 Uhr, Sa 10-15 Uhr. Dr.-Kurt-Schuhmacher-Str. 16. www.oxfam.de.

Lorenzer Altstadt → Karte S. 72/73

Ein Stadtteil im Wandel

Tour 4

Das multikulturelle Gostenhof ist der lebendigste Stadtteil Nürnbergs. Eine beispielhafte Sanierung machte das ehemalige „Glasscherbenviertel" zu einer attraktiven Wohngegend mit (noch) bezahlbaren Mieten, weshalb sich ebenso viele Kreative wie Immigranten angesiedelt haben.

Memorium Nürnberger Prozesse, hier wurde Weltgeschichte geschrieben, S. 82

Rosenau, der Park ist ein verstecktes Kleinod, S. 84

Rochusfriedhof, stimmungsvolle Grabstätte, S. 80

Bunt, lebendig, anders

Gostenhof

Bis weit in die 1980er Jahre hinein war Gostenhof ein ziemlich unattraktiver Stadtteil. In die heruntergekommenen, schlecht ausgestatteten Mietshäuser aus der Gründerzeit wollte lange Zeit niemand ziehen, so dass sich ein großer Teil der Bewohner Gostenhofs aus den sog. „Gastarbeiterländern" rekrutierte: Heute besitzt mehr als ein Drittel der Gostenhofer keinen deutschen Pass. Dies hat dazu geführt, dass sich Gostenhof in eine der schillerndsten Gegenden Nürnbergs verwandelt hat. Neben einer Vielzahl von Türken, Griechen, Italienern und Spaniern, die sich hier in den 1960er und 1970er Jahren Wohnungen mieteten, die sonst keiner haben wollte, wurde Gostenhof auch von Künstlern und Studenten entdeckt. Türkische Gemüsehändler, alte Häuser, Kleinkunstbühnen sowie Szene- und „Sandler"-Kneipen bestimmen das Straßenbild.

Seit 1981 hat ein Sanierungsprojekt der Stadt dem verrufenen Gostenhof ein völlig neues Image gegeben: Heute gibt es immer weniger abgewirtschaftete Häuser, dafür immer mehr gut sanierte Mietwohnungen und wunderschöne, begrünte Hinterhöfe mit sehenswerten Wandgemälden. „Die Stadt Nürnberg schuf ein beispielgebendes Pilotprojekt der einfachen Stadterneuerung", hieß es in der Begründung für die Auszeichnung der Sanierung von Gostenhof-West mit einer Goldplakette beim Bundeswettbewerb für Stadtentwicklung 1987. Bis 1992 wurde dann auch im ehemals bürgerlichen östlichen Teil Gostenhofs eine experimentelle Stadterneuerung unter ökologischen Gesichtspunkten durchgeführt. In den letzten Jahren kam es des Öfteren zu Graffiti-Protesten gegen die sich langsam ankündigende Aufwertung Gostenhofs. Die Mieten steigen, moderne Häuser werden gebaut und die Gentrifizierung schreitet voran. Andererseits setzen Cafés und Kneipen sowie hippe Geschäfte lebendige Akzente. Vor allem die Fürther Straße sonnt sich in neuem Glanz.

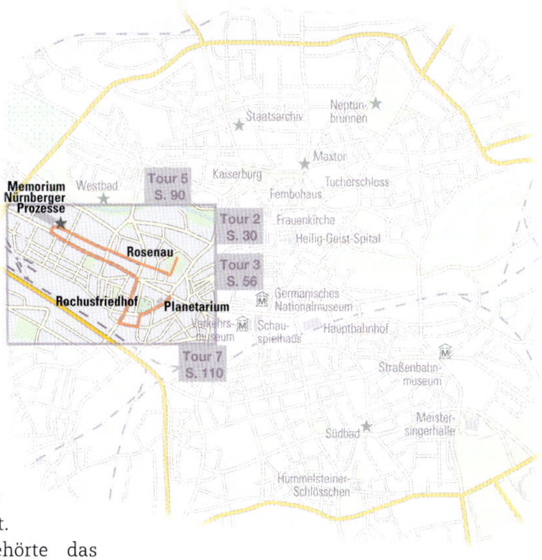

Geschichte

Gostenhof, einer der ältesten Nürnberger Vororte, wurde erstmals im Jahre 1280 urkundlich erwähnt. Bis zum Jahre 1342 gehörte das ehemalige Straßendorf den Burggrafen von Nürnberg; 1427 ging es durch Kauf in den Besitz der Reichsstadt Nürnberg über. In den beiden Markgrafenkriegen 1449 und 1552 ließ der Nürnberger Rat Gostenhof abbrennen, damit der Feind nicht direkt vor den Toren der Reichsstadt Deckung finden und sich festsetzen konnte. Trotz der Nähe zur Altstadt behielt das Dorf bis über die Mitte des 19. Jahrhunderts hinaus seinen ländlichen Charakter; die letzten Gebäude aus dem 17. und 18. Jahrhundert verschwanden erst nach dem Zweiten Weltkrieg.

Seit jeher hatte Gostenhof keinen besonders guten Ruf. So erließ 1480 der Nürnberger Rat eine Ordnung, die besagte, dass die Prostituierten in einer bestimmten Entfernung um die Stadt herum ihrem Gewerbe nicht nachgehen dürften. Ausgenommen hiervon war die Gegend um den Judenbühl und der zu Gostenhof gehörende Plärrer. Ein Jahr später gingen die Stadtväter gegen einen Gastwirt vor, der bezichtigt worden war, in seiner Gaststätte die Prostitution zu dulden. In Gostenhof hatten sich schnell Wirtshäuser und einfache Unterkünfte etabliert. Dies hatte zwei Gründe: Zum einen mussten die Reisenden, die nachts nach Nürnberg kamen, warten, bis die Tore wieder geöffnet wurden, zum anderen befand sich die Nürnberger Poststation lange Zeit vor den Toren der Stadt.

Nach langwierigen Auseinandersetzungen mit der Familie der Fürsten von Thurn und Taxis, die das Amt des Reichserbgeneralpostmeisters innehatte, verwehrte nämlich der Rat ihren Kutschen im Jahre 1705 die Einfahrt: sie hielten bis zum Jahre 1808 vor dem Gasthof „Zum Mondschein" in Gostenhof. Der schlechte Ruf des Viertels hat sich bis in die Gegenwart erhalten. Noch Anfang des 20. Jahrhunderts finden sich in den Pfarrbüchern Klagen über die schlimmen Gostenhofer Verhältnisse.

Als eine der ersten alten Ortschaften vor den Toren Nürnbergs wurde Gostenhof durch das anbrechende Industriezeitalter geprägt. Im 1825 eingemeindeten Gostenhof schnitten sich gewissermaßen alle wichtigen Kennlinien des anbrechenden Industriezeitalters. Hier wurde 1835 Deutschlands ältester Bahnhof errichtet, im Südwesten entstand 1843 der Hafen des Ludwig-Donau-Main-Kanals, und vier Jahre später wurde in Gostenhof Bayerns erstes Gaswerk in Betrieb genommen. In dieser Zeit siedelten sich auch die ersten größeren Industriebetriebe an, woraufhin die Bevölkerung Gostenhofs gewaltig zunahm. Waren 1861 nur 2.147 Menschen in Gostenhof ansässig, so hatte der Stadtteil 1900 schon 44.703 Einwohner, von denen ein großer Prozentsatz Juden waren. Die damals neu entstandenen Sandstein- und Backsteinhäuser prägen bis heute das Bild Gostenhofs, da glücklicherweise nicht sehr viele Häuser den Bomben der Alliierten zum Opfer fielen.

Verbindung Die U-Bahn-Linien U1 und U11 fahren durch Gostenhof. Altstadtnah ist die Station Plärrer.

Spaziergang

Die Tour startet am **Plärrer,** der gewissermaßen das Eingangstor von Gostenhof bildet. Er ist einer der wichtigsten Verkehrsknotenpunkte Nürnbergs. Auf mehr als sechs Spuren kreisen die Autos dicht gedrängt um den Platz. Und dies nicht erst seit ein paar Jahren, wie ein bekanntes Nürnberger Sprichwort aufstöhnend zu berichten weiß: „Dou gehd's zou wei am Blärrer". Seit 1953 wird der Plärrer vom Plärrer-Hochhaus der Städtischen Werke Nürnberg (*N-Ergie*) dominiert. Das mit seinen 56 Metern Höhe damals höchste Bauwerk Bayerns wurde nach Plänen von *Wilhelm Schlegenthal* erbaut und steht unter Denkmalschutz.

Direkt an das Plärrer-Hochhaus schließen sich das **Nikolaus-Copernicus-Planetarium** und das ehemalige **Volksbad** an. Entlang der Rothenburger Straße kommt man schon nach wenigen Minuten zum **Rochusfriedhof** mit der Rochuskapelle und seinen schönen Sandsteingrabmälern.

Linker Hand über die Bauerngasse gelangt man zur **Knauerstraße.** An der Ecke steht mit der Knauerschule eines der schönsten Nürnberger Schulhäuser im Neorenaissancestil, ein Stück weiter erinnert eine Gedenktafel an der Hausnummer 27 an ein schreckliches Kapitel der nationalsozialistischen Vergangenheit. Die Obere Kanalstraße führt zur **Fürther Straße,** die man fraglos als Hauptschlagader des Stadtteils bezeichnen kann. Während der preußischen Okkupation von Gostenhof ließ Graf Hardenberg in seiner Funktion als Minister für die fränkischen Gebiete zwischen 1801 und 1805 die heutige Fürther Straße vom Plärrer bis ins benach-

Nürnberg im Kasten

Claire Goll – eine gebürtige Gostenhoferin

Ein heute nicht mehr vorhandenes Haus in der Fürther Straße 27 war das Elternhaus der Schriftstellerin Claire Goll. Sie wurde am 29. Oktober 1890 als Clara Aischmann in Nürnberg geboren und lebte bis zu ihrem 7. Lebensjahr in Gostenhof; danach zog sie mit ihrer Familie nach München. Ihr Vater Josef Aischmann war ein bekannter Hopfen- und Kapselfabrikant, der später argentinischer Konsul werden sollte. Berühmt geworden ist Claire Goll, die seit 1921 mit dem Dichter Iwan Goll verheiratet war, als sozialkritische Autorin und überzeugte Pazifistin. Zu ihren Verehrern gehörte neben Franz Werfel auch Rainer Maria Rilke. Claire Goll lebte die längste Zeit ihres Lebens in Paris, wo sie auch 1977 gestorben ist. Zu Claire Golls Kreis der Pariser Bohème gehörten Chagall, Dalí, Fernand Léger und André Malraux. Leider hat sich ihre Heimatstadt Nürnberg bisher nicht entschließen können, Claire Goll in irgendeiner Form zu würdigen, so dass sie hierzulande langsam, aber sicher in Vergessenheit geraten ist.

barte Fürth anlegen. Genau auf dieser Strecke fuhr dann 1835 auch die erste deutsche Eisenbahn, woran heute noch ein monumentales **Eisenbahndenkmal** erinnert.

Folgt man der Fürther Straße in Richtung Fürth, taucht nach etwa einem Kilometer rechter Hand der nicht zu übersehende Komplex des **Gerichtsgebäudes** auf. Im Schwurgerichtssaal 600 fanden ab dem 20. November 1945 die Nürnberger Prozesse statt, deren Bedeutung das **Memorium Nürnberger Prozesse** in museumsdidaktisch vorbildlicher Weise dokumentiert.

Zurück zur Innenstadt führt der Weg über die teilweise noch kopfsteingepflasterte Bärenschanzstraße. Bei der Hausnummer 40 befindet sich der älteste erhaltene **jüdische Friedhof** von Nürnberg. Er ist allerdings für die Öffentlichkeit nicht zugänglich, aber man kann über die Mauern hinweg einen Blick auf den 1864 angelegten Friedhof erhaschen (ebenso von der in der Reutersbrunnenstraße gelegenen Rückseite). Nach zehn Minuten erreicht man mit der **Rosenau** einen kleinen, aber

Eisenbahndenkmal

gut besuchten Park, der sich mit einem Kinderspielplatz und dem nur im Sommer geöffneten Café Kiosk für eine Pause anbietet.

Gostenhof → Karte S. 86/87

Sehenswertes

Nürnbergs Verkehrsdrehscheibe

Plärrer

Das mittelhochdeutsche Wort „Plarre", von dem sich Plärrer ableitet, bezeichnete ursprünglich nur eine Freifläche ohne klare Besitzverhältnisse. Einst diente der Plärrer fahrenden Gewerbetreibenden, die hier ihre Stände und Buden aufstellten. Im Industriezeitalter nahm die Bedeutung des Platzes als Verkehrsknotenpunkt beständig zu. Hier befand sich die Nürnberger Endstation der ersten deutschen Eisenbahn samt einer Drehscheibe für die kleine Lokomotive, den „Adler". Allein zwischen 1884 und 1965 erfuhr der Plärrer mehr als ein halbes Dutzend Umgestaltungen. Insgesamt wurde die Plärrerfläche bis heute mehr als verdoppelt.

Faszination Weltall

Nikolaus-Copernicus-Planetarium

Das Nikolaus-Copernicus-Planetarium hatte mit dem 1927 an der Ringstraße am Wöhrder Tor errichteten ersten Nürnberger Planetarium bereits einen Vorläufer. Dieses galt den Nationalsozialisten als besonderes Symbol der liberalen Amtszeit von Hermann Luppe (Erster Bürgermeister von Nürnberg

1920–1933), so dass der Stadtrat 1934 auf ausdrücklichen Wunsch des NS-Gauleiters Julius Streicher den Abbruch des Gebäudes verfügte. Das neue, 1960 eröffnete Planetarium verfügt über mehrere Spezialprojektoren und hat ständig wechselnde Vorführungen im Programm.

Am Plärrer 41. Programmansage: ✆ 0911/2654 67. Eintritt 9,50 bzw. 8 €, erm. 6,50 bzw. 5,50 €. www.planetarium-nuernberg.de.

Geschlossenes Jugendstilbad

Volksbad

Gleich neben dem Planetarium befindet sich das Volksbad. Das zwei Jahre vor dem Ersten Weltkrieg eröffnete Hallenbad mit drei Schwimmhallen, mehreren Wannenbädern, einem Schwitzbad und sogar einigen Hundebädern war für viele Nürnberger aus Gostenhof und anderen Stadtteilen lange Zeit die einzige Möglichkeit zu baden, da sehr viele Privatwohnungen über kein eigenes Badezimmer verfügten. 1974 wurde das Volksbad mit seiner teilweise erhaltenen Jugendstil-Innengestaltung gründlich renoviert. Leider haben die finanziellen Probleme der Stadt dazu geführt, dass das Volksbad 1995 endgültig seine Pforten schloss. Nach langen Diskussionen ist glücklicherweise die Entscheidung gefallen, das Bad zu renovieren. Voraussichtlich im Dezember 2024 kann man wieder seine Bahnen ziehen.

Stimmungsvoll: Rochusfriedhof

Nach einem Pestheiligen benannt

Rochusfriedhof

Der Rochusfriedhof und die Rochuskapelle sind die letzten Zeugen aus Gostenhofs reichsstädtischer Zeit. Nachdem der Nürnberger Rat beschlossen hatte, die Begräbnisstätten vor die Stadtmauern zu verlegen, wurde 1518 am südwestlichen Rand von Gostenhof der nach einem der Pestheiligen benannte Rochusfriedhof angelegt. Er war das Pendant zum Johannisfriedhof; während dort die Toten der nördlichen (Sebalder) Stadtseite begraben wurden, war der Rochusfriedhof der Friedhof für die südliche (Lorenzer) Stadtseite. Die gesamte Anlage ähnelt sehr der des Johannisfriedhofs. Da südlich der Pegnitz hauptsächlich Handwerker und weniger vermögende Bürger lebten, sind auf dem Rochusfriedhof nur selten bekannte Namen zu finden, wie beispielsweise der des Erzgießers Peter Vischer (Grab 90) oder des Musikers Johann Pachelbel. Sehenswert sind auch die zahlreichen liegenden Grabsteine mit ihren Bronze-Epitaphien.

Die 1521 errichtete Rochuskapelle ist eine Stiftung des Nürnberger Patriziers Konrad Imhoff und gehört heute immer noch der Familie von Imhoff. Eine Besichtigung der Kapelle ist selten möglich, und so bleibt die reiche Innenausstattung leider verborgen. Westlich des Rochusfriedhofs grenzt ein um 1693 angelegter historischer Militärfriedhof an.

Düstere Vergangenheit

Knauerstraße

An ein düsteres Kapitel der Nürnberger Geschichte erinnert das unlängst renovierte Haus in der Knauerstraße 27. Hier befand sich einst ein jüdisches Altenheim. Am 10. September 1942 wurden alle Bewohner, die in diesem Haus untergebracht waren, mit Möbelwagen zum Güterbahnhof Finkenstraße transportiert. Zusammen mit den Bewohnern eines anderen Altenheims und eines Auffanglagers wurden an diesem Tag insgesamt 533 Personen nach Theresienstadt deportiert. Nur 26 Menschen dieser größten von insgesamt sieben Nürnberger Deportationen überlebten den Zweiten Weltkrieg.

Erste deutsche Eisenbahnstrecke

Fürther Straße

Durch den Bau der Fürther Straße verschob sich allmählich das Zentrum Gostenhofs. Die schnurgerade, gepflasterte Straße bot sich wenige Jahrzehnte später geradezu als günstige Linienführung für die erste deutsche Eisenbahn an. Entlang der Fürther Straße verliefen die Gleise der ersten deutschen Eisenbahn, der sog. Ludwigsbahn, die am 7. Dezember 1835 zwischen Nürnberg und Fürth ihren Betrieb aufgenommen hatte. Es ist heute kaum mehr nachvollziehbar, welche Bedeutung damals diesem Ereignis beigemessen wurde. Aus ganz Deutschland strömten in den folgenden Monaten Interessierte herbei, um die von der Adler-Lokomotive gezogene Bahn zu bewundern. Jährlich wurden auf der nur sechs Kilometer langen Strecke zwischen Nürnberg und Fürth eine halbe Million Menschen befördert. Direkt unter der Fürther Straße verläuft heute die U-Bahn.

Zur Erinnerung an den „Adler"

Eisenbahndenkmal

Das Eisenbahndenkmal, das heute vor dem Haus in der Fürther Straße 74 steht, wurde 1890 am Plärrer aufgestellt. Wegen der Umgestaltung des Plärrers versetzte man 1929 den „Brunnen zur Erinnerung an die erste deutsche Eisenbahn" an die Stadtgrenze. Dort fristete er in den letzten Jahren ein klägliches Dasein direkt neben der Stadtautobahn. Nach umfangreichen Restaurierungsarbeiten, die durch die großzügige Spende eines Privatmanns ermöglicht wurden, erstrahlt er nun wieder im alten Glanz – auf seinem neuen Platz in der Fürther Straße.

Heimat eines NS-Sondergerichts

Gerichtsgebäude

Der 1916 in Anlehnung an die deutsche Renaissance errichtete Justizpalast beherbergte in der Nazizeit ein berüchtigtes Sondergericht. Das wohl bekannteste Urteil dieses Sondergerichtes war das 1942 gefällte Todesurteil gegen den jüdischen Fotohändler Leo Katzenberger. Der Nazi-Richter Oswald Rothaug ließ den 68-jährigen Katzenberger fast ohne (Nazi-)Rechtsgrundlage hinrichten, selbst der Volksgerichtshofpräsident Roland Freisler nannte damals den Urteilsspruch eine „recht gewagte juristische Konstruktion". Rothaug wurde 1947 zu lebenslänglicher Haft verurteilt, von denen er nur 20 Jahre absitzen musste. Theodor Hauth, ein anderer Nürnberger Nazi-Richter, der im Dritten Reich durch seine unglaublichen Mietrechtsurteile gegen jüdische Bürger bekannt geworden ist, brachte es später gar zum Oberlandesgerichtspräsidenten in Nürnberg …

Gostenhof → Karte S. 86/87

Dokumentation am Originalschauplatz

Memorium Nürnberger Prozesse

Von 1945 bis 1949 fanden im alten Schwurgerichtssaal 600 die als „Nürnberger Prozesse" bekannt gewordenen Verhandlungen gegen die Nazi-Führer statt. Der Saal diente lange Zeit ausschließlich als Gerichtssaal. Seit November 2010 ist im Dachgeschoss des Nürnberger Justizgebäudes das Memorium Nürnberger Prozesse eingerichtet, um die historische Bedeutung dieses Ortes zu unterstreichen. Seit 2020 wird auch der Schwurgerichtssaal, in dem bis dahin Gerichtsverhandlungen durchgeführt wurden, nur noch museal genutzt.

Die Dauerausstellung zu den Nürnberger Prozessen beschäftigt sich ausführlich mit der Vorgeschichte, den Beteiligten und dem Verlauf des Hauptkriegsverbrecherprozesses, wobei mithilfe von modernen Schautafeln, historischen Filmaufnahmen und den original erhaltenen Anklagebänken die damalige Atmosphäre geschildert wird. Weitere Themenkomplexe sind die juristische Verfolgung von NS-Verbrechen nach 1946 sowie die Auseinandersetzung mit dem Erbe der Nürnberger Prozesse, die zur Einrichtung des Internationalen Strafgerichtshof in Den Haag führten.

Bärenschanzstr. 72. Tgl. außer Di 10–18 Uhr. Eintritt inkl. Audioguide 6 €, erm. 1,50 € (Tageskarte für 7 Museen 9 €). Führungen Sa 14 Uhr (englisch), So 14 Uhr (3 €, erm. 2 €). www.memorium-nuernberg.de.

Zeugnis einer schwierigen Geschichte

Jüdischer Friedhof

Nachdem die Juden mehr als drei Jahrhunderte zuvor aus Nürnberg vertrieben worden waren, durften sie sich erst im Jahre 1850 wieder in der fränkischen Metropole niederlassen. Vierzehn Jahre später wurde dann in Nürnberg ein Friedhof errichtet, so dass die aufstrebende jüdische Gemeinde ihre Toten nicht mehr länger in Fürth bestatten musste. Schon wenige Jahrzehnte später war der Friedhof allerdings zu klein geworden – die Juden kennen keine

Justizgebäude in der Fürther Straße

Memorium Nürnberger Prozesse

Nürnberg im Kasten

Die Nürnberger Prozesse

Am 18. Oktober 1945 trat in Berlin der internationale Militärgerichtshof zusammen. Nach Erhebung der Anklage gegen die sog. „Hauptkriegsverbrecher" wurde der Prozess am 20. November in Nürnberg fortgesetzt. Nürnberg als ehemalige Stadt der Reichsparteitage und vermeintliche „Geburtsstätte der Naziregierung" erschien den Amerikanern und ihren westlichen Verbündeten als der geeignetste Ort für diesen Prozess. Für Nürnberg sprachen außerdem der Zustand von Justizpalast und Gefängnis sowie die vorhandenen Unterbringungsmöglichkeiten für Personal und Zeugen. Bis zum 1. Oktober 1946 prozessierten die Alliierten gegen 24 führende Angehörige von Reichskabinett, SA, SS, Gestapo, Sicherheitsdienst, Generalstab und Oberkommando der Wehrmacht sowie gegen das Führerkorps der NSDAP. Die Hauptanklagepunkte lauteten: Verschwörung gegen den Frieden, Kriegsverbrechen und Verbrechen gegen die Menschlichkeit. Gegen zwölf der Angeklagten wurden Todesurteile ausgesprochen; am 16. Oktober wurden Franck, Frick, Jodl, Kaltenbrunner, Keitel, Rosenberg, von Ribbentrop, Sauckel, Seyss-Inquart und Streicher gehängt, Göring und Ley hatten zuvor Selbstmord begangen. Bormann wurde in Abwesenheit zum Tode verurteilt. Schacht, von Papen und Fritzsche wurden freigesprochen, während Dönitz, Funk, Hess, von Neurath, Raeder, von Schirach und Speer Freiheitsstrafen von zehn Jahren bis lebenslänglich erhielten. Danach schlossen sich bis 1949 zwölf Nachfolgeprozesse gegen führende Vertreter aus Wirtschaft, Justiz, Ärzteschaft und Militärverwaltung an, die nur noch vor einem amerikanischen Militärgericht stattfanden und bis heute historisch wenig aufgearbeitet worden sind. Von den 177 dort Angeklagten wurden 18 hingerichtet.

Gostenhof → Karte S. 86/87

Fast vergessen: der jüdische Friedhof in Gostenhof

Exhumination –, weshalb 1906 der neue und bis heute bestehende jüdische Friedhof in der Schnieglinger Straße errichtet wurde. Der Friedhof in der Bärenschanzstraße ist nicht mehr im ursprünglichen Zustand: Mehr als 1000 Grabsteine waren bei einem Fliegerangriff im Februar 1945 zerstört oder beschädigt worden.

Einstiger Vergnügungspark

Rosenau

Heute ist die Rosenau ein kleiner Park am Rande von Gostenhof. Ein Kinderspielplatz und das Café Kiosk sind die einzigen Attraktionen der einst so berühmten Parkanlage vor den Toren der Stadt, an deren seitlichen Hängen die vornehmsten Villen zu finden waren. Im Jahre 1819 erwarb der Marktadjunkt Johann David Wiss das Gelände der sog. Deutschherrenbleiche, benannte es nach seiner Frau Rosenau und ließ rund um den Weiher den beliebtesten und schönsten Vergnügungspark Nürnbergs anlegen. Einen großen Teil des Grundstücks behielt sich Wiss für seine privaten Zwecke vor. Er errichtete dort eine Villa mit Pavillon und den Prachtbau „Alhambra" im indischen Stil des 18. Jahrhunderts. Geschäftsmann, der er war, machte er große Teile des Parks der Bevölkerung zugänglich, vorausgesetzt, diese zeichnete zuvor ein Abonnement. Erst 1893 ging die Rosenau in den städtischen Besitz über. Der Zweite Weltkrieg setzte dem illustren Treiben ein Ende. Die herrschaftlichen Villen wurden größtenteils zerstört, der Bleichersweiher zugeschüttet.

Praktische Infos

→ Karte S. 86/87

Essen & Trinken

Koch und Kellner 13 In sachlich nüchternem Ambiente präsentiert sich eines der besten Restaurants von Nürnberg. Mehrfach ausgezeichnet (15 Punkte bei Gault-Millau, ein Michelin-Stern), vorzügliches Weinangebot. Die kreative Küche begeistert – so bei einem knusprigen Bauch vom Schwäbisch-Hällischen Schwein mit Blutwurst, Lauch und Süßkartoffelbaumkuchen. Menüs ab 90 € für fünf Gänge. Mo–Sa 12–14.30 (nach Reservierung) und 18.30–24 Uhr. Obere Seitenstraße 4, ✆ 0911/ 266166. www.kochundkellner.de.

Da Claudio **2** Nürnbergs Nobelitaliener. Nicht nur die vielen Stammgästen schätzen die niveauvoll-kreative Küche. Sehr lecker ist der pikante Oktopus-Salat in Tomaten-Kapern-Soße (18,50 €) oder der Thunfisch mit grünem Spargel für 17 €. Als Hauptgang lohnt sich *Loup de mer* in Salzkruste für 2 Personen mit Gemüse (57 €). Schöne Straßenterrasse. So und Montagmittag geschlossen. Obere Hochstraße 41, ✆ 0911/204752. http://daclaudio.de.

Veles **16** Ein weiteres Gourmetrestaurant in GoHo. Vadim Karasev, der früher im La Vie gekocht hat, eröffnete 2021 sein eigenes Restaurant und bekam bereits im März 2022 seinen ersten Michelin-Stern. Es gibt eine offene Küche, so dass man der Küchencrew beim Arbeiten zusehen kann. Menüs zu 89, 99 und 115 €. Straßenterrasse. Di–Sa 18–22 Uhr. Kernstr. 29, ✆ 0911/5985385. http://veles-restaurant.de.

meinTipp **Salon Regina** **6** Der Szenetreff mit plüschiger Wohnzimmeratmosphäre im Stil der 1970er Jahre. Kleines, aber ansprechendes kulinarisches Angebot und wechselnde Landbiere, leckerer Kaffee. Moderates Preisniveau. Schöne, sonnige Straßenterrasse. Tgl. 10–24 Uhr, So bis 22 Uhr. Fürther Str. 64, ✆ 0911/ 9291799. www.salonregina.de.

1897 **23** Eine absolut tolle Weinbar in einem vorbildlich restaurierten Haus aus dem Jahre 1897. Viel Atmosphäre, tolle Stuckdecke und schöner Holzboden. Zudem gibt es hervorragende Weine, dazu ein paar leckere Häppchen und zwei wechselnde Wochengerichte. Am So auch Frühstücks- und Caféangebot. Straßenterrasse. Di–Do 17–23 Uhr, Fr 17–24 Uhr, Sa 14–24 Uhr, So 10–17 Uhr. Gostenhofer Hauptstr. 73, ✆ 0911/66463990. www.achtzehn97.de.

ess.brand **21** Ein gastronomisches Kleinod! In einer ehemaligen Lagerhalle wird an drei langen Tafeln eine anspruchsvolle französisch inspirierte Küche serviert. Menü 46 €. Nur Mi–Sa 18–22 Uhr. Gartenstr. 17, ✆ 0911/4905433. www.ess-brand.de.

Balazzo Brozzi **4** Das reichhaltige Frühstücksbuffet am Sonntag ist ein Magnet für die linksalternative Szene. Zwischen Plüschsofas und wechselnden Ausstellungen tummeln sich Schachspieler, Kleinkinder und Spätaufsteher. Tgl. 9–23 Uhr, Sa/So bis 21 Uhr (jeden 1. Mo im Monat geschl.). Hochstr. 2, ✆ 0911/288482. www.balazzo-brozzi.de.

Der Gostenhofer Dorfschulze **1** Tagsüber Café, abends dann werden fränkische Bierspezialitäten in einem lockeren Ambiente serviert. Straßenterrasse. Mo–Do 18–1, Fr und Sa 18–2 Uhr, Bärenschanzstr. 121. Tel. ✆ 0162/3035614.

Gostenhof → Karte S. 86/87

Rosenau: versteckte grüne Oase, am Rande auch das Café Kiosk

Palais Schaumburg 19 Eine weitere linksalternative Szenekneipe mit 30-jähriger Tradition. Großes vegetarisches Speisenangebot (auch bio!) zu fairen Preisen (Kichererbsenratatouille mit Kartoffeln 8,70 €). Das Angebot und die Qualität der offenen Hausweine lassen allerdings zu wünschen übrig. An den Wänden stellen lokale Künstler ihre Bilder und Fotos aus. Netter Garten mit schattenspendender Linde. Tgl. 11.30–1 Uhr, Sa ab 14 Uhr. Kernstr. 46, ✆ 0911/260043. www.palaisschaumburg.de.

Mein Tipp **Gatto Rosso 24** Ein kleiner Abstecher nach Schweinau lohnt alleine wegen dieses italienischen Familienrestaurants. In einem denkmalgeschützten Fachwerkhaus werden Köstlichkeiten wie Steinpilze vom Grill (15 €) oder ein Ossobuco nach Mailänder Art serviert (25 €). Im Sommer lockt ein schöner Garten. Mo–Fr 11–14 und 18–23.30 Uhr, Sa 18–23.30 Uhr. Hintere Marktstr. 4, ✆ 0911/666878. www.gatto-rosso.de.

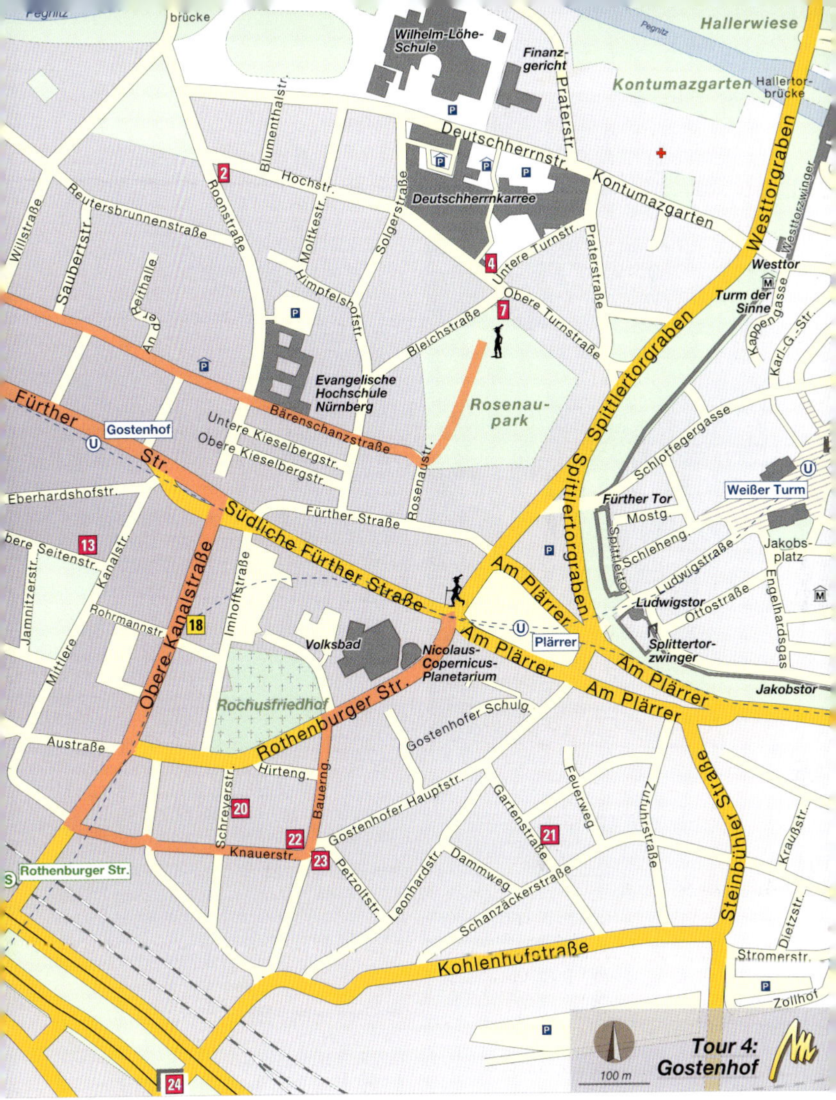

Mops von Gostenhof **15** Eine coole Adresse für Hipster. Kreativ-verspielte Einrichtung mit Charme. Getrunken werden gute fränkische Landbiere. Mi–So ab 18 Uhr. Volprechtstr. 14.

Hot Tacos **5** Mexikanisches Slowfood für alle Freunde von Tacos, Burritos und Quesadillas. Ab 4 €, hinzu kommen dann noch die gewünschten Füllungen und Dips. Große Straßenterrasse. Gehobene Imbissqualität. Tgl. außer Mo 11–23 Uhr, So bis 20 Uhr. Fürther Str. 66, ✆ 0911/98201686. www.hottacos.de.

mein Tipp **Schankwirtschaft** **9** Das Paradies für Gostenhofer Bierfreunde. Zum Ausschank kommen Biere aus der eigenen Spezialitätenbrauerei, vor allem Schanzenbräu Rotbier und Schanzenbräu Hell. Wechselnde Speisekarte mit einfachen Brotzeiten und fränkischen Klassikern. Biergarten. Tgl. außer Mo 11–1 Uhr. Adam-Klein-Str. 27, ✆ 0911/93776790. www.schanzenbraeu.de.

Viel Wein im Weinstockwerk

Weinstockwerk **11** Eine ungewöhnliche Weinbar im Loungestil der 1970er Jahre. Der Schwerpunkt der umfangreichen und nicht überteuerten Weinkarte liegt auf deutschen Tropfen, sie wird genauso freundlich wie kompetent erläutert. In den schmucken Gasträumen wird zudem eine „rindlastige" Küche serviert. Es gibt klassisches Rindertatar ebenso wie diverse Steaks und Filets sowie leckere Burger. Zum Nachtisch wird Biokäse gereicht. Di–Sa 18–1 Uhr. Glockendonstr. 30, ✆ 0911/2723663. www.weinstockwerk.de.

Wer gerne mal freitagabends in die Subkultur Gostenhofs eintauchen möchte, um bei einem Getränk Kunst zu genießen, sollte unbedingt in der **Galerie ARTelier** vorbeischauen: Knauerstr. 3, www.das-artelier.com. Entspannte Atmosphäre, nette Leute, gute Kunst. Ein weiteres lohnenswertes „Wohnzimmer", ebenfalls mit außergewöhnlichen Ausstellungen, ist der **Barfreitag**: Rothenburger Str. 51a. www.nordkurve.info/Barfreitag.html.

Cafés

Café Kiosk **7** Wenn die Sonne scheint, gibt es wohl kein schöneres Café. Der ehemalige Verkaufskiosk (ein 1930er-Jahre-Bau) im Rosenau-Park eignet sich wegen seiner Lage besonders auch für Leute mit kleinen Kindern (Spielplatz im Park). Sind alle Stühle besetzt, lässt man sich einfach auf der Wiese nieder und nimmt die Getränke mit. Die Küche hält ein vielfältiges vegetarisches Angebot bereit. Die Öffnungszeiten sind wetterabhängig, in der Regel April bis Sept. tgl. 9.30–23 Uhr. Bleichstr. 5, ✆ 0911/269030.

Butterbrot **20** Individuell zubereitete Brote werden in dem minimalistischen Café serviert. Mi–Sa 10–18 Uhr. Schreyerstr. 9, ✆ 0176/63342641. https://butterbrot-nuernberg.eatbu.com.

Mainheim **22** Gostenhof liegt im Trend. Erst 2013 öffnete dieses hippe Café in einer ehemaligen Apotheke seine Pforten. Neben wechselnden Mittagsgerichten, Kaffee und Kuchen (auch vegan) ist auch das Frühstücksangebot sehr beliebt. Straßenterrasse. Mo–Fr 10–22 Uhr, Sa 9–22 Uhr, So 9–20 Uhr. Bauerngasse 18. www.cafemainheim.de.

Einkaufen

14,80 **14** Ebenfalls in der Kernstraße gibt es hier Trödel, Lampen und Design-Unikate aus den 50er bis 70er Jahren, zudem mehr als 10.000 Schallplatten. Mi–Fr 17–20 Uhr, Sa 10–14 Uhr. Kernstr. 32, ✆ 0173/3583587. www.laden-1480.de.

MeinTipp **Vinty's** **3** Auf rund 300 Quadratmetern findet man hier eine riesige Auswahl an Secondhand-Mode. Zudem gibt es noch ein kleines Café im Vintage-Style. Mo–Fr 11–18.30 Uhr, Sa 11–16 Uhr. Fürther Str. 74a–76, ✆ 0911/92919439. www.vintys.de.

Zero Hero **18** Ideal für alle, die Lebensmittel am liebsten unverpackt einkaufen. Mo–Fr 10–19 Uhr, Sa 10–16 Uhr. Obere Kanalstr. 11a. https://zerohero-nuernberg.de.

The 4/20 Chilli Lounge **8** Für die Liebhaber der scharfen Schote und anderer asiatischer Produkte. Tgl. außer Di 11–21 Uhr. Willstr. 3. https://the420chillicompany.com.

Kerns Paare **12** Ein kleines exklusives Schuhgeschäft für Frauen und Männer. Mi–Fr 12–18 Uhr, Sa 10–14 Uhr. Kernstr. 7. www.kernspaare.de.

Gostenhofer Markt **10** Seit 2015 wird jeden Donnerstag von 10–18 Uhr auf dem Platz bei der Dreieinigkeitskirche ein kleiner Markt abgehalten.

Sommerlicher Fixpunkt:
die Straßenterrasse des Salon Regina

Barockgärten und Pegnitzblick

Tour 5

St. Johannis ist nicht nur einer der ältesten Vororte von Nürnberg, sondern zugleich einer der quirligsten und attraktivsten Stadtteile. Einst Standort renommierter Bleistiftfabriken, hat sich die Struktur in den letzten 30 Jahren verändert: Wohnen in Pegnitznähe bei guter Kneipenlage.

Hesperidengärten, barocke Gartenkunst, S. 93

Johannisfriedhof, Nürnbergs stimmungsvollster Friedhof, S. 94

Groß- und Kleinweidenmühle, Kleinstadtflair in Nürnberg, S. 96

Lebendig und hip

St. Johannis

Die traditionsreiche Geschichte, die große Zahl der erhaltenen Altbauten, die Nähe zur Altstadt und der Erholungswert des Pegnitzgrundes haben dazu geführt, dass sich der westlich der Altstadt gelegene Stadtteil, der im Süden vom Nordufer der Pegnitz und im Osten von der Bucherstraße begrenzt wird, ein besonderes Flair mit vielen Kneipen und Gaststätten bewahrt hat. Einmal im Jahr wird Johannis zum Anlaufpunkt vieler Nürnberger, denn dann wartet in Johannis die „Kärwa" auf Tausende von Besuchern. In den letzten Jahrzehnten hat sich der Stadtteil erneut stark verändert. Heute findet man keine größeren Fabriken mehr: So hat die beengte räumliche Situation die Bleistiftfabrik Staedtler vor Jahren dazu veranlasst, ins Knoblauchsland umzuziehen, und auch Lyra, eine andere traditionsreiche Bleistiftfabrik, hat den Stadtteil verlassen. Seit den 1970er Jahren ist St. Johannis als attraktive Wohngegend neu entdeckt worden. Dabei wurde das studentische Umfeld, dem gewissermaßen eine Vorreiterrolle zukam, in den letzten Jahren immer mehr von einem finanzkräftigeren Publikum zurückgedrängt. Die neu gebauten Eigentumswohnungen entlang der Pegnitz und auf der benachbarten Kleinweidenmühle zählen zu den derzeit am teuersten gehandelten Immobilien in Nürnberg. Die Großweidenmühlstraße besitzt mit ihren innovativen Neubauten geradezu einen Vorzeigecharakter, dessen zukunftsweisende Architektur leider noch nicht in die Altstadt vordringen durfte.

Geschichte

St. Johannis geht nicht wie andere Nürnberger Vorstädte auf eine dörfliche Siedlung zurück; es entwickelte sich

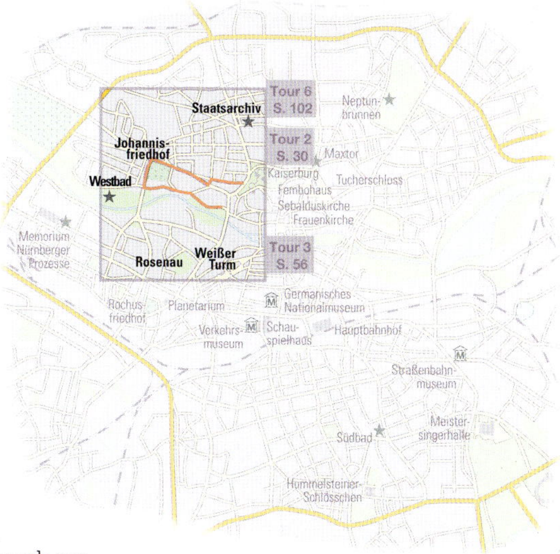

aus dem ältesten von insgesamt vier, vor den Toren der Stadt errichteten Siechenkobeln (Aussätzigenhäuser). In dem 1234 erstmals erwähnten Siechenkobel von St. Johannis, der an der einstigen Fernhandelsstraße nach Frankfurt lag, wurden im Spätmittelalter Leprakranke gepflegt. Anfangs nahm der Siechenkobel wohl noch Kranke beiderlei Geschlechts auf, später wurde er jedoch nur noch von Frauen bewohnt.

Zwischen der Stadtmauer und dem angrenzenden Friedhof entstand später eine Vielzahl von großen Nutz- und Ziergärten; letztere wurden im Barockzeitalter unter dem Namen Hesperidengärten weit über Nürnberg hinaus bekannt.

Im Zeitalter der Industrialisierung veränderte sich der Charakter von St. Johannis entschieden; die Gärten verschwanden, aber im Gegensatz zur „vornehmen" Nordstadt entstanden an ihrer Stelle auch zahlreiche Produktionsstätten und Arbeitersiedlungen, deren Bewohner den Stadtteil prägten und ihm sowohl einen bürgerlichen als auch einen proletarischen Anstrich gaben.

Verbindung Durch St. Johannis fährt die Straßenbahnlinie 6. Altstadtnah ist die Station Hallertor.

Spaziergang

Von der Nürnberger Altstadt aus ist der Stadtteil St. Johannis schnell zu erreichen: Der Spaziergang startet am Neutor. Von dort gelangt man zur Burgschmietstraße, die nach dem Erzgießer Jakob Daniel Burgschmiet benannt ist. Hier stehen vor den Häusern 6, 12, 18 und 48 sowie vor dem Haus Rohledererstraße 2 fünf Kopien des um 1505/08 von *Adam Kraft* geschaffenen **Kreuzweges.**

In dem eingeschossigen Sandsteinquaderbau Burgschmietstraße 14 befindet sich seit 1844 die Gießerei Burgschmiet, die auch heute noch von seinen direkten Nachkommen betrieben wird.

Folgt man der ersten Straße linker Hand, so trifft man im Hinterhof des Hauses Johannisstraße 22 (Eingang Sankt-Johannis-Mühlgasse) unvermutet auf die Ruine der **Heilig-Kreuz-Kirche.** Südlich der Johannisstraße erstreckte sich einst eine Vielzahl von **Hesperidengärten.** In der Johannisstraße 13 und 47 kann man noch zwei schön restaurierte Gärten bewundern, die öffentlich zugänglich sind. Wer will, kann noch einen Abstecher nach Norden zum städtischen Klinikum unternehmen, das mit 2370 Betten eines der größten kommunalen Krankenhäuser Europas ist. In einem älteren Trakt ist das **Krankenhausmuseum** untergebracht.

Nürnberg im Kasten

Jakob Daniel Burgschmiet: Denkmäler für Deutschland

Der Erzgießer *Jakob Daniel Burgschmiet* (1796–1858) stammte aus ärmlichsten Verhältnissen. Nach dem frühen Tod seiner Mutter musste der Neunjährige sich und seinen Vater, einen Steinhauer, der seit dem Tod seiner Frau die Arbeit verweigerte und zwei Jahre später starb, mit primitiven Schnitzarbeiten ernähren. Aufgrund seines außergewöhnlichen Geschickes fand er eine Lehrstelle und machte einen Bilderbuchaufstieg zu einem im denkmalswütigen 19. Jahrhundert in ganz Deutschland bekannten und gesuchten Erzgießer. Egal, ob es sich um ein Denkmal für Radetzky oder für Kaiser Karl IV. handelte, Burgschmiet erledigte seine Aufträge meisterlich.

Neben dem Dürer-Denkmal am Albrecht-Dürer-Platz stammt beispielsweise auch der steinerne Philipp Melanchthon auf dem Egidienplatz von Burgschmiet. Sein Schwiegersohn und Nachfolger *Christoph Lenz* goss die Nürnberger Denkmäler für Hans Sachs, Martin Behaim und Kaiser Wilhelm I.

Nur einen Steinwurf weit entfernt ist der **Johannisfriedhof**, von dessen Stimmung man sich gefangen nehmen lassen muss. Wenn man den Johannisfriedhof entlang der Brückenstraße umrundet, gelangt man zur **Desi**, einem beliebten Stadtteilzentrum mit Biergarten.

Die Großweidenmühlstraße führt am **Sebastiansspital** vorbei zur **Groß- und Kleinweidenmühle**, einem ehemaligen Mühlenviertel, das schon Albrecht Dürer gemalt hat. Direkt an die Großweidenmühle schließt sich die am rechten Ufer der Pegnitz gelegene **Hallerwiese** an. Über das Hallertor gelangt man wieder zurück in die Altstadt, wobei man bei schönem Wetter nicht versäumen sollte, im Café Schnepperschütz einzukehren.

Barocke Gartenkunst: die Hesperidengärten

Sehenswertes

Das Leiden Christi

Kreuzweg

Von dem Bamberger Ritter Heinrich Marschall von Rauheneck als Sühnegabe gestiftet, stellen die ursprünglich sieben figurenreichen Reliefs die Stationen des Leidensweges Jesu dar und symbolisieren den letzten, zum Friedhof führenden Weg eines Menschen. Die Originale von Adam Kraft befinden sich im Germanischen Nationalmuseum. Der Kreuzweg beginnt am Pilatushaus und findet in der Holzschuherkapelle des Johannisfriedhofs sein Ziel.

Ruine des ehemaligen Pilgerspitals

Heilig-Kreuz-Kirche

Die Ruine des 1352 von dem Nürnberger Patrizier Berthold Haller und seiner Frau gestifteten Pilgerspitals Heilig-Kreuz liegt versteckt in einem Hinterhof.

Sinn und Zweck eines solchen Spitals war es, Wallfahrer, arme Priester und Studenten mit Speisen, Trank und Unterkunft zu versorgen. Bettler, Krüppel und Landfahrer blieben hiervon jedoch ausgeschlossen. Zudem durfte man nur eine Nacht in einem der 38 Betten (1496) verbringen.

Von dem einschiffigen Bau der Heilig-Kreuz-Kirche blieben nach einem Bombenangriff (1945) nur Teile der Chorsüdwand mit Strebepfeilern und der südlichen Langhausstirnwand stehen; sie wurden zum Teil später noch abgetragen. In einer Nische am Chor ist noch eine in den 1980er Jahren restaurierte Ölbergszene zu sehen. Im Turm der Kirche befand sich übrigens ein Wasserbehälter, der mittels eines kunstvoll verzweigten Rohrsystems die Brunnen der Hesperidengärten versorgte.

Barocke Gartenkunst

Hesperidengärten

Die noch erhaltenen Hesperidengärten zeugen eindrucksvoll vom barocken Hang des Nürnberger Bürgertums zur Repräsentation. Gegen Ende des 16. Jahrhunderts kauften die Mitglieder des Nürnberger Patriziats verschiedene Bauerngärten in den Vororten Wöhrd, Gostenhof und St. Johannis auf. Das seit der Renaissance verstärkt ausgeprägte Bewusstsein für die Natur und die barocke Repräsentationsliebe führten dazu, dass sich die einstigen Gemüsegärten immer mehr zu Ziergärten wandelten. Man pflanzte und züchtete bis zu 93 verschiedene Arten von Zitrusfrüchten. Diese für die damaligen Verhältnisse extrem teuren und seltenen Zitrus- und Pomeranzenfrüchte sorgten für ein exotisches Flair.

In St. Johannis bildeten diese Gärten einen zusammenhängenden Komplex, der sich von der Johannisstraße bis hinunter zur Hallerwiese und dem Riesenschritt erstreckte. Die einzelnen, in ihrer Anlage sehr ähnlichen Gärten waren zwischen 20 und 30 Meter breit und bis zu 200 Meter lang. Der typische Hesperidengarten (Hesperiden waren in der antiken Mythologie Nymphen, aus deren Garten Herkules drei goldene Äpfel entwendete) bestand aus einem hufeisenförmigen Vorderhaus und einem Aufzuchtbereich. Dem eigentlichen Ziergarten schlossen sich ein Obst- und Gemüsegarten mit einer freien, ungenutzten Fläche und das abschließende Gartenhaus an.

Das Gartenanwesen in der Johannisstraße 13 gehörte einst dem Humanisten Willibald Pirckheimer (1470–1530); das jetzige Haus wurde aber erst 1763 erbaut. Der Garten in der Johannisstraße

St. Johannis → Karte S. 97

47 – er eignet sich ideal zum kurzen Entspannen – wurde 1985 wiederhergestellt. Beide Gärten zeigen allerdings nicht den Originalzustand; es wurden verschiedene Steinfiguren zusammengetragen, manches neu angefertigt, und selbst das Gartenhaus in der Johannisstraße 13 stammt aus einem anderen Anwesen. Weitere Gartenhäuser aus dem 17. und 18. Jahrhundert kann man an einem kleinen Weg, dem Riesenschritt, sehen.

Johannisstr. 47. April bis Okt. tgl. 8–20 Uhr.

Gesundheitswesen von gestern

Krankenhausmuseum

Rund um die historische Krankenhausapotheke, die 1897 – im gleichen Jahr wie das Krankenhaus – ihren Betrieb aufnahm, wurde ein kleines Museum eingerichtet, das sich mit der Geschichte des Nürnberger Gesundheitswesen vom einstigen Siechkobel bis zum modernen Klinikum beschäftigt.

Prof.-Ernst-Nathan-Str. 1. Fr und Sa 12.15–17.45 Uhr, So 14–18 Uhr. Eintritt 3 €.

Nürnbergs bedeutendster Friedhof

Johannisfriedhof

Die mit Abstand größte touristische Attraktion von St. Johannis ist der gleichnamige Friedhof. Und dies nicht nur, weil hier die berühmtesten Söhne Nürnbergs begraben liegen – so auch Albrecht Dürer, Veit Stoß, Willibald Pirckheimer und Wenzel Jamnitzer –, sondern weil der in seiner Anlage einzigartige **Johannisfriedhof** zu den künstlerisch und kulturgeschichtlich bedeutendsten Friedhöfen in Europa gezählt werden kann. Er entstand aus drei verschiedenen mittelalterlichen Begräbnisstätten: dem südlich der Johanniskirche gelegenen Siechenkobelfriedhof, dem Friedhof für die Bewohner der umliegenden Dörfer im Norden und einem 1395 geweihten Pestfriedhof. Schließlich wurde der Johannisfriedhof zum offiziellen Friedhof der Stadt: Nach einem 1518 gefassten Beschluss des Nürnberger Rates durften die Toten nur noch außerhalb der Stadt beerdigt werden, die der nördlichen

Stimmungsvoll: Johannisfriedhof

Sebalder Stadtseite hier auf dem Johannisfriedhof.

Die **Johanniskirche,** die als einzige der historischen Kirchen Nürnbergs im Krieg unzerstört geblieben ist, wurde zwischen 1377 und 1395 errichtet. Sehenswert sind vor allem der Hochaltar, nach seinem Stifter auch Holzschuher-Altar genannt, mit seinen drei gefassten Schnitzfiguren und der nördliche Seitenaltar (Imhoff-Altar) mit einem Gemälde von *Wolf Traut*.

Mit der von Hans Beheim d. Ä. errichteten **Holzschuherkapelle** beherbergt der Johannisfriedhof noch einen zweiten Kirchenbau. Die Kapelle birgt mit dem Relief der Grablegung Christi die letzte der sieben Stationen des oben beschriebenen Kreuzweges.

Die **Epitaphien,** welche die sonst völlig schlichten und gleich ausgerichteten Sandsteingrabmäler – auch die Größe wurde vom Rat genau festgelegt – zieren, stellen ein wahres Bilderbuch der Sozialgeschichte dar. Die Inschriften und Wappen künden von der sozialen Stellung des Toten, erzählen von seinem Beruf (Bäcker, Steinmetz, Brauer, etc.), seinen Kindern oder ob er keine, eine oder fünf Ehefrauen überlebt hat. Beim gemütlichen Umherschlendern kann man auch leicht die eine oder andere kuriose bzw. humoristische Darstellung entdecken. Die Gräber wurden des Öfteren neu vergeben; so ruhen im Grab von Albrecht Dürer (Nr. 649) außer ihm und seiner Frau Agnes noch fünf Personen, die im Heilig-Geist-Spital gestorben waren, sowie drei Kupferstecher. Als man 1811 das Grab öffnete, um Dürers Genie an den Ausmaßen seines Schädels nachzuweisen, gelang es nicht, ihm einen der gefundenen Schädel zuzuordnen.

Auch Albrecht Dürer fand auf dem Johannisfriedhof seine letzte Ruhestätte

Desinfektionsanstalt als Kulturzentrum

Desi

In der Brückenstraße befinden sich die Räumlichkeiten eines 1978 gegründeten Stadtteilzentrums, kurz Desi genannt. Der Name leitet sich von einer hier 1883 eingezogenen städtischen Desinfektionsanstalt ab. Als 1976 die Desinfektionsanstalt aus Kostengründen aufgelöst worden war, entstand an der Stelle, wo einst ein „Kampf gegen ansteckende und gemeingefährliche Krankheiten", Entlausungsaktionen und andere Schädlingsbekämpfungen stattgefunden hatten (einst mussten hier alle Postsendungen in die „DDR", die Kleidungsstücke enthielten, desinfiziert werden), das lebendigste Stadtteilzentrum Nürnbergs, dessen aktuelle Veranstaltungen in einem monatlich erscheinenden Programm angekündigt werden. Neben mehr als 50 Initiativen und Gruppen, die sich hier regelmäßig treffen, finden Konzerte, Open-Air-Kino, Feste und andere Kulturveranstaltungen statt. Besonders nett sitzt man in dem großen Biergarten.

Stadtteilzentrum Desi, Brückenstr. 23. www.desi-nbg.de.

Ehemaliges Pesthaus

Sebastiansspital

Neben dem nicht mehr erhaltenen Siechenkobel entstand unterhalb des Friedhofs, an der Pegnitz, ein Pestspital, das den Namen eines der Pestheiligen trägt: das Sebastiansspital, im Volksmund schlicht „Wastl" genannt. Es geht zurück auf eine Stiftung von Konrad Topler und wurde von 1498 bis 1528 durch den städtischen Baumeister Hans Beheim d. Ä., der auch die Mauthalle und verschiedene Kornhäuser errichtete, gebaut. Später war in einem Teil des Sebastiansspitals sogar eine Kaserne untergebracht (1695–1871). Als der Siechenkobel 1807 geschlossen worden war, brachte man neben den Pestkranken nun auch die Lepra- und Geschlechtskranken hier unter. Das durch Kriegsschäden und Erweiterungen stark veränderte Gebäude beherbergt heute ein Männerwohnheim.

Großweidenmühlstr. 33/35.

Namensstiftende Mühlen

Groß- und Kleinweidenmühle

Von den einstigen Mühlen, die dem Viertel seinen Namen gaben, ist heute

Kleinweidenmühle

fast nichts mehr zu sehen. Die Wasserkraft der Pegnitz machte sich unter anderem der Lyra-Bleistiftfabrikant Fröscheis – sein Privathaus war das nun luxussanierte Haus am Holzsteg – zunutze; er zog 1860 von der Altstadt hierher und wandelte ein Hammerwerk um. Die letzte Mühle, die hier betrieben wurde, war die Fehnsche Mehlmühle; sie stellte 1967 den Betrieb ein und schloss damit ein Kapitel dieses traditionsreichen Standorts, der 1234 erstmals urkundlich erwähnt worden war. In den Räumen der ehemaligen Mühle hat heute die „Etage", ein exklusives Restaurant, ihren Platz gefunden.

Über den Holzsteg verlässt man Johannis und gelangt in den Stadtteil **Kleinweidenmühle**. Hier stand einst die größte und bedeutendste Papiermühle Nürnbergs. Das erhaltene Fachwerkensemble der Kleinweidenmühle wirkt sehr pittoresk. Dominiert wird es von dem aus der zweiten Hälfte des 16. Jahrhunderts stammenden ehemaligen Gesindehaus des Papierwerks, das mit seinem polygonalen Treppenturm das Wahrzeichen der Kleinweidenmühle ist.

Erster öffentlicher Park der Stadt

Hallerwiese

Die Hallerwiese – das Areal wurde zwar schon 1434 von Margarete Heyden, geborene Haller, an den Nürnberger Rat verkauft, der Name hat sich allerdings bis heute gehalten – war der erste öffentliche Park Nürnbergs. Hier übten die Armbrustschützen, hier traf man sich zu Sängerwettbewerben und anderen Volksbelustigungen, für die man in der beengten Stadt keinen geeigneten Rahmen finden konnte. Linker Hand in Richtung Stadtmauer finden sich ein paar sehr schöne herrschaftliche Häuser aus der zweiten Hälfte des 19. und dem Anfang des 20. Jahrhunderts.

Praktische Infos

Essen & Trinken

Etz **16** Das zweite kulinarische Highlight in Nürnberg! Der mit zwei Michelin-Sternen ausgezeichnete Felix Schneider (früher Sosein) kocht seit Mai 2022 in Johannis und überrascht seine Gäste beispielsweise mit einer „Schlachtschüssel" mit Roter Beete, Kartoffeln und geriebener, fermentierter Schweineleber. Es gibt nur ein Menü für 210 €, bei dem in rund 4 Stunden zwischen 12 und 16 Gänge serviert werden. Do–Sa 18–22.30 Uhr. Wiesentalstr. 40, ✆ 0911/47712809. https://etzrestaurant.de.

MeinTipp **Wonka** **13** In einem geschmackvoll-zeitlosen Interieur wird kreative internationale

Küche auf hohem Niveau geboten. Christian Wonka ist ein Schüler von Andree Köthe aus dem Essigbrätlein und versteht sich auf leichte Gerichte mit mediterranem Flair und viel Gewürzen. Lecker – Thunfisch auf Erbsengelee, Lamm auf dreierlei Bohnen und zum Nachtisch „Glühwein in Textur". Es gibt drei Gasträume: Puristisch, aber schön der erste, die beiden hinteren sind gemütlicher und kleiner. Für den perfekten Service ist Herr Blanchard seit Jahren verantwortlich. Von mehreren Gastroführern gelobt: 16 Punkte bei Gault-Millau, wobei die Michelin-Bewertung unverständlicherweise deutlich schlechter ausfällt. Nette Hinterhofterrasse im Innenhof, es werden auch Kochkurse angeboten. Menüs ab 41,50 € (mittags), abends 98–108 €, wobei es auch ein vegetarisches Menüs gibt. Di–Fr 12–14 und 18.30–21.30 Uhr, Sa nur 18.30–21.30 Uhr. Zwei Wochen im August Betriebsferien. Johannisstr. 38, ✆ 0911/396215. www.restaurant-wonka.de.

MeinTipp **Würzhaus 3** Küchenchefin Diana Burkel (auch sie hat bei Andree Köthe vom Essigbrätlein gelernt) zaubert auf Basis zumeist biologischer Zutaten eine anspruchsvolle Gourmetküche zu angemessenen Preisen auf den Tisch, was auch von Gault-Millau (16 Punkte) und Michelin gewürdigt wird. Die Kombination aus Entenbrust und -keule überzeugte genauso wie die Portion zweierlei Rind auf Stangensellerie. Das Ambiente (dunkler Bistrostil, edles Geschirr, blanke Tische) gefällt, der Service ist freundlich und zuvorkommend. 6-Gänge-Menü 97 €, 5-Gänge-Menü 83 €, 4-Gänge-Menü 69 € (bzw. 139, 128 oder 96 € inkl. korrespondierenden Weinen). Mittags gibt es eine bodenständige Küche zu Preisen (Hauptgerichte 14–16 €, 3-Gänge-Menü zu 25 €), wie man sie andernorts bei dieser Qualität nicht finden wird. Netter Straßengarten. Kochkurse. Di–Fr 11.30–14 Uhr und Mo–Sa ab 18 Uhr. Kirchenweg 3a, ✆ 0911/9373455. www.wuerzhaus.info.

MeinTipp **Le Virage 11** Anspruchsvolle französische Küche in einem unaufdringlichen Interieur mit Patina. Meist wöchentlich wechselnde saisonale Karte, wobei man sich aus jeweils drei verschiedenen Vorspeisen, Hauptgerichten und Nachspeisen ein Menü zusammenstellen kann (3-Gänge-Menü 43 €, mit Käseauswahl als 4-Gänge-Menü zu 49 €). Phantastisch mundeten die Kalbsbäckchen sowie die Schweinelendchen aus dem Ofen auf gebratenem Spargel mit Bleu de Bresse und Macairekartoffeln! Fazit: ein kulinarischer Streifzug durch die französischen Regionen zu gehobenen, aber angemessenen Preisen, vor allem angesichts der großzügigen Portionen. Di–So 18–1 Uhr. Helmstr. 19, ✆ 0911/9928957. www.nefkom.net/le.virage.

Da Ugo 2 Eine ansprechende Trattoria mit einladenden Räumlichkeiten, wobei man allerdings keine gastronomischen Höhenflüge erwarten darf. Die Küche zeigt sich bodenständig,

Johannis erstreckt sich nördlich der Pegnitz

die überschaubare Speisekarte wird ergänzt durch einige Tagesgerichte, die auf einer Schiefertafel angepriesen werden. Straßenterrasse. Mo–Sa 17–24 Uhr. Rückertstr. 11, ☎ 0911/3226444.

Hunger & Durst 1 Beides, aber vor allem seinen Fleischhunger kann man in dem Restaurant mit seinem schlichten Dekor und blank gescheuerten Holztischen stillen. Ein Klassiker ist Steak Frites ab 28 €. Straßenterrasse. Mo–Fr 12–14 Uhr italienischer Mittagstisch (2-Gänge-Menü mit einem Glas Wein und Espresso 20 €). Di–Fr 17.30–24 Uhr, Sa ab 12 Uhr durchgehend. Ab Ende August zwei Wochen Betriebsferien. Rilkestr. 16, ☎ 0911/3677508. www.hungerunddurst.info.

Eleon 20 Der etwas andere Grieche. Gyros, Souvlaki oder frittierte Kalamari wird man auf der Speisekarte ebenso vergeblich suchen wie antike Gipsstatuen im Gastraum. Serviert wird ansprechende griechische Hausmannskost. Lecker die pikante Schafskäsepfanne mit frischen Tomaten, Paprika, Zwiebeln und Chilis, zur Lammhaxe (14,80 €) wurden als Beilage allerdings nur zwei Blumenkohlröschen serviert. Wechselnde Tageskarte, Bioweine. Schöne Gasträume mit offenen Bruchsteinmauern, toller schattiger Biergarten hinter dem Haus. Tgl. außer Mo 17–24 Uhr, So ab 12 Uhr durchgehend. Kleinweidenmühle 5, ☎ 0911/4193662. www.eleon-online.de.

Graf Moltke 23 Und das ist die bodenständige Alternative: Souvlaki & Co. in einem seit über 30 Jahren nahezu unveränderten Ambiente. Günstige Preise. Kein Ruhetag. Hochstr. 27, ☎ 0911/265555.

Pegnitztal 22 In dem hellen, freundlichen Gastraum fühlt man sich auf Anhieb wohl. An den großen blank gescheuerten Holztischen werden traditionelle und vegetarische Gerichte serviert. Selbstverständlich darf auch ein Schäufele nicht auf der Karte fehlen. Ein besonderes Lob verdient der freundliche Service. Kleiner Biergarten vor dem Haus. Tgl. 11.30–15 und 17.30-23 Uhr, Sa nur 17.30–23 Uhr, So 10.30–23 Uhr. Deutschherrnstr. 31, ☎ 0911/264444. www.gasthaus-pegnitztal.de.

Etage 19 Die Stiegen der alten Mühle knarren verheißungsvoll, das Ambiente verzaubert, und die gehobene thailändische Küche lässt die Geschmacksnerven frohlocken. Was will man mehr? Gute Flaschenweine! Tgl. außer Mo 18–24 Uhr. Großweidenmühlstr. 9, ☎ 0911/333002. www.etage-nuernberg.de.

Wirtshauskatze 18 Noch ein Thailänder, aber mehr ein Imbiss als ein Restaurant. Authentische Küche zu günstigen Preisen. Kleine Straßenterrasse. Mo–Sa 18–22 Uhr. Wiesentalstr. 3, ☎ 0911/89190314. www.facebook.com/wirtshauskatze.

Thanh 9 Ein hippes vietnamesisches Restaurant mit Flair, auch wenn es manchmal etwas laut zugeht. Sehr lecker ist beispielsweise der Pomelosalat mit Garnelen (11,50 €) oder die Reisbandnudeln mit Rindfleisch (14,50 €) wie auch die Glasnudeln mit Entenbrust (15,50 €). Einziges Manko: Die offenen Rotweine (Chianti oder Nero d'Avola) sind von bescheidener Qualität. Günstiger Mittagstisch (ab 7,50 €). Gartenterrasse. Tgl. außer Mo 11–15 und 17–23 Uhr, Sa und So auch 12–24 Uhr. Kirchenweg 75, ☎ 0911/37849359. www.thanh-vietnamese-home-kitchen.de.

1515 Rhinocerus 10 Ein Stück Brasilien in Franken. In den geschmackvollen Räumlichkeiten wird eine kreative Küche geboten, die allerdings nicht günstig ist. Menü ab 108 €. Kleine Straßenterrasse. Mo und Mi–Sa 18–23 Uhr, So 12–15 Uhr, Di geschlossen. Rohledererstr. 1, ☎ 0911/30728542. www.1515rhinocerus.de.

Paradies 6 Schöne Gaststätte in einem leuchtend rot gestrichenen Haus, toller Biergarten. Die Küche zeigt sich international mit fränkischen Einschlägen. Große Portionen: Phänomenal günstig ist das riesige Pfannenschnitzel mit Kartoffelsalat. Umsichtiger und freundlicher Service. Tgl. 17–1 Uhr, So bereits ab 12 Uhr. Poppenreuther Str. 21, ☎ 0911/3777063. www.restaurant-paradies-nuernberg.de.

Haru 7 Eine gute Adresse für alle Sushi-Liebhaber. Neben Sushi in allen Variationen gibt es auch leckere Gerichte wie Maguro Tataki (kurz angebratenes Thunfischfilet mit Avocado-Wasabi-Püree) für 15,80 €. Schöner Garten. Mo–Sa 17–23 und So 12.30–21.30 Uhr. Schnieglinger Str. 11, ☎ 0911/2645640. https://haru-sushi.de.

Fatal 8 Nette Café-Kneipe mit recht gemischtem Publikum, darunter viele Gays und Lesben. Im Sommer verlagert sich das Geschehen auf die sonnige Gartenterrasse. Das sonntägliche Frühstücksbuffet ist so begehrt, dass man vorher besser reservieren sollte. Tgl. 9–1 Uhr. Jagdstr. 16, ☎ 0911/396363. www.caffe-fatal.de.

meinTipp **Weinklang 5** Niveauvolle italienisch-französische Küche in schönem Ambiente. Tomas Spanu verwöhnt mit Köstlichkeiten wie Sashimi vom Saibling (16 €), Risotto mit Steinpilzen

St. Johannis → Karte S. 97

(20 €) oder einem Flanksteak mit Blumenkohl und Pfifferlingen (30 €). Günstigere Mittagskarte. Straßenterrasse. Johannisstr. 130, ✆ 0911/91947 480. www.weinklangristorantino.com.

Tibet 15 Nette Mischung aus Restaurant und Kneipe mit dominierendem Tresen (in Lesbenkreisen sehr beliebt). Serviert wird allerdings keine tibetische, sondern indische Küche, die leider sehr eingedeutscht ist. So wird das als sehr scharf bekannte Vindaloo Curry (12,80 €) mit Kokosmilch statt mit Tomatenmark zubereitet. Das Ergebnis ist so mild wie langweilig, dafür sind die Portionen sehr großzügig. Gemütlicher Innenhof (bis 23 Uhr). Tgl. 17–1 Uhr. Johannisstr. 28, ✆ 0911/3000754. www.cafe-tibet.de.

Cafés

Kaffee- und Weinstube im Barockhäusle 14 Im Vorderhaus des Hesperidengartens an der Johannisstraße befindet sich linker Hand die Kaffeestube und rechter Hand die Weinstube. Neben dem traditionsreichen Gebäude ist der große Reiz der zum Hesperidengarten offene Innenhof, der im Sommer bestuhlt wird. Kategorie: bürgerlich-gediegen; überwiegend Touristen, Stammgäste und älteres Publikum. Weinstube: tgl. 18–3 Uhr, Kaffeestube: tgl. 9–18 Uhr. Johannisstr. 47, ✆ 0911/339908. www.barock-haeusle.de.

Atelier Ladencafé 4 Wunderbares Vorstadtcafé, ein wenig verspielt, aber mit viel Charme. Neben leckeren Kuchen und Cookies sind auch handgemachte Mode-Accessoires im Angebot. Nette Straßenterrasse. Tgl. außer Mi 9.30–17 Uhr. Hallerstr. 31, ✆ 0911/8019560.

mein Tipp **Café Schnepperschütz 21** Direkt am Hallertor an der Pegnitz gelegen, empfiehlt sich dieses herrliche Sommercafé (nur bei schönem Wetter geeignet) für ein paar Mußestunden. Je tiefer die Sonne steht, desto höher rücken die Gäste auf der steinernen Treppe. Neben leckerem Kaffee und selbstgemachten Kuchen gibt es phantasievoll belegte Landbrote, beispielsweise mit Ochsenbrust, Linsen und Kürbiskernen. Ausgeschenkt werden auch leckere Bioweine. Einziges Manko ist die Selbstbedienung. Von Ostern bis Okt. Mo–Fr 9.30–22 Uhr, Sa/So 10–22 Uhr. Am Hallertor (direkt unterhalb der Stadtmauer mit Blick auf die Hallerwiese). Facebook.

Einkaufen

Retro-Laden Flex 18 Kultobjekte und Accessoires aus den 1950er bis 70er Jahren, in allen Farben und Formen bietet dieser liebevoll geführte Secondhand-Laden. Klamotten, Taschen und Möbel vervollständigen das Angebot. Mi–Fr 15–20 Uhr, Sa 12–17 Uhr. Wiesentalstr. 3, Rückgebäude, ✆ 0179/1436812. www.flex-nbg.de.

Das Café Schnepperschütz ist ein beliebter Sommertreff

Johannis: Stadtteil mit Flair

Wohnen mit Flair

Tour 6

Die Nordstadt ist gewissermaßen Nürnbergs Vorzeigestadtteil. Hier finden sich trotz der Kriegszerstörungen noch zahlreiche großbürgerliche Häuser und Villen aus der Gründerzeit und der darauf folgenden Jahrhundertwende.

- **Stadtpark**, die grüne Lunge des Stadtteils, S. 104
- **Pirckheimer-, Kreling- und Meuschelstraße**, schmucke Jugendstil-Fassaden, S. 105

Stilvoll mit Burgblick

Nordstadt

Als Nordstadt bezeichnet man gemeinhin das Gebiet nördlich der Stadtmauer bis zum Nordring. Im Westen wird dieses durch die Bucher Straße und im Osten durch die Bayreuther Straße begrenzt. Eigentlich handelt es sich aber um zwei Stadtteile (Gärten hinter der Veste und Maxfeld), die der Volksmund als Nordstadt zusammenfasst. In den letzten 30 Jahren hat sich die Bevölkerungsstruktur der Nordstadt deutlich verändert. Die herrschaftlichen Wohnungen, in denen einst das gehobene Nürnberger Bürgertum wohnte, wurden Ende der 1970er Jahre verstärkt von Studenten und Wohngemeinschaften als stilvolle und – damals noch – günstige Wohnmöglichkeit entdeckt.

Daraufhin siedelten sich zahlreiche Kneipen und Geschäfte an, die der Nordstadt ein neues, attraktiveres Image verliehen. Auch wenn in den letzten Jahren ein erneuter Wandel stattgefunden hat – viele Häuser wurden saniert und in Luxuseigentumswohnungen umgewandelt –, ist die Nordstadt die Nürnberger Wohngegend, in der die Grünen seit jeher ihre höchsten Stimmenanteile erzielen. Ein Zeichen dafür, dass sich viele der ehemals linksalternativen Studenten etablieren konnten und als mittlerweile finanzkräftige Käuferschicht „ihrem" Stadtteil treu geblieben sind.

Geschichte

Die Nordstadt wurde bis weit in das 19. Jahrhundert hinein aufgrund der topographischen Gegebenheiten fast gänzlich von jeglicher urbanen Bebauung verschont. Der lang gestreckte Sandsteinfelsen, auf dem sich die Burg erhebt, erschwerte die Erschließung des Nürnberger Nordens. Vom Tiergärtnertor bis zum Laufer Tor existierten –

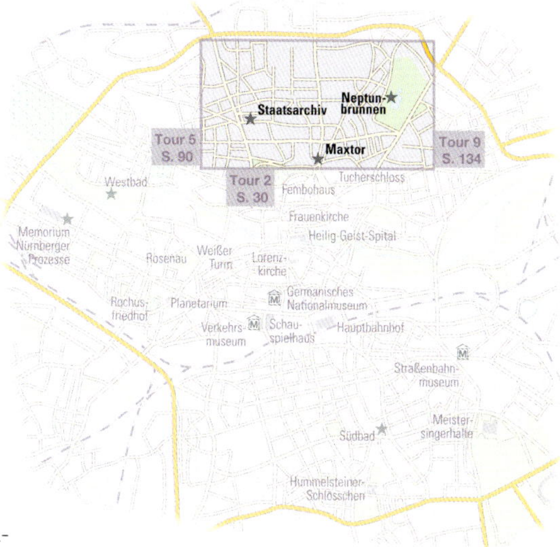

abgesehen von dem kleinen, verkehrstechnisch unbedeutenden Vestnertürlein – keine Verbindungen zur Sebalder Altstadt, so dass man beträchtliche Umwege in Kauf nehmen musste, wollte man in den Norden der Stadt gelangen.

Die Bezeichnung „Gärten hinter der Veste" verweist noch heute auf die intensive Gartenkultur, die sich hier seit dem 16. Jahrhundert entwickelt hatte. Die bekanntesten waren der Tuchergarten und der Schmausengarten des 1717 verstorbenen Bierbrauers Schmaus; an beide Gärten erinnern heute nur noch Straßennamen.

In den letzten Jahren sind auch die einzigen verbliebenen parkähnlichen Flächen, der Schwanhäuserpark am oberen Ende der Krelingstraße und das Grundstück am Anfang der Pilotystraße, bebaut worden.

Nach einer kurzen Unterbrechung wurde die Nordstadt 1825 wieder von Nürnberg eingemeindet; 1856, am 50. Jahrestag des Übergangs der Stadt Nürnberg an das Königreich Bayern, schuf man mit dem Maxtor erstmals einen Durchbruch im nördlichen Teil der Stadtmauer. Fortan war die Nordstadt verkehrstechnisch enger an die Altstadt gebunden. In dieser Zeit siedelten sich hier die ersten Fabriken an, darunter beispielsweise die Bleistiftfabrik Schwan-Stabilo. Die 1854 von den Kaufleuten Großberger und Kurz gegründete Fabrik, die schon 1865 an den Schweinfurter Gustav Schwanhäuser fiel, hat sich von einem kleinen Familienunternehmen zu einer der bekanntesten Bleistiftfabriken der Welt entwickelt. Erst rund 140 Jahre später sollte der traditionsreiche Standort hinter der Stadtmauer aufgegeben werden, als die räumliche Enge der von allen Seiten eingeschlossenen Fabrik keine Erweiterung mehr zuließ; zudem kam es beständig zu Beschwerden seitens der Anwohner.

Nürnberg im Kasten

Blanchards Ballonaufstieg

Der Ballonfahrer *Jean Pierre Blanchard*, der 1785 als erster Mensch den Ärmelkanal mit einem Heißluftballon überquert hatte, war vor mehr als 200 Jahren ähnlich berühmt wie heute ein Michael Schuhmacher. Als Blanchard bei seiner anschließenden „Europatournee" in Nürnberg Station machte, hatten sich am 12. November 1787 Tausende von von Nürnbergern am Judenbühl versammelt, um den Heißluftballon des berühmten Franzosen in die Lüfte steigen zu sehen. Ein Teil der Zuschauer versuchte gar, dem Ballon rennend bis nach Großgründlach zu folgen, wo Blanchard nach einem ungefähr 40-minütigen Flug sicher landete.

Die bessere Verkehrsanbindung veränderte das Bild der Nordstadt langsam, aber nachhaltig. Waren seit der Eingemeindung schon einige herrschaftliche Anwesen entstanden, so wurde 1878 mit dem heute noch bestehenden **Staatsarchiv** das erste öffentliche Gebäude im Norden der Stadt gebaut. Später kamen repräsentative Jugendstilhäuser hinzu, die bis heute das besondere Nordstadtflair ausmachen. Allerdings ging durch die Bebauung der imposante Eindruck, den die Burg jahrhundertelang von Norden her geboten hatte, verloren. Die vier- und fünfstöckigen Häuserfluchten verstellen den freien Blick auf die Burg.

Verbindung Die U-Bahn-Linie U3 fährt die durch Nordstadt. Zentral ist die Station Friedrich-Ebert-Platz.

Sehenswertes

Spiel, Sport und Spaziergänge

Stadtpark

Das Gebiet des heutigen Stadtparks im nordöstlichen Teil der Nordstadt war im 18. Jahrhundert eine landwirtschaftlich weitgehend ungenutzte Fläche, die nur als Weideland und Holzlagerplatz diente. Der Nürnberger Stadtpark ist von seiner Größe zwar eher bescheiden, ein Besuch lohnt sich aber in jedem Fall. Lange Zeit bezeichnete man das Areal als Judenbühl, da dort im 14. Jahrhundert mehr als 500 Juden bei lebendigem Leib verbrannt worden sind.

In der Mitte des 18. Jahrhunderts begann man, das Gelände mit Bäumen zu bepflanzen und den südlichen Teil in eine englische Parkanlage umzuwandeln; der Judenbühl wurde zu einem bevorzugten Ort für Spaziergänger und Erholungssuchende. Als 1882 in Nürnberg die 1. bayerische Landes- und Gewerbeausstellung stattfand, nahm man dies als willkommenen Anlass, das Gelände in einen Stadtpark umzuwandeln.

Schmucke Nordstadt

Nürnberg im Kasten

Der Burgbergtunnel

Bereits 1888 gab es die Idee, eine leistungsfähige Verkehrsverbindung von der Altstadt in die Nordstadt zu schaffen. Das Vorhaben konkretisierte sich 1906, als Pläne aufkamen, einen Tunnel durch den Burgberg zu treiben. Im Jahre 1913 entschied sich der Magistrat einstimmig für das Projekt. Die Stadt erwarb die entsprechenden Grundstücke an der Theresienstraße und in der Pilotystraße, um mit dem Bau eines 350Meter langen und 18 Meter breiten Tunnels, der den Burgberg in Höhe der Kaiserstallung durchstoßen sollte, zu beginnen. Monate später machte jedoch der Ausbruch des Ersten Weltkrieges alle Pläne zunichte. Die anschließende Finanznot der Stadt führte dazu, dass der Stadtrat das Projekt nicht mehr verwirklichen konnte und 1922 der Tunnelbau endgültig zu den Akten gelegt wurde.

Seit 1962 steht die Kopie des 1797 nach Russland verkauften Neptunbrunnens im Zentrum des Stadtparks. Ursprünglich stand das Abbild des barocken Brunnens am Hauptmarkt, 1934 entfernten ihn die Nazis wegen seines jüdischen Stifters. Über einen kurzen „Zwischenaufenthalt" am Marienplatz gelangte der Brunnen schließlich in den Stadtpark.

Nicht erhaltenes Stadttor

Maxtor

Das 1856 geschaffene Maxtor mit einer Brücke über den Stadtgraben war die erste größere Verbindung zwischen der Sebalder Altstadt und der Nordstadt. Der anschwellende Verkehrsstrom führte jedoch schon bald zum Abbruch der Brücke; 1871 wurde der Graben aufgefüllt, ein paar Jahre später fiel dann auch das Tor und mit ihm der Zwinger. Von der beträchtlichen Steigung des Burgbergs abgesehen, war die Nordstadt nun verkehrstechnisch gut an das Zentrum angebunden.

Wohnpaläste aus der Gründerzeit

Pirckheimer-, Kreling- und Meuschelstraße

Die schönsten Straßenzüge der Nordstadt befinden sich in der Gegend um die Pirckheimer-, Kreling und Meuschelstraße. Hier waren seit den 1890er Jahren in verstärktem Maße Wohnhäuser des gehobenen Bürgertums entstanden, die von den Bombenangriffen des Zweiten Weltkrieges weitestgehend verschont geblieben sind. Immer wieder trifft man beim Umherschlendern auf eindrucksvolle Fassaden, die in den letzten Jahren liebevoll restauriert wurden.

Besonders schön sind die Fronten der um 1908 erbauten Häuser in der Krelingstraße 33 und 35, zwei Mietpaläste mit reichem Jugendstildekor, in dem sich die „germanische" Vorstellungswelt der wilhelminischen Ära spiegelt. Ein Beispiel für eine besonders gelungene Restaurierung ist das Eckhaus in der Meuschelstraße 34. Noch bis vor kurzem war dieses Jugendstilhaus ein schwarzgrauer, düsterer Block; jetzt erstrahlt es in völlig neuem Glanz. Eindrucksvoll sind auch die zweigeschossige neubarocke Villa mit Mansarde in der Pirckheimerstraße 9 mit ihrem reichen Neurokokodekor und das 1911/12 erbaute ehemalige Generalkommando in der Bucher Straße 30.

Zu den attraktiven Straßenzügen gehören zudem die Schweppermann-, Hastver-, Friedrich- und Pilotystraße. Am Vestnertorgraben, direkt hinter der Burg, wohnte einst auch der langjährige Erste Bürgermeister von Nürnberg, Dr. Hermann Luppe.

Nordstadt → Karte S. 106/107

Praktische Infos

Essen & Trinken

Culina 2 Marco Marongius Culina gehört seit Jahren zu den besten italienischen Restaurants der Stadt. Die Gasträume sind betont modern gehalten. Die wechselnde Speisekarte reicht von Pasta bis zu niveauvoller italienischer (sardischer) Küche mit vielen Kräutern. Ausgezeichnete Vorspeisenplatte. Gartenterrasse. Di–Sa 12–14 und 18.30–23.30 Uhr. Schleifweg 31, ✆ 0911/ 289426. www.restaurant-culina.de.

Fischküche Pirckheimer 15 Allein für die Lektüre der Speisekarte dieses gutbürgerlichen Restaurants sollte man eine Viertelstunde einplanen: Fisch in allen nur denkbaren Variationen. Das Angebot reicht vom Karpfen über Seezungenfilet bis zur Norwegischen Fischpfanne. Wer keinen Fisch mag, darf sich an Schweinebraten oder Schäufele erfreuen. Tgl. 11–14.30 und 18–22 Uhr, im Sommer Mo Ruhetag. Juli Betriebsferien. Pirckheimerstr. 63, ✆ 0911/ 351003. www.fischkueche.de.

Cantina 10 Restaurant-Kneipe in der Nordstadt mit gutem thailändischen Essen zu zivilen Preisen. Bei schönem Wetter kann man auch auf der Straßenterrasse sitzen. Mo–Sa 11.30–1 Uhr, So ab 17 Uhr. Uhlandstr. 9, ✆ 0911/358 260. www.cantina-bar.com.

Lönneberga 8 Internationale Küche in zeitlosem Ambiente, aber etwas laut. Besonders schön sitzt man im kleinen Biergarten vor dem Haus. Di–Sa 18–24 Uhr, So schon ab 12 Uhr. Uhlandstr. 21, ✆ 0911/3668896. www.restaurant-loenneberga.de.

Frankenstube 5 Links-alternative Szene-Kneipe mit einem breiten vegetarischen Angebot. Manche Gerichte werden mit Öko-Fleisch zubereitet. Mittagsgerichte ab 5,90 €. Große Straßenterrasse. Tgl. 11.30–1 Uhr. Pilotystr. 73, ✆ 0911/351107. www.frankenstube.com.

Thai Food 1 16 Ausgezeichneter Thai-Imbiss mit frisch zubereiteten Köstlichkeiten. Bei unserem letzten Besuch war auch Tatort-Kommissar Fabian Hinrichs zu Gast. Hauptgerichte zwischen 8,50 und 10 €. Mo–Sa 11–21.15 Uhr, So 13–21.15 Uhr. Bucher Str. 23, ✆ 0911/3778009. www.thaifood1.de.

Taverna Meteora 12 Ein Klassiker unter den Nürnberger Griechen. Große Straßenterrasse. Tgl. Ab 17 Uhr, So auch mittags. Friedrichstr. 53, ✆ 0911/358419. www.taverna-meteora.de.

Frida Kahlo 4 Im farbenfrohen Kneipen-Ambiente wird eine mexikanisch-indische Küche serviert. Chicken Vindaloo 12,80 €. Großer Garten. Tgl. 17–24 Uhr. Pleydenwurffstr. 1, ✆ 0911/56836434. www.cafe-fridakahlo.de.

Espressolab 6 Im alten Malzlager der Tucher-Brauerei werden jetzt im Industrial-Design leckere Kaffeespezialitäten und Kuchen angeboten. Tgl. 8–20 Uhr, Fr und Sa bis 21 Uhr. Schillerstr. 14, ✆ 0911/36692200. https://de.espressolab.com.

Zu den zwei goldenen Hirschen (Das kleine Steakhouse) 11 Bezüglich des Preis-Leistungs-Verhältnisses das wohl beste Steakhouse der Stadt. Hier im Stadtteil Thon bekommt man beim Menü für 22,50 € einen relativ großen Salat nach Wahl mit frischem Knoblauchbrot, dann beispielsweise ein leckeres Rumpsteak (200 g) mit einer Ofenkartoffel mit Sour Cream, zum Anschluss einen Espresso oder Ramazotti. Da gibt es nicht das Geringste daran zu bemängeln, und die Atmosphäre in dem alten Sandsteinhaus ist auch ganz nett. Gartenterrasse. Di–Sa 17–23.30 Uhr, von Mitte Sept. bis Mitte Okt. Betriebsferien. Äußere Bucher Str. 27, ✆ 0911/37847747. www.zuden2goldenenhirschen.de.

Di Dio 13 Etwas versteckt hinter der Straßenbahnendhaltestelle Thon liegt dieser große italienische Supermarkt, der aber auch ein vielfältiges Angebot an warmen italienischen Speisen (Pasta ab 5 €) bietet. Markthallenflair. Mo–Fr 9–19 Uhr, Sa 9–18 Uhr. Pretzfelder Str. 5, ✆ 0911/3224220. www.di-dio.de.

Einkaufen

Fietzophren 14 Seit Jahren das beliebteste Geschäft für Outdoor-, Kletter- und Trekkingbedarf in Nürnberg. Tgl. außer So 10–18 Uhr, Di und Do bis 19 Uhr, Sa bis 14 Uhr. Bucher Str. 48 a, ✆ 0911/356820. www.fietzophren.de.

Koberger Markt 7 Jeden Freitag wird von 8 bis 17 Uhr auf dem Koberger Platz ein Biomarkt abgehalten.

Grüner Laden 9 Schön, dass es noch kleine gut geführte Bio-Läden gibt. Leckere Mittagsgerichte und Backwaren, z. B. Nougatringe. Mo–Fr 9–18 Uhr, Sa 9–13 Uhr. Uhlandstr. 30, ✆ 0911/352299.

MeinTipp **Karl Kerler** 3 Versteckt am Südrand des Marienparks bietet der Weinenthusiast Karl Kerler erlesene Tropfen aus Deutschland, Österreich, Italien, Frankreich und Spanien. Auch Versandhandel. Di–Fr 14–18 Uhr, Sa 10–14 Uhr. Braillestr 20, ✆ 0911/5882842. www.karl-kerler.de.

Beliebter Stadtteiltreff: Frida Kahlo

Neptunbrunnen im Stadtpark

Industrie- und Arbeiterviertel

Tour 7

Nürnbergs Süden ist ein traditionelles, stark von der Industrie geprägtes Arbeiterviertel. Große Betriebe wie Siemens-Schuckert und die Maschinenfabrik Augsburg-Nürnberg beschäftigten einst Zehntausende von Arbeitern. Grünanlagen und Sehenswürdigkeiten sind hingegen Mangelware.

- **Historisches Straßenbahndepot**, ein Blick in die Geschichte des lokalen Nahverkehrs, S. 117
- **Zeltnerschloss**, ein verstecktes Wasserschloss, S. 117
- **Parkwohnanlage Zollhaus**, interessante Architektur der 1960er-Jahre, S. 120
- **Ludwig-Donau-Main-Kanal**, die Schifffahrtsträume des bayerischen Königs, S. 121

Jenseits der „Äquatorlinie“

Nürnbergs Süden

Nürnbergs Süden beginnt direkt unterhalb der „Äquatorlinie“, die vom Hauptbahnhof und den zugehörigen Bahngleisen gebildet wird. Kern der Nürnberger „Südhalbkugel“ ist die sog. Südstadt – kein Stadtteil im administrativen Sinne, aber eine feste Größe in der volkstümlichen Nürnberger Stadtgeographie. Die Südstadt bietet zwar keine großen Sehenswürdigkeiten, dafür aber Einblicke in das Nürnberger Alltagsleben und ein vergleichsweise umfängliches gastronomisches Programm. Vom „normalen Leben“ sind auch die Stadtteile Gleißhammer und St. Peter geprägt, die sich in Richtung Südosten an die Südstadt anschließen. Gleißhammer verfügt über eine beachtliche Fülle an historischen Bauten aus unterschiedlichen Epochen, und in St. Peter kann man sich unter anderem das Historische Straßenbahndepot mit seinen verkehrstechnischen Veteranen anschauen.

Nicht mehr in Innenstadtnähe liegen die Stadtteile Rangierbahnhof, Gartenstadt, Langwasser, Altenfurt und Fischbach. Touristisches Pflichtprogramm sind sie allesamt nicht, wer ein Spezialinteresse an städtebaulichen Projekten hat, kann aber durchaus einen Abstecher in den „tieferen“ Süden der Stadt unternehmen: Rangierbahnhof und Gartenstadt sind zu Beginn des 20. Jahrhunderts entstanden, die Trabantenstadt Langwasser wurde erst nach dem Zweiten Weltkrieg aus dem (dennoch geschichtsträchtigen) Boden gestampft. Ganz anderer Herkunft schließlich sind Fischbach und Altenfurt: Ersteres ist aus einem schönen Dörfchen mit drei Herrensitzen hervorgegangen, Letzteres aus einem unbedeutenden Weiler, der allerdings eine bedeutende Sehenswürdigkeit aufzuweisen hat: eine romanische Rundkapelle aus der ersten Hälfte des 12. Jahrhunderts.

Bahngleis als Grenze

Südstadt

Die Südstadt ist kein einheitlicher, gewachsener Stadtteil, sondern sie umfasst mehrere, aus kleineren Dörfern entstandene Ansiedlungen, die schon zu Beginn des 20. Jahrhunderts völlig zusammengewachsen waren. Heute erinnern nur noch die Namen an die einstigen Ansiedlungen, die dörflichen Strukturen sind vollkommen verschwunden. Als Südstadt wird im Volksmund das Gebiet südlich der Bahngleise bezeichnet, das im Westen durch den Frankenschnellweg und im Osten durch die Regensburger und die Münchner Straße begrenzt wird.

Die zentrale U-Bahn-Station der Südstadt heißt Aufseßplatz (U1). Das Historische Straßenbahndepot kann u. a. mit der Bahnlinie 6 erreichen, die Gartenstadt mit der U1 bis Frankenstraße (dann weiter mit Straßenbahn 5 bis Nürnberg Finkenbrunn), die Rangierbahnhof-Siedlung mit der U1 bis Station Bauernfeindstr. Um nach Langwasser zu kommen, fährt man mit der U1 noch ein paar Stationen weiter bis Langwasser-Mitte. Von dort kommt man mit der Buslinie 57 nach Altenfurt und Fischbach.

Bauwerke aus der Zeit vor 1865 sind kaum mehr vorhanden. Gebäude, die nicht durch die Industrialisierung verdrängt wurden, beseitigten die Bomben des Zweiten Weltkrieges. In der Südstadt gibt es neben großen Industriebetrieben (Siemens, MAN) und vielen Nachkriegsbauten die wenigsten Grünflächen der gesamten Stadt; auch an großen Sehenswürdigkeiten fehlt es. Die schönsten Straßenzüge sind entlang der Humboldtstraße und um die Wodanstraße zu finden. Südlich der Wodanstraße erstreckt sich ein vornehmes altes Villenviertel.

Ein Subzentrum hat sich an dem verkehrsbefreiten Aufseßplatz entwickelt. Dort gibt es mehrere Läden, Gemüse- und Obststände und eine bis zum Kopernikusplatz reichende Fußgängerzone.

Geschichte

Im anbrechenden Industriezeitalter konzentrierte sich die Ansiedlung der verschiedensten Gewerbezweige sehr schnell auf den Süden von Nürnberg. Das flache Land um die Dörfer Steinbühl, Tafelhof, Galgenhof und Gibitzenhof bot sich geradezu an. Durch die seit 1844 bestehende Bahnlinie Nürnberg–Bamberg und weitere Eisenbahnverbindungen sowie den alten Rangierbahnhof bei Steinbühl waren ideale Verkehrsanbindungen gegeben. Bis zum heutigen Tag schneiden die Bahngleise die Südstadt gewissermaßen vom restlichen Nürnberg ab. Zwar gibt es mehrere Verbindungstunnel, aber eine Barriere, wenn auch nur auf mentaler Ebene,

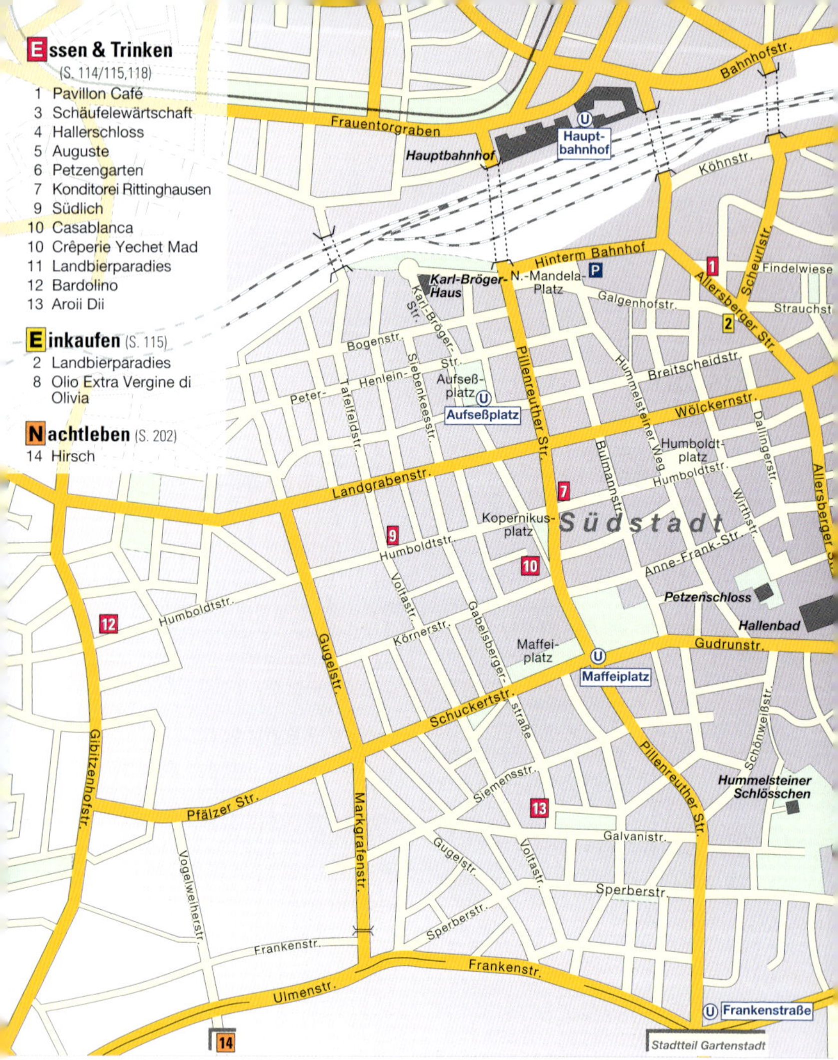

blieb bestehen. Die in den großen Betrieben wie MAN und Siemens-Schuckert beschäftigten Menschen prägten die Südstadt und verliehen ihr den Ruf eines großen Arbeiterviertels. Im Zweiten Weltkrieg waren die Industrieanlagen der Südstadt ein gesuchtes Ziel der alliierten Bomber. Durch die schweren Bombenangriffe wurde neben den Fabriken auch eine sehr große Zahl von Wohnbauten zerstört.

Hauptquartier von Gustav Adolf

Petzenschloss

Sehr versteckt liegt das sog. Petzenschloss in der Wirthstraße 76. Es ist am besten von der Gudrunstraße aus zu sehen. In seiner heutigen Form wurde es 1578 erbaut. Während des Dreißigjährigen Krieges diente das Petzenschloss zeitweise als Hauptquartier des Schwe-

denkönigs Gustav Adolf; hier nächtigte er auch vor dem Sturm auf die Alte Veste. Der dreigeschossige Sandsteinbau ist von einem Graben mit Zwinger umgeben. Im Inneren wurde das Schloss allerdings stark verändert. Einen Steinwurf weit entfernt, in der Kleestraße 16, zeugt ein altes Forsthaus aus dem 19. Jahrhundert davon, dass der Lorenzer Reichswald vor nicht allzu langer Zeit fast bis an die Tore der Stadt reichte.

Befestigtes Wasserschlösschen

Hummelsteiner Schlösschen

Ein weiterer ehemaliger Herrensitz ist das ein paar hundert Meter südlich gelegene Hummelsteiner Schlösschen in der Normannenstraße. Das 1487 von dem Juristen *Niklas Hummel* erbaute Schloss ist wesentlich leichter zugänglich und liegt inmitten eines wunderschönen Parks. Seine heutige Gestalt erhielt das Wasserschloss erst 1706, heute gehört es der Stadt Nürnberg. Im Gegensatz zum privat vermieteten Schloss ist der Park öffentlich zugänglich; er bietet sich geradezu zum Verweilen an.

Sperberstr. 85.

Essen & Trinken → Karte S. 112/113

Schäufelewärtschaft 8 Wie der Name schon andeutet, dreht sich hier alles um das fränkische Nationalgericht (10,80 €), es gibt auch Schäufelesalat oder Schäufelesülze. Mo–Sa 12–14 und 17–22 Uhr, So ab 11 Uhr durchgehend. Schweiggerstr. 19, ✆ 0911/4597325. www.schaeufele.de/ .

Arooi Dii 13 Ein ausgezeichneter Thailänder. Egal, ob beim Tintenfischsalat oder einer Perlhuhnbrust mit Thai-Basilikum für 17,50 €. Gartenterrasse. Mi–So 18–22 Uhr, So auch 12–14 Uhr. Gabelsbergerstr. 76, ✆ 0911/94431090. www.arooi-dii.de.

Landbierparadies 11 Wer das Monopol der Großbrauereien satthat, ist hier im Süden Nürnbergs bestens aufgehoben. Ein knappes Dutzend ausgesuchter Flaschenbiere kleiner Landbrauereien und jede Woche ein anderes fränkisches Landbier aus dem Holzfass befriedigen wohl jeden Bierfreund. Daneben werden noch preiswerte Brotzeiten angeboten. Tgl. 17.30–1 Uhr, Fr ab 14 Uhr, Sa ab 12 Uhr, So ab 10 Uhr. Wodanstr. 15, ✆ 0911/468882. www.landbierparadies.com.

Crêperie Yechet Mad 10 Fast eine kleine Zeitreise: Seit mehr als 30 Jahren werden hier neben dem Casablanca-Kino Crêpes in den verschiedensten Variationen zubereitet, Klassiker wie eine französische Zwiebelsuppe (5,20 €) fehlen auch nicht auf der Karte. Die Zutaten stammen aus biologischem Anbau ebenso viele Getränke. Moderates Preisniveau. Straßenterrasse. Mi–So 17–23, Fr und Sa bis 24 Uhr. Brosamerstr. 12, ✆ 0171/7623182. www.creperie-nuernberg.de.

Casablanca 10 Die charmante Kneipe des Kinovereins (→ „Kino mit Courage“, S. 201) ist auch ein beliebter Anlaufpunkt. Tgl. 17–24, Fr und Sa bis 1, So ab 15 Uhr. Brosamerstr. 12, ✆ 0911/454824. www.casablanca-nuernberg.de.

Südlich 9 Ansprechende mediterrane Küche zu moderaten Preisen. Schöne Räumlichkeiten, freundliche Bedienung. Gartenterrasse. Di–Sa 18–22 Uhr. Tafelfeld/Ecke Humboldtstraße, ✆ 0911/4392618. www.suedlich-geniessen.com.

Bardolino 12 Alteingesessener Italiener mit angegliedertem Hotelbetrieb. Neben einer stark saisonal ausgerichteten Speisekarte wird das Angebot durch kulinarische Themenwochen ergänzt. Ausgezeichnet war das Risotto mit Steinpilzen. Einzig die Auswahl der offenen Weine begeistert wie bei vielen Italienern den Weinliebhaber wenig. Große Straßenterrasse. Kein Ruhetag. Humboldtstr. 3–5, ✆ 0911/941 1890. www.hotelbardolino.info.

Nürnberg im Kasten

Die MAN – einst größter Arbeitgeber der Stadt

Die Entwicklung Nürnbergs zu einer bedeutenden Industriestadt im 19. Jahrhundert ist eng mit dem Namen *Theodor Cramer-Klett* verbunden. Cramer-Klett führte die Firma seines Schwiegervaters, in der 1843 ungefähr 70 Arbeiter beschäftigt waren, zu Weltruhm. Er erkannte frühzeitig, welch große Bedeutung der Eisenbahnbau in Zukunft haben würde und stellte in großer Stückzahl Eisenbahnwaggons her. 1872 waren schon mehr als 3300 Arbeitskräfte beschäftigt. Nach der Umwandlung in eine Aktiengesellschaft erfolgte 1898 die Fusion mit der Augsburger Maschinenfabrik zur Maschinenfabrik Augsburg-Nürnberg (MAN). Kurz zuvor war die ganze Fabrik von ihrem alten Standort in Wöhrd in die Südstadt umgezogen, um in einer völlig neuen, verkehrsgünstiger gelegenen Werksanlage vor den Toren Nürnbergs die Rezession der 1890er Jahre endgültig zu überwinden. Die MAN und ihre Arbeiter haben die Südstadt seither deutlich geprägt, auch wenn die Beschäftigtenzahl in den letzten dreißig Jahren mehr als halbiert und die Firma in mehrere Teilbereiche zerschlagen wurde.

Konditorei Rittinghausen 7 Eine wichtige Adresse für Naschkatzen und Schleckermäuler. Torten und Tartelettes zum Niederknien. Französisch inspiriert sind auch die Schokoladen-Eclairs. Di–Fr 11–17, Sa 10–16, So 14–17 Uhr. Pillenreuther Str. 57, ✆ 0911/43087746. www.konditorei-rittinghausen.de.

Pavillon Café 1 Ein herrliches Café in einem markanten 1950er-Jahre-Pavillon. Terrasse. Tgl. 8.30–21 Uhr, So 9.30–18 Uhr. Guttenbergplatz 9, ✆ 0170/3442793. https://pavillioncafe.business.site.

Hallerschloss 4 Dieses Restaurant ist ein Tipp von Leserin Jana Dillner. Sie schreibt: „gemütliches Restaurant mit hervorragenden kretischen und griechischen Spezialitäten auf der Speisekarte. Besonders das Gyros und die Suzukakia haben es uns angetan. Außerdem sehr netter Service und schöner Biergarten im Sommer." Herbartstr. 71, ✆ 0911/492671. www.hallerschloss.com.

Einkaufen

Olio Extra Vergine di Olivia 8 Eine Feinschmeckerempfehlung für Freunde von edlem Olivenöl aus den Abruzzen. Es werden auch Weine und Liköre verkauft. Mi und Fr 9–18 Uhr, Sa 9–13 Uhr. Forsthofstr. 24, ✆ 0911/4719787. www.olioextra.de.

Landbierparadies 11 Ein Eldorado für Liebhaber fränkischer Biere. Aber auch fränkische Weine, Schnäpse und Liköre gehören zum Angebot. Mo–Fr 9–19 Uhr, Sa 9–17 Uhr. Galgenhofstr. 60, ✆ 0911/43944240. www.landbierparadies.com.

Herrensitz und Hammerwerk

Gleißhammer und St. Peter

Verlässt man Nürnberg vom Hauptbahnhof aus in Richtung Süden, so lässt man den Stadtteil Gleißhammer im wahrsten Sinne des Wortes links liegen. Ein Fehler – denn es gibt in kaum einem anderen Nürnberger Stadtteil noch so viele Zeugnisse aus den unterschiedlichsten Epochen, und das auf engstem Raum.

Gleißhammer hat viel zu bieten: ein Wasserschloss und einen schönen 1950er-Jahre-Zweckbau, Reste einer alten Dorfstruktur und einen Rüstungsbetrieb, Schrebergärten, Arbeitersiedlungen und die Bundesanstalt für Arbeit. Geographisch gesehen, liegt Gleißhammer östlich der Regensburger Straße und südlich der Bahnlinie nach Lauf.

Die Ursprünge von Gleißhammer gehen auf ein 1336 erstmals erwähntes Hammerwerk zurück, zu dessen Schutz in der Nähe ein Herrensitz, das spätere Zeltnerschloss, errichtet wurde. Im Bereich der heutigen Thekla- und Ernststraße, dem alten Dorfzentrum, gab es ein paar Bauernhöfe. Im Zeitalter der Industrialisierung entstand 1842 südöstlich von Gleißhammer mit der Maschinenfabrik von *Wilhelm Spaeth* eine der ersten Fabrikanlagen Bayerns. Schnell wuchs die Bevölkerung: War Gleißhammer 1807 nur ein 107 Einwohner zählendes Dorf, so wohnten kurz vor der Wende zum 20. Jahrhundert schon 6843 Menschen in der Gemeinde. Seit 1899 gehört Gleißhammer zu Nürnberg.

Spätmittelalterliche Peterskapelle

Nürnbergs Süden → Karte S. 112/113

Nürnberg im Kasten

Der Wutlehrer

An der Grenze zwischen Gleißhammer und St. Peter liegt die nach dem Kaufmann und einstigen Zweiten Bürgermeister der Stadt benannte Scharrerschule. Sie wäre nicht weiter erwähnenswert, wenn hier nicht von 1919 bis 1923 ein Volksschullehrer namens Julius Streicher unterrichtet hätte. Als Lehrer der 1. und 2. Mädchenklasse war er wegen seiner Wutanfälle gefürchtet: So schleuderte Streicher Tintenfässer an die Schultafel, zerrte Mädchen an den Zöpfen in die Ecke und riss seine Taschentücher in Stücke, wenn er wieder einmal in Rage war.

Streichers Lehrerkarriere endete 1923 mit der Suspendierung vom Schuldienst. Unmittelbarer Anlass war seine Teilnahme am gescheiterten Hitlerputsch vom 8. und 9. November des gleichen Jahres – selbst für die Behörden, die die Umtriebe des stadtbekannten Antisemiten bis dato toleriert hatten, war er dadurch untragbar geworden.

Nach dem Ausscheiden aus dem Schuldienst begann Wutlehrer Streichers Aufstieg zu einem der übelsten Hetzer, die das an üblen Hetzern nicht eben arme NS-Regime jemals hervorgebracht hat. Sein agitatorisches Sprachrohr war das radikal antisemitische Wochenblatt „Der Stürmer", das mit den widerlichsten Diffamierungskampagnen gegen alles Jüdische zum propagandistischen Wegbereiter für die Diskriminierung, Verfolgung und Ermordung der Juden in Deutschland wurde.

Parallel zu seiner schmutzpublizistischen Tätigkeit machte Streicher politische Karriere. Er war Mitglied des Nürnberger Stadtrats, dann Abgeordneter des Bayerischen Landtags und schließlich Reichstagsabgeordneter. Den Höhepunkt seiner politischen Macht erreichte er 1936, als er zum Gauleiter von Franken ernannt wurde. Im gleichen Jahr würdigten seine Nürnberger Parteigenossen den „Frankenführer" mit der Umbenennung der eingangs erwähnten Scharrerschule in Julius-Streicher-Schule.

Danach ging es für den „alten Kämpfer" Streicher bergab. Weil er sich bei der sog. Arisierung jüdischen Eigentums persönlich bereichert hatte – nach einer NS-Verordnung stand der „finanzielle Nutzen" der faktischen Enteignungen ausschließlich dem Staat zu –, wurde er im Jahr 1940 in einem Prozess vor dem Obersten Parteigericht in München der Korruption für schuldig befunden und von all seinen (partei)politischen Tätigkeiten entbunden. Daraufhin zog er sich als Persona non grata auf sein Landgut Pleikershof beim fränkischen Cadolzburg zurück.

Sechs Jahre später zog Streicher zum letzten Mal um: in den Gefängnistrakt des Nürnberger Justizpalasts in der Fürther Straße 110. Dort wurden am 16. Oktober 1946 die Todesurteile gegen die Hauptkriegsverbrecher vollstreckt. Wutlehrer Streicher war dabei.

Verstecktes Kleinod

Peterskapelle

Versteckt hinter einem Häuserblock in der Regensburger Straße liegt die Peterskapelle. Sie entstand direkt neben einem 1327 an der Straße nach Regensburg errichteten Siechenkobel für männliche Kranke; die Kapelle wurde schon 1440 von dem Patrizier *Gabriel Tetzel* gestiftet, aber erst 1470 vollendet. Da die Kapelle im Zweiten Weltkrieg nur geringe Schäden davongetragen hat, kann man im Inneren noch viele der eindrucksvollen Kunstschätze bestaunen, so einen barocken Hochaltar, eine Rokokokanzel und mehrere sehenswerte Gemälde, Epitaphien und Grabmäler.

Kapellenstr. 2. Nur jeweils eine halbe Stunde vor dem Gottesdienst (Gottesdienstzeiten: Do 18 Uhr, So 11 Uhr). Regensburger Str. 30, ✆ 0911/466075 (telefonische Rücksprache ist in jedem Fall empfehlenswert).

Sammlung alter Trams

Historisches Straßenbahndepot

In einem stillgelegten Straßenbahndepot wird seit 1985 eine Sammlung historischer Fahrzeuge gezeigt, darunter eine historische Pferdebahn, aber auch alte Fahrkarten und eine funktionstüchtige Modellstraßenbahn.

Schlossstr. 1. Erstes Wochenende im Monat 10–17.30 Uhr. Eintritt 6 €, erm. 3 €. www.sfnbg.de.

Herrensitz inmitten eines Weihers

Zeltnerschloss

Eingekeilt zwischen zwei Bahnlinien, liegt das Zeltnerschloss heute sehr versteckt. Man erreicht es, wenn man den Tunnel am Ende der Schlossstraße passiert. Der ehemalige Herrensitz ist reizvoll von einem künstlichen Weiher umgeben. Nach zweimaliger Zerstörung ließ der Patrizier Jakob Imhoff 1569 den jetzigen Bau auf den alten Grundmauern neu errichten. Nach mehrmaligem Besitzerwechsel kaufte 1845 der Fabrikant *Johannes Zeltner*, ein vermögender Hersteller der damals sehr begehrten Farbe Ultramarin, das Schloss. Im Zweiten Weltkrieg brannte das Zeltnerschloss bis zum 1. Obergeschoss aus; der Wiederaufbau führte zu verschiedenen baulichen Veränderungen, wobei die Beseitigung der Erker die schwerwiegendste war. Seit 1981 hat hier der Kulturladen Zeltnerschloss sein Domizil gefunden.

Gleißhammerstr. 6.

Zeltnerschloss in Gleißhammer – einst Patrizierschloss, heute Kulturladen

Straße mit Zwangsarbeitergeschichte

Stephanstraße

In der Stephanstraße 49 produzierten einst die Bing-Werke Spielwaren und andere Kleinprodukte. Als die Nazis den jüdischen Besitzer vertrieben hatten (der Name Bing ist noch über einem Seiteneingang des Komplexes zu erkennen), übernahm 1937 die Firma Diehl das Werk. Diehl wurde im Zweiten Weltkrieg und danach einer der erfolgreichsten deutschen Rüstungsbetriebe. Den Mangel an Arbeitskräften deckte die Firma durch Zwangsarbeiter und Kriegsgefangene. Der französische Schriftsteller *Claude Ollier*, der als 18-Jähriger hier Zwangsarbeit leisten musste, hat seine damaligen Erfahrungen in der 1991 auf Deutsch erschienenen Erzählung „Bildstörung" festgehalten: „Das vierstöckige Fabrikgebäude steht an der Bahnlinie, die nach Mögeldorf und Lauf führt, roter Backstein, recht baufällig, mit hocheingesetzten Fenstern, die Züge sind nicht zu sehen, sie werden vom Lärm der Maschinen übertönt. Martin immer stur an der seinen, Automatendasein, gleich nach der Ankunft hopp-hopp, die Linke langt ununterbrochen zum Kasten hin nach Teilen, Stahlschrauben, befestigt sie auf dem Tisch, die den Hebel umklammernde Rechte bedient die Fräse, vor, zurück, vor, rechtzeitig die linke Hand wegnehmen, im Rhythmus bleiben, nur nicht schlappmachen sechstausend Stück am Tag. Periodische Schwindelanfälle und Krämpfe, elf Stunden vor diesem Ding stehen ..."

Nach Kriegsende blieb Diehl seiner Produktionsrichtung weitgehend treu. Dies war 1979 wahrscheinlich auch der Grund für ein Zwischenspiel mit der RAF.

Essen & Trinken → Karte S. 112/113

Petzengarten 6 Das Restaurant mit dem Flair eines Landgasthofs ist bekannt für seine bürgerlich-fränkische Küche. Tgl. 11–23 Uhr, So bis 21 Uhr. Wilhelm-Spaeth-Str. 47, ✆ 0911/94 9560. www.petzengarten.de.

Auguste 5 Für alle Liebhaber von Currywurst & Co, die einmal ganz unbedenklich sündigen wollen. Egal ob Fleisch oder Pommes – fast alles ist biologisch korrekt. Lockere Atmosphäre. Straßenterrasse. Mi–Sa 17–23 UhrSo 14–22 Uhr. Augustenstr. 37, ✆ 0911/47890894. www.premium-junkfood.de.

Eisenbahnerkolonie

Rangierbahnhof

Die Eisenbahnersiedlung am Nürnberger Rangierbahnhof ist ein Beispiel für den Städtebau des frühen 20. Jahrhunderts. Inspiriert von der Gartenstadtidee entstand hier eine Wohnsiedlung, die stark durch die Nähe des Rangierbahnhofs geprägt wurde.

Noch vor der eigentlichen Gartenstadt entfaltete sich hier neben dem Rangierbahnhof der erste Nürnberger Stadtteil, der nach dem Prinzip der Gartenstädte errichtet wurde. Die Wederau, Loher Moos und Buchenbühl sind weitere Stadtteile, die sich durch die wohnungsnahen Nutzgärten auszeichnen. Die neben der „alten Siedlung" erbaute, offen wirkende Parkwohnanlage Zollhaus („neue Siedlung") zeigt anschaulich den Wandel im modernen Städtebau und bildet einen schönen Kontrast zu der mit neubarocken Stilelementen

Nürnberg im Kasten

Die RAF in der Stephanstraße

Am späten Abend des 4. Mai 1979 wurde die gesuchte RAF-Terroristin *Elisabeth von Dyck* von zwei Polizisten in einer konspirativen Wohnung in der Stephanstraße 40 erschossen. Die Wohnung, in der auch Fingerabdrücke der damals steckbrieflich gesuchten Terroristen Christian Klar, Adelheid Schulz, Monika Helbing, Rolf Heißler und Werner Bernhard Lotze gefunden wurden, lag den Diehl-Werken direkt gegenüber. Bereits Wochen zuvor war die Wohnung beschattet worden, da nach einem Banküberfall in Nürnberg Hinweise aus der Bevölkerung eingingen, die auf diesen Unterschlupf hinwiesen. Trotz Fahndungspannen – Schulkinder hatten die als Straßenbauarbeiter getarnten Polizisten schon Wochen vorher enttarnt, da diese nicht arbeiteten – glückte der polizeiliche Zugriff. In den folgenden Stunden und Tagen kam es zu der größten Terroristenfahndung in der Nürnberger Geschichte – die jedoch nicht zur Verhaftung eines weiteren Terroristen führen sollte. Was die RAF in der Stephanstraße plante, blieb allerdings bis heute im Dunkeln.

durchsetzten, in sich geschlossen wirkenden älteren Siedlung. Bei den Bewohnern beider Siedlungen – auch heute noch größtenteils Eisenbahner und deren Angehörige – findet sich eine enge Verbundenheit mit ihrem Stadtviertel. Viele, die heute mit ihren Kindern hier wohnen, sind auch hier aufgewachsen.

Geschichte

Zur Entlastung des Hauptgüterbahnhofs wurde im Herbst 1898 vier Kilometer südlich des Hauptbahnhofs inmitten sandiger Kiefernwälder ein neu erbauter Rangierbahnhof eingeweiht. Bedingt durch die Verlagerung ihres Arbeitsplatzes mussten die 1500 Bediensteten des neuen und damals größten süddeutschen Rangierbahnhofs eine erhebliche Anfahrt in Kauf nehmen. Um diesem Missstand abzuhelfen, begann man 1905, auf Kosten der Königlich-Bayerischen Staatseisenbahn, eine Wohnkolonie zu errichten. Die in der ersten Bauphase entstandenen 25 Häuser gehörten zu den ersten Gebäuden in Nürnberg, die getreu den Richtlinien der Gartenstadtidee erbaut wurden. Die Pläne des Münchener Architekten *German Bestelmeyer* wurden zuvor der „Deutschen Gartenstadtgesellschaft" und der „Garden City Association" vorgelegt und für gut befunden.

Bestelmeyer orientierte sich an der vorindustriellen Bau- und Gestaltungstradition und ahmte einen agrarisch-dörflichen Charakter nach. Die beiden Kirchen und die Schule stehen im Mittelpunkt, die geschwungene Straßenführung, die gestaffelte und asymmetrische Bauweise sollten einer mittelalterlichen Dorfstruktur ähneln. Schon nach wenigen Jahren wurde eine Wohnungsbaugenossenschaft gegründet, um den weiteren Ausbau der Kolonie voranzutreiben. Diese zweite Bauphase dauerte bis 1913. In den folgenden Jahrzehnten wurde die Siedlung mehrfach erweitert; dies führte allerdings dazu, dass der Gesamteindruck etwas verletzt wurde.

Eingangspforte zur „Kolonie"

Bauernfeindstraße

Die Bauernfeindstraße ist die Eingangspforte – der torähnliche Eingang unterstreicht diesen Eindruck noch – zu der kleinen Siedlung, die jahrzehntelang wie ein Dorf vor den Toren

Kleiner Park hinter den Gleisen

Nürnbergs Süden → Karte S. 112/113

Nürnbergs lag. Durch die schlechte Verkehrsanbindung und die isolierte Lage entstand bei den ersten Bewohnern das Gefühl, in einer „Kolonie", wie sie heute noch liebevoll genannt wird, zu wohnen. Die Bebauung des oberen Teils der Bauernfeindstraße entstand erst in den zwanziger Jahren des vorigen Jahrhunderts. Die alte Siedlung ist leicht in einer knappen Stunde besichtigt. In den verwinkelten Straßen gibt es liebevolle Details zu entdecken, so ein Dampflokmodell in einem Torbogen in der Zengerstraße, den Torbau beim ehemaligen Zollhaus in der Klenzestraße und den Genossenschaftssaalbau am idyllischen Matthäus-Hermann-Platz.

Einzige Jugendstilkirche der Stadt

St. Paul

Der kleine Platz vor der evangelischen St.-Paul-Kirche mit dem gegenüberliegenden, 1913 erbauten Schulhaus und seinem Uhrtürmchen erinnert an einen Marktplatz. Während die neubarocke katholische St.-Willibald-Kirche mit ihren feinen und anmutigen Formen die Bauweise der südlich von Nürnberg gelegenen Teile Bayerns zitiert, weist die evangelische Kirche ernstere, schmucklosere Formen auf, wie man sie in Nordbayern vielfach antrifft. Die nach den Plänen Albert Lehrs erbaute Paulskirche war die erste Nürnberger Kirche mit einem Gemeindezentrum und gilt als die einzige Jugendstilkirche der Stadt, obgleich man auch Stilelemente früherer Epochen verarbeitet hat.

„Die Burg"

Paulistraße

In der Paulistraße wurden 1905 die ersten Häuser errichtet. Besonders eindrucksvoll ist die hufeisenförmige Häusergruppe (Paulistraße 2–4), die auf einer kleinen Erhebung innerhalb des Siedlungsgeländes im Stile einer Burganlage erbaut wurde und von den Bewohnern auch „die Burg" genannt wird. Der Eindruck entsteht aufgrund der hohen Giebel mit ihrer gotisierenden Lisenengliederung und weiteren „mittelalterlichen" Formenelementen, wie Chörlein und Holzgalerien. Allerdings erwies sich diese romantisch gehaltene Anlage als nicht sehr zweckmäßig, so dass man weitere Bauten in diesem Stil verwarf.

Denkmalgeschütztes Ensemble

Parkwohnanlage Zollhaus

Zwischen 1959 und 1966 entstand auf einem mit Heidekraut und Birken bewachsenen Gelände östlich der alten Siedlung die Parkwohnanlage Zollhaus nach den Plänen des Nürnberger Architekten Gerhard G. Dittrich. Sie ist zwei-

Nürnberg im Kasten

Die Gartenstadtidee

Seit der Mitte des 19. Jahrhunderts wurde ein neuer Stadttypus diskutiert, den 1898 der Brite E. Howard als „garden city" mit sozialreformerischen Zielsetzungen bekannt machte. Die Gartenstadt stellte gewissermaßen einen Gegenentwurf zu den schlechten Wohnbedingungen in den Arbeitervororten des Industriezeitalters dar. Unter einer Gartenstadt verstand man eine von Grünanlagen umgebene Siedlung in der Nähe der Arbeitsstätten. Zu jeder Wohnung gehörte ein für die Bewohner sehr wichtiger Gartenanteil. Aus solchen Hausgärten wurde idealerweise der ganze Jahresbedarf an Gemüse und Beerenfrüchten gedeckt. Vor dem Ersten Weltkrieg entstanden in Deutschland mehrere Gartenstadtsiedlungen, deren berühmtestes Beispiel die 1909 von Riemerschmied, Muthesius, Tessenow und Fischer konzipierte „Hellerau" bei Dresden ist.

Der Ludwig-Donau-Main-Kanal ist ein beliebtes Ausflugsziel

Nürnbergs Süden → Karte S. 112/113

fellos ein gelungener Versuch, zeitgenössische Architektur mit dem Wunsch nach dem Wohnen im Grünen zu verbinden. In dem Areal um den Planetenring findet sich eine Vielzahl von stilistischen Anklängen an die sechziger Jahre: angefangen bei den Straßenschildern, den sehenswerten Plastiken, den Wandmosaiken am kleinen Einkaufszentrum, bis hin zu dem Waschhaus, für das Le Corbusier Pate gestanden haben könnte. In Nürnberg gibt es kein anderes vergleichbares Ensemble, das die architektonischen Leitlinien der sechziger Jahre so gut und gelungen verkörpert wie die Parkwohnanlage Zollhaus.

Wohnen im Grünen

Gartenstadt

Die Gartenstadt entstand zwischen 1911 und 1925 als genossenschaftliche Wohnsiedlung südlich des Rangierbahnhofs. Die Häuser wurden nach einem Entwurf der Architekten *Hans Lehr* und *Karl Leubert* gebaut. Ein Hauch englischer Landhausstil und etwas Werkbundstil à la Riemerschmid mischen sich mit neubarocken Elementen und verleihen den ersten zwischen dem Finkenschlag und der Minervastraße errichteten Häusern ein besonderes Flair.

Alter Wasserverkehrsweg

Ludwig-Donau-Main-Kanal

Gleich hinter der Tannhäuser Straße ist man am Ufer des Ludwig-Donau-Main-Kanals angelangt. Der Anfang des einst hier verlaufenden Kanals wurde jedoch wieder zugeschüttet; auf den weiter nördlich gelegenen Teilen der alten Strecke verläuft heute der „Frankenschnellweg". Der Versuch, eine schiffbare Verbindung zwischen der Donau und dem Main herzustellen, lässt sich bis auf Karl den Großen zurückführen. In der Regierungszeit Ludwigs I. wurde das ehrgeizige Projekt dann erstmals verwirklicht. Die feierliche Eröffnung des 178 Kilometer langen und 15 Meter breiten Kanals erfolgte 1848. Der durchschlagende Erfolg blieb dem Kanalprojekt allerdings versagt. Durch die Eisenbahn verlor der Kanal immer stärker an Bedeutung; seit den zwanziger Jahren des vorigen Jahrhunderts verkehrten fast keine Lastkähne mehr. Folgt man dem Kanalbett nach Südosten, stößt man nach ein paar hundert Metern auf einen noch mit Wasser gefüllten Altarm. Etliche ältere „Gartenstädter" haben in diesem Kanal schwimmen gelernt.

Tipp: Entlang der alten Treidelwege lässt es sich herrlich spazieren gehen oder Rad fahren. Man findet noch ein paar Reste dieser ehemaligen „Industriekultur": stichbogige Kanalbrücken, alte, vergammelte Schleusen und ein paar Wärterhäuschen. Je nach Lust und Laune kann man dem Kanal bis Worzeldorf, Wendelstein oder gar bis Neumarkt bzw. Berching folgen. Besonders spektakulär ist der Brückkanal bei Schwarzenbruck. In einer Höhe von 13 Metern überquert eine Kanalbrücke das Tal der Schwarzach. Zur Einkehr bietet sich die „Waldschenke Brückkanal" an, ein traditionsreiches Ausflugslokal mit großem Biergarten. An Sonn- und Feiertagen ist ein Spaziergang nur bedingt zu empfehlen, denn dann findet am Alten Kanal eine wahre Völkerwanderung statt.

Stadtteil in Grün

Langwasser

In den 1950er Jahren wurde im Südosten Nürnbergs mit dem Bau der Trabantenstadt Langwasser begonnen. Dieser für 40.000 Einwohner konzipierte Stadtteil ist noch immer nicht ganz fertig gestellt. Für die einen ist Langwasser heute ein „Stadtteil im Grünen" mit einem großen Erholungswert, für die anderen eine triste Betonburg, die man am besten weiträumig umgeht. Letzteres ist sicherlich übertrieben: Obwohl es in den letzten Jahren an verschiedenen Stellen zu Nachverdichtungen gekommen ist, kann Langwasser noch immer als grüner Stadtteil bezeichnet werden.

Geschichte

Anfang des 20. Jahrhunderts war das Gebiet, auf dem sich das heutige Langwasser erstreckt, eine unwirtliche Heidelandschaft, die sich ein ganzes Stück vor den Toren Nürnbergs erstreckte. Die bayerische Volksarmee benutzte das moorige, nach dem kleinen Langwasserbach benannte Areal zeitweise als militärischen Übungsplatz. Anfang der 1930er Jahre beschloss der Stadtrat aufgrund des Jansenplans (ein städtischer Generalbebauungsplan, der zwischen 1921 und 1926 von dem Berliner Städtebauer *Hermann Jansen* erarbeitet worden war), den Südosten Nürnbergs städtebaulich zu erschließen. Diese Pläne wurden jedoch von den Nazis – vorerst – vereitelt, da dort Quartiere für die Teilnehmer der Reichsparteitage errichtet werden sollten. 1935 beschlagnahmten die Nazis das Gelände kurzerhand. Nach klar strukturierten Plänen entstanden in den nächsten Jahren verschiedene Teilnehmerlager für SA, SS, Reichsarbeitsdienst, Hitlerjugend und NSKK. Außer den Baracken für die Sanitäreinrichtungen und den Kommandozentralen gab es keine festen Gebäude; die Teilnehmer schliefen in Zelten, und das ganze Treiben war während der Reichsparteitage in eine paramilitärische Lagerromantik gehüllt. In den letzten Jahren des Zweiten Weltkrieges wurden dann über 70.000 russische Kriegsgefangene unter erbärmlichen Bedingungen im Lager Langwasser interniert. Von Kriegsende bis 1949 waren im selben Lager Nazis untergebracht. Fast gleichzeitig entstand ein Auffanglager für sog. *displaced persons* – Menschen, die durch die Wirren des Krieges heimatlos geworden waren. 1954 beschloss der Stadtrat, neuen Wohnraum zu schaffen und Langwasser planmäßig bebauen zu lassen; ein städtebaulicher Ideenwettbewerb wurde ausgeschrieben, den der Architekt *Franz Reichel* gewann.

Langwasser heute

Das geometrische Straßensystem in Langwasser stammt größtenteils noch aus der Nazi-Zeit, man orientierte sich – um Erschließungskosten zu sparen – an dem bereits vorhandenen Kanalisationssystem. Die geplante „Trabantenstadt" Langwasser sollte neben einer Bevölkerung aus allen sozialen Schichten über viele Grün- und Sportflächen verfügen. Ein eigenes Zentrum und ein eigenes Gewerbegebiet sollten verhindern, dass Langwasser eine reine „Schlafstadt" würde. Gut gelungen ist die Ansiedlung des die Wohnqualität kaum störenden Gewerbegebietes entlang der Bahngleise. Das im Stil einer amerikanischen Shopping-Mall erbaute **Frankeneinkaufszentrum** ist mittlerweile zum größten Nürnberger Subzentrum aufgestiegen. Verkehrstechnisch ist Langwasser hervorragend an das öffentliche Nahverkehrsnetz angeschlossen: In gut zehn Minuten erreicht man mit der U-Bahn die Innenstadt. Von dem hier gelegenen U-Bahnhof Langwasser Mitte bis zur vier Stationen entfernten Bauernfeindstraße verkehrte die 1972 eröffnete erste Nürnberger U-Bahnlinie, die heute von Langwasser-Süd bis Fürth Hauptbahnhof reicht. Langwasser besteht aus mehreren sog. „Nachbarschaften", die deutlich die Veränderungen der architektonischen Richtlinien während der letzten vier Jahrzehnte zeigen.

Nördlich von Langwasser schließen sich die Postwohnsiedlung **Neuselsbrunn** mit ihrer Hochhäuser-Skyline und das in den 70er Jahren entstandene **Messezentrum** an. Fälschlicherweise wird Neuselsbrunn oftmals zu Langwasser gerechnet; daher rührt auch das Hochhausimage von Langwasser.

Am Reichswald

Altenfurt und Fischbach

Im Südosten von Langwasser liegen die beiden Stadtteile Altenfurt und Fischbach. Während Fischbach aus einem schmucken Dorf mit drei Herrensitzen und einem Zeidlergut hervorging, war **Altenfurt** nur ein unbedeutender, an der Straße nach Regensburg gelegener Weiler im Lorenzer Reichswald, der eigentlich hier nicht erwähnt zu werden bräuchte, wäre da im Hinterhof des ehemaligen Scheurl'schen Herrensitzes in der Oelserstraße 13 nicht eine rätselhafte romanische **Rundkapelle** (um 1140), an deren Stelle eventuell ein noch älterer Vorgängerbau gestanden hat. Glaubt man der Sage, dann soll kein Geringerer als Karl der Große den Bau dieser Kapelle veranlasst haben. Der runde Grundriss einer Kapelle ist für Franken vollkommen ungewöhnlich. Die Rundkapelle mit fragmentarischen Kuppelfresken aus dem 13. Jahrhundert besitzt noch eine dreiviertelrunde Apsis; beide wurden aus Sandsteinquadern errichtet.

Östlich von Altenfurt liegt **Fischbach,** ein altes Dorf an einem gleichnamigen Bach. Fischbach war bis zum 14. Jahrhundert der Sitz eines alten Reichsministerialiengeschlechts mit dem schönen Namen „Vischbecken", dessen ursprünglicher Sitz wohl das sog. Harsdorf'sche Schloss in der Fischbacher Hauptstraße 197 gewesen sein dürfte. Zwei weitere Herrensitze, das Scheurl'sche Schloss und der ehemalige Peller'sche Herrensitz (Pellergasse 3a), liegen hiervon nicht weit entfernt. Am eindrucksvollsten ist das in einem Park gelegene **Pellerschloss.** Das Erdgeschoss des dreistöckigen Giebelhauses besteht aus unverputzten Sandsteinquadern. Eine Besichtigung der drei Gebäude ist leider nicht möglich.

Tipp: Ein besonders schöner, knapp vier Kilometer langer Weg, Lohengrinweg genannt, führt von Fischbach durch den Lorenzer Reichswald nach Zerzabelshof. Vom Pellerschloss aus 50 Meter in Richtung Norden gehen und dann links in den Eisweiher Weg einbiegen. Nach einem Kilometer kommt man zum Eisweiher; von hier aus führt der Lohengrinweg an einem weiteren Waldweiher vorbei zum Valznerweiher in Zerzabelshof. Der Weg ist mit einem blauen Kreuz auf weißem Grund markiert.

Nürnbergs Süden → Karte S. 112/113

Kulissen der Gewalt

Tour 8

Im Südosten von Nürnberg erheben sich die bröckelnden Reste des ehemaligen Reichsparteitagsgeländes. „Worte aus Stein" nannte sie Albert Speer, der Architekt dieses Geländes, die Historiker sprechen heute von „Kulissen der Gewalt".

Verbindung Die Straßenbahnlinien 6 und 8 fahren direkt zum ehemaligen Reichsparteitagsgelände (Endhaltestelle Doku-Zentrum)

Zeugnisse des Größenwahns

Ehemaliges Reichsparteitagsgelände

Wie kaum eine andere Stadt in Deutschland wird Nürnberg mit dem Nationalsozialismus in Verbindung gebracht. Mehr noch, Nürnberg gilt vielerorts gar als Synonym für die zwölfjährige nationalsozialistische Herrschaft. Neben den Reichsparteitagen haben hierzu vor allem die „Nürnberger Prozesse", aber auch die „Nürnberger Gesetze" und der von Julius Streicher in Nürnberg herausgegebene „Stürmer" beigetragen. Lange Zeit wurde von offizieller Seite versucht, die Epoche, als Nürnberg „Stadt der Reichsparteitage" genannt wurde, aus der Stadtgeschichte auszublenden. Teile des Areals, wie beispielsweise die Tribüne im Luitpoldhain, wurden gar gesprengt, um die Erinnerung an jene Jahre zu tilgen. Erst in den 1980er Jahren entwickelte sich ein anderes Verhältnis zu dieser Zeit und ihren Bauten, eine intensive Aufarbeitung setzte ein. Neben vielen, jüngst erschienenen Publikationen über das ehemalige Reichsparteitagsgelände konnten Ende der 1990er Jahre die Weichen für ein **Dokumentationszentrum Reichsparteitagsgelände Nürnberg** gestellt werden, das 2001 in der Kongresshalle eröffnet wurde.

Die Nürnberger Reichsparteitage waren ein effektvolles Szenario aus Marschieren, Strammstehen und Jubelorgien, eingerahmt von Fahnen, Fackelzügen und Lichteffekten; sie waren die wichtigste öffentliche Machtdemonstration des nationalsozialistischen Regimes und hatten einen dementsprechend hohen Stellenwert. Der Beschluss eines Parteiprogramms oder gar kontroverse Diskussionen gehörten allerdings nicht hierher. Die Massen gaben lediglich den Rahmen ab, in welchem die bereits vorher gefassten Entscheidungen „verkündet“ wurden. Die geschickte Verbreitung durch Radio und Film, so *Leni Riefenstahls* 1934 gedrehter „Triumph des Willens“, sorgte für die nötige flächendeckende Resonanz.

Der Bau des Reichsparteitagsgeländes vollzog sich in Etappen. Bereits 1933 wurden im Luitpoldhain, wo sich die Nationalsozialisten schon während ihrer Parteitage 1927 und 1929 versammelt hatten, die ersten behelfsmäßigen Veränderungen durchgeführt, ohne dass ein größeres Konzept vorhanden gewesen wäre. Danach folgten mehrere Einzelplanungen, bis im Herbst 1934 *Albert Speer* mit der Erstellung eines architektonischen Gesamtplans für das Reichsparteitagsgelände beauftragt wurde. Hitlers gigantomanen Wunschvorstellungen entsprechend, sollten keine Zweckbauten,

Nürnberg im Kasten

Die Reichsparteitage der NSDAP

Die Reichsparteitage der NSDAP (Nationalsozialistische Deutsche Arbeiterpartei) waren das größte Propagandafest im nationalsozialistischen Feierjahr. Der Name „Parteitag“ ist dabei irreführend. Das Spektakel sollte die fortwährend propagierte NS-Ideologie mit dem organisierten Einsatz von Massen innerhalb weniger Tage publikumswirksam inszenieren. Aus kleinen Anfängen heraus entwickelten sich die Parteitage der NSDAP zu Massenveranstaltungen, die von mehr als 750.000 Teilnehmern und 500.000 Zuschauern (1938) besucht wurden. Nachdem die ersten beiden Parteitage in München (1923) und Weimar (1926) stattgefunden hatten, wurden alle folgenden acht in Nürnberg abgehalten. Nach dem Willen Adolf Hitlers sollte Nürnberg von 1933 an „für alle Zeiten“ „Stadt der Reichsparteitage“ sein. Zwischen 1933 und 1938 fanden die sechs großen Parteitage, die jeweils circa eine Woche dauerten, alljährlich im Spätsommer in Nürnberg statt. Ihnen war jeweils ein Motto vorangestellt: „Parteitag des Sieges“ (1933), „Parteitag der Einheit und Stärke“ (1934), „Parteitag der Freiheit“ (1935), „Parteitag der Ehre“ (1936), „Parteitag der Arbeit“ (1937) und „Parteitag Großdeutschland“ (1938). Hehre Mottos, aber die Wirklichkeit sah anders aus: So wurden die Nürnberger Gesetze, die den antisemitischen Terror nachträglich legalisierten, 1935 auf dem „Parteitag der Freiheit“ verabschiedet, und der für 1939 geplante „Parteitag des Friedens“ wurde kurzfristig abgesagt, da mit dem deutschen Überfall auf Polen der Zweite Weltkrieg begonnen hatte …

sondern eine „Weihestätte der Bewegung" geschaffen werden; jede andere Nutzung dieses Geländes hätte dem ideologischen Konzept zutiefst widersprochen. Das Ergebnis waren jene „Kulissen der Gewalt", die durch den Einsatz von Zwangsarbeitern und KZ-Häftlingen entstanden sind.

Nach der Umgestaltung der alten Kongresshalle, dem Bau der Luitpoldarena und des Zeppelinfeldes begannen im Sommer 1935 die Arbeiten an dem neuen Kongressbau, der Großen Straße, dem Märzfeld und dem Deutschen Stadion. Dem Gelände ist auch die 1938 fertig gestellte „SS-Kaserne" an der Bayernstraße zuzurechnen. In den ersten Kriegsjahren wurde – jedoch mit verminderter Kraft – weiter gebaut; im Winter 1942/43 stellte man die Bauarbeiten endgültig ein. Die Pläne für das Eingangsportal zur Großen Straße und der Bau für die Kulturtagungen wurden nicht abgeschlossen.

Für das logistische Problem, die riesige Zahl an Parteitagsteilnehmern und -besuchern unterzubringen, fand man übrigens eine Lösung gut einen Kilometer westlich des Parteitagsgeländes: eine nach dem kleinen Langwasserbach benannte Heidelandschaft, auf der Massenzeltlager errichtet wurden. Nach dem Krieg entstand dort die Trabantenstadt Langwasser (→ S. 122).

Rundgang

Wer sich die Dimension des ehemaligen Reichsparteitagsgeländes veranschaulichen will, sollte das Areal auf einem Rundgang erkunden. Ein geeigneter Ausgangspunkt ist die Haltestelle der Straßenbahnlinie am Doku-Zentrum. Wer nicht mit den öffentlichen Verkehrsmitteln unterwegs ist, findet an der gegenüberliegenden Meistersingerhalle leicht einen Parkplatz.

Je nachdem, wie viel Zeit man im Dokumentationszentrum verbringt, sind hierfür drei bis vier Stunden einzuplanen. Ein Informationssystem mit insgesamt 23 Edelstahl-Stelen erklärt die Machtarchitektur von Albert Speer an den jeweiligen Orten auf dem fast 25 Quadratkilometer großen Gelände.

Ausgangspunkt dieses Rundgangs ist der **Luitpoldhain**, der sich heute als großzügige Parkanlage präsentiert. Vom Luitpoldhain aus kann man bereits die mächtige Fassade der **Kongresshalle** ausmachen, in deren Nordflügel das überaus informative **Dokumentationszentrum Reichsparteitagsgelände** un-

Nürnberg im Kasten

Größenwahn und Dummheit

„Seitdem sich die Nazis des Reichs bemächtigt hatten, machten sie aus diesem ihrem Parteitag einen Jahrmarktsrummel, eine ungeheure Parade von Soldatenbeinen, Uniformen, Bannern, Dummheit, Blechmusik und Geschrei. Ihre Redner ließen ihren Größenwahn sich überschlagen und erfanden die irrsinnigsten Märchen, ihre Kraft und Tugend zu preisen und die Schwäche und Schlechtigkeit ihrer Gegner zu verhöhnen. Nach dem Prinzip ihres Führers: ‚Je dicker eine Lüge ist, umso eher wird sie geglaubt', war diesen Rednern keine Lüge zu dumm, keine Verdrehung zu dreist, sie stellten sich hin und spien sie ihrem in Nürnberg versammelten Pöbel ins Gesicht."

Lion Feuchtwanger (Exil)

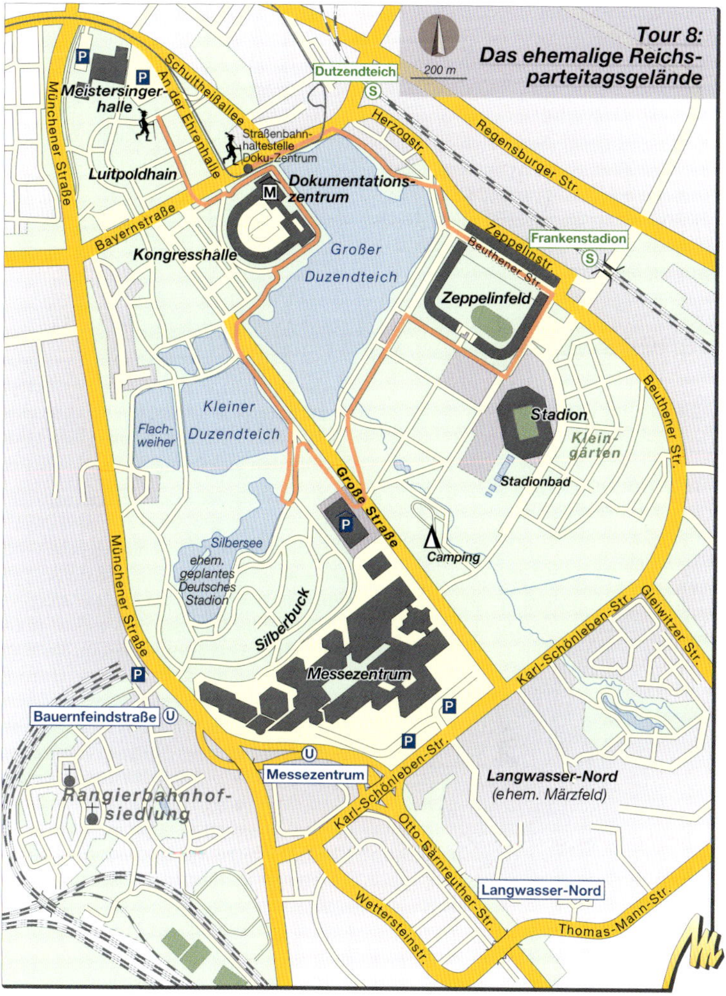

Ehemaliges Reichsparteitagsgelände → Karte S. 127

tergebracht ist. Nach einem Besuch des Dokumentationszentrums umrundet man die Kongresshalle und gelangt zur **Großen Straße**, auf deren nördlichem Abschnitt im Frühjahr und Herbst ein Volksfest abgehalten wird.

Zwischen dem Großen und dem Kleinen Dutzendteich hindurch, geht es danach rund 200 Meter Richtung Westen, dann steht man am Silbersee, der die Baugrube des geplanten **Deutschen Stadions** markiert. Hinter dem Silbersee erhebt sich der Silberbuck, im Volksmund treffender als Schuttberg bezeichnet, denn er ist aus dem Schutt des zerstörten Nürnbergs entstanden. Sehr schnell hat er sich zum festen Bestandteil der Parklandschaft im Südosten der Stadt entwickelt. Wir kehren zur Großen Straße zurück und blicken zu deren südöstlichem Ende: Dort, wo sich heute die Wohnhäuser von Langwasser-Nord erheben, war einst ein militärisches Demonstrationsgelände, das **Märzfeld**, vorgesehen.

Geht man in Richtung Osten am Südufer des Großen Dutzendteiches entlang, so ist das Spiegelbild der Kongresshalle im Wasser zu sehen. Nach ungefähr einem Kilometer taucht das **Zeppelinfeld** auf, das während der Reichsparteitage als Hauptschauplatz für die meisten Veranstaltungen genutzt wurde. Neben dem Zeppelinfeld ist das **Stadion** mit seinen Flutlichtmasten leicht auszumachen, während das dahinter liegende **Stadionbad** von den Tribünen verdeckt wird. Entlang dem Großen Dutzendteich, auf dem man im Sommer auch Tretboot fahren kann, gelangt man wieder zum Ausgangspunkt zurück.

Sehenswertes

Stadtpark mit wechselvoller Geschichte

Luitpoldhain

Ursprünglich war der Luitpoldhain ein Park, der im Jahre 1906, als sich Nürnbergs Zugehörigkeit zum Königreich Bayern zum 100. Male jährte, im Rahmen einer Jubiläums-Landesausstellung angelegt wurde und daher den Namen des Prinzregenten erhielt. Die Stadt Nürnberg errichtete in ihm zwischen 1928 und 1930 eine von dem Architekten Fritz Meyer konzipierte Gedenkhalle zu Ehren der im Ersten Weltkrieg gefallenen Soldaten. Dieses heute noch vorhandene Gebäude wurde von den Nationalsozialisten in ihre Pläne einbezogen, als sie Teile des Parks in ein Halbrondell mit Führertribüne verwandelten. Der kleine See in der Mitte des Parks wurde zugeschüttet, ein Leuchtturm abgerissen und als Verbindung zwischen Ehrenmal und Führertribüne ein gepflasterter Weg („Straße des Führers") angelegt. Die Luitpoldarena, wie sie nun hieß, blieb während der Parteitage den Mitgliedern der SA, SS sowie NSKK und NSFK vorbehalten. Sie fasste 150.000 Menschen, auf den Tribünen fanden weitere 50.000 Zuschauer Platz. Die zentrale Veranstaltung in der Luitpoldarena war die sog. „Blutfahnenweihe", eine pseudoreligiöse Totenfeier, die der „Opfer" des Marsches auf die Feldherrenhalle (1923) gedachte. Mit der bei dem gescheiterten Putschversuch mitgeführten Fahne, der „Blutfahne", „weihte" Adolf Hitler neue Standarten und Fahnen.

Ende der 1950er Jahre wurde das Gelände wieder in einen Park zurückverwandelt und die vollständig erhaltene Anlage gesprengt. Die offizielle Begründung war der Bau der Meistersingerhalle; in Wirklichkeit wollte man aber ein Stück Erinnerung an die NS-Zeit beseitigen und ließ ungewollt metaphorisch Gras über die Vergangenheit wachsen. Die geschwungene Form des sanft ansteigenden Hügels, unter dem die Trümmer der Tribüne ruhen, zeugt von der einstigen Anlage. Die im Luitpoldhain gelegene alte Kongresshalle aus dem Jahre 1906, in der die Parteikongresse stattgefunden hatten, wurde 1945 von Bomben zerstört. An ihrer Stelle befindet sich heute ein Parkplatz.

Monument des Nazi-Größenwahns

Kongresshalle

Schon von weitem ist der südöstlich des Luitpoldhaines gelegene Torso der Kongresshalle zu sehen. Die Form des monumentalen Bauwerks sollte bewusst an sein antikes Vorbild erinnern, auch wenn die Ausmaße der Kongresshalle die des Kolosseums in Rom übertreffen. Was auf den ersten Blick wie ein massiver Granitsteinbau anmutet,

Tretbootfahren vor der Kongresshalle

ist nur ein mit Granit verschalter Ziegelbau, der allerdings nicht vollendet wurde; das Obergeschoss und das freitragende Glasdach fehlen. In der Kongresshalle sollten die Parteikongresse der NSDAP abgehalten werden. Die Dimensionen werden deutlich, wenn man das Innere der Halle vom Dutzendteich her betritt. Mit einem Fassungsvermögen von 50.000 bis 60.000 Menschen wäre sie (damals) die größte Halle der Welt mit einer Grundfläche von 265 x 275 Metern geworden. Der Entwurf stammte von dem Nürnberger Architekten Ludwig Ruff, der auch die Werderau geplant hatte, und wurde nach dessen Tod von seinem Sohn Franz zu Ende geführt.

Die Bauarbeiten für das Reichsparteitagsgelände veränderten die gesamte parkähnliche Anlage südlich des Luitpoldhaines: Der Dutzendteich wurde verkleinert, um den notwendigen Platz für die Kongresshalle zu schaffen, der alte Nürnberger Tiergarten musste an den Schmausenbuck verlegt werden, um Platz für einen geplanten, aber niemals errichteten Kulturbau zu schaffen.

Um die Finanzierung der immensen Kosten und die planerischen Aufgaben realisieren zu können, wurde 1935 der „Zweckverband Reichsparteitag Nürnberg“ gegründet, in dem die Stadt Nürnberg, das Land Bayern, das Reich und die NSDAP Mitglied waren.

Nach dem Krieg musste die Stadt Nürnberg die Rechtsnachfolge für das Gelände antreten; seit 1973 steht es unter Denkmalschutz. Am Beispiel der Kongresshalle kann man seither die Schwierigkeiten beobachten, die die Bundesrepublik mit ihrer Nazi-Vergangenheit hat. Die Vorschläge für die Verwendung dieses Areals reichten von der Sprengung, dem Umbau in ein Fußballstadion (1962, beauftragt wurde der NS-Architekt und Erbauer des Berliner Olympiastadions Werner March!) bis hin zu der Umgestaltung in ein Freizeitcenter (1987). Alle Pläne scheiterten einzig an den hohen Kosten, so dass sich seit längerem eine pragmatischere Nutzung durchgesetzt hat. Die Stadt hat den größten Teil des Hallentorsos als Lagerhalle an ein Versandhaus vermietet, daneben wird das

Ehemaliges Reichsparteitagsgelände → Karte S. 127

Auch architektonisch hochinteressant: das Dokumentationszentrum

Gebäude als PKW-Abstellplatz und Übungsplatz für den Katastrophenschutz genutzt. Der linke Kopfbau gehört der Musik. Die Nürnberger Symphoniker üben hier, ein Schallplattenverlag namens „Colosseum" hat hier seinen Sitz, und der als „Serenadenhof" bezeichnete Innenhof des Kopfbaus wird für verschiedene Open-Air-Konzertveranstaltungen genutzt. Im rechten Kopfbau befindet sich seit 2001 das Dokumentationszentrum Reichsparteitagsgelände. Derzeit wird heftig diskutiert, ob bis zum Jahr 2025 ein Interimsopernhaus in oder neben der Kongresshalle errichtet werden soll.

„Faszination und Gewalt"

Dokumentationszentrum Reichsparteitagsgelände

Mit finanzieller Hilfe zahlreicher Sponsoren, der Stadt Nürnberg, des Bundes und des Freistaates Bayern konnte 2001 im Nordflügel der Kongresshalle das längst überfällige Dokumentationszentrum eingerichtet werden. In der 1200 Quadratmeter großen Dauerausstellung „Faszination und Gewalt" werden verschiedene Präsentationsformen (Interviews von Zeitzeugen, Original-Filme, Hörbilder, etc.) eingesetzt, um die Zusammenhänge zwischen NS-Ideologie und der Reichsparteitagsarchitektur zu veranschaulichen und den Stellenwert der Reichsparteitage im System des Nationalsozialismus darzustellen. Der Bogen wurde dabei vom Aufstieg der NSDAP bis hin zu den Nürnberger Prozessen gespannt. Aufgrund ihrer Größe und ihres museumsdidaktischen Ansatzes ist die Ausstellung ein Musterbeispiel für den Umgang mit der deutschen NS-Geschichte! Interessant ist auch der Ansatz des Architekten *Günther Domenig*, der einen 130 Meter langen Pfahl aus Glas und Metall durch das Gebäude getrieben und so die monumentale Architektur des Bauwerks mit der dahinterstehenden Weltanschauung der Auftraggeber aufgebrochen hat.

Hinweis: Bis 2023 wird das Museum erweitert und eine neue Dauerausstellung konzipiert, um dem Andrang der bis zu 300.000 Besucher jährlich besser gerecht werden zu können. Der Zugang ist aber weiterhin möglich.

An der Kongresshalle. Straßenbahn Linie 6 und 8 (Haltestelle Doku-Zentrum). Mo–Fr 9–18 Uhr,

Sa/So 10–18 Uhr. Eintritt 6 €, erm. 1,50 € (Tageskarte für 7 Museen kostet 9 €). www.museen.nuernberg.de.

An der Infotheke beginnt auch ein empfehlenswerter Rundgang des Vereins „Geschichte Für Alle“ über das ehemalige Reichsparteitagsgelände. Führungen Sa und So 14 Uhr. Teilnahmegebühr 9,50 €, erm. 8,50 €.

Zentrale Achse

Große Straße

Vom Kongressbau – zwischen dem Großen und dem Kleinen Dutzendteich hindurch – bis zum Märzfeld bauten die Nationalsozialisten eine zwei Kilometer lange und 60 Meter breite Verbindungsstraße, die sog. Große Straße. Die mit aufgerauten Granitplatten gepflasterte Straße sollte als Aufmarschstraße die Verbindung zum Märzfeld herstellen. Die Große Straße ist die zentrale Achse des Reichsparteitagsgeländes; ihr nördlicher Fluchtpunkt wurde genau auf die Kaiserburg ausgerichtet, um die vermeintliche Verbindung zwischen der „Stadt der Reichstage“ und der „Stadt der Reichsparteitage“ herzustellen. Zu beiden Seiten der Straße waren kleine Tribünen vorgesehen; als Begleitschmuck sollte ein Spalier aus Eichenbäumen und Kolossalfiguren fungieren.

Die Große Straße ist allerdings nicht fertig gestellt worden, Führerparaden und Aufmärsche hat sie nie gesehen. Bis 1968 wurde die Straße als Roll- und Landebahn von der US-Luftwaffe genutzt; seither dient sie bei Großveranstaltungen im Messezentrum, im Stadion oder auf dem Volksfestplatz als Parkplatz für Tausende von Autos. Anfang der 1990er Jahre wurden die Granitplatten der Großen Straße teilweise restauriert oder, wie im südlichen Teil geschehen, durch Asphalt ersetzt.

Geplant für NS-Kampfspiele

Deutsches Stadion

An der Westseite der Großen Straße sollte sich ungefähr auf halber Höhe das Deutsche Stadion anschließen. Albert Speer plante einen hufeisenförmigen Tribünenbau von 350 Meter Länge, 150 Meter Breite und 80 Meter Höhe. Für die oberen Ränge waren Sehhilfen vorgesehen, damit auch von oben das Geschehen auf dem Rasen zu sehen gewesen wäre. Das Stadion hätte 405.000 Zuschauern Platz bieten und die sog. NS-Kampfspiele (paramilitärische Übungen mit „Handgranatenweitwurf“ und „Staffellauf mit Gasmaske“) beherbergen sollen. Der Stadionbau kam allerdings über den Aushub der Baugrube nicht hinaus. Heute erinnert nur noch der aus der Baugrube entstandene Silbersee an Hitlers Größenwahn. Vom Baden in dem schwefelwasserstoffhaltigen Gewässer des idyllisch anmutenden Silbersees ist dringend abzuraten. Mehr als zwei Dutzend Ertrunkene sprechen für sich.

Im Zeichen des Krieges

Märzfeld

Auf dem Märzfeld hätte alljährlich der „Tag der Wehrmacht“ stattfinden sollen. Der Name assoziiert Verbindungen zum Kriegsgott Mars und erinnert an die im März 1935 zurückerlangte „Wehrhoheit“ des Deutschen Reiches. Im Jahre 1938 begannen die Arbeiten an dem von Albert Speer geplanten 955 Meter x 610 Meter großen Märzfeld. Das rechteckige Feld hätte von insgesamt 24 Türmen umrahmt werden sollen, von denen lediglich elf vollendet wurden. Die Tribünen standen teilweise im Rohbau, als die Anlage 1967 gesprengt wurde.

Ort der Masseninszenierungen

Zeppelinfeld

Dieses ehemalige Forstgelände im Lorenzer Reichswald verdankt seinen Namen dem Grafen Zeppelin, der dort im Jahre 1909 mit einem seiner Luftschiffe gelandet war. Die „Zeppelinwiese“

wurde beim Bau des Stadions (1928) teilweise als Parklandschaft gestaltet, teilweise für Kleingärten genutzt. Seit 1933 diente das Gelände während der Reichsparteitage als Versammlungsort. Die provisorischen Tribünen mussten 1935 einer Steintribüne (Albert Speer) weichen, die dem antiken Pergamonaltar nachempfunden war. Die Haupttribüne ist 350 Meter lang. Ursprünglich wies sie Pfeilerkolonnaden, Mittelrisalit mit Führerempore und Seitenpylonen mit metallenen Feuerschalen auf. Das rechteckige Areal wird von den mit 34 Türmen durchsetzten Tribünen begrenzt. Die wehrhaft wirkenden Türme beherbergten einst öffentliche Toiletten.

Auf dem Zeppelinfeld fanden die meisten Veranstaltungen während der Reichsparteitage statt. Hier marschierten die jungen Männer des Reichsarbeitsdienstes, hier wurden Reigen- und Formationstänze am „Tag der Gemeinschaft" aufgeführt, hier trafen sich die „Politischen Leiter" und ereignete sich der „Tag der Wehrmacht". Das Innere des Zeppelinfeldes fasste 250.000 Personen, die Tribünen weitere 70.000 eintrittspflichtige Zuschauer.

Im Jahre 1967 mussten die Kolonnaden und die Seitenpylonen wegen Baufälligkeit abgetragen werden. Heute finden rund um die stark verwitterte Haupttribüne einmal im Jahr die als Norisringrennen bekannten Autorennen statt. Mangelndes Geschichtsbewusstsein seitens der Veranstalter wird allerdings dadurch offenkundig, dass eine weltbekannte Getränkefirma ihre roten Fahnen an diesem Wochenende an genau derselben Stelle aufstellen darf, wo einst Hakenkreuzfahnen wehten. Ein- oder zweimal jährlich wird vor der Zeppelintribüne eine Open-Air-Bühne für international bekannte Rockmusikgrößen aufgebaut.

Ehemals Versammlungsort der HJ

Stadion

Von der Zeppelintribüne aus ist das Stadion deutlich als zeitgenössisches Bauwerk zu erkennen (blaue Metallkonstruktion, moderne Flutlichtmasten usw.). Tatsächlich ist das aktuelle Aussehen des Stadions aber das Ergebnis mehrerer großer Umbauten aus den Sechziger- und Achtzigerjahren sowie anlässlich der Fußballweltmeisterschaft im Jahr 2006. Ursprünglich gebaut wurde das Stadion bereits in den Jahren 1923 bis 1928 nach den Plänen

Zeppelintribüne: Bauten für die Ewigkeit?

des Architekten *Otto Ernst Schweizer* und des Landschaftsarchitekten *Alfred Hensel*. Von dem damals im Bauhaus-Stil errichteten und mit einem Preis ausgezeichneten Gebäude ist aufgrund der vielen Umbauten allerdings leider fast nichts mehr zu sehen.

In der Zeit des Nationalozialismus wurde das Stadion zum festen Bestandteil des umliegenden Reichsparteitagsgeländes. Während der Parteitage wurde im Stadion, das nun „Stadion der Hitlerjugend" genannt wurde, der „Tag der Hitlerjugend" mit Aufmärschen und Sportdarbietungen abgehalten.

Nach dem Ende des Zweiten Weltkrieges nutzte die US-Army die nun „Victory Stadium" genannte Stätte für Baseballspiele, seit 1963 trägt der 1. FC Nürnberg (→ S. 232) dort seine Heimspiele aus. Darüber hinaus finden in dem inzwischen nach der Nürnberger Fußballlegende Max Morlock benannten Stadion auch andere Sportveranstaltungen (insbesondere Leichtathletik) und Konzerte statt.

In der benachbarten modernen Arena jagen neben anderen (Sport-)Veranstaltungen die Nürnberg Ice Tigers dem schwarzen Puck hinterher.

Führungen: Mai bis Sept. Do 17 Uhr, Okt. und Nov. Do 16 Uhr. Eintritt 7 €, erm. 4 €. www.stadion-nuernberg.de.

Historisches Baden

Stadionbad

Hinter dem Stadion liegt das sehenswerte Stadionbad aus dem Jahre 1928. Auch wenn eine in den 1980er Jahren nachträglich eingebaute Riesenrutsche den Gesamteindruck nachteilig verändert hat und die Schwimmbecken 1998 erneuert wurden, zählt das Stadionbad auch heute noch zu den schönsten Freibädern in Deutschland. An den Bauten der Toiletten-, Duschen- und Umkleidehäuser ist noch deutlich der Einfluss des Bauhausstils zu erkennen. Das Stadionbad ist das flächenmäßig größte Freibad in Nürnberg.

Das Stadionbad gehörte zusammen mit dem städtischen Stadion zu einer beispielhaften Kombination von Volkspark, Spielwiesen, Schrebergärten und Sportstätten. Im Südosten Nürnbergs hat diese Konzentration von Sport- und Freizeitmöglichkeiten eine lange Tradition, die sich bis in die Gegenwart fortsetzen konnte. Schon 1876 entstand am nördlichen Rand des Großen Dutzendteichs – der eigentlich ein alter Fischweiher aus dem Spätmittelalter ist – Nürnbergs erstes öffentliches Freibad; man badete bis in das 20. Jahrhundert hinein allerdings noch streng nach Geschlechtern getrennt. Gegenüber der ehemaligen Parkgaststätte Wanner – jetzt Gutmann – am Großen Dutzendteich befindet sich ein Ruderbootverleih. Zudem ist der Dutzendteich der beliebteste Treffpunkt der Nürnberger Inlineskater. Im Garten der Gaststätte hat der Nürnberger Schriftsteller Hermann Kesten in den 1920er Jahren an seinem ersten Roman „Josef sucht die Freiheit" geschrieben, während – Ironie der Geschichte – am Nachbartisch der Stürmer-Herausgeber Julius Streicher saß und mit seiner Hundepeitsche herumfuchtelte.

Ehemaliges Reichsparteitagsgelände → Karte S. 127

Links und rechts der Pegnitz

Tour 9

Das östliche Pegnitztal, eine bis zu 500 Meter breite grüne Oase, ist das beliebteste Naherholungsgebiet der Stadt. Die sich zu beiden Seiten des Flusses erstreckenden Stadtteile Erlenstegen, Mögeldorf und Laufamholz zählen zu den begehrtesten Wohngegenden Nürnbergs.

- **Museum Industriekultur**, Industriegeschichte zum Anfassen, S. 143
- **Erfahrungsfeld zur Entfaltung der Sinne**, faszinierende Erlebniswelt für Groß und Klein, S. 136
- **Wöhrder See**, innerstädtisches Erholungsgebiet, S. 135
- **Tiergarten**, faszinierender Landschaftszoo, S. 140

Nobel und grün

Nürnbergs Osten

Zwei Straßenbahnlinien erschließen den Nürnberger Osten: die Linie 8 (Endstation Erlenstegen) und die Linie 5 (Endstation Tiergarten). Wer nur zum Wöhrder See bzw. zum dortigen Erfahrungsfeld zur Entfaltung der Sinne will, kann von der Altstadt problemlos zu Fuß gehen oder mit der U-Bahn (U2/U3) die Station Wöhrder Wiese ansteuern. Zum Industriegut Hammer kommt man vom Hauptbahnhof am besten mit der S-Bahn (S1 bis Haltestelle Nürnberg Laufamholz Bahnhof).

Das Pegnitztal eignet sich ideal für eine geruhsame **Fahrradtour**: Von der Stadtmauer bis nach Hammer beträgt die reine Fahrzeit etwa 40 Minuten. Auf beiden Seiten der Pegnitz sind Fahrradwege angelegt. Am nördlichen Ufer im Bereich des Sebastianspitals sollte man wegen der vielen älteren Spaziergänger vorsichtig fahren. Hier kam es immer wieder zu Unfällen.

See und Erfahrungsfeld

Wöhrd

Nur ein paar hundert Meter vor den Toren der Nürnberg Altstadt liegt der Stadtteil Wöhrd. Heute lässt es sich nur noch erahnen, dass das am rechten Ufer der Pegnitz gelegene Wöhrd im Spätmittelalter die größte Vorstadt Nürnbergs war. Tuchmacher, Färber und andere Handwerker haben dazu beigetragen, Wöhrd zu einem relativ bedeutenden mittelalterlichen Markt werden zu lassen, der im 15. Jahrhundert sogar mit Wall und Graben befestigt war. Auf dem Wöhrder Friedhof steht noch ein Totengräberhaus aus dem Jahr 1529. Einen neuerlichen Aufschwung nahm Wöhrd im Industriezeitalter als Standort der Cramer-Klettschen Maschinenfabrik. Gerade noch der einstige Gartenpavillon der Fabrikantenvilla (Cramer-Klett-Park), ein klassizistischer Apollo-Tempel aus der ersten Hälfte des 19. Jahrhunderts, ist aus dieser Zeit übrig geblieben. Die konzentrisch angelegten Straßenzüge weisen noch auf das 1273 erstmals erwähnte Wöhrd hin. Was nicht durch frühere Kriege zerstört worden war, beseitigten die alliierten Bomben in der Nacht zum 14. August 1943: Kaum ein anderer Stadtteil Nürnbergs war in vergleichbarer Weise betroffen. Im Bereich Prinzregentenufer / Theodorstraße / Kesslerplatz haben sich allerdings noch einige großbürgerliche Wohnhäuser mit attraktiven Jugendstil-Fassaden erhalten.

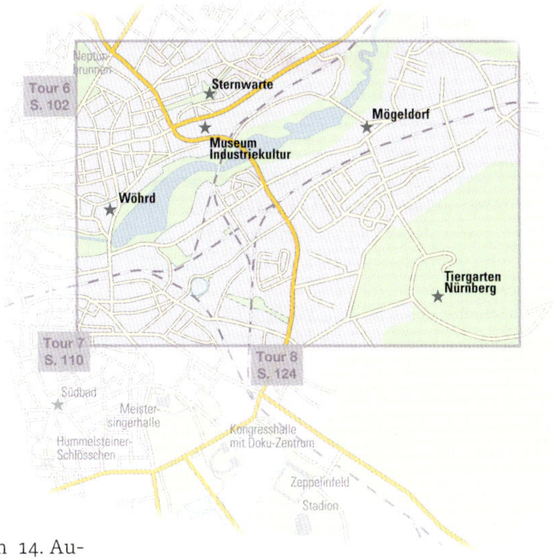

Cafébar Metropolis, angegliederte Cafébar Kinos Metropolis. Das helle, weiträumige Foyer wirkt sehr einladend. Nicht nur nach einem Kinobesuch zu empfehlen. Tgl. 18–24 Uhr, Fr/Sa bis 1 Uhr. Stresemannplatz 8, ✆ 0911/538848.

Nürnbergs Stausee

Wöhrder See

Eines der am häufigsten aufgesuchten innerstädtischen Erholungsgebiete ist der künstlich angelegte Wöhrder See. Die unliebsame Erinnerung an das Jahrhunderthochwasser von 1909, als Teile der Altstadt, so auch der Hauptmarkt, meterhoch unter Wasser standen, führte dazu, dass man sich in den nächsten Jahrzehnten Gedanken machte, wie man ein erneutes Hochwasser verhindern könnte. Nach 1945 wurden die Ufermauern in der Altstadt beträchtlich verstärkt und die Anlage eines kleinen Stausees geplant. 1972 wurde der Talgrund ausgebaggert und die zwei hier verlaufenden Pegnitzarme in den nun entstehenden Wöhrder See geführt. Allerdings scheint der Stadtrat insgeheim mehr mit einem „Stadtsee“, wie ihn andere Städte vorweisen konnten, geliebäugelt zu haben denn mit einem Hochwasserschutz. Der Wöhrder See (mittlere Tiefe 1,90 m) wird nämlich immer auf seinem Höchststand gehalten; er muss keinen Schutz vor

Spaß beim Bootfahren

Hochwasser bieten, da die hohen Ufermauern der Innenstadt ausreichen.

Unter ökologischen Gesichtspunkten betrachtet, ist der Wöhrder See ein Fehlschlag. Eine intakte Flussaue mit großer Artenvielfalt wurde zerstört, um einen See auf völlig ungeeignetem Sandboden anzulegen; er kann aufgrund der starken Eutrophierung nur durch Mähen und Ausbaggern kostspielig am Leben erhalten werden. Für jeglichen Wassersport ist der See ungeeignet, einzig mit Tret- oder Ruderbooten kann man versuchen, sich über den See zu manövrieren. In den letzten Jahren wurden lobenswerterweise viele Anstrengungen unternommen, um den Wöhrder See attraktiver zu gestalten. Zum Naherholungsgebiet „Wasserwelt Wöhrder See" gehört ein Sandstrand und eine Badebucht („Söderbucht" im Volksmund) vor dem Norikus-Hochhaus, zudem gibt es einen 440 Meter langen begehbaren Damm sowie einen Wasserspielplatz. Ein „Boulevard" genannter Wassersteg wurde an der Nordseite errichtet, ein Café eröffnet, zudem gibt es einen Fischweg und künstliche Inseln, die die Fließgeschwindigkeit erhöhen sollen.

Dominiert wird der Wöhrder See von der weithin sichtbaren Norikus-Hochhausgruppe. Bei der Fertigstellung noch als glanzvolle architektonische Leistung gefeiert, wird der Gebäudekomplex heute zumeist als zu klotzig empfunden.

Formvollendet, wenn auch etwas unscheinbar, ist hingegen der südlich des Wöhrder Talübergangs gelegene ehemalige Verwaltungsbau der Bayerischen Milchversorgung. Das von *Otto Ernst Schweizer* entworfene Gebäude ist deutlich vom Bauhaus beeinflusst und steht unter Denkmalschutz. Die anderen Teile des Milchofs wurden 2008 trotz Protesten und Denkmalschutz abgerissen.

Erfahrungsfeld zur Entfaltung der Sinne

Erlebnisausstellung für alle Sinne

Erfahrungsfeld zur Entfaltung der Sinne

In der modernen technischen Welt kommen die menschlichen Sinne viel zu kurz. Man weiß, wie sich eine Computertastatur anfühlt, aber hat keine Ahnung, wie Bäume riechen oder wie es ist, mit nackten Fußsohlen über Lehmboden zu laufen. Das in den Pegnitzauen gelegene Erfahrungsfeld hat es sich auf die Fahnen geschrieben, dieses Manko zu beseitigen. An verschiedenen Stationen sollen Kinder und Erwachsene ihre Wahrnehmung zu hinterfragen und ihre Sinne zu schulen. Experimente, Übungen und Spielstationen fordern zum aktiven Erleben auf. Es gibt so faszinierende Stationen wie einen Baumparcour, eine Bienenstation, ein Umweltlabor, Bodypercussion unter dem Motto „Mensch – Natur – Rhythmus" und vieles mehr. Rund 500 Meter entfernt wartet im Hirsvogelbunker eine weitere Attraktion: ein 60 Meter langer Dunkelgang und ein Dunkelcafé, in dem man ein Frühstück buchen kann. Fazit: eine tolle pädagogische Einrichtung!

Johann-Soergel-Weg. Mai bis Mitte Sept. Mo–Fr 9–18 Uhr, Sa 13–18 Uhr, So und Feiertag 10–18 Uhr (bayerische Pfingst- und Sommerferien So–Fr 10–18 Uhr, Sa 13–18 Uhr). Eintritt Erw. 8,50 €, erm. 7 €. www.erfahrungsfeld.nuernberg.de.

Ein Stadtteil älter als Nürnberg

Mögeldorf

Mögeldorf ist älter als Nürnberg. Der an einer Pegnitzfurt gelegene Ort ging aus einer königlichen Hofanlage hervor, in der schon *Konrad II.* im Jahre 1025 (nachweisbar) übernachtet hat. Trotz der städtischen Überbauung, die der Eingemeindung (1899) folgte, ist der dörfliche Kern noch heute deutlich zu erkennen. Entlang der Mögeldorfer Hauptstraße, rund um den Kirchenberg und in der Ziegenstraße finden sich noch etliche Häuser aus Mögeldorfs bäuerlicher Vergangenheit. Der rücksichtslose Bau der vierspurigen Ostendstraße hat aber in den 70er Jahren die ländlichen Strukturen im Dorfbild größtenteils zerstört.

Wesentlich idyllischer ist das drei Fußminuten entfernt an der Pegnitz gelegene Ensemble mit der **Satzinger Mühle**, der St.-Nikolaus-und-Ulrich-Kirche und dem sog. **Hallerschloss**. Im östlichen Teil Mögeldorfs, dort wo es auch zum Langseebad hinuntergeht, wurde 1910 in einem kleinen Wäldchen am **Ebensee** eine kleine Villenkolonie gleichen Namens gegründet. Die meist einzeln stehenden, teilweise auch zu kleineren Gruppen zusammengefassten Häuser weisen Jugendstil- und Neubarockelemente auf.

Wer der Pegnitz weiter flussaufwärts in Richtung Laufamholz folgt, trifft auf eine alte Wasserburg, die **Unterbürg** (Unterbürger Straße 36); der ursprüngliche Stammsitz der „Herren von Lauffenholz" wurde im 19. Jahrhundert baulich stark verändert. Ein paar hundert

Nürnbergs Osten → Karte vordere Umschlagklappe

Nürnberg im Kasten

Die erste deutsche Papiermühle

Auf der Wöhrder Wiese steht heute an der Stelle, wo *Ulman Stromer* 1390 die erste deutsche Papiermühle errichtete, nur noch ein kleines Denkmal; von der Mühle ist schon lange nichts mehr zu sehen. Die Hadermühle – der Name kommt von den Hadern (Leinenlumpen), dem Grundstoff der mittelalterlichen Papierherstellung – stand ungefähr an der Stelle des Denkmals an einem heute nicht mehr vorhandenen Arm der Pegnitz. Um Papier herzustellen, mussten damals die alten Leinenlumpen in einem „Stampfwerk" oder „Löcherbaum" zerfasert werden. Wenn die Lumpen fein zerstampft waren, kamen sie mit Wasser vermengt in die Bütte und wurden mit Hilfe eines engmaschigen Drahtsiebes, das in einem Rahmen eingepasst war, „geschöpft". War das Wasser abgetropft, wurde das Papierblatt vorsichtig vom Sieb abgezogen, zwischen zwei Filzstücke gelegt, gepresst und zum Trocknen aufgehängt. Hinterher wurde das Papier mit einem Achatstein glatt gerieben oder stapelweise mit einem schweren Hammer glatt geschlagen. Erst im 19. Jahrhundert ging man dazu über, Holz als Rohstoff zur Papierherstellung zu nutzen, wodurch Papier zu einem billigen und leicht verfügbaren Grundstoff wurde.Diese Stampfwerke wurden über ein Räderwerk mittels Wasserkraft bewegt.

Meter weiter findet man die **Oberbürg,** oder treffender beschrieben, die Ruinen der im Zweiten Weltkrieg zerstörten barocken Schlossanlage gleichen Namens.

Eisdiele Cristallo, für viele Einheimische „die" Eisdiele in Nürnberg. An warmen Sommertagen bilden sich regelrechte Menschentrauben vor dem Cristallo. Manch einer nimmt gar mehr als 10 Kilometer Anfahrt auf sich, um hier einen Amarettobecher oder ein Spaghettieis zu essen. Ostendstr. 227, ✆ 0911/542540. www.cristallonuernberg.de.

Ehemalige Industriesiedlung

Hammer

Ebenfalls direkt an der Pegnitz erhebt sich eine mauerbewehrte, mittelalterlich anmutende kleine Ansiedlung: Hammer. Der Name deutet es schon an, die Siedlung ist aus einem Hammerwerk hervorgegangen (1372 erstmals urkundlich erwähnt). Hier entstand 1492 an der Stelle eines Vorläuferbaus eine der ersten Messingfabriken Deutschlands. Schon seit der zweiten Hälfte des 17. Jahrhunderts war die soziale Absicherung der Arbeiter, die sich durch ein Gelübde an den Betrieb binden mussten, beispielhaft. Das Arbeitsverhältnis war unkündbar; Wohnung, Ställe sowie Gartenland waren mietfrei, und ein außergewöhnliches System mit Invaliditäts-, Alters- und Witwenrenten sicherte die Arbeiter und ihre Angehörigen ab. Die Kinder der Arbeiter wurden hier, zu Zeiten als Schulpflicht noch ein Fremdwort war, kostenlos in der Wohnung eines Lehrers unterrichtet. Sogar an eine eigene Schankwirtschaft für die durstigen Arbeiterkehlen hatte man gedacht. Anfang des 19. Jahrhunderts war das Messingwerk sowohl vom Umsatz als auch von der Anzahl der Beschäftigten die größte Fabrik Nürnbergs und des Umlands. Heute ist Hammer ein industriegeschichtliches Denkmal, das in Deutschland einmalig sein dürfte.

Im **Uhrenhaus** (Christoph-Carl-Platz 13–17) ist ein kleines Museum untergebracht, das einen guten Eindruck von den damaligen Wohnverhältnissen vermittelt. Auffallend sind die raffiniert

Industriedenkmal Hammer

angelegten Eingänge. Zu jeder Wohnung, ob im Unter- oder Obergeschoss, gehört ein eigener Eingang. Seit 1801 steht in der Mitte von Hammer ein fremdartig anmutender **Sandstein-Obelisk** mit ägyptischen Hieroglyphen, der ursprünglich den Volkamerschen Hesperidengarten in Gostenhof geziert hatte. Die Bomben des Zweiten Weltkrieges haben das Hammerwerk 1943 zum Verstummen gebracht. Das ehemalige Herrenhaus (Christoph-Carl-Platz 6) wurde dabei bis auf die Umfassungsmauern zerstört. Hammer liegt seit 1958 in einer Wasserschutzzone, weswegen es keine Gastwirtschaft gibt, die zur Einkehr einlädt.

Uhrenhaus: Von Ostern bis Okt. So 14–17 Uhr. Eintritt frei!

„Steckerleswald"

Lorenzer Reichswald

Dort, wo sich heute Mögeldorf befindet, erstreckte sich ursprünglich der Lorenzer Reichswald. Zusammen mit dem Sebalder Reichswald umschloss dieser die Reichsstadt Nürnberg. Ursprünglich wurde Nürnberg nicht von einem reinen Nadelwald umgeben, sondern von einem Mischwald; die Namen Buchenbühl und Buch künden noch heute davon, an manchen Stellen lassen sich sogar 250 Jahre alte Eichen- und Buchenbestände ausmachen. Der Nürnberger Reichswald teilte sich ursprünglich in 22 Forsthuten und Erbförstereien auf. Verwaltet wurde er von zwei

Nürnbergs Osten → Karte vordere Umschlagklappe

Nürnberg im Kasten

Die Nürnberger und ihr Wald

Die ungeheuren Waldungen, die sich einst über ganz Franken erstreckten, hatten einen nicht unerheblichen Anteil am wirtschaftlichen Aufstieg Nürnbergs. Es dauerte jedoch, bis man sich der Bedeutung dieses wichtigen Rohstoffes bewusst wurde: Als es in der Umgebung von Nürnberg im 13. Jahrhundert durch die Köhlerei für die Eisenhütten zu einer drastischen Holzverknappung kam, verbot Adolf von Nassau 1294 den Bau von neuen Siedlungen im Reichswald und räumte der Stadt Aufsichtsrechte ein. 1309 befahl Heinrich VII. den Nürnbergern, aus dem arg verwüsteten und ausgebeuteten Reichswald „wieder Wald zu machen". Nürnberg versuchte, die feudalen Waldrechte zur besseren Wahrnehmung seiner Interessen selbst zu erwerben. Die Köhlerei wurde 1340 im Lorenzer Reichswald verboten. In den folgenden Jahren ließ sich die Stadt ihre Rechte auf das Holz der Wälder vom König bestätigen. Erst auf dieser klaren rechtlichen Grundlage ist der berühmte Versuch *Peter Stromers* denkbar, Wald auf Kahlflächen wieder zu begründen. Weitere Rechte am Wald wurden von der Stadt Nürnberg in den nächsten Jahren erworben: 1372 kaufte der Rat das Amt des Forstmeisters im Lorenzer Wald von den Colers ab, 1396 von den Waldstromern. Im Jahre 1427 erwarb der Rat dieses Recht für den Sebalder Wald auch vom Burggrafen.

Peter Stromer glückte 1368 im Nürnberger Reichswald erstmals erfolgreich die Tannensaat (Nadelbäume wachsen schneller und das Know-how für die Laubbaumsaat war noch nicht vorhanden), nachdem er die Samen bereits im Winter durch langsames Darren in der Wärme vorbereitet und im April bei abnehmendem Mond ausgesät hatte. Schon um 1400 existierte in Nürnberg eine Waldsamenhandlung; die Reichsstadt wurde in der Folge zum bedeutendsten Waldsamenlieferanten in Europa, Nürnberger Waldsäer waren in ganz Mitteleuropa als Experten begehrt. Der Humanist Johannes Cochlaeus rühmt 1512 in seiner „Brevis Germaniae Descriptio" die Nürnberger, da sie die Kunst des Säens von Bäumen ersonnen hätten.

Waldamtmännern und 22 Förstern, die ihr Amt als Lehen erhielten und daher als Erbförster bezeichnet wurden. Auch heute haben noch 138 Anwesen ein Nutzungsrecht am Nürnberger Reichswald.

Von der Aalgrundel bis zur Zwergziege

Tiergarten

Der Nürnberger Tiergarten gehört zu den schönsten Landschaftszoos in Europa. Ursprünglich lag der Tiergarten, der 1905 als damals erste derartige Anlage in Bayern errichtet worden war, am Dutzendteich auf einem Areal, das allerdings nach 1933 anderen Plänen vorbehalten sein sollte: Der Tiergarten musste dem Bau des Reichsparteitagsgeländes weichen. Um Protesten entgegenzuwirken – der alte Tiergarten war bei den Nürnberger Bürgern sehr beliebt –, veranlassten die Nationalsozialisten, dass eine neue, schönere und weitläufigere Anlage 1937 am **Schmausenbuck** angelegt wurde; die dort befindlichen Steinbrüche konnten geschickt genutzt werden. Der Eingangsbereich, das Elefanten- und das ehemalige Nilpferdhaus zeugen noch heute von dem architektonischen Zeitgeist jener Jahre. Beim Bau der Gehege wurden Erkenntnisse über Sprungweite und -höhe der Tiere berücksichtigt, um weitgehend ohne Gitter und Käfige auszukommen.

Auf dem 63 Hektar großen Areal leben heute rund 2400 Tiere und etwa 350 verschiedene Arten. Zu den besonderen Attraktionen zählen das bei Tierschützern wenig beliebte Delphinarium, das im Sommer 2011 um eine Freianlage für Delphine und Seelöwen (sog. Delphinlagune) erweitert wurde, sowie eine als Aqua Park bezeichnete Wasserlandschaft – ein traumhafter Tummelplatz für Biber, Otter, Pinguine und Eisbären, die man durch Glasscheiben beim Schwimmen und Tauchen beobachten kann. Einen Einblick in den Lebensraum Regenwald bekommt man im Manatihaus, wo vor allem die Seekühe begeistern, die ihr gesamtes Leben im Wasser verbringen und deren Hinterbeine und Becken sich daher zurückgebildet haben. Turbulenter geht es meist im Gorillafreigehege und dem angrenzenden Affenhaus zu, wo auch Braune Makis und Weißhandgibbons leben. In den naturnahen Freigehegen kann man

Auch Pinselohrschweine leben im Nürnberger Tiergarten

zudem Panzernashörner, Giraffen, Urwildpferde und Wölfe beobachten. Für Kinder gibt es einen Streichelzoo sowie einen großzügigen Spielplatz.

Am Tiergarten 30. April bis Sept. 8–19.30 Uhr, im Winter 9–17 Uhr. Eintritt 16 €, erm. 13 €, Kinder 7,70 €, Familienkarte 37 €. www.tiergarten.nuernberg.de.

Der Sebalder Reichswald bei Erlenstegen lädt geradezu zu einer **Wanderung** ein. Zwei Varianten, die jeweils am Naturgartenbad beginnen, werden hier kurz vorgestellt. Das Naturgartenbad liegt nur 200 m von der Endhaltestelle der Linie 8 entfernt, Parkplätze sind außer im Hochsommer vor dem Freibad reichlich vorhanden.

Hinter dem Bad geht man rechts einen kleinen Hang hinunter und folgt einem mit rotem Kreis markierten Weg entlang des Tiefgrabens. Nach etwa 1:30–2 Std. endet der Rundwanderweg an der Straßenbahnendhaltestelle in Erlenstegen.

Wer will, kann, nachdem er den Weißensee (ca. 1 Std. Gehzeit) passiert hat, nicht rechts nach Erlenstegen zurückwandern, sondern noch 1 km geradeaus laufen, um dann nach links durch eine Autobahnunterführung hindurch einem Weg bis nach Lauf zu folgen. Nach der Unterführung folgt man scharf rechts zunächst einem Weg (Markierung: blauer waagrechter Strich bis nach Lauf) nach Behringersdorf. Ein paar hundert Meter die Günthersbühler Straße entlang, dann erneut rechts in eine Forststraße einbiegen. Der Weg führt um Rückersdorf herum nach Ludwigshöhe, Strengenberg und schließlich nach Lauf, von wo man mit dem Zug zurück nach Nürnberg fahren kann. Länge/Dauer: ca. 15 km, 4–5 Std.

Talentschmiede für Künstler

Akademie der Bildenden Künste

In der Bingstraße, in unmittelbarer Nähe des Tiergartens, erhielt die Akademie der Bildenden Künste 1954 einen neuen Wirkungsort. Der Architekt des mittlerweile unter Denkmalschutz stehenden Fünfziger-Jahre-Baus war *Sep Ruf*, dem die Stadt mit dem Erweiterungsbau des Germanischen Nationalmuseums und der ehemaligen Bayerischen Staatsbank am Lorenzer Platz weitere herausragende Bauten verdankt. Zu den prominentesten Schülern der Nürnberger Kunstakademie gehören neben *Richard Lindner* auch der Filmemacher *Herbert Achternbusch* und Ralph Möbius, besser bekannt als *Rio Reiser*, der mit seinem Song „König von Deutschland“ berühmt wurde. Das Sommerfest der Akademie gilt seit Jahren als einer der alljährlichen Höhepunkte im Nürnberger Nachtleben.

Nürnbergs Nobelviertel

Erlenstegen

Auf der anderen Seite der Pegnitz liegt das als Nürnberger Nobelviertel bekannte Erlenstegen. Obgleich noch einige dörfliche Strukturen zu erkennen sind – der alte Dorfkern befand sich in der Nähe der heutigen Straßenbahnendhaltestelle –, ist Erlenstegen vor allem als Wohnort der Reichen im Bewusstsein der Bevölkerung verankert. Auch ein einfaches Reihenhaus ist in Erlenstegen um einiges teurer als in anderen Stadtteilen. Bei einem kleinen Spaziergang – besonders geeignet ist das Gebiet um den Platnersberg – lassen sich einige schöne Villen entdecken. Im Gegensatz zu anderen Städten (z. B. Frankfurter Westend) liegt in Nürnberg das Villenviertel nicht im Westen der Stadt; die gute Luft, die die Westwinde normalerweise heranführen, wird nämlich durch die Industrieproduktion in Fürth „verunreinigt“, so blieb „nur“ der Osten für ein „edles“ Wohnviertel. In der Erlenstegenstraße 111 und in der Günthersbühler Straße 15 haben sich noch zwei von einst acht Erlenstegener Herrensitzen erhalten. Eine Sommerattraktion Erlenstegens ist das unbeheizte **Naturgartenbad** (→ S. 230) in der Schlegelstraße.

Nürnbergs Osten → Karte vordere Umschlagklappe

Meiers Zweisinn, ein Gourmet-Highlight im modernen Ambiente! Das mit einem Michelin-Stern ausgezeichnete Fine Dining bietet kulinarische Höhenflüge (4-Gänge-Menü 140 €, 5-Gänge-Menü 150 €). Etwas, aber nicht wirklich günstiger speist man im Bistro im vorderen Teil. Ein Tipp: Mittagsgerichte für 14 € im Bistro. Bistro Di–Sa 12–14 Uhr, Bistro & Fine Dining Di–Sa 18–22 Uhr. Äußere Sulzbacher Str. 118, ✆ 0911/538848. www.meierszweisinn.de.

Bergrücken im Osten der Stadt

Rechenberg

Der Rechenberg ist die höchste Erhebung im Osten von Nürnberg. Dies wusste auch schon *Markgraf Albrecht Alcibiades*, denn als er 1552 im sog. Zweiten Markgrafenkrieg mit der Reichsstadt im Clinch lag, schlug er am Rechenberg sein Lager auf, um von hier aus seinen Angriff vorzubereiten. Die Reichweite des mitgeführten Geschützes war zum Leidwesen des Markgrafen nicht groß genug, so dass er damit doch näher an die Stadt heranrücken musste. Ein Denkmal auf dem Rechenberg erinnert an den Philosophen Ludwig Feuerbach, der seine letzten Lebensjahre vereinsamt und verarmt in einem Haus ganz in der Nähe des Denkmals verbracht hatte.

Sonne, Mond und Sterne ...

Sternwarte

Seit Anfang der 1930er Jahre ziert die Sternwarte die Grünanlage am Rechenberg. Sie kann nicht nur besichtigt werden, sondern gestattet zudem einen Blick in den Sternenhimmel. Jeden Freitag und Samstag finden öffentliche Abende mit halbstündigen Führungen statt (Nov. bis Febr. 19–20 Uhr, Febr. und Okt. 20–21 Uhr, April und Sept. 21–22 Uhr, Mai bis Aug. 22–23 Uhr). Bei bedecktem Himmel wird ein astronomischer Tonfilm gezeigt.

Regiomontanusweg 1. Eintritt frei! www.sternwarte-nuernberg.de.

Nürnberg im Kasten

Der Philosoph auf dem Rechenberg

Die Karriere des 1804 geborenen Philosophen *Ludwig Feuerbach* erlitt nach seinem Stdium und der erfolgreichen Promotion einen erheblichen Knick, als der 28-jährige Erlanger Privatdozent seine Schrift „Gedanken über Tod und Unsterblichkeit" anonym veröffentlichte. Die jeden christlichen Offenbarungsglauben ablehnende Arbeit wurde verboten und seine Urheberschaft enttarnt, mit der Folge, dass Feuerbach der Zugang zu einer Professoren-Laufbahn für immer verwehrt blieb. 1841 erschien sein Hauptwerk „Das Wesen des Christentums". Da Feuerbach Gott nur als Idee und daher als nicht existent ansah, wurde er zum ersten, ausdrücklich atheistischen Philosophen und von vielen Zeitgenossen heftig angefeindet. Feuerbachs Philosophie setzte den Menschen in den Mittelpunkt jeder Erkenntnis und jedes Erkennens. Seine Behauptung, Gott sei nur ein Phantasieprodukt des Menschen, das er sich schaffe, denn „was der Mensch nicht wirklich ist, aber zu sein wünscht, das macht er zu seinem Gotte und das ist sein Gott", war für sein christliches Umfeld zu provokant. Über Marx und Engels hat Feuerbach bis in die Gegenwart hineingewirkt.

Feuerbach verbrachte seine letzten Lebensjahre in Nürnberg. Als er 1872 auf dem Rechenberg starb, wurde er unter großer Anteilnahme der Sozialdemokratischen Arbeiterpartei auf dem Johannisfriedhof beigesetzt. Der Bund für Geistesfreiheit errichtete 1930 ein Denkmal für den berühmten Philosophen; nur drei Jahre später wurde es von den Nationalsozialisten abgerissen und erst 1955 wieder aufgestellt.

Geschichte der Industrialisierung

Museum Industriekultur

In einem ehemaligen Eisenwerk – nach seinem Gründer *Julius Tafel* „Tafelwerk“ genannt – wurde in den 80er Jahren eine Theaterhalle (Tafelhalle) eingerichtet, die von freien Ensembles und als Gastspielort genutzt wird. In einem anderen Teil der Fabrik wurde das „Museum Industriekultur“ untergebracht. Mit seinen wechselnden Ausstellungen und einer ansprechenden Sammlung zur Alltagskultur des Industriezeitalters hat das rund 6000 Quadratmeter große Museum Industriekultur die Museumslandschaft im Großraum enorm bereichert.

Das Ziel des Museums ist die Erforschung und Dokumentation der Arbeiter- und Industriekultur des 19. und 20. Jahrhunderts. Am Beispiel der von der Industrialisierung deutlich geprägten Stadt Nürnberg werden die Veränderungen des Industriezeitalters auf den Alltag und die Arbeitswelt dargestellt. Einen Einblick in die städtische Lebenswelt zu Beginn des 20. Jahrhunderts gewährt ein nachgebautes Ensemble mit Zahnarztpraxis, Friseursalon, Kolonialwarenladen, einer Arbeiterwohnung und dem Wirtshaus „Eisenwalzer Schoppershof“.

Zug um Zug wurde das Museum Industriekultur in den letzten Jahren um ein historisches Kino und mehrere neue Abteilungen („Motorradmuseum“, „Schulmuseum“, „Energiegewinnung“, „Feuerwehr“, „Geschichte des Haushalts“, „Lebkuchen“) erweitert. Auch der Strukturwandel Nürnbergs zu einem wichtigen Standort für Dienstleistungen, Forschung und Bildung wird thematisiert. Besonders beliebt ist das „Lern- und Spaßlabor“, das einem überdachten Spielplatz mit museumsdidaktischen Animationen ähnelt. Zwanzig Versuchsstationen stehen bereit, um technisch-physikalische Prinzipien kennen zu lernen. Sehenswerte Sonderausstellungen. Hinweis: Das Museum wird das ganze Jahr 2023 für Renovierungsarbeiten und eine Neukonzeption der Dauerausstellung geschlossen.

Äußere Sulzbacher Str. 60–62. Di–Fr 9–17 Uhr, Sa/So 10–18 Uhr. Eintritt 6 €, erm. 1,50 € (9 € als Tageskarte für 7 Museen). www.museen.nuernberg.de/museum-industriekultur.

Nürnbergs Osten → Karte vordere Umschlagklappe

Museum Industriekultur: 200 Jahre Industriegeschichte

Schmucke Dörfer im Norden

Tour 10

Als Knoblauchsland wird das auch heute noch größtenteils landwirtschaftlich genutzte Ackerland im Norden von Nürnberg bezeichnet. Unter den sehenswerten kleinen Dörfern ragen Neunhof mit seinem Schloss und Kraftshof mit seiner Wehrkirche heraus.

Verbindung Am einfachsten erreicht man das Knoblauchsland mit dem Auto. Öffentlich geht es von der Straßenbahnendhaltestelle Am Wegfeld (Linie 4) mit der Buslinie 31 nach Kraftshof und Neunhof.

Kirchen und Landwirtschaft

Das Knoblauchsland

Lange Zeit waren die aus Reichslehen hervorgegangenen alten Dörfer im heutigen Städtedreieck Nürnberg, Fürth und Erlangen eigenständige Gemeinden; erst nach und nach erfolgte die Eingemeindung, die im Jahre 1972 ihren Abschluss fand. Heute gehören Kleinreuth, Großreuth, Lohe, Almoshof, Wetzendorf, Schnepfenreuth, Höfles, Buch, Neunhof, Kraftshof, Boxdorf, Großgründlach und Reutles zu Nürnberg, Poppenreuth, Bislohe, Steinach und Sack zu Fürth.

Obwohl sich Nürnberg und Fürth immer weiter nach Norden ausgebreitet haben, sind die alten Dorfkerne und bäuerlichen Strukturen des Gebietes weitgehend erhalten geblieben. Seit Jahrhunderten wird hier der Gemüseanbau im großen Stil betrieben: Neben Spargel baut man Kohlrabi, Wirsing, Salate, Karotten, Lauch und Gewürzkräuter an. Wie lange es die alte Knoblauchsländer Kulturlandschaft noch geben wird, erscheint fraglich. Immer mehr Industriebetriebe haben sich in den letzten Jahren hier angesiedelt, zudem existieren ausgereifte Pläne, im Städtedreieck einen Gewerbepark zu bauen. Auf der einen Seite steht die Industrie mit ihrem großen Flächenbedarf, auf der anderen Seite kämpfen die Bauern und eine Bürgerinitiative für den Erhalt der Ackerflächen.

Schlösschen mit Geschichte

Almoshof

Das Dorf Almoshof hatte in reichsstädtischer Zeit vier Herrensitze aufzuweisen, von denen nur noch einer, das **Holzschuher-Schlösschen**, erhalten ist. Nach der 1552 im zweiten Markgrafenkrieg erfolgten Zerstörung wurde das Holzschuher-Schlösschen 1693 wiederaufgebaut. Das zweigeschossige Schloss mit seinem hufeisenförmigen Grundriss war ehedem von einem großen Park umgeben. Während des Zweiten Weltkrieges verkauften die Holzschuher ihren Besitz an die Stadt Nürnberg. In den 1970er Jahren geriet das Schloss mehrfach in die Schlagzeilen, da der rechtsradikale Pächter Karl-Heinz Hoffmann dort das „Hauptquartier" seiner nach ihm benannten „Wehrsportgruppe" eingerichtet hatte. Heute beherbergen die alten Gemäuer den Kulturladen Almoshof.

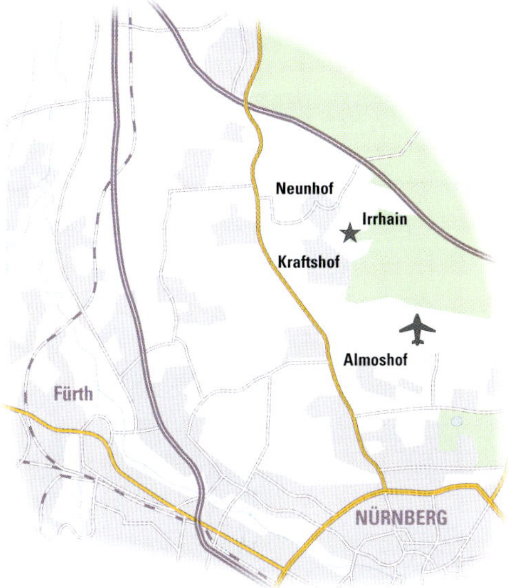

Wandern Von Kraftshof aus kann man entlang des Kothbrunngrabens durch den Sebalder Reichswald nach Buchenbühl wandern. Der Weg beginnt am Friedhof und führt am Irrhain vorbei (Markierung: horizontaler grüner Strich auf weißem Grund, etwa 5 km). Auf schönen ruhigen Wegen kann man auch nach Kalchreuth bzw. Heroldsberg radeln (jeweils knapp 10 km).

Bauerndorf mit Wehrkirche

Kraftshof

Das 1269 erstmals urkundlich erwähnte Bauerndorf Kraftshof wird auch heute noch von seiner **Wehrkirche** dominiert. Die Anfang des 14. Jahrhunderts dem hl. Georg geweihte und danach mehrfach renovierte und umgebaute Kirche zählt zu den schönsten Wehrkirchen in Franken. Vor allem aus nördlicher Richtung bietet sie einen imposanten Anblick. Die Kirche brannte im Zweiten Weltkrieg zwar vollkommen aus, doch konnte sie bis 1952 wiederaufgebaut werden. Beeindruckend ist der fünfeckige Wehrfriedhof und der teilweise begehbare Wehrgang mit seinen bis zu acht Meter hohen, mächtigen Mauern. Im südöstlichen Wehrturm befindet sich die Gruftkapelle der Stifterfamilie Kreß von Kressenstein. Diese Patrizierfamilie kam 1403 in den Besitz von Kraftshof und übte hier auch das Kirchenpatronat aus. Auf dem Friedhof befinden sich übrigens mehrere sehenswerte Grabsteine mit schönen Epitaphien.

Treffpunkt einer literarischen Gruppe

Irrhain

Einen knappen Kilometer östlich der Wehrkirche liegt der Irrhain, versteckt in einem Laubwäldchen. Er ist Eigentum des 1644 gegründeten „Pegnesischen Blumenordens", der ältesten noch bestehenden literarischen Gesellschaft Deutschlands, der allerdings schon seit langem keine besondere Bedeutung mehr zukommt. Im Barockzeitalter entstanden die ersten Versuche, eine anspruchsvolle deutschsprachige Poesie zu begründen. Bis dato dichtete man vorzugsweise lateinisch, weswegen man im Ausland die deutsche Sprache für barbarisch und die deutsche Kultur für minderwertig

Wehrkirche Kraftshof

erachtete. In diesem Zusammenhang ist der von *Georg Philipp Harsdörffer* und *Johann Klaj* 1644 in Nürnberg gegründete und heute noch existierende „Pegnesische Blumenorden" zu sehen. Der maßgebliche Dichter des Ordens war *Sigmund von Birken*.

Auf Anregung eines aktiven Mitglieds, des Kraftshofer Pfarrers *Martin Limburger*, wurde 1676 der Irrhain angelegt. Den Mittelpunkt bildete ein durch labyrinthartige Gänge erreichbarer Tempel. Jedes als „Pegnitzschäfer" bezeichnete Mitglied hatte im Hain eine kleine „Poetenhütte", die mit seinem Zeichen versehen war und in die er sich zurückziehen konnte, wenn er sich der Dichtkunst hingeben wollte. Bis zum heutigen Tag wurde der Brauch des jährlich im Sommer stattfindenden Irrhainfestes aufrechterhalten.

Von der ursprünglichen Anlage hat sich allerdings nur wenig erhalten, obwohl der Park kürzlich instand gesetzt wurde. Neben einer wieder errichteten „Poetenhütte" finden sich im Irrhain noch acht Gedenksteine, darunter ein klassizistischer Obelisk, der Christoph Martin Wieland gewidmet ist, und einige Inschriftentafeln.

Dorf mit barockem Patrizierhaus

Neunhof

Nördlich von Kraftshof liegt das etwas jüngere Haufendorf Neunhof. Vor allem das im Kern aus dem 15. Jahrhundert stammende Schlösschen, ein ehemaliger Herrensitz der Patrizierfamilie Kreß von Kreßenstein, lohnt einen Besuch. Das einstige Wasserschloss ist von Zwinger und Graben sowie einem vorgelagerten Wirtschaftshof und einer barocken Parkanlage mit Gartenpavillon umgeben. Das **Neunhofer Schlösschen** ist eines der besterhaltenen Beispiele der ehemals so zahlreichen Patriziersitze in der Nürnberger Umgebung. Noch im 18. Jahrhundert wohnte die Familie Kreß hier während der Jagdsaison und im Sommer. Das Schloss ist heute eine Außenstelle des Germanischen Nationalmuseums und vermittelt mit seiner Einrichtung und den

Ausstellungsobjekten einen guten Eindruck vom patrizischen Landleben der Frühen Neuzeit. Das Gebäude verfügt über eine sehenswerte Koch- und Prangküche sowie über eine Hauskapelle, in der ein seltenes Original der Nürnberger Orgelbaukunst aus dem 17. Jahrhundert zu sehen ist. Die Einrichtung ist ergänzt durch Sammlungsstücke des Germanischen Nationalmuseums.

Neunhofer Schlossplatz 1–3. Schloss: Keine Besichtigung wegen Sanierungsarbeiten. Park: April bis Sept. tgl. 10–19 Uhr. Eintritt frei. https://schloss-neunhof.de.

Praktische Infos

Essen & Trinken

Zum Alten Forsthaus, unweit des Neunhofer Schlossgartens wird hier eine gute fränkische Küche zu ansprechenden Preisen serviert, einzig der Kartoffelsalat erscheint verbesserungswürdig. Schöner, sonniger Garten, die Plätze im Anbau sind allerdings ohne Reiz. Tgl. außer Di 10–1 Uhr. Neunhof, Untere Dorfstr. 6, ✆ 0911/305596. www.forsthaus-neunhof.de.

Alte Post, direkt bei der Wehrkirche in Kraftshof gibt es fränkische Spezialitäten vom Klassiker Schäufele bis zur Bauernente, aber auch einen ansprechenden Sommersalat mit Steinbeißer und Pfifferlingen. Man hat die Wahl zwischen mehreren stimmungsvollen Gasträumen. Kein Ruhetag. Kraftshofer Hauptstr. 166, ✆ 0911/305863. www.altepost.net.

Bammes, traditionsreicher Gasthof mit fränkischer Küche im Stadtteil Buch. Garten. Mo Ruhetag. Bucher Hauptstr. 63, ✆ 0911/9389520. www.assmanns-bammes.de.

Schindlerhof, das Hotel Schindlerhof beherbergt mit dem Restaurant unvergESSlich eines der besten in Nürnberg, vor allem für all jene Gäste, die die Verbindung von raffinierter fränkischer Küche und internationaler Cuisine zu schätzen wissen. Auf der Karte finden sich ein Thunfischtartar ebenso wie ein Schindlerhofpfännchen, das Gemüse stammt gleich vom Bauern um die Ecke. Sehr einladend sind auch die Räumlichkeiten, im Sommer sitzt man im herrlichen Innenhof. Gehobenes Preisniveau. Tgl. 12–15 und 18–24 Uhr. Boxdorf, Steinacher Straße 6–8, ✆ 0911/9302604. www.schindlerhof.de.

Schmuckes Anwesen: Neunhöfer Schlösschen

Nürnbergs kleine Schwester

„Kleeblattstadt“, „Stadt der tausend Schlote“ und „fränkisches Jerusalem“ – Fürth hat nicht nur eine mehr als 1200 Jahre alte, immer noch lebendige Stadtgeschichte, sondern auch viele Gesichter. Trotz der räumlichen Nähe zu Nürnberg scheint es manchmal so, als ob die beiden Städte Welten trennen.

Jüdisches Museum Franken, historische Spurensuche, S. 160

Fürther Stadtpark, eine grüne Oase, S. 161

Gustavstraße, ein Spaziergang durch die dörfliche Vergangenheit, S. 153

Rundfunkmuseum, Besuch bei „Heinzelmann“ und Co., S. 162

Fürth

Es ist gerade sein Verhältnis zur ungeliebten Nachbarstadt, das einen echten Fürther auszeichnet. Niemals würde er sagen, Fürth liege bei Nürnberg, nein, für ihn liegt es schlicht und einfach in Franken. Umgekehrt geht ein Nürnberger nur höchst unfreiwillig nach Fürth. Und diejenigen Nürnberger, die die hohen Mieten und die Wohnungsnot der letzten Jahre zwangen, in das etwas billigere Fürth „auszuwandern“, wenden alle möglichen Tricks an, um zu vermeiden, dass ihr Auto ein Nummernschild mit dem verräterischen Kürzel „FÜ“ tragen muss. Die Unterschiede zwischen den beiden Nachbarstädten sind in jeder Hinsicht auszumachen. Auch wenn für einen Norddeutschen die beiden Dialekte völlig identisch klingen, so erkennen die echten Fürther gleich, wer mit dem in ihren Augen „dreckigen Pegnitzwasser“ getauft worden ist und wer „färderisch“ spricht. Den Nürnbergern verdankt man aber auch, dass Fürth eine der kleinsten Städte der Welt ist, die über eine U-Bahn verfügen. Und siehe da, es pendeln doch gar nicht so wenige zwischen den beiden Städten hin und her.

Eine Anekdote, die das Verhältnis zwischen Nürnbergern und Fürthern treffend umreißt, stammt aus den 1920er Jahren. Sie berichtet, dass in den Zeiten, als die deutsche Fußballnationalmannschaft noch ausschließlich aus Fürthern und Nürnberger bestand (lang, lang ist es her …), sich die beiden Mannschaften außerhalb des Spielfeldes streng voneinander abgrenzten; so reisten die Fürther Nationalspieler mit einem anderen Zug zu einem Länderspiel nach Holland (1924) als die Nürnberger. Als der Fürther Karl Auer das Siegtor schoss, nahmen dies die Nürnberger ohne Jubel zur Kenntnis. Auch die Abreise erfolgte in getrennten Zügen. Man wollte sich autonom und unabhängig zeigen, hatten doch die Fürther es zwei Jahre zuvor in einer Volksabstimmung mit großer Mehrheit abgelehnt, sich von Nürnberg eingemeinden zu lassen.

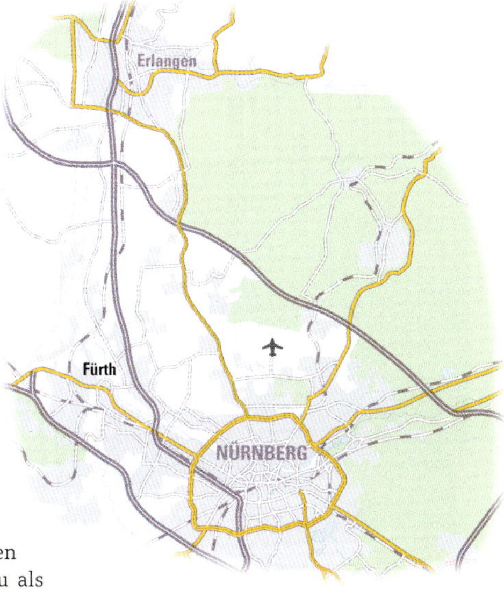

Fürth ist offen und ehrlich, hier wird nichts kaschiert, nichts beschönt oder gestylt. Ein Fürther träumt nicht vom Großstadtflair und sieht seine Stadt nicht als Frankenmetropole. Er weiß, Fürth ist Fürth – und eben nicht Nürnberg. Alles geht hier ein bisschen ungezwungener und lockerer zu als beim „großen" Nachbarn. Übrigens: Fürth besitzt mit mehr als 2000 Denkmälern die größte „Denkmalsdichte" aller bayerischen Städte. Nirgendwo sonst im Freistaat gibt es mehr Denkmäler pro Einwohner.

Geschichte

An den Furten von Pegnitz und Rednitz gelegen, wurde Fürth höchstwahrscheinlich von den Franken während der Regierungszeit Karls des Großen als einer von vielen Königshöfen gegründet. Im Jahre 907 taucht der Name Fürth erstmals auf einer Urkunde auf; ob es sich dabei um das Fürth an der Rednitz gehandelt hat, ist allerdings nicht gesichert. Erst als am 1. November 1007 *König Heinrich II.* sein Königsgut Fürth *(locum furti)* dem von ihm gegründeten Bamberger Bistum schenkte, war unbestreitbar dieses Fürth gemeint. Wenig später, 1062, erhielt Fürth das Marktrecht. Jahrhundertelang lebten die Fürther in einem politischen Machtvakuum, das für eine expansive Entwicklung nicht gerade förderlich war. Drei „Herren", das Bamberger Domkapitel, der Markgraf von Ansbach und der Rat der Reichsstadt Nürnberg, versuchten in Fürth, wo ihre Territorien aneinander grenzten, ihre Ansprüche geltend zu machen. Diese schwierigen Machtverhältnisse begünstigten gleichwohl die 1528 beginnende Ansiedlung von Juden, die im 18. Jahrhundert fast ein Viertel der Gesamteinwohnerzahl von Fürth ausmachten und das Stadtbild bis zum heutigen Tag entscheidend prägen.

Die Abschottung des Nürnberger Handwerks und die strengen in Nürnberg vorherrschenden Ansichten über Sitte und Tugend führten im 18. Jahrhundert zu einem Aufschwung der Fürther Wirtschaft. So sah sich der Berliner Aufklärer *Friedrich Nicolai*, der 1783 durch Franken reiste, zu einer heftigen Kritik an den Nürnberger Verhältnissen veranlasst, da „ein Handwerksgeselle, der mit einem Mädchen verkehrt", in Nürnberg nicht Meister werden konnte, sondern nach Erlangen oder Fürth ziehen musste, um dies zu erreichen. Viele Gewerbe aus dem nahe gelegenen Nürnberg wurden so im liberaleren Fürth heimisch, denn in Fürth gab es nicht nur das in Zünften organisierte Handwerk. Die erfolgreichsten Fürther Handwerker waren die Spiegel- und

Rund um die Michaelskirche findet zweimal jährlich der „Grafflmargd“ statt

Hutmacher, sowie die Goldschmiede. Die Juden und die aus Frankreich geflohenen Reformierten, die hier Aufnahme gefunden hatten, trugen ihren Teil dazu bei, Fürth als Gewerbestandort bekannt zu machen und neue Produktionszweige wie die Strumpfwirkerei zu etablieren. Nach einem vierzehnjährigen preußischen Intermezzo kam Fürth 1806 zum Königreich Bayern; nur zwölf Jahre später wurde Fürth zur „Stadt erster Klasse“ erhoben und bekam eine eigene Stadtverwaltung.

„Erstickend in ihrer Enge und Öde die gartenlose Stadt, Stadt des Rußes, der tausend Schlöte, des Maschinen- und Hammergestampfs, der Bierwirtschaften, der verbissenen Betriebs- und Erwerbsgier, des Dichtbeieinander kleiner und kleinlicher Leute, der Luft der Armut ...“, so charakterisierte der in Fürth geborene und aufgewachsene Schriftsteller Jakob Wassermann die Schattenseiten des industriellen Fürths. Wassermann, der mehrere Jahre lang mit seinen Eltern im ersten Stock über einer Gaststätte, dem noch heute existierenden „Gaulstall“ in der Blumenstraße, gelebt hatte, war von Kindesbeinen an mit den Schattenseiten der industriellen Revolution konfrontiert. Inmitten eines Arbeiterviertels aufgewachsen, nahm niemand Anstoß an seinem Judentum. In „Mein Weg als Jude und Deutscher“ erinnerte sich Wassermann später: „Genau betrachtet, war man Jude nur dem Namen nach und durch die Feindseligkeit, Fremdheit und Ablehnung der christlichen Umwelt, die sich hierzu auch nur auf ein Wort, eine Phrase, auf falschen Tatbestand stützte.“

In erster Linie war es das Verdienst der Kaufleute und Industriellen, dass Fürth im 19. Jahrhundert aus seinem Dornröschenschlaf erweckt wurde. Kaufleute wie *Wilhelm Königswarter*, *Heinrich Berolzheimer* und *Christian Heinrich Hornschuch* haben zu diesem Aufschwung entscheidend beigetragen. In wenigen

Jahrzehnten wandelte sich das bis dahin von Bauern und Handwerkern geprägte Fürth zu einer modernen Industriestadt. Um die Jahrhundertwende zählte Fürth schon 54.000 Einwohner.

Da Fürth im Gegensatz zu Nürnberg den Zweiten Weltkrieg glücklicherweise relativ unbeschadet überstanden hat, wird das Fürther Stadtbild heute noch stark von der Architektur des 19. und frühen 20. Jahrhunderts geprägt. Vor allem entlang der Hornschuchpromenade und der Königswarterstraße stehen heute noch zahlreiche herrschaftliche Häuser aus der Gründerzeit. Verhältnismäßig schnell konnte wieder mit der Produktion begonnen werden, da auch die Fabrikanlagen (z. B. Grundig) kaum Schäden davongetragen hatten. Nach Kriegsende waren es die Unternehmer *Gustav Schickedanz, Max Grundig* und *Paul Metz,* die Fürther Produkte weit über die heimischen Grenzen hinaus bekannt machten. Sie profitierten vom deutschen Wirtschaftswunder, das mit dem Namen eines weiteren Fürthers untrennbar verbunden ist: *Ludwig Erhard.*

Verbindung Nach Fürth fährt die U-Bahn-Linie U1. Eine zentrale Haltestelle ist Rathaus.

Spaziergang

Unser Spaziergang beginnt inmitten der Fürther Altstadt an der **Michaelskirche.** Auf einem kleinen Hügel über den sich hier zur Regnitz vereinenden Flüssen Pegnitz und Rednitz gelegen, ist St. Michael eine für Franken typische Markt- und Wehrkirche. Nur einen Steinwurf vom Pfarrhof entfernt, erstreckt sich die Gustavstraße. Die vielen Gaststätten, Cafés und Kneipen haben die Straße seit jeher zu einem Fixpunkt im Fürther Nachtleben werden lassen. In der Nachkriegszeit waren die Kneipen jahrzehntelang fest in amerikanischer Hand, heute sind es wieder die Fürther, die in der Gustavstraße am Tresen herrschen. Rund um den **Marktplatz** und die Gustavstraße findet zweimal im Jahr auch der Fürther „Grafflmargd" statt.

Über den Marktplatz erreicht man die schräg gegenüberliegende Geleitsgasse, in der der **Synagogengedenkstein** an ein düsteres Kapitel der Fürther Geschichte erinnert. Die Gassen des **Gänsbergviertels** waren traditionell von vielen Juden bewohnt. Nach dem Zweiten Weltkrieg wurde das Viertel „totsaniert", wobei auf einem Teil des Areals die Fürther Stadthalle errichtet wurde.

Ein weiterer beliebter Veranstaltungsort ist das **Kulturforum** Fürth am gegenüberliegenden Rednitzufer.

Ein eindrucksvolles Zeugnis von der einstigen Größe der jüdischen Gemeinde legt der alte **jüdische Friedhof** ab. Er wurde im Jahre 1607 am Rand der Altstadt angelegt und befindet sich heute in Nachbarschaft zur Stadthalle. Wer mit offenen Augen durch Fürth schlendert, kann noch an zahlreichen Hauseingängen im oberen Drittel des rechten Türstocks die Stelle erkennen, an der sich einst eine *Mesusa* befand.

Diese kleine Kartusche, die traditionell ein Pergamentröllchen mit einem Bibelzitat enthält und beim Betreten des Hauses geküsst oder berührt wird, ist ein deutlicher Hinweis darauf, dass in dem Haus einst eine jüdische Familie gelebt hat.

Über die Blumen- und Hirschenstraße gelangen wir zum **Stadtmuseum**, das im Erdgeschoss einer ehemaligen Schule in der Ottostraße eingerichtet wurde. Schräg gegenüber steht die „Central-Garage", es handelt sich dabei um das in den 1920er Jahren errichtete erste Parkhaus

Fürth → Karte S. 166/167

Nürnberg im Kasten

Der Mythos Erhard

Der Name Ludwig Erhard (1897–1977) ist mit den Anfängen der Bundesrepublik verbunden wie kaum ein anderer; mit seiner Popularität stellte er zeitweise sogar Konrad Adenauer in den Schatten. Vierzehn Jahre lang wirkte Erhard als Bundeswirtschaftsminister, davon sieben Jahre als Vizekanzler; schließlich lenkte er bis zu seinem Rücktritt am 30. November 1966 drei Jahre lang als Adenauers glückloser Nachfolger die Geschicke der Bundesrepublik. Bereits zu Lebzeiten war der aus einem bürgerlichen Fürther Elternhaus stammende Erhard ein Mythos, gleichrangig mit anderen Gründermythen der Bundesrepublik, den Trümmerfrauen, der Währungsreform und der sozialen Marktwirtschaft. Erhard wurde geradezu zur Symbolfigur des deutschen Wirtschaftswunders hochstilisiert; sein Name steht bis heute für ökonomische Kompetenz.

Wer Erhards Leistungen kritisch untersucht, kommt jedoch leicht zu einem anderen Schluss. Nicht grundlos erachtete Adenauer seinen Wirtschaftsminister als unfähig, doch schätzte er dessen Wirkung als Wahllokomotive. Erhards Versuch, sich als Assistent an der „Hindenburg-Hochschule" in Nürnberg zu habilitieren, scheiterte kläglich; seine nicht angenommene Habilitationsschrift „Die Überwindung der Wirtschaftskrise durch wirtschaftspolitische Beeinflussungen" gilt bis heute als undruckbar. Als Erhard kurz nach Kriegsende zum bayerischen Wirtschaftsminister ernannt wurde, zeigte er sich den Aufgaben eines Behördenleiters nicht gewachsen. Dass später aus dem Bundeswirtschaftsministerium eine funktionierende Behörde wurde, war in erster Linie das Verdienst der Staatssekretäre Ludger Westrick und Alfred Müller-Armack. Erhards wirtschaftspolitische Vorschläge waren oft höchst umstritten, so unterlag er am Kabinettstisch mit seiner Forderung, Renten nur in Höhe des Existenzminimums zu gewähren. Letztlich kann man sich aber dem Urteil des Nobelpreisträgers Friedrich August von Hayek anschließen, der treffend bemerkte: Er habe zwar schon klügere Ökonomen getroffen als Erhard, aber nur selten einen, der mit einem solchen „Instinkt für das ökonomisch Richtige" ausgestattet gewesen sei.

Mister Wirtschaftswunder

mit Autoaufzug in Bayern. Das technikgeschichtliche Denkmal soll allerdings schon bald zu Eigentumswohnungen umgebaut werden. Die unmittelbar ums Eck gelegene und zur Fußgängerzone umgewandelte Schwabacher Straße führt uns in Richtung Rathaus, das schon von weitem an seinem markanten Turm auszumachen ist.

Zuvor passiert man am Kohlenmarkt das ehemalige Kaufhaus Tietz, das bei seiner Eröffnung im Jahre 1900 das erste Kaufhaus in Bayern war. Linker Hand befindet sich im Geburtshaus des ehemaligen Bundeskanzlers das **Ludwig-Erhard-Zentrum**. Das **Rathaus**, in dem auch das **Kriminalmuseum** untergebracht ist, gilt als das Wahrzeichen

Fürths. In unmittelbarer Nähe befindet sich das **Jüdische Museum Franken,** das einen hervorragenden Einblick in die Kultur und Geschichte des Fürther Judentums gewährt. Noch ein Stückchen weiter die Königstraße hinunter, stößt man auf das imposante **Stadttheater.**

Wer noch Lust hat, kann den Stadtrundgang um einen ausgedehnten Spaziergang durch den **Fürther Stadtpark** erweitern und anschließend den Wiesengrund erkunden: Der Weg führt am linken Flussufer entlang, wobei man teilweise auf hölzernen Stegen direkt an der Pegnitz läuft, bis man an einer modernen Brücke bereits das Gebäude des **Rundfunkmuseums** sehen kann, das in der alten Direktion von Grundig untergebracht ist. Über die Kurgartenstraße gelangt man zur **Hornschuchpromenade**, die in Höhe der Königswarterstraße mit zahlreichen großbürgerlichen Häusern begeistert. Über die **Fürther Freiheit,** wo einst der Bahnhof der Ludwigsbahn stand, geht es zurück zur Altstadt.

Jenseits der Bahnlinie liegt die weitläufige **Fürther Südstadt**, für einen Ausflug zum **Schloss Burgfarrnbach** ist man allerdings auf ein Auto oder den öffentlichen Nahverkehr angewiesen.

Sehenswertes

Mittelpunkt des kirchlichen Lebens

Michaelskirche

Das älteste Fürther Bauwerk ist die Michaelskirche; Teile ihres Langhauses sind annähernd tausend Jahre alt, der Kirchturm mit seinen Schießscharten entstand wohl gegen Ende des 14. Jahrhunderts, der spätgotische Hallenchor nochmals 100 Jahre danach. Der Turm und der ummauerte Kirchhof, in welchem bis 1811 die Toten beerdigt worden waren, deuten noch darauf hin, dass die Kirche ursprünglich als Wehrkirche dem Schutz der Bevölkerung diente. Das Viertel um die Michaelskirche ist die mittelalterliche Keimzelle Fürths gewesen.

Neben der 1617 fertig gestellten Synagoge war die Michaelskirche das einzige Gebäude Fürths, das den Dreißigjährigen Krieg überstanden hatte – vermutlich, weil die beiden die einzigen Steinbauten waren. Die wichtigsten Sehenswürdigkeiten im Inneren sind ein fast sieben Meter hohes Sakramentshäuschen aus der Werkstatt Adam Krafts und das Tympanon-Relief des Westportals.

Herz der Fürther Altstadt

Gustavstraße und Marktplatz

Spuren der dörflichen Vergangenheit Fürths finden sich noch rund um die Gustavstraße und den Marktplatz.

Michaelskirche

Fürth → Karte S. 166/167

Links und rechts der leicht geschwungenen **Gustavstraße** zweigen noch immer viele Höfe ab: Reste bäuerlicher Kultur; nicht ohne Grund trug die Gustavstraße bis 1827 den Namen Bauerngasse. Die schönsten Höfe – manche sind leider zu Parkplätzen umfunktioniert – sind der *Stadlershof* (Marktplatz 5), der *Ebnershof* (Gustavstr. 45–49), der *Kannengießershof* (Gustavstr. zw. 15 und 27) und der *Schuhshof* (Gustavstr. zw. 16 und 28). Die Häuser in der Gustavstraße geben Zeugnis von den unter-schiedlichen Bauformen der letzten vier Jahrhunderte. Ländliches Fachwerk findet sich neben schlichten Sandsteinhäusern, Satteldächer neben Mansardendächern.

Erinnerung an das jüdische Leben

Synagogengedenkstein

Seit 1986 erinnert in der Geleitsgasse der Synagogengedenkstein des in Fürth lebenden japanischen Künstlers *Kunihiko Kato* an den jüdischen Schulhof – die Synagoge wird im jiddischen „Schul" genannt –, dem einstigen geistigen Zentrum der jüdischen Gemeinde. Der sich einst östlich der Geleitsgasse erstreckende Komplex bestand aus der Hauptsynagoge, einigen kleineren Synagogen, der Bibliothek und der Gemeindekanzlei, der Talmudhochschule sowie einem jüdischen Ritualbad (Mikwe). In der sog. „Reichskristallnacht" wurde der gesamte Komplex ein Opfer der Flammen, wobei sich der NS-Oberbürgermeister Jakob besonders hervortat, indem er die Löschversuche der Feuerwehr „erfolgreich" verhinderte.

Fürths verlorenes Viertel

Gänsbergviertel

Das Gänsbergviertel ist ein eindrucksvolles Beispiel für eine fehlgeschlagene „Sanierung". Zuerst ein kleiner Rückblick auf die Entstehung des Gänsbergviertels: In der zweiten Hälfte des 17. Jahrhunderts ließ der Ansbacher Markgraf auf dem Gänsberg Häuser errichten, die großteils von Juden bezogen wurden. Schon im 19. Jahrhundert galt das verschachtelte Viertel als unansehnlich und einer nach höheren Weihen strebende Stadt unwürdig. Andererseits wohnten am Gänsberg die vermeintlich „wahren" Fürther. Erst Anfang der 1960er Jahre „sanierte" man den Gänsberg, indem man einfach die alte Bebauung abriss, anstatt sinnvollerweise die Häuser zu renovieren. Das gesamte Areal lag dann erst einmal jahrelang brach (die Fürther sprachen treffend von der „Scherzerwüste", benannt nach dem damaligen Oberbürgermeister). In den 1970er und 1980er Jahren wurde das Gelände schließlich neu bebaut. Auf einem Teil des ehemaligen Gänsbergviertels steht heute die Fürther Stadthalle.

Heimat kulturellen Lebens

Kulturforum Fürth

Durch die Eröffnung des Kulturforums wurde das Fürther Kulturleben spürbar bereichert. Das Kulturforum befindet sich beim alten Fürther Schlachthof, direkt neben der Altstadt, am linken Ufer der Rednitz. Daneben haben hier aber auch private Initiativen Platz gefunden: das „Musikhaus" (es beherbergt Übungsräume für Bands aus Fürth), der dem Volkstheater verpflichtete Verein „Bühne Erholung 27" und das Programmkino „Uferpalast", das aus dem „Kino im Krawattenhaus" hervorgegangen ist. In der ehemaligen Schlachthalle finden Theater- und Musikaufführungen statt, daneben steht aber auch der Bildenden Kunst ein geeignetes Forum zur Verfügung. Das Kulturforum besitzt zwei Bühnen für bis zu 800 Zuschauer sowie ein Restaurant mit großer Sonnenterrasse.

Würzburger Str. 4. www.kulturforum.fuerth.de.

Versteckt: Jüdischer Friedhof

Größter seiner Art in Süddeutschland

Jüdischer Friedhof

Allein durch seine Ausdehnung legt der alte jüdische Friedhof ein eindrucksvolles Zeugnis von der einstigen Größe der jüdischen Gemeinde ab. Da bei den Juden keine Exhumierung praktiziert wird, sind trotz nationalsozialistischer Schändung noch über 1000 Grabsteine erhalten. Bis 1906 begrub die jüdische Gemeinde hier ihre Toten. Der Friedhof ist übrigens auch in die Literaturgeschichte eingegangen: Lion Feuchtwangers Romanheld „Jud Süß" Oppenheimer findet seine letzte Ruhestätte auf dem Fürther Judenfriedhof.

Da ein Besuch nur mit autorisierter Begleitung möglich ist (✆ 0911/770879), muss man mit einem Blick über die Sandsteinmauer vorliebnehmen. Dies ist an zwei Stellen möglich: am Eingangstor in der Schlehengasse und an der Ecke zwischen der Bogen- und der Weiherstraße. Von der Schlehengasse aus lässt sich auch ein Eindruck von den Zerstörungstaten der Nationalsozialisten gewinnen. Mitten im Friedhof, dort, wo heute eine freie Wiese zu sehen ist, legten die Nazis während des Krieges überflüssigerweise einen Löschteich an – die Rednitz ist nur wenige Meter entfernt! – und beseitigten die „störenden" Grabsteine. Ein Teil der Grabsteine wurde zum Bahnhof transportiert, um in „Heldengedenksteine" umgearbeitet zu werden; dazu kam es glücklicherweise nicht, sie konnten nach Kriegsende zurückgeführt werden.

Fürth gestern und heute

Stadtmuseum

Zum 1000-jährigen Stadtjubiläum wurde in der Fürther Innenstadt das „Stadtmuseum Ludwig Erhard" vorgestellt. Es ist im Erdgeschoss einer ehemaligen Schule in der Ottostraße untergebracht, in der neben dem namengebenden Wirtschaftswunderminister auch Gustav Schickedanz einst die Schulbank gedrückt hatte. Auf 1400 Quadratmetern werden neben einer

Fürth → Karte S. 166/167

Geschichte der Fürther Juden

Im Gegensatz zu anderen Städten hat in Fürth niemals ein jüdisches Ghetto existiert; jüdische Bauten sind daher über die gesamte Innenstadt verteilt. In vielen deutschen Städten wurden die Juden mit Verboten und Schikanen in die Isolation gedrängt und die Gewerbetreibenden ihrer Existenzgrundlage beschnitten. Nicht so in Fürth. Hier hatten sie schon bald einen so entscheidenden Anteil am Gewerbeleben, dass der Fürther Aufschwung vom Dorf zur Industriestadt zu einem großen Teil der jüdischen Bevölkerung zu verdanken ist. In Anbetracht dieser Verdienste konnten es sich die Fürther Juden sogar leisten, gegen den Nachtwächter zu protestieren, der seinen Ruf mit „Ihr lieben Christen ..." begann. Mit Erfolg: Bereits 1693 wurden die Stunden mit der Formel „Ihr lieben Herren ..." angekündigt.

Schon im 15. Jahrhundert gab es in Fürth ein „Judengässlein", aber erst als die Nürnberger 1499 ihre Juden vertrieben hatten, sind sie in Fürth in größerer Zahl ansässig geworden. Der mit den Nürnbergern in einer ständigen Rivalität lebende Markgraf von Ansbach ergriff die Gelegenheit, aus der Vertreibung der Juden aus Nürnberg Profit zu ziehen und siedelte diese in Fürth an. Neben einem hohen Schutzgeld versprach er sich auch eine Belebung des Fürther Wirtschaftslebens auf Kosten der Reichsstadt Nürnberg. Es dauerte nicht lange, bis sich auch der Bamberger Domprobst von der Idee des Markgrafen begeistert zeigte und ihm nacheiferte ... Die Fürther Juden erhielten durch das 1719 erlassene „Reglement für die gemeine Judenschaft" zahlreiche Privilegien, die ihnen eine in Deutschland einzigartige Stellung sicherten. Sie besaßen nicht nur das aktive und passive Wahlrecht für das Bürgermeisteramt, sie konnten auch zwei Deputierte in die christliche Gemeinde entsenden.

Im Laufe des 17. Jahrhunderts etablierten sich die Fürther Juden ziemlich schnell: 1607 wurde der erste Rabbiner berufen und der Friedhof angelegt, nur zehn Jahre später entstand die erste von insgesamt sechs Fürther Synagogen, 1653 ein Krankenhaus. Die mit Hilfe von aus Wien vertriebenen Juden gegründete Talmudhochschule avancierte zu einem Mittelpunkt des geistigen jüdischen Lebens in Deutschland: Ihre Absolventen erhielten Rabbinatsstellen in ganz Europa. Mehr als ein Dutzend jüdischer Druckereien vertrieben religiöse Schriften in alle Teile Europas. Fast jeder vierte Fürther war damals jüdischen Glaubens, der Reiseschriftsteller *Wilhelm Heinrich Wackenroder* nannte Fürth im Jahre 1793 gar eine von „Juden wimmelnde Stadt". In ihrer Blütezeit zählte die Talmudhochschule mehrere hundert Schüler, darunter auch *Mayer Amschel Rothschild*, der Stammvater der berühmten Rothschilds. Als „Zentralpunkt der Verfinsterung und des Aberglaubens" verschrien, verfügten die Behörden des Königreichs Bayern im 19. Jahrhundert die Schließung der einst so bedeutenden Lehranstalt.

Jahrhundertelang lebten Juden und Christen in Fürth einträchtig neben- und miteinander. So beteiligten sich die Fürther Juden durch Spenden sowohl am Bau der katholischen Kirche „Zu Unserer Lieben Frau" als auch an der protestantischen Auferstehungskirche. Der Amtsarzt Adolf Mair lobte das tolerante Klima 1861 in den höchsten Tönen: „Rühmlichst hervorzuheben ist die achtungswerte Duldung, gegenseitige Opferwilligkeit und unbegrenzte Wohltätigkeit – Produkte der kaum irgendwo wieder so vorhandenen Eintracht zwischen Katholiken, Protestanten und Juden." In Bezug auf die Judenemanzipation spielte Fürth in Bayern seit jeher eine Vorreiterrolle: In Fürth wurde 1843 mit *Dr. Grünsfeld* nicht nur der erste jüdische Rechtsanwalt zugelassen, auch der erste jüdische Landtagsabgeordnete, ein Dr. Morgenstern, sowie der erste jüdische Schulrektor und der erste jüdische Richter des bayerischen Königreichs lebten in Fürth. Eine Vielzahl von gemeinnützigen Einrichtungen wie das Nathansstift, die Krautheimerkrippe und das Berolzheimerianum wurde durch jüdische Stiftungen gegründet. Die kunstsinnige jüdische Bürgerschaft brachte auch mehr als die Hälfte der Spenden auf, die für das 1902 eröffnete Theater gesammelt wurden. Der monumentale Centaurenbrunnen am Bahnhofsplatz ist eine Schenkung von Königswarter und Morgenstern. Die Fürther Juden haben eine Vielzahl bekannter Personen hervorgebracht, so z. B. den Verleger *Leopold Ullstein*, den Schriftsteller *Jakob Wassermann* und mit *Henry Kissinger* sogar einen ehemaligen US-Außenminister, der bis heute die Ergebnisse „seines" Fürther Fußballvereins mit Interesse verfolgt.

Wie in anderen deutschen Städten, so machten die Nationalsozialisten auch in Fürth jegliches Gemeindeleben unmöglich: In der sog. „Reichskristallnacht" brannte u. a. die Hauptsynagoge. Von 2000 Fürther Juden gingen drei Viertel in die Emigration, darunter auch der 1923 geborene Henry Kissinger; 498 fanden in den Konzentrationslagern den Tod. Von der viel gerühmten Fürther Toleranz war in jenen Jahren nichts mehr zu spüren. Eines der traurigsten Kapitel der Fürther Geschichte ereignete sich in der Hallemannstraße 2. Dort, wo sich heute das Zentrum der kleinen jüdischen Gemeinde in Fürth, die Synagoge, befindet, war seit 1868 das jüdische Waisenhaus untergebracht. Es wurde 1763 als erste Einrichtung seiner Art in Deutschland gegründet. Anfangs nur für männliche Waisen gedacht, nahm es ab 1884 auch Mädchen auf. Zwar blieb das Waisenhaus in der Pogromnacht vom 9. auf den 10. November 1938 noch verschont, aber am 22. März 1942 wurden die letzten 33 Waisenkinder zusammen mit dem Personal sowie dem letzten Leiter des Waisenhauses, Dr. Isaak Hallemann, und dessen Familie in das Konzentrationslager Izbica bei Lublin deportiert; keiner von ihnen überlebte den Zweiten Weltkrieg. An die Waisenkinder und Dr. Isaak Hallemann, der seine Schützlinge trotz Fluchtmöglichkeit nicht verlassen hatte, erinnert eine Gedenktafel im Flur des Hauses.

Das Jüdische Museum beherbergt eine eindrucksvolle Dauerausstellung

Nürnberg im Kasten

Wie kommt der Schiefer nach Fürth?

Auffallend viele Häuser in der Fürther Altstadt sind – für die Region untypisch – mit Schiefer gedeckt. In der Mitte des 19. Jahrhunderts hatten sich zwei Schieferdeckermeister in Fürth niedergelassen, der aus dem Taunus stammende *Philipp Haubrich* und der Oberfranke *Wiegand Kraus*. Schon bald wurde die Fassadenverschieferung als billige Renovierungsmöglichkeit für Fachwerkhäuser entdeckt. Der Schiefer hatte zudem verschiedene Vorteile: Er isolierte und machte die Pflege des Fachwerks überflüssig, außerdem kaschierte er die dörfliche Vergangenheit, mit der man sich nicht mehr identifizieren wollte.

Dauerausstellung zur Stadtgeschichte auch Wechselausstellungen präsentiert. Der Schwerpunkt der lebendigen Dauerausstellung liegt auf dem Wirtschaftsleben, angefangen von mittelalterlichen Handwerkerordnungen über die Industrialisierung mit ihren verschiedenen Spezialisierungen bis hin zur Stadtentwicklung.

Ottostr. 2. Di–Do 10–16 Uhr (1. Do im Monat bis 22 Uhr), Sa 13–17 Uhr, So 10–16 Uhr. Eintritt 3 €, erm. 2 €. www.stadtmuseum-fuerth.de.

Über das Leben des Bundeskanzlers

Ludwig-Erhard-Zentrum

Direkt beim Rathaus wurde Ende 2017 ein nach dem ehemaligen Bundeskanzler benanntes Ludwig-Erhard-Zentrum eröffnet. Die Dauerausstellung im Geburtshaus von Ludwig Erhard widmet sich seiner Kindheit und der Zeit bis zum Kriegsende (1945), während sein politisches Wirken bis zu seinem Tod (1977) und darüber hinaus im benach-

Typische Schieferhäuser in der Altstadt

Der Eingang zum Kriminalmuseum wird bewacht

barten Neubau mit faszinierendem Zukunftsraum dokumentiert wird. Seit 2022 wird auch Erhards privater Nachlass mit Zigarren, Bildern, Porzellan und Mobiliar präsentiert. Zudem gibt es Platz für wechselnde Sonderausstellungen und Veranstaltungen. Angegliedert ist zudem ein Forschungsinstitut. Das Museumscafé mit seinen alten Säulen ist im ehemaligen Weißwarengeschäft der Familie Erhard untergebracht.

Ludwig-Erhard-Str. 5. Di–So 10–18, Do bis 20 Uhr. Eintritt 5 €, erm. 3 €. www.ludwig-erhard-zentrum.de.

Wahrzeichen der Stadt

Rathaus

Das Fürther Rathaus ist das Wahrzeichen der Stadt. Die auffallende Silhouette findet sich auf vielen Büchern und Broschüren zu Fürth. Und wem der Bau irgendwie bekannt vorkommt, der irrt nicht, diente doch der Turm des Palazzo Vecchio in Florenz als Vorbild.

Fürth hatte, bedingt durch die jahrhundertelange Dreiherrschaft, lange kein eigenes Rathaus besessen. Erst als Fürth 1818 zur selbst verwalteten Stadt „erster Klasse“ erhoben wurde, waren die politischen Voraussetzungen für einen derartigen Bau vorhanden. Die Suche nach einem geeigneten Bauplatz gestaltete sich äußerst langwierig. Erst im Jahr 1850 konnten die Fürther einen repräsentativen Ort für die Verwaltung ihr Eigen nennen. Der Architekt *Friedrich Bürklein*, eventuell unterstützt von seinem Bruder Eduard – beide übrigens Schüler von Friedrich von Gärtner – plante einen monumentalen Bau im klassizistischen Stil. Die Arbeiten zogen sich zehn Jahre lang hin. Der 55 Meter hohe Turm sollte durch sein florentinisches Vorbild symbolisch das Selbstbewusstsein der aufstrebenden Stadt verkörpern, diente aber auch als Glocken- und Uhrenturm sowie als Feuerwache. Schon an der Wende zum 20. Jahrhundert erwies sich das Rathaus als zu klein; es wurde 1900/01 durch einen Anbau an der Königstraße erweitert. Kuriosum: Seit dem Jahr 2007 erklingt die weltberühmte Led-Zeppelin-Ballade „Stairway to Heaven“ vom Glockenspiel des Rathausturms.

Fürth → Karte S. 166/167

Tatort Museum

Kriminalmuseum

In den Kellerräumen des Rathauses untergebracht (gibt es da etwa eine ideologische Nähe?), gewährt das kleine Museum Einblicke in die Geschichte der Fürther Polizei und Gerichtsbarkeit, wobei ein paar spektakuläre Kriminalfälle der letzten zwei Jahrhunderte ebenso beleuchtet werden wie die moderne Kriminaltechnik. Mit leicht erhobenem Zeigefinger wird der Besucher daran erinnert, dass „sich Verbrechen nicht lohnt".

Rathaus (Eingang Brandenburger Str.). So 13–18 Uhr, Okt. bis März nur 13–17 Uhr. Eintritt 2,50 €, erm. 1,50 oder 1 €. www.kriminalmuseum-fuerth.de.

Repräsentative Fassade: Stadttheater

Jüdisches Leben in Fürth und Franken

Jüdisches Museum Franken

Das Fürther Museum thematisiert die Geschichte und Kultur der Juden in Fürth und Franken, wobei der Blick auch auf die Gegenwart und die Zukunft gerichtet ist. Im Sommer 1996 begannen die 3,8 Millionen Euro teuren Renovierungsarbeiten an dem stattlichen Haus aus dem frühen 18. Jahrhundert, das heute die umfangreiche Dauerausstellung zur Geschichte der Fürther Juden beherbergt. Drei Jahre später erfolgte die Eröffnung der Fürther Dependance des Jüdischen Museums Franken (der andere Standort in einer alten Synagoge in Schnaittach widmet sich dem fränkischen Landjudentum). Das Museum versteht sich als Begegnungs-, Gesprächs- und Lernort und bietet über das Jahr verteilt mehrere Sonderausstellungen. Eindrucksvoll ist vor allem aber die Dauerausstellung, die mit zahlreichen Exponaten die herausragende Bedeutung Frankens als Zentrum jüdischen Lebens in Süddeutschland dokumentiert. Neben einer historischen Laubhütte besitzt das Museum im Keller auch ein jüdisches Ritualbad, eine sogenannte *Mikwe*. Jüdische Frauen mussten dem Talmud zufolge nach ihrer Monatsblutung in fließendem Wasser beziehungsweise im Grundwasser der Mikwe untertauchen, um sich ihre rituelle Reinheit zu bewahren. Im Jahre 2018 wurde ein moderner Erweiterungsbau eröffnet, der Büros, Veranstaltungsräume und eine Präsenzbibliothek beherbergt.

Zum Museum gehört auch eine auf Judaica spezialisierte Buchhandlung sowie eine Cafeteria, in der neben aktuellen Tageszeitungen auch jüdische Wochen- und Monatszeitschriften aufliegen.

Königstr. 89. Tgl. außer Mo 10–17 Uhr, Di bis 20 Uhr. Eintritt 6 €, erm. 3 €. www.juedisches-museum.org.

Reizvolle Altstadt

Gelungene Theaterarchitektur

Stadttheater

Eines der gelungensten Fürther Bauwerke ist sicherlich das Stadttheater. Das 1902 erbaute Stadttheater besticht durch seine Renaissance- und Neurokokoelemente. Ihm ging das alte, 1806 eingeweihte Theater an der Ecke Theater-/Rosenstraße voraus. Das baufällige Gebäude entsprach gegen Ende des Jahrhunderts nicht mehr den gewachsenen Fürther Ansprüchen, und so erging ein Spendenaufruf für einen Neubau. Das Ergebnis war überwältigend: Innerhalb weniger Tage spendeten die Fürther Bürger 288.000 Goldmark. Über die Hälfte stammte von der immer sehr spendenfreudigen jüdischen Bevölkerung. Das Theater war das erste Fürther Gebäude, das mit Strom versorgt wurde. Es ist allerdings kein Unikat, da die Architekten, Experten für Theaterarchitektur, ihre Pläne ein zweites Mal verwendeten: Seit 1905 steht in Czernowitz in der Ukraine ein identisches Abbild des Fürther Stadttheaters. Ein eigenes Ensemble leistet sich Fürth seit 1971 nicht mehr, doch kommen neben Gastspielen auch immer wieder anspruchsvolle Eigenproduktionen auf die Bühne.

Fürths grünes Lüngchen

Fürther Stadtpark

Der Fürther Stadtpark verdient seinen Namen voll und ganz. Zentral und gut erreichbar, erstreckt er sich über ein weitläufiges Gelände am Pegnitzgrund. Der alte Baumbestand und die künstlich angelegten Weiher erhöhen seine Attraktivität. Die Wurzeln des Parks liegen im Industriezeitalter, als man die Natur als Gegenpol zu einer immer mehr technischen Prozessen unterworfenen Welt zu „entdecken" begann. Der Industrielle *Johann Wilhelm Engelhard* ließ 1867 eine Schutthalde mit Bäumen und Sträuchern bepflanzen. Damit war der Grundstein zum heutigen Stadtpark gelegt. Die kleine Grünanlage wurde wenig später durch eine erneute finanzielle Unterstützung des Ehepaars Engelhard erweitert. Ein paar Jahre nach Engelhards Tod entstand in dem nun als „Engelhards-Anlage" bezeichneten Park ein Teich, dessen große Attraktion ein Wasserfall war. In der Nachkriegszeit wurde der durch den Krieg stark in Mitleidenschaft gezogene Park neu gestaltet und 1951 im Rahmen einer Gartenschau eröffnet. Damals entstand auch die Freilichtbühne, die heute noch in den Sommermonaten genutzt wird.

Radio und Co.

Deutsches Rundfunkmuseum

Das Rundfunkmuseum zeigt seine Schätze in der Alten Direktion von Grundig in der Kurgartenstraße. Angefangen vom Dampfradio über den „Volksempfänger" bis zum „Heinzelmann" und „Postillon" dokumentiert das Museum die Geschichte des Rundfunks in Deutschland in ansprechender Form. Der Schwerpunkt der Dauerausstellung liegt auf der Zeit von 1923 bis 1965, wobei auch sozialgeschichtliche Aspekte nicht vernachlässigt werden. So erfährt man beispielsweise, dass die von den Nationalsozialisten vertretene Parole „Jedem Haushalt ein Radio" darauf abzielte, die gesamte Bevölkerung mit der Nazipropaganda erreichen zu können. Später bemühte man sich dann, das Volk in den Luftschutzkellern bei Laune zu halten. Besonders gelungen ist die Rauminstallation zum „Rundfunk im Wirtschaftswunderland" mit ihren Tütenlampen und Nierentischen. Wer will, kann an einem alten Detektorapparat oder einem „Heinzelmann" selbst auf Sendersuche gehen.

Nürnberg im Kasten

Fürther Unternehmergeist: Quelle, Grundig, Metz

Drei Unternehmer haben den Namen Fürth im 20. Jahrhundert weit über seine Grenzen hinaus bekannt gemacht: Gustav Schickedanz, Max Grundig und Paul Metz. Wenn man neben ihrer Firmengeschichte auch ihre Vergangenheit im „Dritten Reich" beleuchtet, treten allerdings große Unterschiede hervor.

Der Quelle-Gründer *Gustav Schickedanz* zog Anfang der 1920er Jahre noch mit einem Bauchladen von Haus zu Haus. Erst eine sechsstellige Versicherungssumme, die ihm nach dem Tod seiner ersten Frau ausbezahlt wurde, ermöglichte ihm den Ausbau seines 1927 gegründeten Versandhauses: „An der Quelle kaufen", lautete das Motto. Schickedanz, der schon 1932 NSDAP-Mitglied war und drei Jahre später Ratsherr wurde, verstand es geschickt, sein Unternehmen durch den Erwerb von „arisierten" Firmen, darunter die Vereinigten Papierwerke Rosenfelder (Tempo-Taschentücher), zu vergrößern. Da bis 1949 gegen Schickedanz ein Entnazifizierungsverfahren lief, durfte er seine Firma in dieser Zeit nicht betreten. Danach ging es schnell wieder aufwärts. Das Wirtschaftswunder spülte Schickedanz' Firma ganz nach oben:

Über vier Jahrzehnte war Quelle das größte Versandhaus Europas, doch dann geriet der Konzern in wirtschaftliche Schwierigkeiten und musste 2009 einen Insolvenzantrag stellen. Auch *Max Grundig* profitierte vom Zweiten Weltkrieg. Durch eine Fülle von Wehrmachtsaufträgen abgesichert, baute er seinen Betrieb in Fürth-Vach auf 600 Beschäftigte aus. In der Nachkriegszeit gelang ihm dann mit seinem „Heinzelmann" (ein Radiobausatz) der Durchbruch, da er damit die Bestimmungen gegen den Verkauf von Radiogeräten unterlaufen konnte. Grundig wurde zu einer festen Größe auf dem Unterhaltungselektronikmarkt. In den 1980er Jahren fusionierte das Unternehmen mit dem Philips-Konzern.

Ganz anders *Paul Metz*, der Gründer der Metz-Apparatewerke. Zwar belieferte auch er die Wehrmacht mit Transformatoren, Sende- und Empfangsgeräten, doch hat sich Paul Metz erfolgreich dafür eingesetzt, verhaftete Widerstandskämpfer aus dem KZ freizubekommen, indem er sie als fachlich unabkömmlich beurteilte. Bekannt wurde Metz dadurch, dass er 1950 das kleinste Kofferradio der Welt herstellte.

An mehreren Hörstationen kann man mit Kopfhörern alte Audiodokumente verfolgen, während ältere Semester bei den Musikboxen nostalgische Gefühle erleben. Im Museum gibt es auch ein kleines Café.

Hinweis: Derzeit ist das Museum wegen Umbau geschlossen, 2023 wird es als „Deutsches Rundfunkmuseum" wieder eröffnet.

Kurgartenstr. 37. Di–Fr 12–17 Uhr, Sa/So 10–17 Uhr, Letzter Do im Monat bis 22 Uhr. Eintritt 4 €, erm. 3 €. www.rundfunkmuseum.fuerth.de.

Fürther Boulevard

Hornschuchpromenade

Die Hornschuchpromenade und die parallel verlaufende Königswarterstraße sind nicht nur die schönsten Straßenzüge Fürths, sie brauchen auch den Vergleich mit anderen deutschen Städten nicht zu scheuen. Von 1887 an schufen reiche Industrielle und Großbürger diese eindrucksvolle Kulisse der Gründerzeit. Entlang den Gleisen der alten Ludwigsbahn – die Lage galt damals als Attraktion – entstanden repräsentative Geschäftsbauten, die mit prachtvollen Neubarock- und Jugendstildekors verziert wurden. Zeitgenossen rühmten den „Fürther Boulevard" und verglichen die Eleganz der palastartigen Privathäuser und den charakteristischen Baumbestand mit den Pariser Boulevards. Wer einmal durch einen Hofeingang tritt, wird überrascht sein, dass die Rückseite der Häuser nur schlichtes Ziegelmauerwerk aufweist. Die Fürther Geschäftsleute bauten

Nürnberg im Kasten

Jakob Wassermann – ein vergessener Bestsellerautor

In der Alexanderstraße 13 erinnert eine unscheinbare Gedenktafel daran, dass der „berühmte Schriftsteller Jakob Wassermann" hier in einem heute nicht mehr existierenden Haus am 10. März 1873 das Licht der Welt erblickt hat. Leider ist Jakob Wassermanns Werk nahezu vergessen. Die meisten Fürther kennen von ihm als einziges Zitat die Charakterisierung Fürths als „Stadt der tausend Schlöte". Kaum einer weiß, dass Jakob Wassermann – neben Thomas Mann und Lion Feuchtwanger – einer der meistgelesenen deutschsprachigen Autoren in der Weimarer Republik war. Schon als 17-Jähriger hatte er allerdings seine Heimatstadt, deren Verhältnisse er stets als zu beengt empfunden hatte, verlassen.

Kurz zuvor kam es noch zu einem Skandal. Der junge Wassermann hatte nämlich entgegen einem Publikationsverbot für Schüler im „Fürther Generalanzeiger" einen Fortsetzungsroman veröffentlicht. Sein Direktor erteilte ihm daraufhin einen Verweis und verurteilte ihn zu zwölfstündigem Karzer. Erst als die Leser des Generalanzeigers gegen die plötzliche Einstellung des Fortsetzungsromans Sturm liefen und drohten, ihr Abonnement zu kündigen, ließ sich der Schuldirektor vom Herausgeber erweichen, und Wassermann durfte seinen Roman mit drei Fortsetzungen zu Ende bringen.

Die bekanntesten Werke von Jakob Wassermann sind die Romane „Der Fall Maurizius", „Das Gänsemännchen" und „Casper Hauser" sowie das autobiographische Buch „Mein Weg als Deutscher und Jude". Nachdem die Nationalsozialisten in Deutschland die Macht erlangt hatten, war Wassermann, wie auch sein Werk, unerwünscht. Er starb 1934 in seiner österreichischen Wahlheimat. Lange hat es gedauert, bis man sich in Fürth seines berühmten Sohnes erinnert hat: Seit 1995 ehrt die Stadt Jakob Wassermann mit einem Literaturpreis, der in dreijährigem Turnus verliehen wird.

Fürth → Karte S. 166/167

Baden in der Pegnitz

recht rationell und funktionsgerecht: Im Erdgeschoss ihrer Häuser befanden sich zumeist die Büroräume, im ersten Stock die „bel étage“, während die nüchternen Rückgebäude als Lagerhallen Verwendung fanden. Der Hauseingang wurde daher recht geräumig angelegt, da er den Zugang zum Lager gewährleisten musste. Erst vor ein paar Jahren diente die Hornschuchpromenade als historische Kulisse für einen Nietzsche-Film.

Endstation der Ludwigsbahn

Fürther Freiheit

An der Fürther Freiheit endete die 1835 eingeweihte Ludwigsbahn. Ihre letzten Spuren wurden 1938 getilgt, als die Nationalsozialisten den alten Bahnhof abreißen ließen, um Platz für ihre Aufmärsche zu schaffen. Den einstigen Verlauf der Ludwigsbahn – von der Fürther Freiheit entlang der Hornschuchpromenade in Richtung Fürther Straße – kann man nur noch erahnen.

Stadtteil vom Reißbrett

Fürther Südstadt

Jenseits der Bahnlinie liegt die Fürther Südstadt. Ende des 19. Jahrhunderts am Reißbrett entworfen, wurde sie vor allem durch die 1889 eingerichtete Garnison geprägt. Das Flair der Südstadt hatte schon immer etwas militärisches an sich; bis in die 1990er Jahre waren es allerdings die amerikanischen Soldaten, die das Straßenbild in der Gegend um die Fronmüllerstraße prägten. Nach dem Ende des Kalten Krieges verkaufte man die Armeewohnungen als Eigentumswohnungen; die Käufer hatten leider wenig Freude an ihrem neuen Eigentum, da sich alsbald herausstellte, dass die Wohnungen mit Asbest vergiftet waren. Auf dem Areal der ehemaligen William-O'Darby-Kaserne entstand der 100.000 Quadratmeter große Fürther Südstadtpark, an dessen Rändern ansprechende Neubauprojekte errichtet und denkmalgeschützte Gebäude zu Lofts und Wohnungen für über 2000 Menschen umgebaut wurden.

Stadtarchiv und Stadtbibliothek

Schloss Burgfarrnbach

Der geschichtsträchtige Vorort Burgfarrnbach ist schon aus der Ferne zu erkennen. Der charakteristische, weithin sichtbare Turm der um 1500 errichteten St. Johanniskirche weist auf den Ort hin. In Sichtweite der Kirche liegt die von einem Park umgebene dreiflügelige Schlossanlage. Der klassizistische Bau wurde nach Plänen *Leonhard Schmidtners* von 1830 bis 1834 errichtet, nachdem das alte Schloss am Farrnbach durch wiederholte Überschwemmungen derart beschädigt war, dass es abgerissen werden musste. Die Auftraggeber waren die *Grafen von Pückler und Limburg* (verwandt mit dem Namensgeber des Fürst-Pückler-Eises). Schon der Aufbau des Schlosses zeigt, dass sich die beiden Grafen Fritz und Louis nicht immer wohl gesonnen waren. Die repräsentative „Stiege" bildet den Aufgang zu zwei verschiedenen Wohntrakten. Fritz logierte mit seiner Familie im Ostteil, während Louis und sein Anhang den Westteil bewohnten. Nur der Festsaal gehörte beiden Familien gemeinsam. Gern wird die Geschichte erzählt, dass der Festsaal bei gereizter Stimmung mit einem Kreidestrich geteilt wurde, der nicht übertreten werden durfte. Heute sind im Schloss das Stadtarchiv und die Stadtbibliothek untergebracht. Zum Abschluss bietet sich noch ein Spaziergang im englischen Landschaftspark an, in welchem ein kleiner Barockpavillon steht.

Schlosshof 12. Ab U-Bahnhof Hauptbahnhof mit der Buslinie 172.

Praktische Infos

→ Karte S. 166/167

Essen & Trinken

Kupferpfanne 9 Der Fürther Gourmet-Tempel (15 Gault-Millau-Punkte), im Schatten des Rathauses gelegen, vollzieht einen gekonnten Spagat zwischen fränkischer und französischer Küche. Hauptgerichte 20–30 €, Mittagsmenü 36 €, abends Menü zu 75 €. Tgl. außer So 11.30–13.30 und 18–22 Uhr. Königstr. 85, ✆ 0911/771277. www.ew-kupferpfanne.de.

MeinTipp **La Palma 25** Der anerkanntermaßen beste Italiener in Fürth. Im klassisch zeitlosen Ambiente wird man von Familie Minneci nach marktfrischem Angebot auf hohem Niveau verwöhnt, egal, ob mit hausgemachten Pappardelle mit Filetspitzen (16,50 €) oder einem Lammkotelett (23,50 €). Unser Schlemmertipp ist allerdings das famose 5-Gänge-Menü für 46,50 €. Gutes Preis-Leistungs-Verhältnis, zuvorkommender Service! Di–So 11.30–14 und 17.30–22.30 Uhr. Karlstr. 24, ✆ 0911/747500. www.ristorante-lapalma.de.

Hiro Sakao 24 Die japanische Küche liegt seit mehreren Jahren im Trend, und das Hiro Sakao gilt als eines der besten japanischen Restaurants im Großraum Nürnberg. Etwas dezentral in der Fürther Südstadt nahe der Stadtgrenze gelegen, bietet es allen Liebhabern von Sushi & Co. feinste Gaumenfreuden in modernem lichtdurchflutetem Ambiente. Mittags gibt es Lunch Bento für 10,90 €. Große Straßenterrasse. Tgl. 18–24 Uhr, Mo–Fr auch 11.30–14.30 Uhr. Waldstr. 105, ✆ 0911/7871240. www.hirosakao.com.

Grüner Brauhaus 20 Bei Comödie Fürth bietet dieses Brauhaus mit seinen stilvollen Räumlichkeiten eine bodenständige Küche. Legendär ist das „Große Brauhaus-Schnitzel Wiener Art mit hausgemachten Brezenbröseln" für 11,90 €. So üppig, dass auch zwei satt werden würden. Biergarten hinter dem Haus. Di–Sa 11–24 Uhr, So 11–21 Uhr. Theresienstr. 1, ✆ 0911/74929947. www.gruener-brauhaus.de.

Stadtwappen 11 Gutbürgerliche Küche mit günstigen Preisen und großen Portionen samt handgeschriebener Speisekarte. Die Wirtin Christa Rezac ist ein Unikat. Während der Karpfensaison gehen tgl. mehr als 100 Portionen über den Tresen. Es gibt aber auch Schäufele mit Kloß und Salat zu 9,90 €. Von vielen Gerichten gibt es auch günstige Senioren- und Kinderportionen (Schweinebraten 5,30 €). Tgl 10.30–14 und 16.30–22 Uhr. Bäumenstr. 4, ✆ 0911/771997. www.gaststaette-zum-stadtwappen.de.

Fürth → Karte S. 166/167

Kapellenstraße
Hochstr.
Würzburger Str.
Vacher Straße
Kulturforum
Rednitz
Stadthalle
Königstr.
Schießplatz
Angerstr.
Ammonstr.
Pegnitzstr.
Heiligenstr.
Marktpl.
Gustavstr.
St. Michael
Untere Fischerstr.
Uferstr.
Hardstr.
Straße
Cadolzburger
Rosenstr.
Alter Jüdischer Friedhof
Schiehenstr.
Waagstr.
Limoges- und Limousinhaus
Königstr.
Kriminal-museum
L.-Erhard-Str.
Rathaus
Ludwig Erhard Zentrum
Wasserstr.
Gartenstr.
Theaterstr.
Weiherstr.
Bogenstr.
Blumenstr.
Pfisterstr.
Fürthermare
Waldmannsweiher
Freibad Fürth
Denglerstr.
Mathildenstr.
Hirschenstr.
Schirmstr.
Alexanderstr.
Moststr.
Badstr.
Schillerstr.
Marienstr.
Stadtmuseum
Ottostr.
Mondstr.
Maxstr.
Theresienstr.
Friedrichstr.
An der Post
Karolinenstr.
Schwabacher Straße
Johannisstr.
Lessingstr.
Dambacher Straße
Amalienstr.
Ludwigstr.
Bachstr.
Turmstr.
2
3
4
5
6
7
8
11
13
14
15
18
20
23

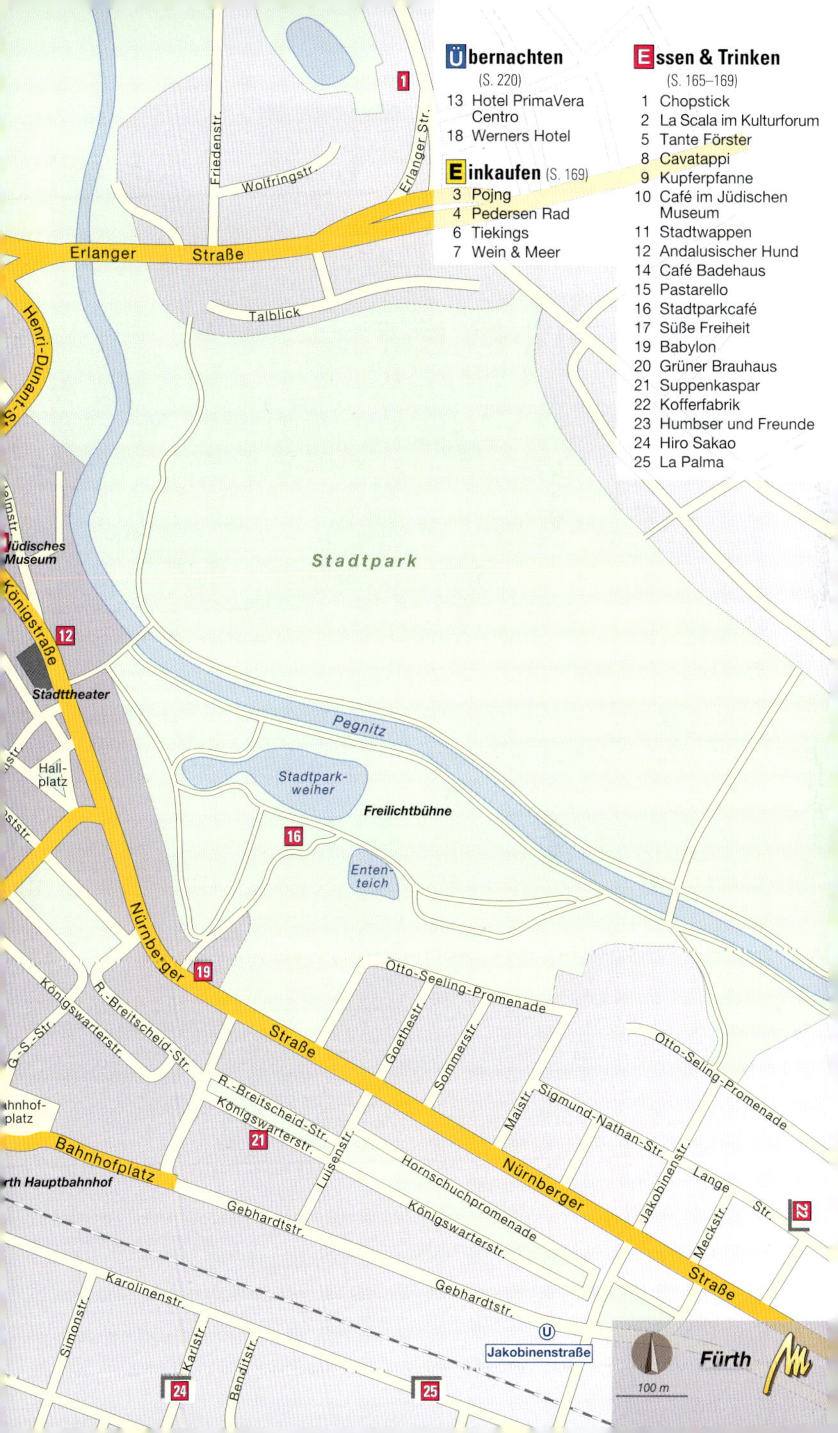
Übernachten
(S. 220)
13 Hotel PrimaVera Centro
18 Werners Hotel
Einkaufen (S. 169)
3 Pojng
4 Pedersen Rad
6 Tiekings
7 Wein & Meer
Essen & Trinken
(S. 165–169)
1 Chopstick
2 La Scala im Kulturforum
5 Tante Förster
8 Cavatappi
9 Kupferpfanne
10 Café im Jüdischen Museum
11 Stadtwappen
12 Andalusischer Hund
14 Café Badehaus
15 Pastarello
16 Stadtparkcafé
17 Süße Freiheit
19 Babylon
20 Grüner Brauhaus
21 Suppenkaspar
22 Kofferfabrik
23 Humbser und Freunde
24 Hiro Sakao
25 La Palma
Friedenstr.
Wolfringstr.
Erlanger Str.
Erlanger Straße
Talblick
Henri-Dunant-S.
Jüdisches Museum
Königstraße
Stadtpark
Stadttheater
Pegnitz
Hallplatz
Stadtparkweiher
Freilichtbühne
Ententeich
Nürnberger Straße
Otto-Seeling-Promenade
Goethestr.
Sommerstr.
Königswarterstr.
R.-Breitscheid-Str.
Maistr.
Sigmund-Nathan-Str.
Otto-Seling-Promenade
Luisenstr.
Hornschuchpromenade
Jakobinenstr.
Lange Str.
Meckstr.
Bahnhofplatz
Gebhardtstr.
Karolinenstr.
Simonstr.
Karlstr.
Benditstr.
Jakobinenstraße
100 m
Fürth

Nostalgisch: Café Badehaus

Pastarello **15** Was macht ein italienischer Rechtsanwalt in Fürth? Er beglückt die Franken mit leckerer selbstgemachter Pasta und feinen Soßen! Zudem begeistert das helle Ambiente des in einem Eckhaus untergebrachten Lokals. Mi–Sa 12–14 und 17–22, Mo 17–22 Uhr. Hirschenstr. 33, ✆ 01523/7726260. www.pastarello.com.

Kofferfabrik **22** Alternativer Treffpunkt in einer alten Fabrik mit Ateliers und Werkstätten. Serviert werden Salate und kleinere Gerichte zu günstigen Preisen. Im Sommer sitzt man im lauschigen Innenhof. Tgl. 18–1 Uhr, So ab 10 Uhr (Brunch). Lange Str. 81, ✆ 0911/70680 006. www.kofferfabrik.cc.

Andalusischer Hund **12** Vor allem das Ambiente mit langem Tresen und weniger die Tapas (ab 3,90 €) sprechen für einen Besuch. Abends kommen die Besucher aus dem gegenüberliegenden Stadttheater, und im Sommer lockt die große Sonnenterrasse mit Blick auf den Stadtpark. Tgl. ab 17 Uhr geöffnet. Königstr. 111, ✆ 0911/7661533. www.andalusischer-hund.com.

meinTipp **Chopstick** **1** In einem modernen Ambiente präsentiert sich der beste Asiate Fürths, angefangen beim blanchierten Spinat in Sesamsoße (8 €) bis hin zu den Hauptgerichten wie Gebratene Udon-Nudeln mit Ente (18 €) oder Black Angus Rind (27 €). Sehr freundlicher Service. Terrasse. Tgl. 18–1 Uhr. Erlanger Str. 59, ✆ 0911/7906469. www.chopstick-fuerth.de.

Humbser und Freunde **23** In den stimmungsvollen Jugendstil-Räumlichkeiten im historischen Humbser Brauhaus fühlt man sich schnell wohl. Zu essen gibt es fränkische Klassiker (Schäufele 13,50 €), aber auch Burger (9,80 €) und vegetarische bzw. vegane Kost. Dachterrasse. Tgl. außer Mo 17.30–23 Uhr, Sa ab 11.30 Uhr. Schwabacher Str. 106, ✆ 0911/21709999. https://humbserundfreunde.de.

Suppenkaspar **21** Eine schöne Essenalternative! Es gibt täglich wechselnde Suppen und Eintöpfe für 5 oder 5,50 €. Das Spektrum reicht von der Linsensuppe über Grünkohlsuppe mit Ziegenkäse bis zum Chinakohl-Hackfleisch-Eintopf. Zudem gibt es Salate. Mo–Fr 10–15 Uhr. Königswarterstr. 38, ✆ 0911/78723322. www.suppenkaspar-fuerth.de.

Babylon **19** Kneipe des gleichnamigen Kinos. Sehr gemischtes Publikum, das sich aus Stammgästen und Kinobesuchern zusammensetzt. Tgl. 18–1 Uhr. Nürnberger Str. 3, ✆ 0911/7330966. www.babylon-kino-fuerth.de.

La Scala im Kulturforum **2** Zeitloses, aber sehr schönes Ambiente, und im Sommer gibt es in Fürth kaum einen schöneren Platz als die große Terrasse über der Rednitz. Gute internationale Küche zu passablen Preisen. Tgl. 11.30–22 Uhr geöffnet. Würzburger Str. 2, ✆ 0911/76607800. https://lascala-fuerth.de.

Cafés

Stadtparkcafé 16 Angenehmes Café direkt im Fürther Stadtpark mit schöner Gartenterrasse. Selbstgebackener Kuchen. Gemischtes Publikum. Tgl. 10–20 Uhr. Engelhardstr. 20, ✆ 0911/7418884. www.stadtparkcafe-fuerth.de.

Tante Förster 5 Liebevoll geführtes Café mit großer Straßenterrasse. Am Wochenende gutes Frühstücksangebot. Tgl. 9.30–1 Uhr, Mo–Mi ab 14 Uhr. Königstr. 37, ✆ 0911/93169641. http://tantefoerster.de.

MeinTipp **Café Badehaus 14** In die Räumlichkeiten des ehemaligen Rednitz-Flussbades ist heute ein kleines, aber sehr charmantes Café eingezogen. Netter Garten! Mi/Do 15–20, Fr 15–22, Sa 12–22, So 12–20 Uhr, im Winter nur Fr 15–18, Sa/So 12–18 Uhr. Badstraße 8. www.badstrasse8.de.

Süße Freiheit 17 In einem wunderschönen stuckverzierten, historischen Ambiente kann man hier nicht nur Kaffee oder Tee trinken, sondern im angegliederten Chocolate Shop leckere Süßwaren sowie Weine und Liköre einkaufen. Straßenterrasse. Mo–Fr 9–19 Uhr (im Sommer bis 18 Uhr), Sa 9–18 Uhr. Friedrichstr. 5, ✆ 0911/7043774. www.suessefreiheit.de.

MeinTipp **Cavatappi 8** Kleine italienische Weinbar. Mini-Straßenterrasse. Di–Sa 11.30–18 Uhr. Kreuzstr. 6/Ecke Gustavstraße, ✆ 0911/47882433. Facebook.

Café im Jüdischen Museum 10 Nettes Tagescafé im Erdgeschoss des Jüdischen Museums. Tgl. Mo 10–19 Uhr. Königstr. 89, ✆ 0911/770577.

Einkaufen

Wein & Meer 7 Charmante Weinhandlung mit nur drei Tischen inmitten der Altstadt. Di–Fr 11–20 Uhr, Sa 10–15 Uhr. Gustavstr. 43, ✆ 0911/9759656. www.wein-meer.de.

Pojng 3 Taschen, Gürtel und Accessoires in allen Farben, Formen und Mustern – alles individuell von Hand gefertigt, bietet dieses Geschäft in der Fürther Altstadt. Mi–Fr 12–18 Uhr, Sa 10–14 Uhr. Gustavstr. 58, ✆ 0911/9711305. www.pojng.com.

Tiekings 6 Hochwertige Gewürze aus aller Welt und edle Weine aus Franken. Do–Sa 17–21 Uhr. Gustavstr. 48, ✆ 0911/9709511. www.tiekings.net.

Pedersen Rad 4 Handgefertigte, komfortable Pedersen-Fahrräder. Mo–Sa 9–19 Uhr. Gustavstr. 56, ✆ 0911/2755321. www.pedersen-rad.de.

Sonnenbad am Rednitzufer

Fürth → Karte S. 166/167

Universitäts- und Siemensstadt

Erlangen ist nicht nur wichtiger Siemens-Standort und Heimat der zweitgrößten Universität in Bayern, auch in touristischer Hinsicht hat die Stadt etwas zu bieten: Bis heute hinterlässt die barocke Planstadt mit ihrem Schloss, der Orangerie und dem Schlossgarten einen prunkvollen Eindruck.

Hugenottenkirche, ein „Tempel" in Erlangen, S. 175

Schlossgarten, ein toller Park samt Orangerie, S. 176

Markgrafentheater, das älteste Barocktheater Süddeutschlands, S. 177

Walderlebniszentrum Tennenlohe, Wald aktiv erleben!, S. 180

Erlangen

Erlangen gilt als das Musterbeispiel einer barocken Planstadt, geboren aus den Ideen des Absolutismus, ein steinerner Triumph des rechten Winkels. Andererseits bürgt der Name für Hightech und studentische Soziokultur. Der größte Teil der Berufstätigen arbeitet entweder bei Siemens oder an der Universität. Hinzu kommen noch knapp 38.500 Studenten: Diese Zusammensetzung prägt das Erscheinungsbild und den Alltag Erlangens entscheidend.

Die Friedrich-Alexander-Universität Erlangen-Nürnberg ist nicht nur die zweitgrößte Universität Bayerns, sondern sie bietet bundesweit das breiteste Fächerspektrum an. Auch die Kneipenszene ist dank der Studenten für eine Stadt dieser Größenordnung sehr gut entwickelt. Besonders deutlich macht sich in den Semesterferien die Abwesenheit des wissenschaftlichen Nachwuchses bemerkbar. Ein weiteres augenfälliges Merkmal – wahrscheinlich das prägendste – ist die Tatsache, dass halb Erlangen Fahrrad fährt: Erlangen zählt zu den fahrradfreundlichsten Städten in Deutschland. Egal, ob Schüler, Student, Siemensianer oder Beamter – fast alle sind mit dem Fahrrad unterwegs! Das gut überschaubare Erlangen lässt sich am besten mit dem Fahrrad oder zu Fuß durchstreifen. Als Autofahrer hat man hingegen schlechte Karten, da sich motorisierte Fahrzeuge in der Innenstadt nur beschwerlich fortbewegen können. Deshalb sollte man das Zentrum meiden und zielstrebig den Großparkplatz aufsuchen.

Die Erlanger Wirtschaft ist untrennbar mit dem Namen Siemens verbunden; rund 40 Prozent aller Arbeitsplätze entfallen auf den Bereich Elektrotechnik, wobei die Siemens-Forschungseinrichtungen eng mit der Technischen Fakultät der Universität zusammenarbeiten. Knapp die Hälfte seines Umsatzes erwirtschaftet der Weltkonzern in Erlangen. Von großer Bedeutung für Erlangen sind auch die medizintechnische und die pharmazeutische Industrie. Der Erlanger Oberbürgermeister träumt von einem „Medical Valley" und hofft, seine Stadt in den nächsten zehn Jahren als „Bundeshauptstadt der medizinischen Forschung, Produktion und Dienstleistung" etablieren zu können.

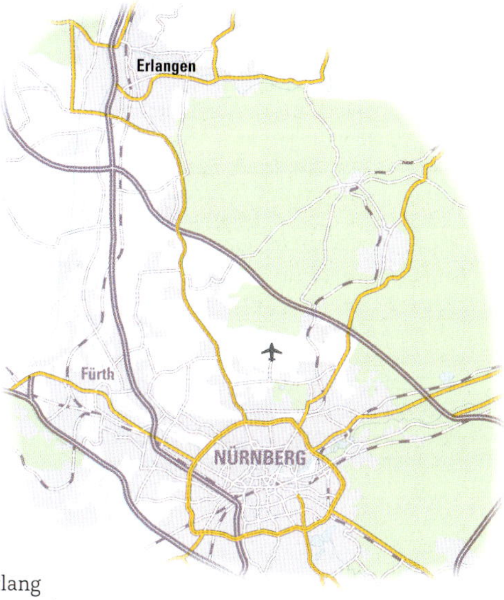

Geschichte

Wie zahlreiche Ortschaften entlang der Regnitz dürfte auch Erlangen auf einen Königshof zurückgehen, obwohl vieles auch für die Alamannen als früheste Siedler spricht. Der Name „Erlangon" tauchte erstmals im Jahre 1002 in einer Urkunde Heinrichs II. auf. Bis 1361 gehörte das Dorf – nicht zu verwechseln mit dem weiter westlich gelegenen Alterlangen – zum Hochstift Bamberg, von dem es Kaiser Karl IV. 1361 käuflich erwarb. Im Jahre 1402 verpfändete sein Sohn Wenzel das mittlerweile befestigte Erlangen an den Burggrafen Johann III. von Nürnberg. Bis 1791 blieb Erlangen im Besitz der Burggrafen und ihrer Nachfolger, der Markgrafen von Brandenburg-Kulmbach; seit 1810 gehört Erlangen zu Bayern.

Lange Zeit blieb Erlangen relativ bedeutungslos, lebte still im Windschatten der Geschichte. Der Aufschwung setzte erst im Jahre 1686 ein, als *Markgraf Christian Ernst von Brandenburg-*

Nürnberg im Kasten

Die Friedrich-Alexander-Universität

Im Jahre 1708 wurde Erlangen durch den *Markgrafen Christian Ernst* zur sechsten Nebenresidenz des Fürstentums erhoben, was zu einem erneuten Aufschwung führte und Erlangen nach Bayreuth zur bedeutendsten Residenz der Markgrafenschaft werden ließ. Auch die von hochgesteckten Zielen begleitete Universitätsgründung am 4. November 1743 sollte sich für die Zukunft als bedeutungsvoll erweisen. Hier studierten und lehrten schon August von Platen-Hallermünde, Wilhelm Heinrich Wackenroder, Friedrich Rückert, Johann Gottlieb Fichte, Friedrich Wilhelm Schelling und Ludwig Feuerbach. Seit der Einrichtung der Technischen Fakultät war es aber endgültig vorbei mit der Ruhe und Beschaulichkeit der alten Alma Mater: Im Neuen Campus im Süden der Stadt schlägt der universitäre Puls in einem anderen Rhythmus. Über 6.000 Beschäftigte bilden die Verwaltung der Friedrich-Alexander-Universität. Sie dient dazu, die akademische Ausbildung der mehr als 38.000 Studenten an mehr als 250 Lehrstühlen und die dort betriebene wissenschaftliche Forschung aufrechtzuerhalten.

Bayreuth südlich des mittelalterlichen Landstädtchens für die reformierten Glaubensflüchtlinge aus Frankreich eine barocke Planstadt mit einem streng geometrischen Grundriss mit dem Namen „Neu-Erlang" – ab 1701 „Christian-Erlang" genannt – errichten ließ. Die Ursache für die Flucht der Hugenotten – der Name leitet sich vermutlich von *aignos* („Eidgenossen") ab – war das Edikt von Fontainebleau vom 18. Oktober 1685, mit dem der französische König *Ludwig XIV.* das Toleranzedikt von Nantes (1598) widerrief. Innerhalb weniger Monate setzte ein wahrer Massenexodus ein, rund 300.000 Hugenotten flohen aus dem französischen Königreich, in erster Linie in die Schweiz, in die Niederlande und nach Preußen; aber auch in Franken, wo sie von Markgraf Christian Ernst von Brandenburg-Bayreuth mit offenen Armen empfangen wurden, fanden die Flüchtlinge eine neue Heimat.

Markgraf Christian Ernst wollte nicht nur den Flüchtlingen die Möglichkeit geben, ihren Glauben auszuüben, darüber hinaus erhoffte er sich einen wirtschaftlichen Aufschwung sowie einen Bevölkerungszuwachs in seinem noch immer unter den Folgen des Dreißigjährigen Krieges leidenden Land. Die Flüchtlinge erschlossen neue Gewerbezweige, so die Strumpfwirkerei und die Produktion von Filzhüten und Handschuhen. Erlangen veränderte sich in den nächsten Jahrzehnten grundlegend.

Neue Kleider und Trachten waren in den Straßen zu sehen, und aus den Häusern drangen französische Laute. Die fremde Mentalität und die Privilegien (Steuerfreiheit), die der Landesherr den neuen Mitbürgern gewährte, schürten aber auch den Argwohn und die Abneigung bei der alteingesessenen Bevölkerung; erst nach mehreren Generationen war die gesellschaftliche Eingliederung der Hugenotten vollkommen abgeschlossen. Nachdem die Altstadt 1706 durch einen Brand verwüstet worden war, erhielt auch sie einen neuen Grundriss, so dass nun in ganz Erlangen die Geometrie triumphierte. Die Stadt lebte fortan im rechten Winkel. Eine herausragende Stellung nahmen das Schloss und die Hugenottenkirche sowie die von Nürnberg nach Bamberg führende Straße als Hauptachse ein.

Erst 1812 erfolgte die Vereinigung der bisher getrennten Städte „Erlang" und „Christian-Erlang". Die **Industrialisierung** belebte das Wirtschaftsleben zwar spürbar, doch erst durch die Ansiedlung der Siemens Hauptverwaltung 1947 streifte Erlangen den Ruf einer Provinzstadt ab, die mit ihrer Universität gleichzusetzen ist. Die Nachkriegs-

Blick auf die Neustädter Kirche

Der Botanische Garten ist eine Oase in der Stadt

situation, die Universität und die verkehrsgünstige Lage sowie nicht zuletzt die hauptsächlich in Erlangen tätigen Siemens-Reiniger-Werke (Elektromedizin) führten zur Ansiedlung der Hauptverwaltung. Schon bald lebte der alte hugenottische Geist wieder auf. Wohnten in Erlangen 1939 nur 36.000 Menschen, so hatte die Einwohnerzahl bereits 1974 die magische 100.000er Marke überschritten. Heute sind sechs von fünfzehn weltweit agierenden Geschäftsbereichen des zweitgrößten deutschen Konzerns in Erlangen angesiedelt.

Verbindung Die S-Bahn S1 fährt vom Nürnberger Hauptbahnhof direkt nach Erlangen.

Spaziergang

Mitten im Herzen der Erlanger Altstadt erstreckt sich das stattliche **Schloss** mit seiner imposanten Barockfassade. Seine kompakte Baumasse überragt die umliegenden Häuser um eine volle Geschosshöhe. Direkt vor dem Eingang des Schlosses steht das Markgrafendenkmal, das den Universitätsgründer Friedrich von Brandenburg-Bayreuth ehrt. Auf dem Schlossplatz und dem benachbarten Marktplatz wird werktags ein bunter Wochenmarkt abgehalten.

An der Ecke zur Hauptstraße steht das **Palais Stutterheim,** das heute die Stadtbibliothek und das Kunstpalais beherbergt. Die zur Fußgängerzone umfunktionierte Hauptstraße führt direkt zum Hugenottenplatz, der von der auf einem ungewöhnlichen quadratischen Grundriss errichteten **Hugenottenkirche** dominiert wird. Wir folgen der Hauptstraße noch ein kleines Stück, biegen links in die Friedrichstraße und gelangen zur **Neustädter Kirche,** die als Universitätskirche dient.

Mit dem **Kollegienhaus** und der alten **Universitätsbibliothek** befinden sich die beiden architektonisch interessantesten Universitätsgebäude in unmittelbarer Nähe.

Erlangen → Karte S. 183

Direkt hinter dem Kollegienhaus erstreckt sich der herrliche **Schlossgarten,** in dem im Sommer das bekannte Schlossgartenfest der Universität gefeiert wird. Mehrere Bänke laden zum Verweilen ein. Am figurenreichen **Hugenottenbrunnen** und der **Orangerie** vorbei, gelangt man zum **Botanischen Garten** mit seinen tropischen Gewächshäusern. Nur einen Steinwurf weit entfernt, befindet sich das barocke **Markgrafentheater.** Die Schiffstraße, in der viele Kneipen und kleine attraktive Geschäfte zu finden sind, führt direkt zur **Altstädter Kirche** und dem dahinterliegenden **Stadtmuseum**. Wer will, kann noch die **Antikensammlung** oder das **Unternehmensmuseum für Medizinische Technik** sowie das **Platenhäuschen** und den **Skulpturengarten** am Burgberg besichtigen.

Sehenswertes

Zentrum der Planstadt

Schloss

Trotz seiner optischen Einbindung in das barocke Stadtbild behauptet sich der Schlossbau mühelos als das ranghöchste Gebäude der Stadt. Ein Stadtschloss als Zentrum einer Planstadt und gleichzeitig Bindeglied einer durch Garten und Park erschlossenen Landschaft ist für die absolutistische Geisteshaltung geradezu charakteristisch. Diese von *Antonio della Porta* entworfene Residenz – erbaut von 1700 bis 1704 – diente vornehmlich als Witwensitz. Nach dem Tod der letzten Markgräfin Sophie Caroline ging das Schloss in den Besitz der Universität über, die heute von hier aus verwaltet wird. Vor dem Schloss steht ein mit Grünspan überzogenes Standbild, das 1843 anlässlich des 100-jährigen Jubiläums der Erlanger Universität zu Ehren des Markgrafen Friedrich aufgestellt wurde. Der mit mehreren Bronzefiguren geschmückte Brunnen ist eine Stiftung des Ehepaars Pauli.

Stadtbibliothek und Kunstpalais

Palais Stutterheim

Bedingt durch den Status als Nebenresidenz ließen sich auch viele Adelige in Erlangen repräsentative Bauten errichten. Das für den fürstlichen Amtshauptmann *Christian Hieronymus von Stutterheim* erbaute dreigeschossige Palais am Marktplatz (1728–1730) ist ein imposanter Bau mit hohem Mansarddach und einem dreiachsigen Risalit, dessen Dreiecksgiebel das Wappen des Erbauers schmückt. Von 1836 bis 1971 diente das Palais Stutterheim als Rathaus und beherbergt nach seiner Renovierung heute die Stadtbibliothek sowie das Kunstpalais, das sich mit Wechselausstellungen den Positionen der internationalen Kunstszene widmet.

Marktplatz 1. Di–So 10–18 Uhr, Mi bis 20 Uhr. Eintritt 4 €, erm. 2 €. www.kunstpalais.de.

Nürnberg im Kasten

Erlangens fünfte Jahreszeit

Erlangens fünfte Jahreszeit ist die **Bergkirchweih,** bis 1999 schloss sogar die Universität für eine Woche ihre Pforten. Seit 1755 wird alljährlich am Donnerstag vor Pfingsten die Bergkirchweih unter schattigen Bäumen bei den Felsenkellern am Burgberg eröffnet. Sie dauert zwölf Tage und wird wohl zu Recht als schönstes Volksfest Nordbayerns gepriesen. www.der-berg-ruft.de.

Im Schloss befindet sich heute die Verwaltung der Friedrich-Alexander-Universität

„Le Temple"

Hugenottenkirche

Nur zwei Monate nach der Ankunft der ersten Glaubensflüchtlinge ließ Markgraf Christian Ernst seine Soldaten den Grundstein zu einer reformierten Kirche („le Temple") legen, die er aus eigener Tasche bezahlte und seinen neuen Untertanen zum Geschenk machte. Die Pläne für den breit angelegten Bau mit gestuftem Walmdach stammen von *Johann Moritz Richter*, der auch die rasterförmige Blockbebauung der Neustadt entworfen hatte. Am 26. Februar 1693 erfolgte die feierliche Einweihung, der der Markgraf mit Familie und Hofstaat in seiner Loge beiwohnte. Den barocken Turm errichtete die Gemeinde 1732–1736 mit eigenen Mitteln. Im Inneren der Kirche ist alles zentral auf die Kanzel ausgerichtet, denn die Predigt steht im Mittelpunkt des reformierten Gottesdienstes, die Gemeinde antwortet mit Gebet und Psalmengesang. Seit 1922 werden in der Kirche allerdings nur noch evangelische Gottesdienste abgehalten.

Erlangens Universitätskirche

Neustädter Kirche

Der charakteristische Turm der Neustädter Kirche hebt diese von den umliegenden Häusern ab. In drei Geschossen ist der Turm in der klassischen Abfolge dorischer, ionischer und korinthischer Pilaster gegliedert. Das Gotteshaus wurde 1737 von Johann David Räntz für die reformierten Zuwanderer errichtet und dient heute als Universitätskirche.

Historische Unigebäude

Kollegienhaus und Universitätsbibliothek

Die herausragendsten Bauten der Universität Erlangen-Nürnberg sind das 1889 am Südrand des Schlossgartens errichtete **Kollegienhaus** und die auf der gegenüberliegenden Straßenseite stehende alte **Universitätsbibliothek** aus dem Jahr 1913. Letztere besticht durch ihre Jugendstilelemente. Während der Öffnungszeiten sollte man einen Blick in den Hausflur werfen.

Erlangen → Karte S. 183

▲ Museum für Medizintechnik

▼ Altstädter Kirche

der *Markgräfin Wilhelmine* – eine Schwester Friedrichs des Großen – führte 1743 zu einer zeitgenössischen Modernisierung des Innenraums durch den Venezianer *Giovanni Paolo Gaspari*. Der Theaterraum wurde – wie in Oberitalien üblich – von drei Rängen eingefasst, die logenartig unterteilt sind. Ende der 1950er Jahre wurde seine Rokokodekoration von der späteren Übermalung befreit. Zusammen mit dem **Redoutenhaus** und dem Marstall gehört das Theater zu einer Baugruppe, die den Schlossbereich im Norden begrenzt.

Dreifaltigkeitskirche

Altstädter Kirche

Nach einem verheerenden Stadtbrand wurde die Altstädter Pfarrkirche 1706–1721 am Martin-Luther-Platz erbaut. Die Saalkirche besticht durch ihren dominanten Kanzelaltar.

Erlangen gestern und heute

Stadtmuseum

In dem barocken, dreigeschossigen ehemaligen Altstädter Rathaus befindet sich das Stadtmuseum. Erst 1996 wurden die umfangreichen Renovierungsarbeiten abgeschlossen. Wer sich für die Geschichte Erlangens interessiert, sollte einen Besuch des Museums nicht versäumen. Von der Vorgeschichte über das mittelalterliche Erlangen bis hin zur Siemensstadt der Nachkriegszeit reicht das Spektrum der Dauerausstellung, wobei der Schwerpunkt auf der barocken Neugründung und der Industrialisierung liegt. Interessant sind aber auch die Darstellung der „städtischen Gesellschaft seit dem Kaiserreich" sowie die Dokumentation des Nationalsozialismus. Zudem finden regelmäßig interessante Sonderausstellungen statt.

Martin-Luther-Platz 8/9. Di/Mi u. Fr 9–17 Uhr, Do 9–20 Uhr, Sa/So 11–17 Uhr. Eintritt 4 €, erm. 2,50 €. https://stadtmuseum-erlangen.de.

Ein würdiger Rahmen für die Stadtgeschichte

Galerie antiker Köpfe

Antikensammlung

Die Antikensammlung der Friedrich-Alexander-Universität wurde 1857 mit Gipsabgüssen antiker Statuen und Reliefs gegründet, um den akademischen Nachwuchs daran zu schulen. Auf rund 300 Quadratmetern werden in ansprechender Weise mehr als 700 Exponate präsentiert. Herausragend ist die Sammlung antiker griechischer Vasen, deren Herstellung ebenso wie ihre Bildsprache erläutert werden.

Kochstr. 4 (Zugang über die Hindenburgstraße). Während des Semesters Di–Do 14–17 Uhr sowie jeden 2. und 4. So im Monat 14–17 Uhr. Eintritt frei! www.aeria.phil.uni-erlangen.de.

Fortschritt durch Technik

Unternehmensmuseum für Medizinische Technik

Das Unternehmensmuseum für Medizinische Technik ist ein ansprechendes Firmenmuseum, das auf 400 Quadratmetern zeigt, wie die Heilkunst durch die Erfindung und Verwendung medizinischer Gerätschaften verbessert wurde.

Gebbertstr. 1. Mo–Fr 10–17 Uhr. Eintritt frei! www.medmuseum.siemens-healthineers.com.

Sommerfrische eines Poeten

Platenhäuschen

Das einstige Domizil des Dichters *August Graf von Platen-Hallermünde* (1796–1835) am Erlanger Burgberg – er mietete es 1826 als Sommerfrische – sollten sich Liebhaber des in Syrakus gestorbenen Poeten nicht entgehen lassen.

Burgbergstr. 92a. Mai bis Okt. 1. So im Monat 11–17 Uhr. Eintritt frei!

Bronzene Riesen

Skulpturengarten

Am Südhang des Erlanger Burgbergs befindet sich der Skulpturengarten des Erlanger Bildhauers Heinrich Kirchner. Insgesamt 17 großformatige Bronzeplastiken sind in dem parkähnlichen Areal mit seinen großen Bäumen frei zugänglich.

Erlangen → Karte S. 183

Ziele in der Umgebung Erlangens

Wald erleben

Walderlebniszentrum Tennenlohe

Südlich von Erlangen, und dort am Südrand des Naturschutzgebietes Brucker Lache, beherbergen vier Blockhäuser dieses interessante Waldmuseum. In lauschigen Hörecken kann man sich bei Vogelgezwitscher, Baumknarren und Blätterrauschen entspannen. Ein Naturerlebnispfad vermittelt zudem sinnliche Eindrücke: So gibt es einen Barfußpfad, um die verschiedenartigen Waldböden zu fühlen, aber auch Kletterbäume und ein Baumtelefon wollen erkundet werden. Doch will das Walderlebniszentrum nicht nur Gefühle ansprechen, sondern auch Wissen vermitteln, wobei der Geschichte des Forstes und neuen ökologischen Forschungen jeweils ein Blockhaus gewidmet ist.

Franzosenweg 50. Mo–Do 7.30–16 Uhr, Fr 7.30–18 Uhr, Sa 13–18 Uhr, So/Fei 11–18 Uhr. Von Nov. bis Febr. Sa geschlossen und Fr nur bis 14 Uhr. Eintritt frei! www.walderlebniszentrum-tennenlohe.de.

Ausflugsziel mit hoher Wirtshausdichte

Kalchreuth

Der zwölf Kilometer östlich von Erlangen gelegene Ort ist eines der beliebtesten Nahziele im Großraum Nürnberg, was wohl nicht zuletzt an den zahlreichen Ausflugsgaststätten liegt. Selbst im ehemaligen Schloss werden frisch gebackene Karpfen und Schäufele mit einer herrlich braunen Kruste aufgetischt. Zum Verdauungsspaziergang geht es über die umliegenden Felder und Hügel – im Herbst zum Drachensteigen, im Winter zum Schlittenfahren. Ein besonders idyllisches Plätzchen ist der Sklavensee, von dem sich ein grandioser Panoramablick über die Ausläufer der Fränkischen Schweiz bietet.

Praktische Infos

→ Karte S. 183

Essen & Trinken

Polster 4 Erlangens Gourmet-Tempel liegt ein wenig außerhalb im beschaulichen Ortsteil Kosbach (4 km nordwestl.). Souverän gelingt der Spagat zwischen Haute Cuisine und fränkischer Tradition, so bei einem Carpaccio von der Bauernente, dem Zanderfilet und der Weißwurst auf Blattspinat. Einfacher, aber ebenfalls lecker speist man in der Polster-Stube. Im Sommer lockt der idyllische Innenhof. Mo Ruhetag. Am Deckersweiher 26, ✆ 09131/75540. www.gasthaus-polster.de.

Salz & Pfeffer 31 Nicht nur bei Siemensianern beliebtes Lokal mit italienischer Küche und tgl. wechselnden Gerichten, die auf einer Tafel angeschlagen werden (Hauptgericht ca. 6–13 €). Gekocht wird mit regionalen Produkten, das Gemüse kommt aus dem Nürnberger Knoblauchsland. Auch guter Wein im Angebot. Straßenterrasse. Mo–Fr 11.30–15, Di–Fr 18–23 Uhr. Hartmannstr. 19, ✆ 09131/405225. www.salzundpfeffer-erlangen.de.

Basilikum 8 Das kleine stimmungsvolle Restaurant liegt an einem der schönsten Plätze Erlangens (Straßenterrasse). Wie die Speisekarte und das gehobene Preisniveau andeuten (Hauptgerichte 26–32 €, Menüs zu 45 und 66 €), hat man sich der französisch orientierten Gourmetküche verschrieben. Die Barbarie-Entenbrust wie auch das Lammrückenfilet waren groß portioniert und handwerklich gut gemacht, aber ohne aromatische Höhenflüge und größere Inspiration; der abschließende Rohmilchkäseteller und die Dessertvariationen begeisterten hingegen. Gute Weinauswahl, auch an offenen Weinen. Di–Sa ab 18 Uhr, Anfang September zwei Wochen Betriebsferien. Altstädter Kirchenplatz 2, ✆ 09131/490980. www.basilikum-erlangen.de.

Mein lieber Schwan 1 Rustikales Lokal mit holzvertäfelten Wänden und schönem Holzbo-

Walderlebniszentrum Tennenlohe

den. Geboten wird fränkische wie auch internationale Küche, so wird neben einem fränkischen Sauerbraten mit Kloß und Rotkohl für 16,50 € auch ein Heilbutt mit Olivenkruste für 20,50 € serviert. Mi–So 12–14 und Mi–Sa 18–24 Uhr. Hauptstr. 110, ✆ 09131/53540. www.schwan-erlangen.de.

Herzstück 11 Eine schöne Frühstücksadresse am Wochenende, abends gibt es dann eine mediterrane Fusionsküche. So ein schwarzes Risotto mit Meeresfrüchten oder Bavette mit Kürbis, jeweils für 15,50 €. Große, schön möblierte Straßenterrasse. Mo Ruhetag, Sa und So 9.30–13.30 Uhr, Di–Sa ab 18 Uhr. Schiffstr. 14, ✆ 09131/9777755. www.herzstueck-erlangen.de.

In Vino Veritas 20 Hinter der Orangerie befindet sich dieses stilvolle Lokal mit einem schönen Innenhof. 4-Gang-Menü 66 €, Apfelstr. 8d, ✆ 09131/9088440. http://vinothek-erlangen.com.

Sax 22 Modernes Bistro mit schöner Straßenterrasse, gleich beim Schloss gelegen. Gutes Frühstück, am Sonntag für Langschläfer gar bis 18 Uhr. Mittagsgerichte (9–12 €). Tgl. 9–1 Uhr, Fr/Sa bis 2 Uhr. Am Schlossplatz 6, ✆ 09131/9088440. www.das-sax.de.

Muskat 16 Das zertifizierte Biorestaurant (Slow Food) mit seinem einladenden Innenhof bietet eine ansprechende saisonale Küche mit vielen vegetarischen Gerichten, beispielsweise einen Fitness-Teller mit Feinkost-Salaten, Gemüse und Tagesgetreide für 9–13 €. Mo 9–16 Uhr, Di–Sa 9–23 Uhr, So 10–18 Uhr. Hauptstr. 60, ✆ 09131/974343. www.das-muskat.de.

Schauburg 28 Kleine, ansprechende Trattoria mit herrlicher Straßenterrasse. Leckere Pasta zu zivilen Preisen. Sonntag Ruhetag, Anfang September Betriebsferien. Friedrichstr. 1, ✆ 09 131/4001364. www.schauburg-caffe-trattoria.de.

Pleitegeier 5 Wichtiger Anlaufpunkt im Netz der studentischen Infrastruktur. Hunderte von Seminararbeiten wurden seit 1983 schon in den gemütlichen Räumen und im zugehörigen Biergarten besprochen. Serviert werden Pizzen und griechische Spezialitäten. Mo–Sa 18–2 Uhr. Hauptstr. 100, ✆ 09131/207324. www.pleitegeier-erlangen.de.

Steinbach-Bräu 3 Das Mekka der Erlanger Biertrinker. Mit Blick auf die sauber polierten Kupferkessel schmeckt der selbst gebraute Gerstensaft besonders gut, im Sommer trifft man sich in dem großen Biergarten. Tgl. außer So 17–24 Uhr, Fr und Sa bis 1 Uhr. Vierzigmannstr. 4, ✆ 09131/89590. www.steinbach-braeu.de.

Zen 6 Ein stattliches Gründerzeithaus beherbergt auf drei Etagen eine Cocktail-Bar und ein Restaurant mit thailändischer Küche. Tgl. ab 17.30 Uhr geöffnet. Theaterplatz 22, ✆ 09131/9733166. www.zen-erlangen.de.

Erlangen → Karte S. 183

Haru 30 Das japanische Restaurant befindet sich im Erdgeschoss der anspruchsvollen Kleinkunstbühne **fifty-fifty**. Große Straßenterrasse. Kein Ruhetag, Sa und So nur abends. Südliche Stadtmauerstr. 1, ✆ 09131/5301460. www.haru erlangen.de.

Thai Food 2 26 Eine leckere authentische Thaiküche, allerdings weniger ein Restaurant als ein ansprechender Imbiss. Straßenterrasse. Hauptgerichte 9–12,50 €. Weiße Herzstr. 8, ✆ 09131/9739056. www.thaifood2.de.

Enoteca 15 Die zu Stehtischen umfunktionierten Fässer deuten es an: Hier dreht sich alles um den Wein! Inmitten der beliebten „Ausgehmeile" Schiffstraße ist die Enoteca ein beliebter Treffpunkt, auch für einen kurzen Zwischenstopp. Serviert werden italienische Weine und Köstlichkeiten. Mo–Do 10–21, Fr bis 22, Sa bis 20 Uhr, So 13–19 Uhr. Schiffstr. 2, ✆ 09131/8299412. www.enoteca-erlangen.de.

Erlanger Teehaus 27 Nicht nur für Teeliebhaber ist das Café in dem denkmalgeschützten Haus eine lohnenswerte Adresse. Zum Essen werden Crêpes, Focaccia und Salate serviert. Ein Traum ist die Gartenterrasse hinter dem Haus. Tgl. 9.30–18 Uhr. Friedrichstr. 14, ✆ 09 131/22911. www.erlangerteehaus.de.

Rösttrommel 21 Egal, ob Cappuccino oder Latte Macchiato – die wohl beste Möglichkeit, um in Erlangen einen herrlichen Kaffee zu trinken. Straßenterrasse. Mi–Sa 10–18 Uhr. Hauptstr. 37, ✆ 09131/9777123. www.roest trommel.de.

Umgebung

Zur Ludwigshöhe, beliebte Ausflugsgaststätte, ca. 5 km nordöstlich von Erlangen. Sobald die Frühlingssonne die ersten warmen Tage beschert, füllt sich der Biergarten. Schöner Blick auf das „Walberla". Gemischtes Publikum: Studenten, Firmenchefs, Lehrlinge und Angestellte verbringen (und überziehen) hier gerne ihre Mittagspause. Preisgünstiges Essen. Do Ruhetag, im Winter Betriebsferien. Adlitz 21, ✆ 09 131/52929. www.adlitzer-biergarten.de.

MeinTipp **Roter Ochse 32** Der gut geführte Landgasthof ist eine hervorragende Adresse in Kalchreuth und wird von den Einheimischen „Metzger" genannt. Serviert wird eine anspruchsvolle Küche, deren Spektrum von fränkischen Klassikern (Schäufele 16,90 €) über „Rot-Ochsen-Schnitzel" bis hin zu Roastbeef reicht. Herrlicher Biergarten! Reservierung empfehlenswert. Mo Ruhetag, Küche durchgehend. Es werden auch Zimmer vermietet: DZ ab 110 €. Weißgasse 10, ✆ 0911/5180917. www.roter-ochse-kalchreuth.de.

Selbst gebraut!

Einkaufen

Dodal Regional 19 Hochwertige regionale Produkte aus Franken, vielfach aus biologischem Anbau bietet dieser kleine Laden. Das Spektrum reicht von Brot, Marmeladen und Nudeln über Käse und Wurstwaren bis zu Wein und Schnaps. Di–Fr 9–18 Uhr, Sa 9–14 Uhr. Heuwaagstr. 20, ✆ 09131/9709175. www. dodal-regional.de.

Dreikönig 29 Faire Ökoklamotten. Wer will, kann auch „gluten- und laktosefreie Klamotten" kaufen. Mo–Sa 11–19 Uhr. Kammererstr. 4. www.dreikoenig.tumblr.com.

Scala 23 Ansprechende Boutique mit verspielter Damenmode und peppigen Accessoires in einem Wohlfühlambiente. Mo–Fr 9–18 Uhr, Sa 9–14 Uhr. Hauptstr. 33, ✆ 09131/23820.

Eigenart 13 Exklusiver Silberschmuck. Schiffstr. 12, ✆ 09131/202105. www.eigenart-erlangen.de.

Papierladen 18 Für Bastelfreunde und Liebhaber schönen Papiers bleibt hier kein Wunsch unerfüllt. Mo–Fr 10–18 Uhr, Sa 10–14 Uhr. Wasserturmstr. 14, ✆ 09131/979855. www. papierladen-erlangen.de.

Vier Jahreszeiten 25 Großer zentral gelegener Biosupermarkt mit einem umfassenden Angebot bis hin zu Fleisch und Wurst. Mo–Fr 8–19 Uhr, Sa 8–18 Uhr. Richard-Wagner-Str. 2, ✆ 09131/979716. www.naturkost-vier-jahreszeiten.de.

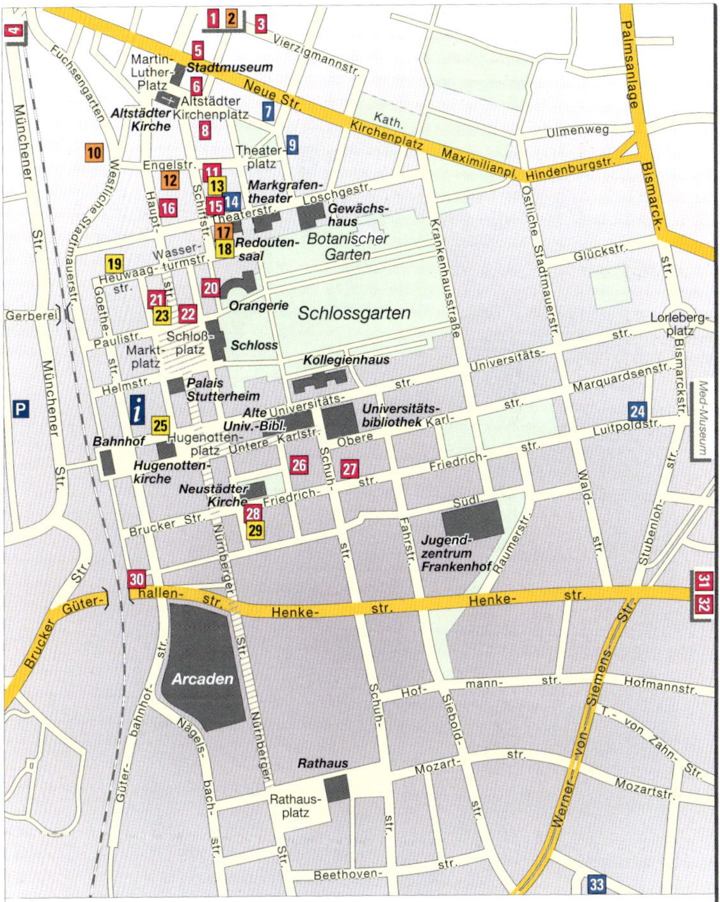

Essen & Trinken (S. 180–182)

1 Mein lieber Schwan
3 Steinbach-Bräu
4 Polster
5 Pleitegeier
6 Zen
8 Basilikum
11 Herzstück
15 Enoteca
16 Muskat
20 In Vino Veritas
21 Rösttrommel
22 Sax
26 Thai Food 2
27 Erlanger Teehaus
28 Schauburg
30 Haru (Fifty-Fifty)
31 Salz & Pfeffer
32 Roter Ochse

Nachtleben (S. 202)

2 Zirkel
10 Kulturzentrum E-Werk
12 Havana Bar
17 Theatercafé

Übernachten (S. 222)

7 AB Hotel
9 Rokokohaus
14 Hotelchen
24 Zeitwohnhaus
32 Roter Ochse
33 Luise

Einkaufen (S. 182)

13 Eigenart
18 Papierladen
19 Dodal Regional
23 Scala
25 Vier Jahreszeiten
29 Dreikönig

Erlangen → Karte S. 183

Auch Aristoteles findet sich am Schönen Brunnen

Nachlesen & Nachschlagen

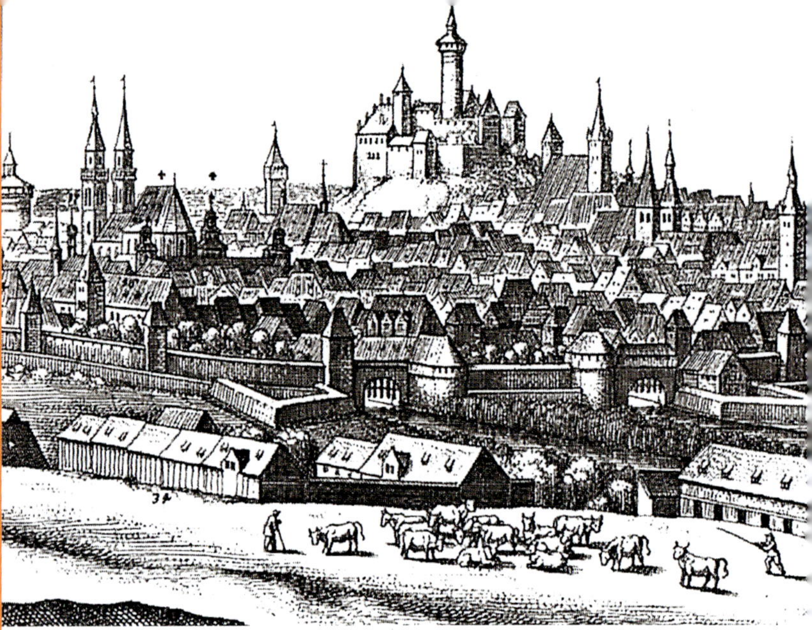

Schon immer das Wahrzeichen Nürnbergs: die Burg

Stadtgeschichte

Trotz der exponierten Lage des mächtigen, 60 Meter über einer Pegnitzfurt aufragenden Sandsteinfelsens gibt es keine archäologischen Anhaltspunkte, die auf eine Besiedlung des Felsens in vorgeschichtlicher Zeit hinweisen.

Norenberc entsteht

Erst am 16. Juli 1050 trat Nürnberg aus dem Dunkel der Geschichte: *Norenberc* wurde als Ausstellungsort einer kaiserlichen Urkunde genannt, in der sich ein Adeliger namens *Richolf* die Freilassung einer Leibeigenen namens *Sigena* bestätigen ließ. Richolf hatte sich wahrscheinlich unsterblich in jene Sigena verliebt, und da er mit einer Unfreien keine legitimen Erben zeugen konnte, musste er Kaiser *Heinrich III.* um ihre Freilassung ersuchen. Der Name des anlässlich dieser Urkunde erwähnten Ortes *Norenberc* soll sich von der mittelhochdeutschen Bezeichnung *nuor* für „Felsen" ableiten. Jüngste Grabungsfunde weisen darauf hin, dass Nürnbergs Anfänge sogar bis ins späte 9. Jahrhundert zurückreichen. Der damals auf dem Burgberg errichtete Vorgängerbau der Kaiserburg wurde wahrscheinlich im Jahre 1003 bei einer Fehde eingeäschert, da er den mit Kaiser *Heinrich II.* verfeindeten Markgrafen von Schweinfurt gehörte.

Schon bald nach der ersten Besiedlung des Burgfelsens standen wahrscheinlich am südlichen Hang einige strohgedeckte Holzhütten, in denen ein Schmied, ein Krämer und ein paar andere Handwerker ihrem Gewerbe nachgingen. Aber dies ist nur Spekulation. Gesichert ist, dass der Salier *Heinrich III.* (1039–1056) der kleinen Ansiedlung das Marktrecht übertragen hatte. Das wiederholte kaiserliche Wohlwollen begünstigte auch weiterhin die Entwicklung des kleinen, damals noch kaum befestigten Marktfleckens.

Nürnberg im Kasten

Die Nürnberger Burggrafen und ihre Stadt

Die 1192 erfolgte Belehnung eines Friedrichs aus dem Geschlecht der Hohenzollern mit der Burggrafschaft zu Nürnberg sollte sich in den nächsten Jahrhunderten als folgenschweres Ereignis herausstellen, da der Nürnberger Burggraf verschiedene Gerichts- und Hoheitsrechte im Nürnberger Umland ausübte. Durch geschicktes Handeln verstanden es die Nürnberer Burggrafen, ein eigenes Territorium zu erwerben. Schließlich wurde Burggraf *Friedrich VI.* 1420 mit der Markgrafschaft Brandenburg belehnt, was den Einfluss der Burggrafen verstärkte. Gegen eine nicht unerhebliche Summe verkaufte der zu markgräflichen Ehren gekommene Friedrich seine Burg neben einigen Rechten 1427 an die Stadt. Die Konfrontationen zwischen der Stadt Nürnberg und den Burggrafen kulminierten in den beiden sog. Markgrafenkriegen von 1449/50 und 1552, die zur Verwüstung und Zerstörung vieler Dörfer und Herrensitze im Nürnberger Territorium führten.

Übrigens: Aus der hohenzollerschen Markgrafschaft Brandenburg ging 1701 das Königreich Preußen und 1871 das Zweite Deutsche Kaiserreich hervor. Der letzte deutsche Kaiser, Wilhelm II., war somit ein Nachfahre der Nürnberger Burggrafen und führte diesen Titel neben unzähligen anderen.

Kaiserpfalz und Handelsstadt

Seinen eigentlichen Aufstieg verdankt Nürnberg den Stauferkönigen – vor allem *Friedrich Barbarossa*, der hier fünfmal einen Hoftag abhielt und sogar Gesandte aus Byzanz empfing. In jenen Jahren wurde Nürnberg Kaiserpfalz (1183) und befestigte Stadt. Jenseits der Pegnitz entstand im Rahmen der staufischen Städtepolitik eine planmäßig angelegte „Handwerkerstadt" mit einem ovalen Grundriss und fast konzentrischen Straßenzügen, die allerdings noch durch den sumpfigen, unwirtlichen Wiesengrund der Pegnitz von der Sebalder Stadthälfte getrennt war. Krönender Abschluss der verschiedenen Privilegien, die Nürnberg verliehen bekam, war ein sog. Freiheitsbrief, den der deutsche König und spätere Kaiser *Friedrich II.* am 8. November 1219 ausgestellt hat: Die Nürnberger Bürger waren von nun an direkt dem König untertan. Daraus erwuchs eine gegenseitige Verpflichtung, denn Nürnberg war reichsunmittelbar geworden, und der König forderte einen besonderen Gehorsam. Im Gegenzug versprach der König Hilfe bei Übergriffen durch Dritte. Da die deutschen Könige im Mittelalter noch keine „Hauptstadt" kannten, zogen sie von Pfalz zu Pfalz, von Reichsstadt zu Reichsstadt, und regierten, überspitzt formuliert, vom Sattel ihres Pferdes aus. Nürnberg wurde bis zum 16. Jahrhundert ihr beliebtester und häufigster Aufenthaltsort

Im 13. und 14. Jahrhundert wurde Nürnberg zu einer bedeutenden Handelsstadt, was in Anbetracht der geographischen Gegebenheiten verwunderlich ist: Nürnberg war im Gegensatz zu fast allen anderen größeren europäischen Städten an keinem schiffbaren Fluss gelegen. Trotzdem prosperierte das wirtschaftliche Leben. Von Vorteil war, dass es in einem Umkreis von mehr als 60 Kilometern keinen gleichrangigen Handelsplatz gab. So entstand nach und nach ein Netz von sieben großen Fernhandelsstraßen, die in Nürnberg zusammenliefen. Die kaisertreue Stadt erfreute sich einer wachsenden Beliebtheit: Kaiser *Ludwig der Bayer* weilte in seiner 33-jährigen Herrschaftszeit 74-mal in Nürnberg! Die von

Kaiser Karl IV. 1356 in Nürnberg verkündete **„Goldene Bulle“** – seit 2013 UNESCO-Weltdokumentenerbe – besagte neben einer genauen Ordnung der Königswahl, dass jeder neu gewählte König des Heiligen Römischen Reiches seinen ersten Reichstag nach Nürnberg einzuberufen hatte. Dadurch gehörte Nürnberg zu einem Kreis besonders ausgezeichneter Reichsstädte, wie Frankfurt am Main als Ort der Königswahl und Aachen als Krönungsort. Verschiedene profane und geistliche Bauten wie das Alte Rathaus (1340), die letzte Stadtbefestigung (1346–1452), der Ostchor der Sebalduskirche (1379) und die Frauenkirche (1358) künden noch heute von der Bedeutung der Reichsstadt an der Pegnitz. Seit 1424 wurden in Nürnberg auch die Reichskleinodien (Szepter, Reichsapfel, Schwert und verschiedene Reliquien) aufbewahrt und alljährlich gezeigt.

Nürnbergs „große Zeit“

In der Mitte des 15. Jahrhunderts begann Nürnbergs „große Zeit“. Der wirtschaftliche Wohlstand und die politische Bedeutung, die sich bis zum Dreißigjährigen Krieg nahezu ungebrochen fortsetzten, bildeten den Grundstock, auf dem sich Kunst und Kultur an der Schwelle von **Spätgotik** und **Renaissance** in ungeahnter Weise entfalten konnten. In Nürnberg lebten und arbeiteten damals so bedeutende Gelehrte wie der Astronom Johannes Regiomontanus, der Reformator Philipp Melanchthon, der Humanist Willibald Pirckheimer sowie Hartmann Schedel, der Verfasser der berühmten Schedelschen Weltchronik. Martin Behaim wurde 1459 in Nürnberg geboren und fertigte hier 1492 den ältesten erhaltenen Globus an, zu einer Zeit, als der Nürnberger Buchdrucker Anton Koberger das damals größte Verlagsimperium der Welt betrieb. Der Bildhauer Veit Stoß, die Erzgießer Peter Vischer und Pankraz Labenwolf, der Steinmetz Adam Kraft und der Goldschmied Wenzel Jamnitzer schufen eine Vielzahl von großartigen Kunstwerken, die zu Nürnbergs Glanz beitrugen. Auf Albrecht Dürer, den bekanntesten Nürnberger Künstler und größten deutschen Maler seiner Zeit, muss an dieser Stelle selbstverständlich auch verwiesen werden. Mit Hans Rosenplüt, Hans Folz und Hans Sachs hat Nürnberg drei der bedeutendsten deutschen Dichter volkstümlicher Fastnachtsspiele, Schwänke und Dramen hervorgebracht.

Schneebedeckt: Sinwellturm

Reformation und Dreißigjähriger Krieg

Eine große Veränderung brachte die Hinwendung der Stadt zur **Reformation** mit sich. Spätestens seit der Verkündung von Luthers 95 Thesen befand sich das religiöse Leben im Heiligen Römischen Reich im Umbruch. Auch die Nürnberger Bevölkerung blieb von den reformatorischen Strömungen nicht unberührt. Ein großer Teil der Nürnberger Bürger bekannte sich schon bald mehr oder minder offen zu der lutherischen Lehre, allen voran *Andreas Osian-*

der, der Prediger von St. Lorenz. Seit dem Mai 1524 erfolgte schrittweise der endgültige Übergang zum Protestantismus. Von nun an blieb die Reichsstadt ein treuer Anhänger des Luthertums. Bis ins Jahr 1806 konnte kein Katholik in Nürnberg mehr das Bürgerrecht erwerben.

Kurz vor Ausbruch des **Dreißigjährigen Krieges** lebten 50.000 Menschen in Nürnberg. Damit war Nürnberg, zusammen mit Augsburg, die nach Köln bevölkerungsreichste Stadt im damaligen Deutschland. Der Dreißigjährige Krieg führte nicht nur zu einem erheblichen Bevölkerungsverlust, auch finanziell befand sich die einst so mächtige Reichsstadt in erheblichen Schwierigkeiten – das öffentliche Bauwesen stagnierte. Als 1649/50 in Nürnberg der sog. „Friedensexekutionskongress" als Abschluss des Dreißigjährigen Krieges stattfand, war die Reichsstadt an der Pegnitz ein letztes Mal in aller Munde. Der Höhepunkt des Kongresses war das im September 1649 abgehaltene Friedensmahl, das von Joachim von Sandrart in einem heute im Fembohaus ausgestellten Gemälde festgehalten worden ist. Zwar behielt Nürnberg im Bewusstsein der Einheimischen wie auch der Fremden seine herausragende Bedeutung noch weit bis in das 18. Jahrhundert hinein, dennoch kann der kulturelle und wirtschaftliche Niedergang nicht geleugnet werden. Politisch versank Nürnberg im **napoleonischen Zeitalter** fast in die Bedeutungslosigkeit.

Übergang ans Königreich Bayern

Das extrem verschuldete Nürnberg gehörte zu den sechs Reichsstädten, die 1803 durch den sog. Reichsdeputationshauptschluss ihre Eigenständigkeit bewahren konnten. 1806 war es aber auch damit vorbei: Aufgrund der Rheinbundakte wurde das damals rund 25.000 Einwohner zählende Nürnberg mitsamt seinem verbliebenen Territorium dem **Königreich Bayern** zugesprochen. Teile der Bevölkerung nahmen dies nicht gerade freudig auf. Bekannt ist der Ausspruch der Frau des Nürnberger Kaufmanns Paul Merkel. Als die Glocken am 15. September 1806 wegen der Übernahmefeierlichkeiten läuteten, fiel sie ihren Kindern weinend um den Hals und rief aus: „Ihr armen Kinder, nun seid ihr Fürstenknechte!"

Objektiv gesehen, war die Situation in den Jahren vor 1806 alles andere als positiv. Hohe Schulden und ein starres, „verkrustetes" politisches Regiment hatten ein darniederliegendes Wirtschaftsleben zur Folge, das von einem an bestimmte Häuser gebundenen Gewerberecht mitverursacht wurde.

Der Nürnberger Rat stand einem fortschrittlichen unternehmerischen Denken nicht gerade aufgeschlossen gegenüber. Vor allem die Reisenden aus anderen Teilen Deutschlands kritisierten die überholten politischen Zustände. Praktisch brachten die ersten Jahre unter bayerischer Herrschaft eine Fülle von Neuerungen mit sich: Neben der Neuorganisation des Gerichts- und Steuerwesens und der als schmählich empfundenen Einführung der allgemeinen Wehrpflicht muss auch auf die Einführung der allgemeinen Schulpflicht und der religiösen Toleranz verwiesen werden. Um die Übernahme der hohen Schulden finanziell etwas auszugleichen, verkauften die bayerischen Behörden Kunstgegenstände und Immobilien, darunter mehrere Kirchen.

Industrielle Revolution

Für die Nürnberger Gewerbetreibenden eröffneten sich fortan ganz neue Möglichkeiten. Seit den zwanziger Jahren des 19. Jahrhunderts setzten in Nürnberg langsam die bahnbrechenden Veränderungen des **Industriezeitalters** ein. Obwohl im Bereich der städtischen Gewerbepolitik die mittelalterlichen Vorstellungen noch weit bis in das

19. Jahrhundert fortlebten, entwickelten sich einige erfolgreiche Handwerksbetriebe allmählich zu Fabriken. Bedeutende Unternehmer wie der Mechaniker *Wilhelm Spaeth*, der spätere Großindustrielle *Theodor Cramer-Klett* (MAN), der Bleistiftfabrikant *Lothar Faber* und der Mechaniker *Sigmund Schuckert* trugen dazu bei, dass sich Nürnberg zu einem der größten industriellen Zentren im süddeutschen Raum entwickelte. Ein weiterer Höhepunkt war der Bau der ersten deutschen **Eisenbahn** zwischen Nürnberg und Fürth im Jahre 1835.

Romantik in Nürnberg

Der Beginn der romantischen Bewegung in ganz Deutschland ist eng mit dem Nürnberg-Aufenthalt zweier Erlanger Studenten verbunden. Im Sommer 1793 weilten *Wilhelm Heinrich Wackenroder* und *Ludwig Tieck* dreimal in Nürnberg und begeisterten sich für die schmalen mittelalterlichen Häuser und Gassen. 1796 veröffentlichte Wackenroder seine „Herzergießungen eines kunstliebenden Klosterbruders". Von nun an strömten erst vereinzelt, später dann in Gruppen, die **Romantiker** in die altehrwürdige Stadt an der Pegnitz. Damit setzte zugleich auch die mit der romantischen Entdeckung Nürnbergs verbundene touristische Eroberung der Stadt ein. Nürnberg wurde in den Zeiten eines territorial zersplitterten Deutschlands gar zu einem nationalen Identifikationssymbol erhoben.

Im 19. Jahrhundert entwickelte sich Nürnberg zu einer modernen Großstadt. In gut hundert Jahren verzwölf-

Nürnberg im Kasten

Von der Kuriositätenkammer zum Germanischen Nationalmuseum

Das Sammeln von Kunst- und Kulturgegenständen hat in Nürnberg eine mehr als 500-jährige Tradition, die von Reliquien über Kunst- und Raritätenkammern sowie städtischen Sammlungen bis hin zum Germanischen Nationalmuseum reicht.

Im 16. Jahrhundert, als neue Kontinente und unbekannte Länder bereist und erkundet wurden, entstanden in Nürnberg die ersten bürgerlichen Kunst- und Raritätenkammern; es gab wohl keinen Sammler, der nicht stolz auf seine ethnographischen Schaustücke und exotischen Naturalien war. Die breite Bevölkerung erschloss sich die „Neue Welt" nicht durch gelehrte Traktate, sondern durch reale Güter aus jenen Ländern. Begüterte Nürnberger Bürger und Patrizier häuften in ihren Kunst- und Kuriositätenkammern all das an, was auf irgendeine Art verwunderlich, seltsam oder von der gewohnten Norm abzuweichen schien. Durch das Sammeln und Ausstellen verschiedenster Exponate wollte man das bislang Unbekannte kennen- und begreifen lernen. Die bekanntesten Kunst- und Kuriositätenkammern waren diejenigen von Praun, Volckammer und Welser. Im Kunstkabinett des Nürnberger Arztes *Christoph Jakob Trew* gab es auch sehr kuriose Exponate, so eine „abgezogene Mohrenhaut".

Einen großen Aderlass an erstrangigen Kunst- und Kulturgütern musste die Reichsstadt Nürnberg seit dem Jahre 1806 verzeichnen. Nürnberg wurde dem Königreich Bayern zugeschlagen, und die bayerische Finanznot forderte ihren Tribut. Viele bedeutende Kunstwerke wurden verkauft oder kurzerhand nach München gebracht. Ein großer Teil des immer noch eindrucksvollen „Rests" wurde 1875 in die Sammlungen des Germanischen Nationalmuseums überführt und bildet den Grundstock des heute überregional bekannten Museums.

Nürnberg im Kasten

Die romantische Entdeckung Nürnbergs

„Nürnberg! Du vormals weltberühmte Stadt! Wie gerne durchwandere ich deine krummen Gassen; mit welcher kindlichen Liebe betrachte ich deine altväterischen Häuser und Kirchen, denen die feste Spur von unsrer alten vaterländischen Kunst eingedrückt ist! Wie innig lieb' ich die Bildungen jener Zeit, die eine so derbe, kräftige, wahre Sprache führen! Wie ziehen sie mich zurück in jenes graue Jahrhundert, da du, Nürnberg, die lebendigwimmelnde Schule der vaterländischen Kunst warst, und ein recht fruchtbarer, überfließender Kunstgeist in deinen Mauern lebte und webte: – da Meister Hans Sachs und Adam Kraft, der Bildhauer, und vor allen, Albrecht Dürer mit seinem Freunde, Wilibaldus Pirkheimer, und so viel andre hochgelobte Ehrenmänner noch lebte! Wie oft hab' ich mich in jene Zeit zurückgewünscht! Wie oft ist sie in meinen Gedanken wieder von neuem vor mir hervorgegangen, wenn ich deinen ehrwürdigen Büchersälen, Nürnberg, in einem engen Winkel, beim Dämmerlicht der kleinen rundscheibigen Fenster saß, und über den Folianten des wackern Hans Sachs, oder über anderem, alten, gelben, wurmgefressenen Papier brüte; – oder wenn ich unter den kühnen Gewölben deiner düstern Kirchen wandelte, wo der Tag durch buntbemalte Fenster all das Bildwerk und die Malereien der alten Zeit wunderbar beleuchtet!"

Wilhelm Heinrich Wackenroder

fachte sich die Bevölkerung. Die Stadt wuchs weit über die Stadtmauern hinaus; dort, wo sich einst Wiesen und Felder erstreckt hatten, entstanden Arbeiterviertel und Industrieanlagen. Die Bevölkerung wies einen dementsprechend hohen Arbeiteranteil auf, der den Ruf Nürnbergs als „rote" Hochburg begründete.

Die NS-Zeit und Nürnbergs Zerstörung

In der Weimarer Republik, als *Hermann Luppe* als „Erster Bürgermeister" die Geschicke der Stadt leitete, wurden in der Stadtpolitik sehr erfolgreiche liberale Akzente gesetzt. Dies änderte sich 1933 mit einem Schlag. Die nationalsozialistische Machtübernahme im Rathaus führte zu einem unerträglichen politischen wie geistigen Klima, das untrennbar mit dem Namen des NS-Gauleiters und Stürmer-Herausgebers *Julius Streicher* verbunden ist. Nürnberg wurde trotz des teilweise heftigen Widerstands gegen das nationalsozialistische Regime letztlich mit seiner „Ernennung" zur **„Stadt der Reichsparteitage"** zu einem Symbol für das Nazi-Deutschland. Noch 1930 und 1931 hatte sich die Stadtverwaltung erfolgreich dagegen gewehrt, dass in Nürnberg – nach den schlechten Erfahrungen aus dem Jahre 1929 – nochmals ein Reichsparteitag der NSDAP abgehalten werden sollte. In den Monaten und Jahren nach der Machtergreifung entschlossen sich 5000 Nürnberger Juden zur Emigration; Julius Streichers Hasstiraden, die Angst und Schrecken verbreiteten, waren für viele ein nicht unerheblicher Grund für die Auswanderung.

Spätestens mit dem Bau des Reichsparteitagsgeländes und den dort 1933–1938 abgehaltenen Parteitagen begann das düsterste Kapitel in der Nürnberger Stadtgeschichte. Durch Albert Speers „Worte aus Stein" und ihrem medienwirksamen Echo wurde der Name Nürnberg weltweit mit dem Nationalsozialismus in Verbindung gebracht. Nicht umsonst wählten die Amerikaner und ihre westlichen Alliierten Nürnberg als Verhandlungsort für die vor dem internationalen Militärgerichtshof durchgeführten Prozesse, die unter dem Namen „Nürnberger Prozesse" in die Geschichte eingegangen sind.

Im **Zweiten Weltkrieg** wurde Nürnberg stark in Mitleidenschaft gezogen. Der erste Großangriff auf Nürnberg erfolgte am 29. August 1942. Rund 50 Bomber der Royal Air Force, die in dieser Nacht Nürnberg bombardierten, kündigten die Schrecken der folgenden Jahre an: In den knapp drei Jahren bis zum letzten Luftangriff am 16. April 1945 wurde Nürnberg, das „Schatzkästlein des Deutschen Reiches", in eine riesige Trümmerwüste verwandelt. Nie hat sich das Gesicht Nürnbergs so entscheidend verändert, wie in diesen 32 Monaten. Über 90 Prozent der historischen Gebäude und über 40 Prozent der Bausubstanz fielen dem Bombenhagel zum Opfer; damit gehörte Nürnberg zu den am stärksten zerstörten deutschen Städten. In Teilen der Altstadt, vor allem im Nordosten, stand kein einziges Haus mehr; die Zerstörungen in der Altstadt waren so schwerwiegend, dass ernsthaft überlegt wurde, die Stadt nur außerhalb der Stadtmauern wiederaufzubauen. „Nürnberg", so schrieb der berühmte Berliner Theaterkritiker *Alfred Kerr* 1947, „das war eine Stadt: und ist eine Schutthalde. Das war gemütlich-bürgerlich: und ist ein Grauen." Kaum einer glaubte an die Möglichkeit des Wiederaufbaus. Aber es kam anders: Zehn Millionen Tonnen Schutt wurden weggeräumt und allmählich entstand in und rund um die Ruinen wieder Leben. Der Verlust der historischen Bausubstanz war allerdings nicht wiedergutzumachen.

Die Nürnberger Altstadt 1945
(Foto von Ray D'Addario)

Nürnberg im Kasten

Stätte der Rohheit und Gewalt

„Nürnberg, das war in Wahrheit ein Gleichnis. Nürnberg: Gottfried Keller hatte daran geglaubt und es dargestellt als eine Stätte und eine Gemeinschaft des Wissens, der Kunst, der Zivilisation. Nürnberg: Richard Wagner hatte daran geglaubt und es auf die Bühne gezaubert als einen festlichen Rausch von Glanz und Gloria. Nürnberg: die Hitler und Streicher, in diesen Zeiten des ‚Wartesaals', hatten es zu einem Versammlungsort des Pöbels gemacht, zum Aufmarschgelände der Dummheit und Gewalt. Jetzt hatte es ein doppeltes Gesicht bekommen, dieses deutsche Nürnberg. Noch war das Nürnberg Albrecht Dürers in den Herzen und den Sinnen vieler, aber fortan wird, wenn der Name der Stadt genannt wird, auch das Nürnberg Hitlers nicht mehr wegzudenken sein. Sowenig wie Größe, Kraft und Kunst werden in Zukunft, wenn der Name der Stadt genannt wird, Rohheit und Gewalt von diesem Nürnberg wegzudenken sein. Vielleicht wird für die Späteren weder Albrecht Dürer noch Adolf Hitler das Wahrbild der Stadt sein, sondern jener große Nürnberger Meister Veit Stoß: bei Tag übte er seine Kunst um der Kunst willen, nachts nützte er sie, um Wertpapiere zu fälschen."

Lion Feuchtwanger, Exil (1939)

Wirtschaft

Nürnberg, Fürth und Erlangen liegen im Zentrum eines Wirtschaftsraums mit rund 1.650.000 Einwohnern und bilden gewissermaßen das Herzstück der „Metropolregion Nürnberg“, die im April 2005 in den Kreis der europäischen Metropolregionen aufgenommen worden ist. Bereits im Mittelalter für seine Handwerkskunst gerühmt, ist in Nürnberg – trotz der zunehmenden Bedeutung des Dienstleistungssektors – immer noch jeder vierte Arbeitnehmer im verarbeitenden Gewerbe beschäftigt. Mehr als zwei Drittel davon wiederum in den Sparten **Elektrotechnik, Feinmechanik** und **Maschinenbau.** In diesem Bereich sind auch die bekanntesten Unternehmen des Großraums tätig: Siemens, Grundig, AEG, Bosch und MAN. Mit einer Arbeitslosenquote von durchschnittlich 4,6 Prozent im Dezember 2021 rangierte Nürnberg zwar am Ende der bayerischen Skala, steht jedoch weit besser da als andere deutsche Großstädte wie beispielsweise Düsseldorf, Köln, Hamburg oder Bremen. Große Bedeutung kommt auch dem Messestandort Nürnberg zu, der im europäischen Vergleich auf einem respektablen 10. Platz liegt. Am größten ist die Außenwirkung der 1950 erstmals abgehaltenen Spielwarenmesse, insgesamt sind indirekt rund 7000 Arbeitsplätze mit der **Messe** verknüpft. Ein weiterer wichtiger Standortfaktor ist das 2005 neben der Messe eröffnete CongressCenter Nürnberg (CCN), das als das modernste Kongresszentrum Europas gilt.

Ein bedeutender Wirtschaftsfaktor ist auch der **Tourismus.** Im Jahr 2016 erreichte Nürnberg mit über 3.000.000 Übernachtungen (davon 980.000 aus dem Ausland) eine Rekordmarke und konnte seinen Platz unter den zehn beliebtesten deutschen Städten festigen.

Pause vor der Lorenzkirche

Der Zuwachs war größtenteils den ausländischen Reisenden zu verdanken, unter denen traditionell die meisten aus Italien und den USA kommen. Beliebt ist Nürnberg vor allem als Ziel für Kurzreisen: Durchschnittlich verbringt ein Tourist knapp zwei Nächte in der Frankenmetropole. Blickt man auf die Geschichte Nürnbergs als „touristisches“ Reiseziel, so fällt auf, dass Nürnberg lange Zeit von seinem Ruhm als Handelsmetropole zehrte. Es steht außer Frage: Nürnberg war eine der bedeutendsten europäischen Städte des Spätmittelalters. Schon die Reiseberichte des 17. und frühen 18. Jahrhunderts waren voll von Lobeshymnen auf die schon damals deutlich spürbare Vergangenheit der Reichsstadt. Letztlich haben dann die Romantiker Nürnberg „entdeckt“. In ihrer Tradition wird bis heute das mittelalterliche Ambiente hochgehalten.

Im Literaturhaus finden oft anspruchsvolle Lesungen statt

Literatur

Nürnberg ist sicherlich nicht die literarische Hauptstadt der Bundesrepublik. Die Zeiten, als die Texte von **Hans Sachs** bei Gesangsveranstaltungen im ganzen deutschen Sprachraum präsent waren, sind längst vorbei. Nicht weniger als 4286 Meisterlieder hat Hans Sachs verfasst. Weitere bedeutende volkstümliche Dichter sind weitgehend in Vergessenheit geraten, wie beispielsweise Hans Rosenplüt, Hans Folz sowie Jakob Ayrer; ihre Texte werden leider nur noch von einem kleinen Kreis von Germanisten gelesen.

Mit **Jakob Wassermann** und **Hermann Kesten,** die beide ihre Kindheit und Jugend hier verbracht haben, der eine in Fürth, der andere im benachbarten Nürnberg, kann sich Franken mit zwei herausragenden Schriftstellern des 20. Jahrhunderts schmücken. Nahezu vergessen ist allerdings, dass Wassermann (1873–1934) – neben Thomas Mann und Lion Feuchtwanger – einer der auflagenstärksten Autoren in der Weimarer Republik war. Seine bekanntesten Romane sind „Der Fall Maurizius“, „Das Gänsemännchen“ und „Caspar Hauser oder die Trägheit des Herzens“ sowie das autobiographische Buch „Mein Weg als Deutscher und Jude“. Hermann Kesten debütierte 1928 mit seinem in Nürnberg spielenden Roman „Josef sucht die Freiheit“. Bekannt geworden ist er vor allem durch seine Tätigkeit als Lektor. Zuerst beim Kiepenheuer Verlag in Berlin, dann ab 1933 beim Amsterdamer Querido-Verlag, der zusammen mit Allert de Lange der wichtigste deutsche Exilverlag war. Aus dieser Zeit rührt auch seine Freundschaft mit nahezu allen bekannten Exilschriftstellern. In den 1970er Jahren, als er Präsident des deutschen PEN war, wurde er mit dem Georg-Büchner-Preis und dem Nelly-Sachs-Preis ausgezeichnet.

Hermann Kesten Museum: Im Internet gibt es ein „Virtuelles Museum Hermann Kesten“ unter www.kesten.de.

Aus dem öffentlichen Bewusstsein ist leider auch völlig verschwunden, dass die sozialkritische Autorin und Dichterin **Claire Goll** 1890 als Clara Aischmann in Nürnberg geboren wurde. Weder eine Nürnberger Straße noch eine

Schule trägt ihren Namen. Zu Claire Golls Kreis der Pariser Bohème gehörten Chagall, Dalí, Fernand Léger, André Malraux und selbstverständlich ihr Mann Iwan Goll. Zwei Jahre nach Claire Goll erblickte der Schriftsteller und Theaterkritiker **Ernst Penzoldt** in Erlangen das Licht der Welt. Bekannt wurde Penzoldt unter anderem durch seinen im Landstreicher- und Kleinstadtmilieu spielenden modernen Schelmenroman „Die Powenzbande".

Bleibt noch die Gegenwartsliteratur. Unter den Mundart-Dichtern ragt sicherlich **Fitzgerald Kusz** heraus. Sein „Schweig Bub!" ist nicht nur ein Dauerbrenner am Nürnberger Schauspielhaus, sondern das Stück wurde auch in zahlreiche andere Dialekte „übersetzt". Unter den mit Nürnberg verbundenen Literaten muss man **Hans Magnus Enzensberger** an erster Stelle nennen. Enzensberger, der im Nürnberger Stadtteil Wöhrd aufgewachsen ist, hat wie kaum ein anderer die geistigen Entwicklungen der Bundesrepublik seit rund 40 Jahren kommentiert und analysiert. Dass der Bilderbuchintellektuelle Enzensberger auch noch zu dichten versteht, spricht umso mehr für ihn. **Ludwig Fels**, der seinen Ruhm vor allem dem erschreckend realistischen Roman „Ein Unding der Liebe" verdankt, stammt ebenfalls aus Franken. Er wurde in Treuchtlingen geboren und lebte später längere Zeit in der Nürnberger Nordstadt.

Tipp: Das **Literaturhaus** organisiert Lesungen renommierter deutsch- und fremdsprachiger Autoren. Luitpoldstr. 6, ✆ 0911/2342658.

Literaturtipps

Reiseliteratur/Sachbücher/Geschichte

Bausenwein, Christoph/Kaiser, Harald/Siegler, Bernd: Die Legende vom Club – Die Geschichte des 1. FC Nürnbergs. Alles über den „Glubb". Die Werkstatt 2006.

Beer, Helmut: Nürnberger Erinnerungen. Die mittlerweile auf elf Bildbände angewachsene Reihe zeigt zahlreiche unbekannte Facetten aus den letzten 100 Jahren. Verlag A. Hofmann, Nürnberg.

Bernstein, Eckhard: Hans Sachs. Kompakte rororo-Bildmonographie über den berühmten Schusterpoeten. Reinbek 1993.

Centrum Industriekultur (Hg.): Kulissen der Gewalt. Das Reichsparteitagsgelände in Nürnberg. München 1992. Nicht mehr lieferbar.

Dehio, Georg: Franken, Handbuch der Deutschen Kunstdenkmäler. Immer noch das kunsthistorische Standardwerk über Franken und dem DuMont-Kunstreiseführer an Fülle und Präzision weit überlegen. Deutscher Kunstverlag, München 1999.

Diefenbacher, Michael und Endres, Rudolf (Hg.): Stadtlexikon Nürnberg. Schwergewichtiges Kompendium (1248 Seiten) zur Stadtgeschichte. Das anlässlich des 950-jährigen Stadtjubiläums erschiene Buch umfasst 5160 Stichwörter. Tümmels Verlag, Nürnberg 1999.

Meisterdichter: Hans Sachs

Buchhandlung im Jüdischen Museum Fürth

Dürer, Albrecht: Schriften und Briefe. Das Taschenbuch gibt einen Einblick in Dürers Schaffen, inklusive seiner „Vier Bücher von menschlicher Proportion" und der „Befestigungslehre". Reclam Verlag, Leipzig 1993.

Fehring, Günther P. und Ress, Anton: Die Stadt Nürnberg. Umfassende Darstellung zu den Nürnberger Kunstschätzen. Staubtrocken, aber sehr detailliert. Deutscher Kunstverlag, München 1982.

Friedel, Birgit: Die Nürnberger Burg. Auf der Grundlage neuster archäologischer Forschungen werden in dieser Dissertation die Anfänge Nürnbergs neu gedeutet. Imhof-Verlag, Petersberg 2007.

Glaser/Rupprecht/Neudecker (Hg.): Industriekultur Nürnberg. Präzises, reich bebildertes Szenarium einer Stadt im industriellen Wandel. C.H. Beck, München 1983.

Groebner, Valentin: Ökonomie ohne Haus. Interessante Sozialgeschichte zum Wirtschaftsleben armer Leute im spätmittelalterlichen Nürnberg. Vandenhoeck & Ruprecht, Göttingen 1993.

Köthe, Andree/Oellech, Yves: Die beiden Köche des Gourmetrestaurants Essigbrätlein (2 Michelin-Sterne) geben in der „SZ Bibliothek der Köche" (Band 17) nicht nur einen Einblick in ihre Arbeit, sondern auch ein paar ihrer besten Rezepte preis. München 2008.

Müller, Michael/Siebenhaar, Hans-Peter: Fränkische Schweiz. Alles über Gasthöfe und Bierkeller, vermischt mit zahlreichen Hintergrundberichten zum beliebtesten Ausflugsgebiet der Nürnberger. Michael Müller Verlag, Erlangen 2021.

Nadler, Fritz: Nürnberg 1943 – eine Stadt im Schatten Streichers. Nürnberg 1969.

Nestmeyer, Ralf: Franken. Umfassendes Reisehandbuch über die fränkische Kulturlandschaft mit zahlreichen praktischen Informationen. Michael Müller Verlag, Erlangen 2021.

Nestmeyer, Ralf: Gefühldes Franggn. Fakten über die fränkische Mentalität in überwiegend witzigen Grafiken. Emons Verlag, Köln 2016.

Nestmeyer, Ralf: Nürnberg: Die touristische Entdeckung einer Stadt. Ein interessanter Streifzug durch Nürnberg aus der Perspektive von Reisenden seit dem Spätmittelalter. Allerdings nur als E-Book erhältlich.

Noack, Bernd: Mit Licht und Schatten gepflastert. Interessante literarische Spurensuche. Noack erzählt die Geschichte von elf bekannten (Jakob Wassermann) und unbekannten (Ruth Weiss, Robert Schopflocher, etc.) Fürther Autoren. Schrenk-Verlag, Gunzenhausen 2007.

Nürnberg, Merian-Heft, Hoffmann und Campe Verlag, Hamburg. Die Hefte 1966 + 1981 sind nur noch antiquarisch erhältlich. Aktuell erschien zuletzt die Ausgabe 2007.

Pfeiffer, Gerhard (Hg.): Nürnberg – Geschichte einer europäischen Stadt. C.H. Beck Verlag, München 1982.

Radlmaier, Steffen/Zelnhefer, Siegfried: Tatort Nürnberg – auf den Spuren des Nationalsozialismus. ars vivendi, Cadolzburg 2014.

Radlmaier, Steffen (Hg.): Der Nürnberger Lernprozess. Sehr interessante Darstellung der Nürnberger Prozesse aus Sicht bedeutender Schriftsteller. Erschienen in der Anderen Bibliothek, Eichborn Verlag, Frankfurt 2001.

Regenauer, Bernd: Nürnberg – Satirisches Handgepäck. Der bekannte Kabarettist hat ein ganz persönliches Nürnberg-Buch mit viel Witz und Lokalkolorit geschrieben. Michael Müller Verlag, Erlangen 2016.

Scheib, Asta: Eine Zierde in ihrem Haus, rororo Taschenbuch 2000. Die aufregende Geschichte der Ottilie von Faber-Castell, einer Gräfin, die der Liebe willen auf Familie und Vermögen verzichtete.

Schieber, Martin: Geschichte Nürnbergs. Kurze kompetente Darstellung der Nürnberger Stadtgeschichte. C.H. Beck Verlag, München 2007.

Weinke, Annette: Die Nürnberger Prozesse. Knappe Gesamtabhandlung aus dem C.H. Beck Verlag, München 2006.

Windsheimer, Bernd: Geschichte der Stadt Fürth. Knappe, gelungene Überblicksdarstellung der Fürther Historie. C.H. Beck Verlag, München 2007.

Zelnhefer, Siegfried: Die Reichsparteitage der NSDAP, Schriftenreihe des Stadtarchivs, Nürnberg 1991.

Belletristik

Beinßen, Jan: Sieben Zentimeter. Lokalkrimis liegen im Trend, und Jan Beinßen gilt mit diesem Nachfolger von „Dürers Mätresse" als einer der besten Nürnberger Krimi-Autoren. ars vivendi, Cadolzburg 2007.

Koeppen, Wolfgang: Proportionen der Melancholie. Drei fränkische Städtebilder (Nürnberg, Würzburg, Bamberg). Kleebaumverlag, Bamberg 1997.

Kesten, Hermann: Josef sucht die Freiheit. Der 1928 erschienene Debütroman von Hermann Kesten in einer wunderschönen bibliophilen Ausgabe (der Einband wurde von Bernd Pfarr gestaltet). Steidl Verlag, Göttingen 1999. Nur noch antiquarisch.

Kesten, Hermann: Mit Menschen leben. Der Herausgeber Wolfgang Buhl hat in diesem Buch zahlreiche Texte versammelt, in denen Kestens Heimatstadt eine mehr oder weniger große Rolle spielt; selbst Briefe aus dem Exil fehlen nicht. ars vivendi, Cadolzburg 1999.

Kohl, Christiane: Der Jude und das Mädchen. Die Geschichte des Nürnberger Fotohändlers Leo Katzenberger, der von den Nazis 1942 wegen angeblichen außerehelichen Verkehrs mit einer Nichtjüdin hingerichtet wurde. Goldmann Taschenbuch, München 2002.

Kohl, Christiane: Das Zeugenhaus. Eine unglaubliche Geschichte aus der Nachkriegszeit, als Opfer und Täter während der Nürnberger Prozesse in derselben Villa untergebracht waren. Goldmann Taschenbuch, München 2006.

Kröner, Matthias: Dahamm und Anderswo. Gedichte rund um das Thema Heimat. Ars Vivendi Verlag, 2016.

Kruse, Dirk: Requiem. Das Nürnberger Reichsparteitagsgelände als Krimikulisse. Hintergründig, spannend und kurzweilig. ars vivendi, Cadolzburg 2009.

Ollier, Claude: Bildstörung. Die literarisch anspruchsvoll geschilderten Erlebnisse eines jungen Franzosen, der den Zweiten Weltkrieg als Zwangsarbeiter in Nürnberg erlebte. Suhrkamp Verlag, Frankfurt 1991. Leider nur noch antiquarisch erhältlich.

Wassermann, Jakob: Die Juden von Zirndorf. Für die Veröffentlichung dieses Romans wurde der damals junge Fürther Autor 1897 hoch gelobt. Erzählt wird die Geschichte einer jüdischen Gemeinde in einer fränkischen Kleinstadt im 19. Jahrhundert. dtv Taschenbuch, München 2002.

Die Hauptbühne des Bardentreffens steht am Hauptmarkt

Kultur- und Nachtleben

Theater

Nürnbergs Bühnen wurden 2003 in ein Staatstheater umgewandelt, so dass angesichts der angespannten städtischen Haushaltslage weiterhin ein volles Spartenprogramm mit Opernhaus, Ballett, Schauspielhaus und Kammerspielen garantiert bleibt. Eine ab 2025 anstehende Sanierung des Opernhauses führt derzeit zu regen Diskussionen um eine Interimsspielstätte, die in oder neben der Kongresshalle auf dem ehemaligen Reichsparteitagsgelände errichtet werden soll.

Die Urahnen der Städtischen Bühnen in Nürnberg waren das „Fechthaus“ auf der Insel Schütt und das 1668 eröffnete „Nachtkomödienhaus“ am Lorenzer Platz. Diente Ersteres neben Theateraufführungen auch als Austragungsort der bis zum Ende des 18. Jahrhunderts beliebten und häufig stattfindenden Ochsenhatzen, gelangten im „Nachtkomödienhaus“ damals schon Opern zur Aufführung. Nach der kurzen Periode des von einem engagierten Gastwirt betriebenen „Nationaltheaters“ wurde 1833 ein im klassizistischen Stil errichtetes städtisches Theater am Lorenzer Platz eingeweiht, in dessen Räumlichkeiten bis zu seiner Zerstörung im Jahre 1945 das Schauspielhaus untergebracht war. Das heutige **Opernhaus** am Frauentorgraben wurde in den Jahren 1901 bis 1905 erbaut. Ein zeitgenössischer Architekt kritisierte damals an dem Baukonzept die „unsoziale, der Klassengesellschaft des Hochkapitalismus Rechnung tragende Aufteilung der Zuschauer, die dadurch bewirkt wurde, dass bereits die Besucher des 2., 3. und Galerie-Ranges von der Eintrittshalle aus in die seitlichen Treppenhaustrakte geleitet werden und mit dem Publikum des Parketts und 1. Ranges nicht mehr in Kontakt kommen.“

Die Zeit der nationalsozialistischen Herrschaft brachte einschneidende Veränderungen der Innenarchitektur mit sich. Dazu Originalton NS-Oberbürgermeister Willy Liebel: „Auf Wunsch des Führers erhält das Opernhaus am Ring eine völlig neue Innengestaltung. Die Bühne wird mit technischen Neuerungen und Verbesserungen ausgestaltet, die unser Nürnberger Opernhaus in die Reihe der ersten neuzeitlichen Bühnen Deutschlands rücken werden. Künstler allerersten Ranges wurden gewonnen, Chor und Orchester verstärkt. So sind alle Voraussetzungen geschaffen, um den Besuch des Opernhauses in der Spielzeit 1935/36 allen Volksgenossen zum erhebenden und beglückenden Erlebnis werden zu lassen."

„Allmächd!" – Das Staunen der Welt, die irdischen Schrecken der Existenz und das Bedauern der Vergänglichkeit in ein Wort gepackt, dessen einzigartige Konnotation durch eine weit durch die Zahnreihen hervorgestreckte Zunge und einen nach unten geschobenen Unterkiefer hervorgerufen wird.

Der Innenarchitekt Professor Paul Schultze-Naumburg erhielt von den Nazis den Auftrag, den „Geist des Jugendstils", der die Räume „in geradezu aufdringlicher Form" beherrsche, zu vertreiben. Das Resultat dieser Umgestaltung war die Beseitigung vieler Stuckelemente zugunsten einer „klaren Linienführung". Verglichen mit dem ursprünglichen Zustand, kann man sich über das karge Ergebnis und die vielen Stilbrüche nur wundern. Noch vor der Eröffnung kam es wegen eines Teppichs im Foyer zum Eklat zwischen dem Innenarchitekten und Hitler. Statt des von Schultze-Naumburg favorisierten blauen Teppichs, bestand der „Führer" auf einem roten Bodenbelag. Schultze-Naumburg fiel in Ungnade und die Gäste liefen über einen roten Teppich.

Nürnberg

Staatstheater Nürnberg, Klassiker und moderne Inszenierungen. Kleinere Inszenierungen in den Kammerspielen sowie in der Blue Box. Richard-Wagner-Platz 2–10, ✆ 0911/2313575. Kartenvorverkauf: Mo–Fr 9–18 Uhr, Sa 9–13 Uhr, ✆ 01805/231600 (3,9 Cent/Min.). www.staatstheater-nuernberg.de.

Burgtheater, Kleinkunstbühne. KabarettTage im Herbst. Füll 13, ✆ 0911/222728. www.burgtheater.de.

Gostner Hoftheater, das herausragendste kleine Theater in Nürnberg. Eigenes Ensemble und Gastspiele. Im Keller befindet sich das „Loft", eine nette Kneipe. Austr. 70, ✆ 0911/266383. www.gostner.de.

Tafelhalle, städtische Gastspielbühne. Der Schwerpunkt des Programms liegt auf Tanztheater und Konzerten. Äußere Sulzbacher Str. 60, ✆ 0911/2314000. www.tafelhalle.de.

Pfütze Kindertheaterhaus, Sebalder Höfe (Äußerer Laufer Platz 22), ✆ 0911/289909. www.theater-pfuetze.de.

Theater Rootslöffel, anspruchsvolles Kindertheater. Troststr. 6 (Rückgebäude), ✆ 0911/289052. www.rootsloeffel.de.

Theater Salz + Pfeffer, Puppentheater im KaLi, Frauentorgraben 73, ✆ 0911/224388. www.salzundpfeffer-theater.de.

Neben den festen Spielstätten gibt es in Nürnberg verschiedene **freie Ensembles**, die an unterschiedlichen Veranstaltungsorten auftreten:

Pocket Opera Company Nürnberg, Gertrudstr. 21, ✆ 0911/329047. Bekannt für Opern in eigener musikalischer Bearbeitung und originelle multimediale Musikspektakel. www.pocket-opera.com.

Theater Mummpitz, Kachelbau, Michael-Ende-Str. 17, ✆ 0911/600050. Kindertheater. www.theater-mummpitz.de.

Theater Thevomefüme, Siegfriedstr. 20, ✆ 0911/265324. www.thevo.de.

Fürth

Stadttheater Fürth, eigenes Ensemble sowie Gastspiele bekannter Ensembles aus den Sparten Sprech-, Tanz- und Musiktheater sowie Konzerte. Die Anfänge des Fürther Theaterlebens gehen auf das Jahr 1816 zurück, als das alte Fürther Theater an der Ecke Theater- und Rosenstraße den Spielbetrieb aufnahm. Königstr. 116, ✆ 0911/9742410; Karten: ✆ 0911/9742400. www.stadttheater.fuerth.de.

Kulturforum Fürth, Würzburger Str. 2, ✆ 0911/973840. www.kulturforum.fuerth.de.

Comödie Fürth im Berolzheimerianum, Boulevardprogramm im Jugendstilambiente. Theresienstr. 1, ✆ 0911/749340. www.comoedie.de.

Freilichtbühne im Stadtpark, im Sommer im Fürther Stadtpark, ✆ 0911/746257.

Erlangen

Markgrafentheater Erlangen, zumeist Gastspiele, aber auch Eigenproduktionen werden in der beeindruckenden Barockatmosphäre aufgeführt. Theaterplatz 2, Abendkasse: ✆ 09131/862511. www.theater-erlangen.de.

Theater in der Garage, im kleinen Erlanger Theater kommen größtenteils experimentelle Produktionen und Gastspiele auf die Bühne. Theaterstr. 3, Abendkasse: ✆ 09131/862380. www.theater-erlangen.de.

Kino

Von den einstigen großen Nürnberger Kinopalästen hat kein einziger bis in unsere Tage überlebt: Zum einen waren es die Bomben des Zweiten Weltkrieges, zum anderen die Attraktivität des heimischen Fernsehers, die in den siebziger Jahren zu einem unvergleichlichen Kinosterben geführt haben.

Die „Luitpold-Lichtspiele", das „Apollo", die „Universum-Lichtspiele" sowie der beeindruckende „Phoebus-Palast" mit seinen mehr als 2000 Plätzen und einem Orchestergraben für 80 Personen – alle wurden sie ein Opfer des Bombenhagels. Einzig ihre Namen erinnern an die glanzvolle Bilderwelt vergangener Zeiten. Im Oktober 1945 erhielt das Victoria-Film-Theater in der Ludwigstraße als erstes Nürnberger Kino eine Genehmigung. Kurz darauf wurden drei weitere Kinos, das „Metropol" in der Humboldtstraße, das „Ka-Li" am Plärrer und das „Museum" am Opernhaus, eröffnet. In den folgenden Jahren entstanden mehr als zwei Dutzend weitere Kinos, von denen allerdings die wenigsten die 1970er Jahre überleben sollten. Erst die kleine Renaissance der Kinokultur in den 1980er Jahren stoppte diesen Abwärtstrend und führte zu Neueröffnungen, die untrennbar mit den Namen Weber, CineCittà und Cinemagnum verbunden sind. Für Cineasten lohnend sind das Filmhauskino und das Casablanca – beide wurden schon für ihr Programm ausgezeichnet.

Aktuelles Kinoprogramm

Über das aktuelle Kinoprogramm informieren täglich die *Nürnberger Nachrichten*, die *Nürnberger Zeitung* sowie die *Abendzeitung*. Besprechungen aktueller Filme sind auch den in den Kneipen kostenlos ausliegenden *Filmtipps* zu entnehmen. Daneben gibt es auch noch die Kinoansage der Telekom: ✆ 011511.

Kinocenter

Nürnberg

Admiral Filmpalast, kommerzielles Kinocenter. Königstr. 9, ✆ 0911/2360360. www.admiral-filmpalast.de.

CineCittà, die direkt an der Pegnitz gelegene „Kinostadt" verfügt über 17 Kinosäle mit insgesamt mehr als 2000 Plätzen, eine Werkbühne, ein Freilichtkino, ein Kartenvorverkaufsbüro sowie einen Filmshop. Zwei Restaurants, mehrere Bars und ein großes Terrassencafé runden das Angebot ab. Gewerbemuseumsplatz 3, ✆ 0911/206666. www.cinecitta.de.

Cinemagnum, die Nürnberger Kinoattraktion am Gewerbemuseumsplatz mit 1000 qm großer Leinwand. ✆ 0911/206666.

Nürnberg im Kasten

Kino mit Courage

Die Fassade des Hauses in der Südstadt ist bunt bemalt – neben Figuren aus der Filmgeschichte wurden hier die Bewohner und Bewohnerinnen des Gebäudes verewigt. Eine schwere hölzerne Tür öffnet sich in einen von Filmplakaten gesäumten Durchgang und eröffnet den Blick auf die altmodische Neonreklame „Lichtspiele".

Das Casablanca Filmkunsttheater befindet sich in den Räumlichkeiten einer ehemaligen Druckerei, die in den 1970er Jahren zuerst zu einem Off-Theater, dann zum Kino umgebaut wurde. 2009 stand das Kino vor dem Aus – und wurde von einer Gruppe von Kinobegeisterten gerettet. Sie sammelten Spenden und warben Fördergelder ein, renovierten die drei kleinen Kinosäle und die angeschlossene gemütliche Kneipe und brachten die heruntergekommene Technik auf den neuesten Stand. Bis heute betreiben sie das Haus mit großem Engagement als inzwischen vielfach preisgekröntes Filmkunsttheater, mit professioneller Leitung und einem großen Team an Ehrenamtlichen. Aus der losen Gruppe wurde ein Verein mit inzwischen über 1400 Mitgliedern.

Auf den Leinwänden ist Platz für aktuelles Arthouse-Kino und Filmkunst, für Ungewöhnliches und Sperriges, für Filme in der Originalfassung, für Reihen und kleine Festivals. Jede Woche finden mehrere Vorstellungen mit Gästen statt. Kurzfilmprogramme und Dokumentarfilme haben ihren festen Platz im Programm. „Casablanca – Kino mit Courage": ein Kino mit couragiertem Programm und einer couragierten Entstehungsgeschichte!

Fürth

Cineplex-Kino, Kino mit 6 Sälen und 1100 Plätzen. Gebhard-Straße. ✆0911/8100810. www.cineplex.de/fuerth.

Erlangen

Cine-Star-Filmpalast, auch Erlangen besitzt ein modernes Kinocenter. ✆09131/8100810. www.cinestar.de.

Kleinere Kinos

Nürnberg

Casablanca, drei Kinosäle in einem Hinterhaus mit angeschlossener Café-Kneipe, seit 2009 von einem Verein betrieben (→ Kasten oben „Kino mit Courage"). Brosamerstr. 12, ✆0911/454824. www.casablanca-nuernberg.de.

FilmhausKino im K4, nach dem Abschluss der Umbauarbeiten im Künstlerhaus präsentiert das FilmhausKino anspruchsvolle Kinokost. Königstr. 93, ✆0911/2317340. www.kunstkulturquartier.de/filmhaus.

Meisengeige, zwei Kinos mit besonderem Flair; das im Keller gelegene Kino ist kaum größer als ein gewöhnliches Wohnzimmer. Die gleichnamige Kneipe ist ein Szenetreff seit ihrer Eröffnung vor rund 30 Jahren. Am Laufer Schlagturm 3, ✆0911/204724. www.cinecitta.de.

Metropolis, zwei Kinosäle und eine große Foyer-Kneipe. Meist anspruchsvollere Kommerzfilme. Stresemannplatz 8, ✆0911/538848.

Rio-Palast, Kino mit 1950er-Atmosphäre. Türkisches Filmprogramm. Fürther Str. 61, ✆0911/260080. www.rio-palast.com.

Roxy-Filmtheater, das Besondere ist der ureigene, anderenorts schon verschwundene Charme eines Vorstadtkinos. Fortbestand derzeit unklar. Julius-Lossmann-Str. 116, ✆0911/48840. www.roxy-nuernberg.de.

Fürth

Babylon, eine Bereicherung für die Kinoszene in Fürth, aber auch für Nürnberg. In drei Kinosälen wird ein anspruchsvolles und vielfältiges Programm zu günstigsten Kinopreisen geboten. Mit Kneipenbetrieb. Nürnberger Str. 3, ✆0911/7330966. www.babylon-kino-fuerth.de.

Ufer-Palast, unabhängiges, nicht kommerzielles Kino auf Vereinsbasis. Filmreihen und -retrospektiven sowie Werkschauen. Würzburger Str. 4, ✆0911/9738440. www.uferpalast.de.

Erlangen

Lamm-Lichtspiele, ambitioniertes, kleineres Lichtspielhaus im Erlanger Zentrum. Hauptstr. 86, ✆ 09131/207066. www.lamm-lichtspiele.de.

Manhattan, ein Deluxe-Premiumkino mit angeschlossenem Café. Drei Säle und ein großer Reihenabstand garantieren einen schönen Filmgenuss. Güterhallenstr. 4, Erlangen, ✆ 09131/206660.

E-Werk-Kino **10** → Karte S. 183. Anspruchsvolles Programmkino, ausgewählt von ehrenamtlichen Cineasten. Fuchsenwiese 1, Erlangen, ✆ 09131/80050. www.e-werk.de.

Nachtleben

Der Großraum Nürnberg kann sich zwar nicht mit Berlin, Paris oder London messen, dennoch gibt es für Nachtschwärmer ein vielfältiges Angebot an Clubs, Bars und Diskotheken. Corona-bedingt kämpfen die Betreiber um ihre Existenz. Hier einige Empfehlungen:

Clubs/Discos

Nürnberg

Mach 1 **4** → Karte S. 72/73. Der Klassiker unter den Nürnberger Diskotheken mit zwei Clubs und einer Lounge und Chill-out-Zone. Do–So ab 22 Uhr. Kaiserstr. 1–9, ✆ 0911/2406602. http://macheins.club.

Club Stereo **28** → Karte S. 72/73. Einer der derzeit beliebtesten Clubs mit vielfältigem „Musikprogramm" und eigenem Label. Auch Livemusik. Do 20–3 Uhr, Fr/Sa 20–4 Uhr. Klaragasse 8, ✆ 0911/2110455. www.club-stereo.net.

Jazz-Studio Nürnberg **1** → Karte S. 52/53. Das Kellergewölbe eines der ältesten deutschen Jazzclubs ist für Jazzfreunde aller Stilrichtungen das ganze Jahr über ein Muss. Mi bzw. Fr/Sa ab 20 Uhr, Konzerte beginnen um 21 Uhr. Paniersplatz 27–29, ✆ 0911/224384. www.jazzstudio.de.

Hirsch **14** → Karte S. 112/113. Die alte Fabrikhalle im Süden Nürnbergs steht ganz oben auf der Hitliste der Nürnberger Musikfreaks. Zahlreiche Live-Konzerte, Disco und ausgelassene Stimmung, aber auch Lesungen. Tgl. 20–2 Uhr, am Wochenende 22–5 Uhr. Vogelweiherstr. 66, ✆ 0911/429414. www.der-hirsch.de.

Erlangen

E-Werk **10** → Karte S. 183. Städtisch gefördertes Kultur- und Kommunikationszentrum mit Kellerbühne, Kino, Musikgalerie, Disco, Konzertsaal (hier spielen häufig überregional bekannte Bands), Café und Biergarten. Fuchsenwiese 1, ✆ 09131/8005-0. www.e-werk.de.

Zirkel **2** → Karte S. 183. Seit Jahrzehnten eine Institution im Erlanger Nachtleben. Di, Do, Fr & Sa ab 22 Uhr. Hauptstr. 105. www.zirkel-club.de.

Bars

Nürnberg

Wacht am Rhein **29** → Karte S. 72/73. Der Klassiker im Nürnberger Nachtleben. Ab 24 Uhr trifft sich hier ein bunt gemischtes Publikum vom Taxifahrer über die Gastroszene bis hin zum nimmermüden Partygänger. Wo sonst bekommt man als Nachtschwärmer um 5 Uhr früh noch einen Schweinebraten oder eine Rinderroulade mit Kloß und Salat? Tgl. 24–6 Uhr, Fr und Sa bis 7 Uhr geöffnet. Klaragasse 22, ✆ 0911/246475. www.wacht-am-rhein-nuernberg.de.

BMF-Bar **17** → Karte S. 97. Schöne Bar in langgestrecktem Raum mit 10 Meter hohen Decken, direkt beim Westbad. Do–Sa ab 20 Uhr. Wiesentalstr. 34, ✆ 0911/8919100. www.bmf-bar.de.

Freudenpark **1** → Karte S. 106/107. Am längsten Tresen Nürnbergs oder bei sommerlichen Temperaturen im Cocktailgarten steht dem Durstigen ein schier unübersichtliches Angebot an ausgefallenen Cocktails gegenüber. Tgl. 17–2 Uhr, Fr/Sa bis 3 Uhr, So ab 15 Uhr, Garten bis 24 Uhr. Kilianstr. 125, ✆ 0911/352702. Facebook.

Willich **17** → Karte S. 86/87. Seit Jahren ist die Bar (ehedem eine Vorstadtkneipe mit Kegelbahn) ein Magnet im Gostenhofer Nachtleben. Am Wochenende wechselnde DJs verschiedenster Musikrichtungen. Zu Essen gibt es Kleinigkeiten wie Suppen, Salate, Burger und Thaicurrys. Netter Garten im Hinterhof. Mo–Do 17–2 Uhr, Fr/Sa 17–3 Uhr, So 17–1 Uhr. Volprechtstr. 3, ✆ 0911/2879005. www.das-willich.de.

Gelbes Haus **12** → Karte S. 97. Seit Jahren eine Bereicherung für die Nürnberger Barszene. Und eine Terrasse für den Sommer gibt es auch. Tgl. außer So 20–1 Uhr, Fr/Sa bis 3 Uhr, Johannisstr. 40, ✆ 0911/390390. www.gelbes-haus.de.

Erlangen

Havana Bar **12** → Karte S. 183. Die beste Adresse für Cocktails in Erlangen. Mit Innenhof. Di/Mi 19–1 Uhr, Do/Fr 19–24 Uhr, Sa 19–3 Uhr, So und Mo Ruhetag. Engelstr. 17, ✆ 09131/205959. www.havana-erlangen.de.

Theatercafé **17** → Karte S. 183. Beliebter Treff der Erlanger Künstlerszene. Di–So 18–1 Uhr geöffnet. Theaterstr. 3, ✆ 09131/27950.

Blaue Nacht: Das Neue Museum gehört zu den Besuchermagneten

Veranstaltungen und Feste

Die Palette der Feste und Veranstaltungen im Großraum reicht vom touristischen Christkindlesmarkt über ausgefallene Kulturveranstaltungen (z. B. Festival des jiddischen Liedes) bis hin zu bierschweren Volksbelustigungen. Je nach Art der Veranstaltung kommen die Gäste aus der Region oder der ganzen Welt angereist.

Veranstaltungen

Februar

Spielwarenmesse, die Nürnberger Spielwarenmesse ist die größte Spielwarenmesse der Welt und die größte Messe Nürnbergs. Schon ein Jahr im Voraus sind die Betten der Hotels von den Jahr für Jahr Anfang Febr. anreisenden Fachbesuchern restlos ausgebucht. Die Tore der Messe öffnen sich allerdings nur für Fachbesucher. www.spielwarenmesse.de.

März

Festival des jiddischen Liedes (Klezmer Festival), alle zwei Jahre im März (2024, 2026 etc.) findet in Fürth dieses engagierte Festival mit internationaler Besetzung statt. www.klezmer-festival.de.

April

Volksfest, zweimal im Jahr, Anfang April und Anfang Sept., findet auf dem großen Platz neben Kongresshalle und Dutzendteich zwei Wochen lang das Frühlings- bzw. Herbstvolksfest statt. www.volksfest-nuernberg.de.

Mai

Blaue Nacht, an einem Samstag Anfang Mai haben alle Museen und andere Kulturorte in der Altstadt bis spät in die Nacht geöffnet. Zahlreiche Aufführungen und Konzerte werden gezeigt. Die Veranstaltung steht jedes Jahr unter einem anderen Motto. www.blauenacht.nuernberg.de.

Erlanger Bergkirchweih, jedes Jahr am Donnerstag vor Pfingsten öffnet die größte und älteste Freiluftkirchweih Nordbayerns – und wie viele meinen die schönste – für zwölf Tage ihre Fahrgeschäfte und Bierkeller. www.berch.info.

Internationales Figurentheater-Festival, im zweijährigen Turnus – 2023, 2025 ... – findet das Internationale Figurentheater-Festival zumeist im Mai statt. Organisiert wird es von den Städten Nürnberg, Fürth, Erlangen und Schwabach, um die Entwicklungen in dieser Sonderform des Theaters zu präsentieren. Die Puppenspielvirtuosen aus den Niederlanden, Frankreich, der Bundesrepublik und den osteuropäischen Ländern demonstrieren die Vielfalt und Magie ihrer Puppen, von der kleinen Handpuppe bis zur übergroßen Spielfigur. www.figurentheaterfestival.de.

Rock im Park, fast alle großen Legenden der Rockmusik spielten schon auf dem Zeppelingelände. Drei Tage an Pfingsten findet das Festival auf zwei Bühnen statt und zigtausende Rockfans verwandeln das Areal in einen riesigen Zeltplatz. www.rock-im-park.com.

Sommer in Nürnberg, von Mai bis Sept. bietet das Kultur- und Freizeitamt der Stadt Nürnberg ein kulturelles Sommerprogramm mit Konzerten, Open-Air-Theateraufführungen, dem SommerNachtFilmFestival und vielem mehr. www.sommernachtfilmfestival.de.

Trempelmarkt, jedes Jahr im Mai und Sept. sind die Straßen und Gassen zwischen Hauptmarkt und Lorenzkirche von Freitagnachmittag bis Samstagmittag überfüllt von den Besuchern des „Trämbellersmargd", wie er in Nürnberg liebevoll genannt wird. Bis tief in die Nacht werden Antiquitäten, Bücher, Platten, Klamotten und diverser Nippes feilgeboten. Der überregional gute Ruf des im Dürerjahr 1971 erstmals durchgeführten Trempelmarktes hat allerdings dazu geführt, dass immer mehr professionelle Händler anreisen und es immer schwerer wird, ein Schnäppchen zu machen.

Juni

Fränkisches Bierfest, Anfang Juni findet im Nürnberger Burggarten fünf Tage ein Fest mit 40 einheimischen Brauereien statt. www.bierfest-franken.de.

Comic-Salon, der Erlanger Comic-Salon ist längst zum Treffpunkt aller Comic-Fans in Deutschland geworden. Alle zwei Jahre (2022, 2024 ...), jeweils Anfang Juni. www.comic-salon.de.

Erlanger Bergkirchweih → Mai

Fürth Festival, Anfang Juni mit viel Musik an sieben verschiedenen Plätzen. www.fuerth-festival.com.

Afrika Festival, Mitte Juni gibt es afrikanische Rhythmen in den Pegnitzwiesen unter der Theodor-Heuss-Brücke. www.afrikafestivalnuernberg.de.

Grafflmargd, das Fürther Pendant zum Nürnberger Trempelmarkt. Eine Nummer kleiner als in Nürnberg, dafür mit mehr Atmosphäre und wesentlich weniger professionellen Händlern. Zweimal jährlich (Juni und Sept.).

Internationales ADAC Norisring Speedweekend, jedes Jahr am letzten Juni-Wochenende dröhnt und röhrt es rund um die Zeppelintribüne. Jeder, der in der Motorsportszene bekannt ist, und all diejenigen, die gerne dazugehören, treffen sich beim Norisring-Rennen in Nürnberg, einem der bekanntesten deutschen Motorsportrennen. Auf dem nur 2,3 km langen Stadtkurs dreht sich ein Wochenende lang das Tourenwagen-Karussell. www.norisring.de.

Internationale Orgelwoche Nürnberg, als führendes Festival geistlicher Musik setzt sich die ION alljährlich Ende Juni/Anfang Juli ein Thema als Schwerpunkt. Nicht nur die Orgel steht bei dem von international renommierten Orchestern, Chören und Solisten gestalteten Programm im Mittelpunkt. www.ion-musica-sacra.de.

Rock im Park → Mai

Sommer in Nürnberg → Mai

Juli

Bardentreffen, von einem reinen Amateur-Festival auf Straßen und Plätzen der Nürnberger Altstadt hat sich das alljährlich Ende Juli stattfindende Bardentreffen in den letzten dreißig Jahren zu einem internationalen Festival der Liedermacher entwickelt, bei dem neben renommierten deutschsprachigen Musikern auch Interpreten aus Europa und Übersee auftreten. Die Open-Air-Konzerte zum Nulltarif finden von Freitag bis Sonntag an verschiedenen Spielstätten in der Altstadt statt. Das Bardentreffen wurde vom ZEIT*magazin* „geadelt", da es als einziges Nürnberger Fest zu den „300 Top-Terminen in aller Welt" gezählt wurde, „die eine Reise wert sein können". www.bardentreffen.de.

Klassik Open Air, an zwei Wochenenden Ende Juli, Anfang Aug. findet einmal am Sonntag, das andere Mal am Sa um 20 Uhr im Luitpoldhain ein kostenloses Klassikkonzert statt. Insgesamt rund 100.000 Zuhörer strömen herbei, ausgerüstet mit Picknickkörben und Decken. www.klassikopenair.de.

Sommer in Nürnberg → Mai

August

Klassik Open Air → Juli

Poetenfest, eines der lebendigsten Literatur-Foren im süddeutschen Raum. Alljährlich Ende Aug. treffen sich in Erlangen renommierte Literatenund Interessierte zu Lesungen und Diskussionen. www.poetenfest-erlangen.de.

Sommer in Nürnberg → Mai

Nürnberg im Kasten

Kleine Geschichte des Christkindlesmarktes

Das Entstehen der Weihnachtsmärkte in Deutschland war eng mit der Reformation und der vom protestantischen Bürgertum geprägten Weihnachtsfeier im familiären Kreise verbunden. Auch der Nürnberger Christkindlesmarkt entstand erst im frühen 17. Jahrhundert, und nicht, wie fälschlicherweise oft behauptet, im Mittelalter. Dem drei Tage lang abgehaltenen Christkindlesmarkt kam damals allerdings noch lange keine überregionale Bedeutung zu – kein einziger Reisender hat von ihm berichtet. Erst in der bürgerlichen Welt des 19. Jahrhunderts begann der unaufhaltsame Aufstieg des Nürnberger Christkindlesmarktes.

Der Christkindlesmarkt in seiner heutigen Form mit den Lichterketten und weihnachtlich geschmückten Zugangsstraßen ist eine „Erfindung" des Nazi-Oberbürgermeisters Willy Liebel; er holte den Christkindlesmarkt auf den Hauptmarkt, seinerzeit allerdings „Adolf-Hitler-Platz" genannt, zurück, nachdem er in der Weimarer Republik des Öfteren auf der Insel Schütt und am Prinzregentenufer stattgefunden hatte. Willy Liebel ist auch das alljährliche Eröffnungsspektakel auf der Empore der Frauenkirche mit Weihnachtsgedichten und -liedern zu verdanken. Von Einheimischen und Fremden wurde die Inszenierung jedoch so gut angenommen, dass der Christkindlesmarkt seit 1948 in „bewährter" Weise eröffnet wird.

1993 sorgte die Wahl des Nürnberger Christkindes für überregionale Schlagzeilen: Ein junger Mann hatte es nämlich gewagt, seine Kandidatur gegen die weibliche Konkurrenz anzumelden. Von der Regionalpresse anfangs verlacht, landete er schließlich zusammen mit dem „echten" Christkind in einer Fernsehshow bei SAT 1. Von offizieller Seite wollte man zwar überdenken, ob in Zukunft auch ein Mann dieses publicityträchtige Amt ausüben dürfe, aber das Nürnberger Christkind blieb weiterhin weiblich.

September

Altstadtfest, jährlich findet in der zweiten Septemberhälfte auf der Hinteren Insel Schütt und dem Hans-Sachs-Platz das Altstadtfest statt. Neben zahlreichen touristischen und folkloristischen Einzelveranstaltungen, allen voran das beliebte „Fischerstechen" auf der Pegnitz, stehen vor allem die extra hierfür errichteten Buden der Restaurations- und Kneipenbetriebe im Mittelpunkt des Altstadtfestes. www.altstadtfest-nuernberg.de.

Stadtverführungen, an einem Wochenende Ende September findet Deutschlands größter Führungsmarathon mit rund 1000 Angeboten in Nürnberg und Fürth statt. www.stadtverfuehrungen.nuernberg.de.

Grafflmargd → Juni

Sommer in Nürnberg → Mai

Trempelmarkt → Mai

Volksfest → April

Oktober

Fürther Kärwa, die Anfang Okt. mitten in der Innenstadt abgehaltene Fürther „Kärwa" gilt als die Kirchweih schlechthin. Elf Tage lang geht es hoch her in der Fürther Altstadt. www.michaelis-kirchweih.de.

Dezember

Christkindlesmarkt, mit der Eröffnung durch das „Christkind“ beginnt alljährlich am letzten Freitag vor dem ersten Advent um 17.30 Uhr der Nürnberger Christkindlesmarkt, der bis 14 Uhr am Heiligen Abend andauert. geöffnet. Mit Sondermaschinen und unzähligen Omnibussen kommen rund zwei Millionen Besucher aus aller Welt zum größten und bekanntesten Weihnachtsmarkt Deutschlands. Neben Glühwein, Früchtebrot, Bratwürsten und Lebkuchen gibt es auch Christbaumschmuck,, Rauschgoldengel und Zwetschgenmännla zu kaufen. Die Folge des großen Andranges ist ein – vor allem an Samstagen – fast unerträgliches Gedränge und Geschiebe rund um den Hauptmarkt. Besonders eindrucksvoll und selten sind die Abende, an denen die Buden des Christkindlesmarktes von Neuschnee bedeckt sind. www.christkindlesmarkt.de.

Veranstaltungsorte

Die verschiedenen Veranstaltungsorte, an denen mehr oder weniger regelmäßig Musikkonzerte und andere kulturelle Veranstaltungen stattfinden, werden hier in alphabetischer Reihenfolge aufgelistet:

Nürnberg

Arena Nürnberg, Kurt-Leucht-Weg 11, ✆ 0911/988970. In der Nürnberger Eissporthalle finden auch andere Sportveranstaltungen sowie Konzerte statt. www.arena-nuernberg.de.

Desi, Brückenstr. 21, ✆ 0911/336943. Kleiner Saal für div. Aufführungen; häufig Avantgarde-Musik. Highlight im August: Sommernachts-Open-Air-Filmfestival in der Desi-Arena. www.desi-nbg.de.

Frankenhalle, Messezentrum Nürnberg, ✆ 0911/86060. Größere Rockkonzerte, Holiday on Ice sowie diverse Fernsehshows. www.frankenhalle.de.

Hirsch, Vogelweiherstr. 66, ✆ 0911/429414. Eine der besten Konzertbühnen Nürnbergs. www.der-hirsch.de.

Jazz Studio Nürnberg, Vestnertormauer 24, ✆ 0911/364297. Ein Muss für Jazz-Fans. www.jazzstudio.de.

Kulturzentrum K4 im Künstlerhaus, Königstr. 93, ✆ 0911/223647. Im ehemaligen KOMM finden zumeist Konzerte von Independent-Bands statt. Insgesamt stehen vier Bühnen zur Verfügung: Festsaal, Zentralhalle, Café und Kulturgarten. Bekannt ist das „Endzeitfestival“ mit Newcomer-Bands. www.kubiss.de.

Luise The Cultfactory, Scharrerstr. 15, ✆ 0911/9464760. Diverse regionale Rockbands, bevorzugt Heavy-Rock, spielen im Konzertraum der Luise, einem vom Kreisjugendring getragenen Musikertreffpunkt. www.luise-cultfactory.de.

Meistersingerhalle, Münchener Str. 21, ✆ 0911/2318000. Für die verschiedenen Musikveranstaltungen stehen ein großer und ein kleiner Saal zur Verfügung. Im großen Saal finden u. a. die Konzerte der Nürnberger Symphoniker sowie die Philharmonischen Konzerte statt. www.meistersingerhalle.nuernberg.de.

Serenadenhof, Kolosseum am Dutzendteich, Bayernstr. 100, ✆ 0911/4740131. Der „Serenadenhof“ befindet sich im südlichen Teil der von den Nazis gebauten Kongresshalle: Open-Air-Konzerte, Musicals und Tanzaufführungen. Betrieb nur in den Sommermonaten. http://serenadenhofopenair.de.

Fürth

Kulturforum Fürth, Würzburger Str. 2, ✆ 0911/973840. In dem zum Kulturforum umgewandelten Fürther Schlachthof werden neben Musikveranstaltungen auch Theaterstücke aufgeführt. www.kulturforum.fuerth.de.

Stadthalle Fürth, Rosenstr. 50, ✆ 0911/749 120. Diverse Rock- und Popkonzerte mit internationalen Größen des Popbusiness. www.stadthalle-fuerth.de.

Erlangen

E-Werk, Fuchsenwiese 1, ✆ 09131/800519. Der zweitgrößte Erlanger Konzertraum steht bei Musikgruppen aus nahezu allen Stilrichtungen hoch im Kurs. www.e-werk.de.

fifty-fifty, Südliche Stadtmauerstr. 1, ✆ 09131/24855. Erlanger Theater- und Kabarett-Bühne. www.theaterfiftyfifty.de.

Heinrich-Lades-Halle, Rathausplatz 1, ✆ 09 131/8740. In der Erlanger Stadthalle treten zumeist populäre Bands und Stars auf.

Redoutensaal, Theaterstr. 1, ✆ 09131/9706 920. Veranstaltungssaal im Markgrafentheater. www.redoutensaal.info.

Volksfestrummel vor der ehemaligen Kongresshalle

Nürnberg mit Kindern

Der Großraum Nürnberg bietet auch für die jüngsten Reisenden ein breites Freizeit- und Kulturangebot, dessen Spektrum vom Tiergartenbesuch bis zu speziellen Kindermuseen reicht.

Man kann zum Eislaufen in die Arena gehen, sich in der Indoor-Erlebniswelt Tucherland vergnügen oder ein Kindertheater besuchen. Spaßbad- und Thermalbadfreunde planschen und erholen sich im **Fürthermare** (→ S. 230) oder im **Palm Beach** (→ S. 229). Und wer die kleinen bunten Plastikfiguren liebt, für den gehört ein Abstecher zum **Playmobil-FunPark** zum Pflichtprogramm. Nicht nur unter pädagogischen Gesichtspunkten lohnt ein Besuch des Erfahrungsfeldes zur Entfaltung der Sinne sowie des Walderlebniszentrums in Tennenlohe. Prächtige Ritterrüstungen gibt es im **Kaiserburgmuseum** (→ S. 25) zu bewundern. Für einen Gruselfaktor sorgen die **Lochgefängnisse** (→ S. 43). Und wer in der Altstadt mit dem Nachwuchs nur einfach mal auf einen Spielplatz will, der findet einen schönen Platz zum Austoben auf der Insel Schütt gleich beim Heilig-Geist-Spital.

Eislaufen

Bei entsprechenden Temperaturen finden sich einige Eisflächen zum Schlittschuhlaufen. Besonders geeignet ist der **Kleine Dutzendteich** und die benachbarten Nummernweiher sowie der **Valznerweiher.** Will man von der Witterung unabhängig sein, dann bleibt nur das in den Wintermonaten geöffnete **Arena-Eisstadion** am Dutzendteich (www.arena-nuernberg.de). Hier finden auch die Heimspiele des Eishockeyclubs Nürnberger Ice Tigers statt. In Fürth wird der **Stadtparkweiher** als Natureisfläche genutzt.

Erfahrungsfeldes zur Entfaltung der Sinne

Jeden Sommer werden mit einem leicht veränderten Programm alle menschlichen Sinne vom Hören, Tasten, Schmecken bis hin zum Erleben von

Bewegungen (Balanceklötze, Pendelfähre etc.) angesprochen. Die verschiedenen Stationen des Aktionsparcours sollen Spielfreude, Kreativität und Forscherdrang wecken.

Johann-Soergel-Weg. Mai bis Mitte Sept. tgl. 10–18 Uhr, Sa erst ab 13 Uhr. Eintritt 8,50 €, Kinder 7 €. www.erfahrungsfeld.nuernberg.de.

KIBALA im DB-Museum

Das Kinder-Bahnland, kurz KIBALA, ist eine eigene 1000 Quadratmeter große „Erlebniswelt" für junge Besucher. Kinder haben hier die Möglichkeit, sich auf spielerische Weise mit Eisenbahntechnik vertraut zu machen und so den Unterschied zwischen Diesel-, Dampf- und E-Lok kennenzulernen. Wer will, kann als Schaffner „arbeiten" oder einfach nur so mit der Kindereisenbahn fahren. Highlights sind die Fahrt in einem nachempfundenen ICE-Abteil sowie im Fahrsimulator.

Lessingstr. 6. Di–Fr 9–17 Uhr, Sa/So 10–18 Uhr. Eintritt 7 €, Kinder 4 €, Familienkarte 14 €. www.dbmuseum.de.

Kindermuseum

Das im ehemaligen Schlachthof an der Rothenburger Straße untergebrachte Kindermuseum lädt mit zahlreichen Mitmachstationen dazu ein, den Alltag der Urgroßeltern kennenzulernen und die Erde als faszinierende Schatzkammer zu begreifen und zu erforschen.

Michael-Ende-Str. 17. Sa 14–17.30 Uhr, So 10–17.30 Uhr. Eintritt 7,50 €. www.kindermuseum-nuernberg.de.

Kindertheater

Nürnberg besitzt eine ebenso renommierte wie überregional bekannte freie Kindertheaterszene. Theater Mummpitz, Theater Rootslöffel und Theater Pfütze bieten ansprechende Stücke, die sich an ein jugendliches Publikum richten. Über die wechselnden Produktionen und die jeweiligen Termine informieren die jeweiligen Homepages.

Theater Mummpitz, Michael-Ende-Str. 17, www.theater-mummpitz.de; Theater Rootslöffel, Troststr. 6, www.rootsloeffel.de; Theater Pfütze, Äußerer Laufer Platz 22, www.theater-pfuetze.de.

Planetarium

Das Nicolaus-Copernicus-Planetarium hat auch ein spezielles Programm für Kinder und Jugendliche mit thematischen Veranstaltungen (z. B. „Peterchens Mondfahrt" oder „Zauber des Teleskops").

Am Plärrer 41. Eintritt 8–9,50 €, erm. 5,50–6,50 €. Programmansage ✆ 0911/265467. www.planetarium-nuernberg.de.

PLAYMOBIL-FunPark

Für alle kleinen und großen Freunde von „Playmo" gehört ein Besuch im FunPark in Zirndorf (5 km westl. von Fürth) zum Pflichtprogramm. Zahlreiche Attraktionen wie die Piraten- oder Ritterwelt, Wasserspiele, ein Rutschenhügel und eine Kletterwand sorgen für viel Abwechslung. Es gibt auch einen Aktivspielplatz und einen großen Sand- und Matschplatz, der vor allem die kleinsten Besucher begeistert.

Brandstätter Str. 2–10, 90513 Zirndorf. Tgl. 9–19 Uhr, im Winter 10–18 Uhr. Außenbereich nur von Ende März bis Anfang Nov. geöffnet. Eintritt je nach Saison 7,50–11,50 €. www.playmobil-funpark.de.

Schulmuseum

Integriert im Museum Industriekultur ist das Schulmuseum, das einen Blick auf die letzten 500 Jahre Schulgeschichte wirft. In einem historischen Klassenzimmer kann man den Unterricht um das Jahr 1910 nacherleben. Da sieht man den eigenen Schulalltag gleich mit anderen Augen! Zudem gibt es Einblicke in das Zusammenspiel zwischen Schule, Wirtschaft, Gesellschaft und Politik. Aufgrund von Reno-

Nürnberg besitzt eine vielfältige Museumslandschaft

vierungsarbeiten wird die Ausstellung im Jahr 2023 geschlossen sein.

Äußere Sulzbacher Str. 60–62. Di–Fr 9–17 Uhr, Sa/So 10–18 Uhr. Eintritt 6 €, Kinder 1,50 € (7,50 € als Tageskarte für 6 Museen). www.museen.nuernberg.de/schulmuseum.

Spielzeugmuseum

Von der Puppenküche bis zur Modelleisenbahn sind nicht nur Spielsachen aus drei Jahrtausenden zu sehen, es wird auch versucht, die soziale und kulturelle Bedeutung von Spielen und Spielzeug aufzuzeigen. Modernes Spielzeug wie Legosteine, Matchbox-Autos und Barbie-Puppen fehlen selbstverständlich auch nicht. Im Kinderbereich „Kids on Top" im Dachgeschoss können Kinder spielen, basteln, mit verschiedenen Baukästen experimentieren, kickern oder auch in Kinderbüchern lesen. Das zugehörige Freigelände mit Spielplatz und Café hat nur im Sommerhalbjahr geöffnet.

Karlstraße 13–15. Di–Fr 10–17, Sa/So 10–18 Uhr; während des Christkindlesmarktes auch Mo 10–17 Uhr. Eintritt 6 €, Kinder 1,50 €. (7,50 € als Tageskarte für 6 Museen). www.spielzeugmuseum-nuernberg.de.

Stadtführungen für Kinder

Beliebte Alternativen zu den klassischen Touren durch die Altstadt sind spezielle Kinderführungen, z. B. die kindergerechte Erkundung der historischen Felsengänge (So 11.30 und 13.30 Uhr, 6 €, Bergstraße 19, www.historische-felsengaenge.de) oder die Kinderführung „Von Königen, Rittern und Edelfrauen – die Nürnberger Burg für Kinder" (www.geschichte-fuer-alle.de).

Tiergarten

Die besonderen Attraktionen des Nürnberger Tiergartens sind das umstrittene Delphinarium mit der 2011 eröffneten Lagune (2–3 Vorführungen tgl.), das Gorilla-Freigehege, das Manatihaus (Tropenhaus) sowie der Aqua Park. Im Nürnberger Tiergarten leben etwa 360 Tierarten (Sibirische Tiger, Löwen, Wölfe, Nashörner, Eisbären etc.) und mehr als 2200 Tiere. Zudem gibt es themenorientierte Führungen. Der 63 Hektar große Landschaftszoo zählt zu den schönsten und größten in Europa. Für Kinder ist es ein besonderes Erlebnis, an einer kommentierten Fütterung teilzunehmen oder im Streichelzoo auf Tuchfühlung zu gehen. Artgemäßes Futter für die Tiere im Streichelzoo gibt es in den dort befindlichen Futterautomaten. Und ein Spielplatz zum Austoben fehlt selbstverständlich auch nicht.

Am Tiergarten 30, Straßenbahn Linie 5: Tiergarten. April bis Sept. 8–19.30 Uhr, im Winter 9–17 Uhr. Eintritt 16 €, erm. 13 €, Kinder 7,70 €. www.tiergarten.nuernberg.de.

Tucherland

Das Tucherland ist eine Erlebniswelt für Kinder samt Kartbahn, Hochseilgarten, Hüpfburg und Trampolinanlage – ideal zum Austoben bei schlechtem Wetter. Beliebt auch zum Feiern von Kindergeburtstagen, daher kann es manchmal etwas laut werden. Bei schönem Wetter steht den Besuchern ein mit 25.000 Quadratmetern sehr großzügiges Freigelände zur Verfügung. Hier gibt es einen Verkehrsübungsplatz, eine Minigolfanlage und einen Streichelzoo mit Rotkopfschafen. Wer will, kann in einem der Naturbadeseen plantschen oder einfach nur auf dem Liegestuhl in der Sonne dösen.

Der Tiergarten: Hinter dem Eingang warten gleich die Giraffen

Marienbergstr. 102. Mo–Fr 14–19 Uhr, Sa/So 10–19 Uhr. Eintritt 7,90–11,90 €. www.tucherland.de.

Turm der Sinne

Weniger ein Museum als eine Einladung zur Sinnesverführung, um die eigene Wahrnehmung auf eine harte Probe zu stellen. Das interessante Konzept basiert auf einem interaktiven Mitmachmuseum.

Im Mohrenturm, Splittertormauer 17. Di–Fr 13–17 Uhr, Sa/So ab 10–18 Uhr, in den Ferien tgl. 10–18 Uhr. Eintritt 8 €, Kinder 5,50 €. www.turmdersinne.de.

Walderlebniszentrum in Tennenlohe

Traurig, aber wahr: Die wenigsten Kinder und Jugendlichen haben heute noch die Möglichkeit, in einem richtigen Wald zu spielen und sich so für die Natur zu begeistern. Doch glücklicherweise gibt es Einrichtungen wie das Walderlebniszentrum in der Nähe des Erlanger Stadtteils Tennenlohe. Am Südrand des Naturschutzgebietes Brucker Lache hat die Bayerische Forstverwaltung einen 1,2 Kilometer langen Naturerlebnispfad angelegt, dessen neun Stationen auf spielerische Weise über das Ökosystem Wald informieren. Es gibt beispielsweise einen Barfußpfad, um die verschiedenartigen Waldböden zu fühlen, aber auch Kletterbäume und ein Baumtelefon wollen erkundet werden.

Erlangen, Franzosenweg 60b. Mo–Do 7.30–16 Uhr, Fr 7.30–18 Uhr, Sa 13–18, So und Feiertage 11–18 Uhr. Von Nov. bis Feb. etwas kürzere Öffnungszeiten. Eintritt frei! www.walderlebniszentrum-tennenlohe.de.

Winterlicher Burgberg

Nürnberg (fast) umsonst

Reisen ist bekanntlich nicht ganz billig, doch glücklicherweise gibt es in Nürnberg und seiner Umgebung zahlreiche Sehenswürdigkeiten und Veranstaltungen, die man kostenlos oder vergünstigt besuchen kann.

Sehenswürdigkeiten zum Nulltarif

Zumindest teilweise frei zugänglich präsentiert sich Nürnbergs Wahrzeichen, die Kaiserburg, denn ihre Außenanlagen samt Stadtmauer, Burggarten und Freiung sind kostenlos zu besuchen. In St. Johannis sind die Hesperidengärten für Gartenfreunde frei zu besichtigen und auch die größte touristische Attraktion des Stadtviertels, der Johannisfriedhof, steht allen offen. Bei einem Spaziergang durch den Volkspark Dutzendteich kann man die Hinterlassenschaften des ehemaligen Reichsparteitagsgeländes erkunden, wobei zahlreiche Informationsstelen die von den Nationalsozialisten geplanten Bauwerke erläutern. Für industriegeschichtlich Interessierte bietet sich das Fabrikgut Hammer als kostenloser Besichtigungspunkt an. Und in den Sommermonaten stehen am Wöhrder See ein Strand und eine Schwimmlagune Erholungssuchenden frei zur Verfügung. In Nürnbergs Umgebung kann man im Knoblauchsland die Wehrkirche in Kraftshof und das Poetenwäldchen Irrhain kostenlos besuchen, in Erlangen kommen kostenbewusste Botanikfans in der schönen Außenanlage des botanischen Gartens auf ihre Kosten.

Günstig ins Museum

Nicht umsonst, aber günstig kommt man mit der Tageskarte in die sieben städtischen Museen der Stadt Nürnberg. Für 9 € (der reguläre einfache Eintritt kostet 6 €) kann man somit das Albrecht-Dürer-Haus, Spielzeugmuseum,

Stadtmuseum Fembohaus, Tucherschloss, Memorium Nürnberger Prozesse, Dokumentationszentrum Reichsparteitagsgelände und das Museum Industriekultur besuchen (Sonderführungen und spezielle Angebote sind davon aber leider ausgenommen). Zudem gewährt das Germanische Nationalmuseum mittwochs ab 17.30 Uhr und jeden Tag eine Stunde vor Schluss freien Eintritt.

Veranstaltungen zum Nulltarif

Nürnberg, Fürth und Erlangen bieten im Sommer zahlreiche kostenlose Veranstaltungen:

Blaue Nacht: An einem Samstag Anfang Mai haben alle Museen und andere Kulturorte in der Altstadt bis spät in die Nacht geöffnet. Auch im Freien finden viele Veranstaltungen und Events statt, die man kostenlos besuchen kann.

Afrika Festival: Mitte Juni gibt es afrikanische Rhythmen in den Pegnitzwiesen unter der Theodor-Heuss-Brücke.

Bardentreffen: Die Open-Air-Konzerte zum Nulltarif finden Ende Juli von Freitag bis Sonntag an verschiedenen Spielstätten in der Altstadt statt.

Klassik Open Air: An zwei Wochenenden Ende Juli und Anfang August findet einmal am Sonntag, das andere Mal am Samstag um 20 Uhr im Luitpoldhain ein kostenloses Klassikkonzert statt.

Fürth Festival: An drei Tagen Anfang Juli verwandelt sich die Fürther Innenstadt in eine große Bühne. Die kostenlosen Konzerte an verschiedenen Plätzen im Zentrum bieten etwas für jeden Musikgeschmack.

Poetenfest Erlangen: Ende August findet dieses Literaturfestival rund um den Erlanger Schlossplatz mit meist kostenfreien Veranstaltungen und Lesungen statt.

Nürnberg Card

Ein besonderes Angebot für alle Besucher, die mindestens eine Nacht in einem Hotel, der Jugendherberge oder auf dem Campingplatz verbringen. Für 28 € (für Kinder von 6 bis 11 nur 6 €) bietet die Card zwei Tage lang freien Eintritt in (fast) alle Museen von Nürnberg und Fürth sowie freie Fahrt mit den öffentlichen Verkehrsmitteln. Erhältlich ist die Nürnberg Card bei der Tourist Information. www.tourismus.nuernberg.de.

Lesungen im Schlossgarten: Erlanger Poetenfest

Anreise

Der Nürnberger Hauptbahnhof und der Zentrale Omnibusbahnhof liegen direkt vor den Toren der Altstadt. Eine Ausnahme bildet der Flughafen, er liegt rund sieben Kilometer nördlich des Zentrums. Zwischen dem Hauptbahnhof und dem Flughafen verkehrt die U-Bahn-Linie U2.

Mit dem Flugzeug

Die schnellste und bequemste Methode, nach und von Nürnberg wegzukommen. Aber zumeist auch die teuerste!

Der Nürnberger Flughafen liegt nördlich des Volksparks Marienberg. Von hier ist es in die Innenstadt von Fürth kaum weiter als ins Zentrum von Nürnberg. Mit dem Taxi kostet es zum Nürnberger Hauptbahnhof rund 25 €. Günstiger ist allerdings die U-Bahn, die direkt zum Hauptbahnhof fährt (Einzelticket Preisstufe A zu 3,20 €). Je nach Sondertarif muss man für den Hin- & Rückflug von Nürnberg zu einer anderen deutschen Stadt zwischen 100 € und 350 € aufbringen.

Auskunft unter ✆ 0911/93700. www.airport-nuernberg.de.

Mit dem Zug

Nürnberg, Fürth und Erlangen sind hervorragend an das Eisenbahnnetz der Deutschen Bundesbahn angeschlossen. Da Nürnberg der Hauptverkehrsknotenpunkt ist und man von hier aus leicht mit Zug oder U-Bahn in gut zehn Minuten nach Fürth gelangen kann, werden hier nur die Nürnberger Verbindungen beschrieben.

Der Nürnberger Hauptbahnhof mit seinen 21 Gleisen ist einer der größten deutschen Bahnhöfe. Hier kreuzen sich sieben Hauptlinien (nach München, Stuttgart, Würzburg, Regensburg, Bamberg, Bayreuth und Furth im Wald), tagsüber fahren mindestens stündlich ICE-Züge in Richtung München, Hamburg/Bremen, Frankfurt, Dortmund und Berlin.

Vergünstigungen: Für Vielfahrer lohnt sich die BahnCard: Mit der BahnCard 25 werden 25 Prozent Ermäßigung auf alle Rabatte gewährt, mit der BahnCard 50 bekommt man 50 Prozent Rabatt auf den Normalpreis.

Service der Deutschen Bahn unter ✆ 030/2970. www.bahn.de.

Mit dem eigenen Fahrzeug

Wer sein Reiseziel Nürnberg erreicht hat, sollte sinnvollerweise den Wagen stehen lassen und auf die öffentlichen Verkehrsmittel umsteigen. Für Tagesbesucher bietet es sich an, eine der zahlreichen Park-&-Ride-Möglichkeiten zu nutzen. Mit der U-Bahn oder der Straßenbahn geht es schneller und bequemer in die City als mit dem eigenen PKW. Dauerparkplätze sind im Zentrum nur für Anwohner zu haben.

Fernbusse

Fernbusse sind die kostengünstigste Möglichkeit, von einer Stadt zur anderen zu gelangen. Derzeit unterhalten die mittlerweile fusionierten Unternehmen *Meinfernbus* und *Flixbus* die meisten Verbindungen in Deutschland. In Nürnberg halten deren Busse am Zentralen Omnibusbahnhof gegenüber dem Hauptbahnhof und damit unmittelbar vor den Toren der Altstadt.

Museum Industriekultur

Der Weiße Turm gehörte zur vorletzten Stadtmauer

Unterwegs in der Region

Der Großraum Nürnberg lässt sich hervorragend mit öffentlichen Verkehrsmitteln erkunden. Die Fahrkarten des Verkehrsverbunds Großraum Nürnberg (VGN) gelten für alle öffentlichen Verkehrsmittel des Tarifgebietes: U-Bahnen, Straßenbahnen, Busse, S-Bahnen und DB-Regionalzüge.

U-Bahn

Nürnberg hat drei U-Bahn-Linien: U1, U2 und U3..

Die **U1** fährt vom südöstlichen Nürnberger Stadtteil Langwasser über den Verkehrsknotenpunkt Hauptbahnhof und weiter in nordwestlicher Richtung nach Fürth.

Die **U2** startet im südwestlichen Stadtteil Röthenbach und fährt über den Hauptbahnhof in Richtung Nordosten weiter zum Nürnberger Flughafen.

Die **U3**, die jüngste Nürnberger U-Bahn-Linie, startet im Westen in Großreuth bei Schweinau, fährt dann ein großes Teilstück auf der gleichen Route wie die U2 und endet schließlich am Nordwestring ein Stück westlich des Stadtteils St. Johannis. Die U3 war übrigens bei ihrer Inbetriebnahme im Jahr 2008 ein technisches Novum, denn sie war die erste vollautomatisch und fahrerlos betriebene U-Bahn Deutschlands. Inzwischen wurde auch die U2 teilweise auf fahrerlosen Betrieb umgestellt, lediglich die U1 fährt noch nicht automatisiert.

Wer die **Nürnberger Altstadt** erkunden will, kann sich in Züge aller drei U-Bahn-Linien setzen und steigt jeweils an der Station „Hauptbahnhof" aus. Noch ein kleines Stück weiter in die Altstadt dringt die U1 vor: Wer bis zur Station „Lorenzkirche" fährt, kommt direkt in der Fußgängerzone (Karolinenstraße) an. Wer nach **Fürth** zur Stadtbesichtigung will, nimmt die U1 und steigt bei der Station „Rathaus" aus. Eine Alternative ist die S-Bahn (S1), die von Nürnberg bis zum Fürther Hauptbahnhof in Innenstadtnähe fährt.

Erlangen ist nicht ans U-Bahn-Netz angeschlossen, kann aber von Nürnberg problemlos mit der S-Bahn (S1) oder mit dem Bus 30 ab Haltestelle „Am Wegfeld" erreicht werden.

S-Bahn und Regionalexpress

Das S-Bahn-Netz im Großraum besteht mittlerweile aus vier Linien, Verkehrsknotenpunkt ist Nürnberg Hauptbahnhof. Fahrten nach Fürth oder Erlangen absolviert man mit der **S1** (die dann über Forchheim weiter nach Bamberg fährt). Alternativ und zum gleichen Preis kann man sich auch in einen Regionalexpresszug (RE) Richtung Sonneberg (Thüringen) setzen (auch einige Züge des RE Richtung Würzburg halten in Fürth und Erlangen).

Wer weiter ins Umland möchte: Die S2 verbindet Roth, Schwabach, Nürnberg, Feucht und Altdorf. Die S3 pendelt in Richtung Südosten zwischen Nürnberg und Neumarkt. Und die S4 bedient die Orte südwestlich von Nürnberg bis Ansbach. Hinzu kommen noch Regionalzüge nach Gräfenberg.

Straßenbahn und Bus

Mit dem Bau der U-Bahn ab Ende der 60er-Jahre ist das Straßenbahnnetz Nürnbergs schrittweise zurückgebaut worden, heute verkehren nur noch fünf Straßenbahnlinien, fränkisch kurz „Strämbers" genannt; in Fürth und Erlangen gibt es überhaupt keine Straßenbahnen (mehr). Der größere Teil des nicht unterirdischen öffentlichen Nahverkehrs wird von den Buslinien bestritten, im gesamten Großraum stehen insgesamt 70 Linien zur Verfügung. Die touristisch interessanteste ist die **Linie 36**, die vom innerstädtischen Verkehrsknotenpunkt Plärrer über den Hauptmarkt zum Dokumentationszentrum Reichsparteitagsgelände fährt. Man kommt an zahlreichen Sehenswürdigkeiten vorbei, ein informatives Faltblatt liegt im Bus aus.

Am Wochenende und vor Feiertagen werden zwischen 1 und 5 Uhr **Nachtbusse (Night-Liner)** eingesetzt. Zu jeder vollen Stunde fahren die Busse der 14 Linien vom Hauptbahnhof Nürnberg aus sternförmig in die Nacht, wobei auch Fürth und Erlangen bedient werden. Die Haltestellen sind an dem zusätzlich angebrachten Schild *Night-Liner* zu erkennen.

VGN-Verkehrstarife

Das Tarifsystem des Verkehrsverbunds Großraum Nürnberg unterscheidet zwischen Städtetarifen (Preisstufen A–F) und Regionaltarifen (Preisstufen 1–10). Für den „Hausgebrauch" reichen die folgenden Hinweise:

Wer sich **innerhalb Nürnbergs bewegt oder von Nürnberg nach Fürth** fahren will, braucht ein Ticket der Preisstufe A.

Einzelticket: Erw. 3,20 €, Kinder zwischen 6 und 14 J. 1,60 €, unter 6-Jährige frei. Fahrrad 1,60 €, Hund 1,60 €. Wer öfter fährt, kann sich ein **4er-Ticket** der Preisstufe A für ebenso viele Fahren besorgen (11 € bzw. 5,50 €). Pro Fahrt wird ein Abschnitt entwertet.

Wer **von Nürnberg nach Erlangen** will, muss ein Ticket der Preisstufe 4 kaufen.

Einzelticket: Erw. 5 €, Kinder zwischen 8 und 14 J. 2,50 €, unter 6-Jährige frei. Fahrrad 2,50 €, Hund 2,50 €. Die geringfügig vergünstigte Variante ist die **10er-Streifenkarte** für 12,30 € (6,10 €); für eine Fahrt müssen vier Streifen abgestempelt werden.

Wer **von Fürth nach Erlangen** will, benötigt ein Ticket der Preisstufe 3.

Einzelticket: Erw. 3,70 €, Kinder zwischen 6 und 14 J. 1,90 €, unter 6-Jährige frei. Fahrrad 1,90 €, Hund 1,90 €. Geringfügig günstiger ist auch hier die **10er-Streifenkarte** für 12,30 € (6,10 €); für eine Fahrt müssen drei Streifen abgestempelt werden.

Wer **nur innerhalb Fürths** unterwegs ist, braucht ein Ticket der Preisstufe B.

Einzelticket: Erw. 2,60 €, Kinder zwischen 6 und 14 J. 1,30 €, unter 6-Jährige frei. Fahrrad 1,30 €, Hund 1,30 €. **4er-Ticket** der Preisstufe B: 9 € bzw. 4,50 €.

Wer **nur innerhalb Erlangen** unterwegs ist, braucht ein Ticket der Preisstufe C.

Einzelticket: Erw. 2,40, Kinder zwischen 6 und 14 J. 1,20 €, unter 6-Jährige frei. Fahrrad 1,20 €, Hund 1,20 €. **4er-Ticket** der Preisstufe C: 8,20 € bzw. 4,10 €.

Die Tickets gelten 90 Minuten, innerhalb dieser Zeit kann man beliebig oft umsteigen (auch von einem Verkehrsmittel aufs andere, also etwa von der U- auf die S-Bahn oder den Bus), sofern man nicht wieder zurückfährt. Einzeltickets sind auch in Bussen und Straßenbahnen erhältlich, in den U-Bahnen und für den Erweb von Mehrfahrten- bzw. Zweitkarten hält man sich an die Fahrkartenautomaten der U-Bahn-Stationen und der größeren Bus- und Straßenbahnhaltestellen. Wer auf Handy-Tickets zurückgreifen will, kann sich unter www.vgn.de/handyticket registrieren.

Alle Wege führen nach Nürnberg

Achten Sie auch auf **Kurzstreckentickets**: Wie weit der Kurzstreckentarif jeweils gilt, wird an jeder Haltestelle angegeben.

Tages- und Wochenendtickets

Wer mehr als zwei Fahrten pro Tag absolviert oder sich grundsätzlich die Möglichkeit offenhalten will, an einem Tag beliebig oft mit den öffentlichen Verkehrsmitteln unterwegs zu sein, greift auf die Tagestickets zurück. Samstag und Sonntag ist das Angebot besonders günstig, denn dann mutieren die Tagestickets entgegen ihrem Namen zu Wochenendtickets, sind also zum gleichen Preis für zwei Tage gültig. Wer allein unterwegs ist, besorgt sich das **TagesTicket Solo**, schon ab zwei Personen ist das **TagesTicket Plus** die günstigere Variante.

TagesTicket Solo: Gültig für eine Person, Gültigkeitsdauer innerhalb der Woche (Mo–Fr): 0 Uhr bis 3 Uhr des Folgetages bzw. bis Betriebschluss des Nachtbusverkehrs; am Wochenende vom Samstag 0 Uhr bis in die Nacht von Sonntag auf Montag (letzte U-Bahn gegen 0:30 Uhr). Preisstufe A (Fahrten innerhalb Nürnbergs und über die Stadtgrenze hinaus bis nach Fürth) 8,30 €.

TagesTicket Plus: Gültig für 1–6 Personen, max. zwei davon ab 18 Jahre (auch Fahrräder werden transportiert, 1 Fahrrad = 1 Person). Gültigkeitsdauer wie TagesTicket Solo. Preisstufe A 12,30 €.

Wer eine ganze Woche vor Ort ist, kann auch über den Kauf einer **7-Tage-Mobi-Card** nachdenken. Sie kostet für die Preisstufe A (Fahrten innerhalb Nürnbergs und über die Stadtgrenze hinaus nach Fürth) 26,70 €, ist übertragbar und ab 9 Uhr (also nach dem Berufsverkehr) auch von zwei Personen gleichzeitig nutzbar.

Mit dem Taxi

Die Grundgebühr der mehr als 600 in Nürnberg, Fürth und Erlangen zuge-

Das nächste Mal nehmen wir den Zug ...

lassenen Taxis liegt bei 3,70 €, für den ersten gefahrenen Kilometer kommen 3,70 € hinzu, für jeden weiteren Kilometer nur noch 2,20 €, ab dem fünften Kilometer 1,60 €.

Die Rufnummer für Taxis ist in **Nürnberg** und **Erlangen** die ✆ 19410 und in **Fürth** die ✆ 0911/777991. Informationen unter www.taxi-nuernberg.de.

Mit dem Fahrrad durch die Stadt

Im Gegensatz zur Fahrradstadt Erlangen ist Fahrradfahren in Nürnberg und Fürth nicht gerade ein Zuckerschlecken. Es fehlen in vielen Stadtteilen gut ausgebaute Fahrradwege und Fahrradstraßen. Das noch immer defizitäre Radwegesystem ist sehr bedauerlich, da die Entfernungen in Nürnberg nicht so groß sind und man sich die Stadt mit dem Fahrrad leicht erschließen kann. Die schönsten Radwege sind im Wiesengrund entlang der Pegnitz angelegt worden. Ein guter Radweg führt parallel zur Stadtmauer rund um die Altstadt.

ADFC, Nürnberg, Heroldstr. 2, ✆ 0911/396132. www.adfc-nuernberg.de.

Mit dem Auto

Für stadtunkundige Autofahrer entpuppt sich die Nürnberger Innenstadt als undurchschaubares Labyrinth, da in den letzten Jahren sämtliche Durchfahrtsstraßen durch die Altstadt unterbrochen wurden. Man kann nur noch an bestimmten Stellen in die Altstadt hineinfahren. Die Suche nach kostenlosen Parkplätzen in der Altstadt ist überflüssig, denn es gibt sie nicht mehr. Dafür stehen in der Altstadt zahlreiche Parkhäuser zur Verfügung; ein Parkleitsystem informiert über freie Kapazitäten. Empfehlenswert sind auch die kostenlosen **Park-&-Ride-Parkplätze**, die man an folgenden Bahnhöfen, U-Bahnhöfen und Straßenbahnhaltestellen findet:

U-Bahn-Stationen: Bauernfeindstraße, Langwasser-Süd, Rothenburger Straße, Röthenbach.

Straßenbahnhaltestellen: Meistersingerhalle, Am Wegfeld.

S-Bahn und andere Bahnhöfe: Burgfarrnbach, Fürth-Vach, Eibach, Reichelsdorf, Katzwang, Dutzendteich, Fischbach, Laufamholz, Mögeldorf.

In **Erlangen** empfiehlt es sich, am Großparkplatz (unterhalb vom Bahnhof) zu parken, da man von hier aus in wenigen Minuten im Zentrum ist.

Hotel Vosteen: schlafen im Stil der 50er-Jahre

Übernachten

Im Großraum Nürnberg, Fürth und Erlangen stehen dem Reisenden rund 25.000 Betten zur Verfügung. Dennoch kann es zu bestimmten Anlässen, wie bei der Spielwarenmesse, dem Christkindlesmarkt oder in der Ferienzeit (Jugendherberge), zu Engpässen kommen; deshalb ist es ratsam, rechtzeitig zu reservieren.

Eine Übersicht mit den Übernachtungsmöglichkeiten in Nürnberg finden Sie auf dieser → Karte S. 220/221. Für die Karten mit den Übernachtungsmöglichkeiten in Fürth und Erlangen finden Sie einen entsprechenden Seitenverweis im Text.

Durch die vielen in den letzten Jahren neu eröffneten Hotels gibt es allein in Nürnberg über 150 Beherbergungsbetriebe mit einem Angebot von mehr als 18.000 Betten. Die Auslastung liegt auf das Jahr gesehen bei knapp über 40 Prozent; es empfiehlt sich daher vor allem am Wochenende die günstigen Konditionen in Anspruch zu nehmen oder zu handeln. Für die Internetrecherche eignet sich das Portal www.hotel.nuernberg.de.

Hotels

Nürnberg

→ Karte S. 220/221

Carlton (ArabellaSheraton) **19** Das traditionsreiche Carlton-Hotel ist nach den umfangreichen Renovierungsmaßnahmen das wohl schönste Hotel in der obersten Preiskategorie. Die Zimmer in den drei Kategorien Classic, Superior oder Executive präsentieren sich im modernen zeitgenössischen Design. Toll ist der Wellnessbereich mit Fitnessstudio und Schwimmbad hoch über den Dächern der Stadt, DZ je nach Reisezeit und Ausstattung 149–575 €; Frühstück 19 €. Eilgutstr. 15, Nürnberg, ✆ 0911/20030. www.sheratonnuernberg.com.

Le Méridien Grand Hotel **14** Die Zimmer des direkt gegenüber dem Hauptbahnhof gelegenen Grand Hotels präsentieren sich mit zeitlos moderner Einrichtung in einem dominierenden Graubraun. Preislich gibt es ein großes Spektrum. Mit Glück bekommt man am Wochenende schon ein EZ ab 109 €, ein DZ ab 129 €, je nach Ausstattung und Reisezeit kann es aber auch leicht mehr als das Doppelte kosten. Bahnhofstr. 1–3, Nürnberg, ✆ 0911/23220. www.marriott.de.

Landhotel Schindlerhof. Das geschmackvoll eingerichtete Haus im nördlichen Nürnberger Vorort Boxdorf ist für seinen überaus freundlichen Service bekannt. Themenzimmer (von Landhaus- bis zum japanischen Ryokan-Stil). Es sind vor allem die Details, die es so liebenswert machen: Im traumhaften Innenhof etwa wird knuspriges Landbrot aus einem alten Backhaus geholt, und in der Herrentoilette liegt die aktuelle Tageszeitung aus. EZ ab 99 €, DZ ab 185 € (jeweils inkl. Frühstück, am Samstagabend günstiger). Steinacher Str. 6–8, Boxdorf, ✆ 0911/93020. www.schindlerhof.de.

MeinTipp **Hotel Vosteen** **1** Das kleine Hotel (nur 22 Betten) am nördlichen Rand der Altstadt ermöglicht eine kleine Zeitreise in die Vergangenheit. Bereits die Lobby mit der offenen geschwungenen Treppe sowie der geschmackvolle Frühstücksraum begeistern. Alle Zimmer sind von der Tapete bis zum Lampenschirm konsequent im Stil der 50er und 60er Jahre eingerichtet, wobei man auf modernen Komfort (tolle Bäder) nicht zu verzichten braucht. Besonders schön sind die Zimmer Audrey, Sophia und Lindenast, heimelig die Zimmer unter Dach. Zudem gefällt das Hotel durch das persönliche Flair, Hotelchefin Christina Summerer kümmert sich liebevoll um ihre Gäste. Obst, Wasser, Tee und Kaffee stehen frei zur Verfügung, zudem gibt es noch Fahrräder, die ausgeliehen werden können. EZ ab 70 €, DZ ab 83 € (inkl. Frühstücksbuffet). Lindenaststr. 12, Nürnberg, ✆ 0911/95512330. www.hotel-vosteen.de.

Ringhotel Loew's Merkur **20** Traditionsreiches Hotel (seit 1930 in Familienbesitz) am Südausgang des Hauptbahnhofs. Das Hotel bietet zeitlos-modernen Vier-Sterne-Komfort. Fahrradfreundlicher Betrieb (Bett + Bike). Poolbereich (8 x 4 m) mit Sauna und Dreamwater-Lounge. Parkplätze (12,50 €). EZ ab 69 €, DZ ab 85 €; Frühstück 14 €. Kinder bis zu 15 Jahren übernachten kostenlos im Zimmer der Eltern (inkl. Frühstück). Pillenreuther Str. 1, Nürnberg, ✆ 0911/994330. www.loews-hotel-merkur.de.

Saxx **5** Direkt am Hauptmarkt bietet das moderne Hotel 103 komfortable Zimmer. Ideal zur Erkundung dr Stadt. DZ ab 97 €; Frühstück 12 €. Garage vorhanden. Hauptmarkt 17, Nürnberg, ✆ 0911/242700. https://saxx-nuernberg.de.

Deutscher Kaiser **12** Zentral gelegenes Hotel in einem denkmalgeschützten Haus im sog. „Nürnberger Stil". Angenehmes, persönliches Flair, großzügige Zimmer. Fitnessraum vorhanden. 90 Betten. EZ 92–238 €, DZ 109–274 € (inkl. Frühstück). Königstr. 55, Nürnberg, ✆ 0911/203341. www.deutscher-kaiser-hotel.de.

MeinTipp **Karl August** **6** Erst 2021 eröffnet, gefällt dieses Boutiquehotel im Herzen von Nürnberg mit seinen geschmackvollen Zimmern und der einzigartigen Lage. Unter dem Dach findet sich noch ein kleines Gym, Sauna und einen ungewöhnlichen, 10 x 4 Meter großen Pool. Garage in unmittlbarer Nähe. DZ ab 124 €, es gibt auch Suiten. Frühstück 18 €. Augustinerstr. 1, Nürnberg, ✆ 0911/3767660. https://karlaugust.de.

Elch **3** Das kleine Hotel in einem Fachwerkhaus aus dem 14. Jahrhundert empfiehlt sich für alle, die gerne in historischen Gemäuern schlafen. DZ ab 85 €. Irrerstr. 9, Nürnberg, ✆ 0911/2492980. www.hotel-elch.eu.

Gideon **11** Zentral gelegenes Hotel in einem Geschäftshaus mit stilvoll-modernen Zimmern und einer wunderbaren Dachterrasse, auf der das Frühstück serviert wird. EZ 89 €, DZ 109 € (10 € günstiger am WE); Frühstück 10 €, Parken 12 €. Königstr. 45, ✆ 0911/6600970. www.gideonhotels.de.

Hotel Victoria **15** Schönes Altstadthotel in unmittelbarer Nähe zum Hauptbahnhof und dem Altstadthof. Die Zimmer zur Rückseite haben einen tollen Blick auf die Glasfassade des Neuen Museums, in der teuersten Kategorie sogar mit einem eigenen Balkon. Zum Frühstück gibt es teilweise Bioprodukte, kleine Frühstücksterrasse hinter dem Haus. EZ ab 82 €, DZ je nach Ausstattung 98–198 €; Tiefgarage 14 €. Königstr. 80, Nürnberg, ✆ 0911/24050. www.hotelvictoria.de.

MeinTipp **Drei Raben** **13** Konzepthotel, in gut der Hälfte der 22 Zimmer wird mit künstlerischen Versatzstücken ein Bezug zur Nürnberger Geschichte hergestellt – etwa mit einem originalen Wandgemälde der Adler-Eisenbahn oder einer Nachbildung des Goldenen Rings vom Schönen Brunnen. An der Wand kann man die dazu passende Geschichte nachlesen. Ein gelungener Versuch, die Uniformität moderner Hotelzimmer aufzuweichen. Sehr ansprechend und modern ist auch die Lounge, in der das Frühstück serviert wird. Die Lage ist absolut zentral: Das Hotel liegt auf halbem Weg zwischen Hauptbahnhof und Lorenzkirche. Zimmer ab 144 € (inkl. Frühstück). Königstr. 63, Nürnberg, ✆ 0911/274380. www.hoteldreiraben.de.

Motel One **18** Kein Motel, obwohl es eine Tiefgarage gibt, sondern ein modernes Kettenhotel am südlichen Rand der Altstadt. Preislich attraktiv, beweist dieses Hotel, dass modernes Design nicht teuer sein muss. Ein Kind bis zu 12 Jahren übernachtet kostenfrei bei den Eltern. DZ ab 69 €, Frühstücksbuffet 9,50 €. Steinbühler Str. 13, Nürnberg, ✆ 0911/2356260. www.motel-one.de.

Prinzregent 8 Ein familiäres Hotel in einem schmucken Jugendstilbau, nur 200 Meter östlich der Altstadt. In den sehr geräumigen Zimmern mit den hohen Decken hat sich aber leider nichts vom Jugendstilambiente erhalten. Sehr schön sind die etwas teureren Superior-Zimmer (tolle Bäder!). Kostenloser Fahrradverleih. EZ ab 73 €, DZ ab 93 € (inkl. Frühstück). Prinzregentenufer 11, Nürnberg, ✆ 0911/588 188. www.prinzregent.net.

Hotel Hauser 7 Kleineres Hotel mit persönlicher Note inmitten der Nürnberger Altstadt in einem herrschaftlichen Barockhaus. Gutes Restaurant (Opatja). EZ ab 79 €, DZ ab 99 € (inkl. Frühstück); Garage 15 €. Unschlittplatz 7, Nürnberg, ✆ 0911/2146690. www.hotel-hauser.eu.

No shoes 10 Ein innovatives kleines Appartement-Hotel im Boutique-Stil, teilweise mit Balkons (ab 135 €). Ruhige, zentrale Lage. Reichhaltiges vegetarisches Frühstücksbuffet. Nonnengasse 8, ✆ 0911/24925040. http://noshoes.de.

Das Paul 9 Direkt über dem gleichnamigen Café-Restaurant gibt es ein kleines Hotel mit ordentlichen modernen Zimmern. Das große Plus ist die absolut zentrale Lage. DZ ab 60 €. Kaiserstr. 22, ✆ 0911/24293939. www.daspaul.com.

Hotel Five 4 In unmittelbarer Nähe des Hauptmarkts befindet sich dieses kleine Boutique-Hotel mit nur 16 Zimmern, direkt über einem Burgerlokal (Five Diner), wo auch das Frühstück serviert wird. Es wurde beim Umbau auf zahlreiche Energiesparmaßnahmen Wert gelegt. DZ ab 71,10 €; Garage 12,50 €. Obstmarkt 5, ✆ 0911/223385. www.hotelfive.de.

Fürth → Karte S. 166/167

Werners Hotel 18 Ansprechendes Hotel-Restaurant in Fürth. Mitten in der Innenstadt gelegen und mit 27 Zimmern alles andere als eine anonyme Herberge. Die Zimmer sind entweder sehr modern mit viel weiß oder im Landhausstil gehalten, wobei uns die schlichten moderneren besser gefallen. EZ ab 72,50 €, DZ ab 119 € (jeweils inkl. Frühstücksbuffet). Friedrichstr. 22, Fürth, ✆ 0911/740560. www.werners-hotel.de.

Hotel PrimaVera Centro 13 Zeitlos, modern und unspektakulär ist dieses Hotel inmitten

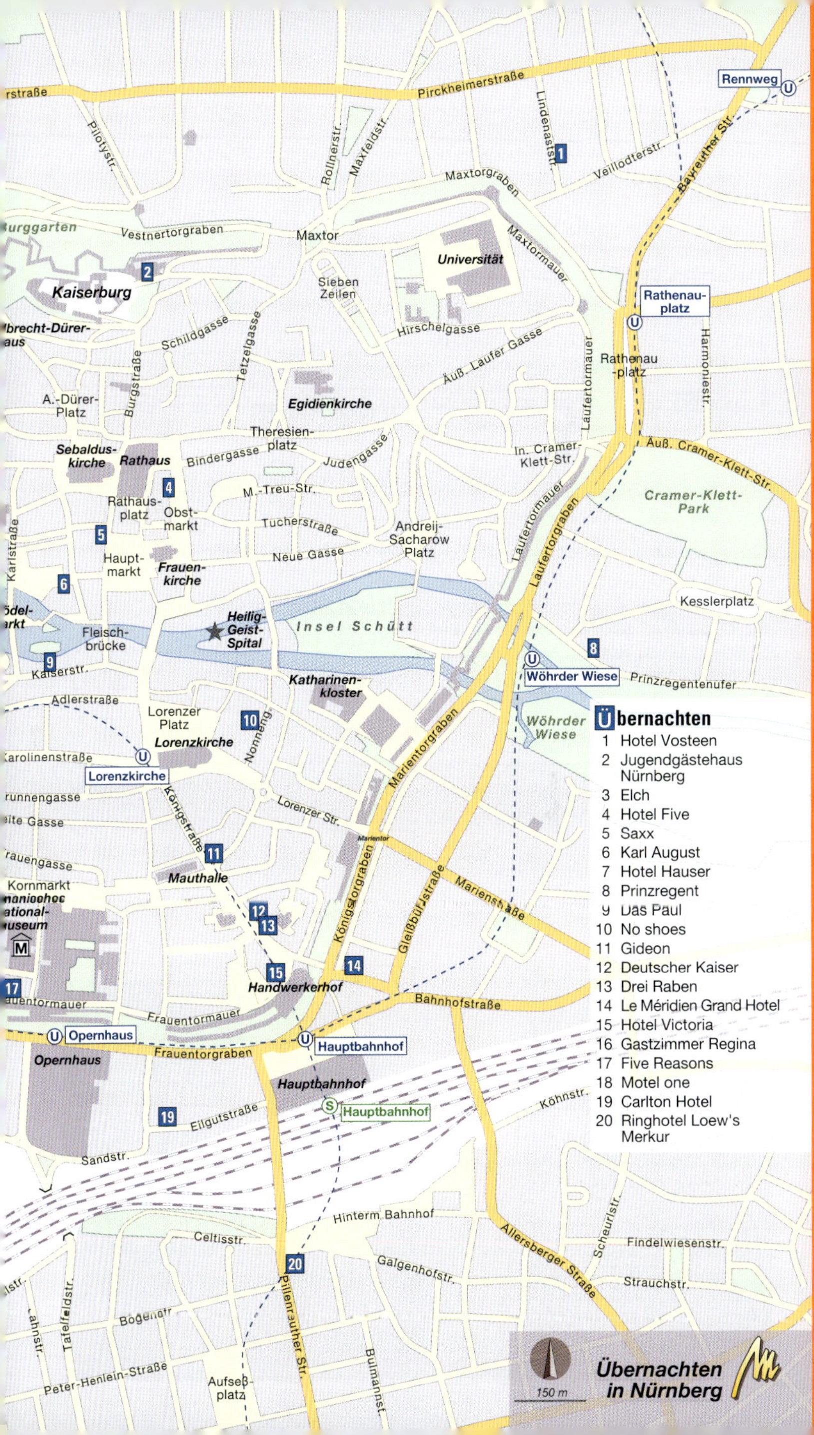
Übernachten
1 Hotel Vosteen
2 Jugendgästehaus Nürnberg
3 Elch
4 Hotel Five
5 Saxx
6 Karl August
7 Hotel Hauser
8 Prinzregent
9 Das Paul
10 No shoes
11 Gideon
12 Deutscher Kaiser
13 Drei Raben
14 Le Méridien Grand Hotel
15 Hotel Victoria
16 Gastzimmer Regina
17 Five Reasons
18 Motel one
19 Carlton Hotel
20 Ringhotel Loew's Merkur
Übernachten in Nürnberg
150 m
Pirckheimerstraße
Rennweg
Pilotystr.
Rollnerstr.
Maxfeldstr.
Lindenastr.
Veillodterstr.
Bayreuther Str.
Maxtorgraben
Vestnertorgraben
Maxtor
Maxtormauer
Universität
Kaiserburg
Sieben Zeilen
Hirschelgasse
Rathenau-platz
Schildgasse
Tetzelgasse
Burgstraße
Äuß. Laufer Gasse
Laufertormauer
Harmoniestr.
A.-Dürer-Platz
Egidienkirche
Theresien-platz
Sebaldus-kirche
Rathaus
Bindergasse
Judengasse
In. Cramer-Klett-Str.
Äuß. Cramer-Klett-Str.
M.-Treu-Str.
Rathaus-platz
Obst-markt
Tucherstraße
Andreij-Sacharow Platz
Cramer-Klett-Park
Laufertorgraben
Haupt-markt
Frauen-kirche
Neue Gasse
Kesslerplatz
Heilig-Geist-Spital
Insel Schütt
Fleisch-brücke
Wöhrder Wiese
Prinzregentenufer
Katharinen-kloster
Adlerstraße
Lorenzer Platz
Lorenzkirche
Nonneng.
Marientorgraben
Königstraße
Lorenzer Str.
Marientor
Mauthalle
Königstorgraben
Gleißbühlstraße
Marienstraße
Handwerkerhof
Bahnhofstraße
Frauentormauer
Opernhaus
Hauptbahnhof
Frauentorgraben
Kornmarkt
Eilgutstraße
Köhnstr.
Sandstr.
Hinterm Bahnhof
Celtisstr.
Galgenhofstr.
Allersberger Straße
Scheurlstr.
Findelwiesenstr.
Strauchstr.
Tafelfeldstr.
Bogenstr.
Pillenreuther Str.
Bulmannstr.
Peter-Henlein-Straße
Aufseß-platz

der Fürther Innenstadt. Moderate Preise: EZ ab 60 €, DZ ab 83 € (inkl. Frühstück). Mathildenstr. 26, Fürth, ✆ 0911/740150. www.hotel-primavera.de.

Erlangen

→ Karte S. 183

Rokokohaus 9 Hinter der stilvollen Rokokofassade verbirgt sich ein kleines, verspieltes Erlanger Hotel (mit Dependance). Meist geschmackvolle, allerdings sehr unterschiedliche Einrichtung. EZ ab 79 €, DZ ab 116 € (inkl. Frühstück). Theaterplatz 13, Erlangen, ✆ 09131/7830. www.hotel-rokokohaus-erlangen.de.

Luise 33 Das Creativhotel am Rande der Erlanger Altstadt wurde mit dem europäischen Preis für nachhaltigen Tourismus ausgezeichnet, zudem ist es das erste CO2-zertifizierte Hotel in Franken. So wird unter anderem das Duschwasser durch eine Solaranlage erwärmt und die Toilette wird mit Regenwasser gespült. Eine kleine Oase ist der Garten hinter dem Haus. Die Zimmer sind komfortabel, aber könnten etwas peppiger sein. Zum Frühstück gibt es selbstverständlich zahlreiche Bioprodukte und Kaffee aus fairem Handel, der Honig und die Marmelade sind zudem regionale Produkte. Entspannung findet man in der großzügigen Wellness-Oase. Ein Fitnessraum steht den Gästen ebenfalls zur Verfügung wie zehn Fahrräder, die kostenlos ausgeliehen werden können. EZ 79–119 €, DZ 89–159 € (inkl. Frühstück). Sophienstr. 10, Erlangen, ✆ 09131/1220. www.hotel-luise.de.

AB Hotel 7 Das am nördlichen Rand der Erlanger Altstadt gelegene Hotel ist in erster Linie günstig. Zu viel sollte man nicht erwarten, dafür rangieren die Preise auf Jugendherbergsniveau. EZ ab 35 €, DZ ab 50 €; Frühstück 5 €. Harfenstr. 1 c, Erlangen, ✆ 09131/924470. www.abhotel.de.

meinTipp **Hotelchen 14** Dieses Hotel ist eine kleine intime Adresse im Herzen Erlangens. Im Sommer kann man im lauschigen Innenhof sitzen. Die individuell eingerichteten Zimmer mit Flair kosten als EZ ab 76 €, als DZ ab 121 € (inkl. Frühstück); Garage 6 €. Theaterstraße 10, Erlangen, ✆ 09131/80860. www.hotelchen-am-theater.de.

Zeitwohnhaus 24 Gefällt durch seine zentrale Lage und die zeitlos-modern eingerichteten Zimmer. Nette Lounge im Erdgeschoss. Wer will, kann auch einen Monat oder länger hier wohnen. Fahrradverleih. EZ ab 80 €, DZ ab 100 €; Frühstück 14 €. Luitpoldstr. 10, Erlangen, ✆ 09131/5303940. www.zeitwohnhaus.de.

Privatzimmer (Bed & Breakfast)

Nürnberg

→ Karte S. 220/221

Unter **www.ebab.de** findet man unkompliziert Zimmer und Wohnungen in Nürnberg. Mit Preisen zwischen 20 und 40 € für eine oder zwei Personen ist dieses Angebot sehr günstig. Eine genaue Beschreibung sowie Bilder finden sich im Internet. Hinweis: In erster Linie richtet sich das Angebot an schwule und lesbische Reisende, allerdings sind häufig auch Heteros als Gäste gerne gesehen.

Themenhotel Drei Raben

MeinTipp **Gastzimmer Regina 16** Im gleichen Gebäude, in dem das Café Salon Regina untergebracht ist, wird auch ein im Stil der 1950er Jahre eingerichtetes Appartement mit Zugang zur Sonnenterrasse im Trend-Stadtteil Gostenhof vermietet. Als EZ ab 45 €, als DZ ab 65 €; Endreinigung 25 €. Fürther Str. 64, Nürnberg, ✆ 0160/97328743. www.gastzimmer-regina.de.

Jugendherbergen/-hotels

Nürnberg

→ Karte S. 220/221

Jugendgästehaus Nürnberg 2 Die Nürnberger Jugendherberge zählt zu den schönsten in ganz Deutschland. Sie liegt am höchsten Punkt der Altstadt, direkt neben der Kaiserburg. Die Jugendherberge kooperiert mit zahlreichen Kultur- und Freizeiteinrichtungen Nürnbergs. In den Sommermonaten empfiehlt sich unbedingt eine rechtzeitige Reservierung. 355 Betten, aufgeteilt in 2- bis 6-Bett-Zimmer. Hinweis: Die Herberge wurde für 20 Millionen Euro komplett renoviert und auf den modernsten Stand gebracht. In vielerlei Hinsicht ähnelt sie seither mehr einem Hotel als einer Herberge. Übernachtung mit Frühstück ab 35,40 €, Halbpension ab 44,30 €. Für Einzelreisende über 27 Jahre wird ein Aufschlag von 4 € pro Nacht erhoben. Burg 2, Nürnberg, ✆ 0911/2309360. www.bayern.jugendherberge.de.

Jugend-Hotel Nürnberg. Als Ausweichquartier empfiehlt sich das Jugend-Hotel in Ziegelstein, nicht weit vom Flughafen entfernt. Mit öffentlichen Verkehrsmitteln etwas umständlich zu erreichen. 130 Betten. Pro Person im DZ ab 26 €; Frühstück 8 €. Rathsbergstr. 300, Nürnberg, ✆ 0911/5216092. www.jugendhotel-nuernberg.de.

MeinTipp **Five Reasons 17** Dieses etwa einen Kilometer westlich des Bahnhofs gelegene Hostel (eine Minute vom Germanischen Nationalmuseum entfernt) ist nicht nur eine Alternative zur Jugendherberge, denn die großzügigen Doppelzimmer sind jedem Mittelklassehotel vorzuziehen. Es werden Zimmer mit unterschiedlicher Bettenzahl angeboten. Großzügig sind die Doppelzimmer mit Holzfußböden, dasjenige im 3. Stock bietet einen herrlichen Blick auf die Stadtmauer und das nachts beleuchtete Opernhaus. Ein besonderes Lob verdienen die tollen Gemeinschaftsduschen! Übernachtung je nach Zimmertyp 22–49 € pro Person. Frauentormauer 42, Nürnberg, ✆ 0911/99286625. www.five-reasons.de.

Mitwohnzentrale

Für einen längeren Aufenthalt vermitteln die in den letzten Jahren gegründeten Mitwohnzentralen Wohnungen oder einzelne Zimmer, je nach Bedarf. Reist man in der Gruppe, kann es sich lohnen, gleich eine ganze Wohnung zu mieten. Zumeist stehen aber nur Zimmer zur Verfügung. In Absprache mit den Vermietern kann teilweise auch die Küche benutzt werden.

Mitwohnzentrale Franken, Hallplatz 15–19, Nürnberg, ✆ 0911/19430. www.mitwohnzentrale-franken.de.

Camping

Nürnberg

Campingpark Knaus im Volkspark Dutzendteich. Der 200 Stellplätze umfassende Nürnberger Campingplatz (ganzjährig geöffnet) befindet sich im ruhigen Volkspark am Dutzendteich, gleich hinter dem Fußballstadion. Plätze und Sanitäranlagen sind gepflegt. In gut fünf Fußminuten ist das Stadionbad zu erreichen; eine knappe Viertelstunde bis zur S-Bahn-Station Frankenstadion. Kosten: Stellplatz, Auto und 2 Personen je nach Saison ab 33,10 €. Hans-Kalb-Str. 56, Nürnberg, ✆ 0911/9812717. www.knauscamp.de.

Erlangen

Camping-Club-Rangau. Am Südufer des Dechsendorfer Weihers, April bis September geöffnet. Stellplatz, Auto und 2 Personen je nach Saison ab 23,70 €. Campingstr. 44, Erlangen, ✆ 09135/8866. www.camping-rangau.de.

Wohnmobilstellplätze

Nürnberg

Es gibt in Nürnberg mehrere ausgewiesene Übernachtungsstandplätze für Wohnmobile. In der Nähe befindet sich immer eine Tankstelle, wo das Abwasser abgelassen werden kann. Standorte: östlicher Volkspark Marienberg (Einfahrt: Kilianstraße); nördlich des Wöhrder Sees (Einfahrt: nach dem Wöhrder Talübergang rechts); am kleinen Dutzendteich (Einfahrt: Münchener Straße beim Hotel Mercure).

Ehekarussell-Brunnen am Weißen Turm

Wissenswertes von A bis Z

Auskünfte/Informationen

Congress- und Tourismus-Zentrale des Nürnberger Verkehrsvereins, Postfach 4248, 90022 Nürnberg, ✆ 0911/23360. www.nuernberg.de; www.tourismus.nuernberg.de.

Tourist Information Nürnberg, Hauptmarkt 18, Mo–Sa 9–18 Uhr, So 10–16 Uhr. ✆ 0911/2336135.

Tourist Information Fürth, Bahnhofsplatz 9, ✆ 0911/2395870. www.tourismus-fuerth.de.

Tourist Information Erlangen, Goethestr. 21a, 91054 Erlangen, ✆ 09131/89510. www.erlangen-marketing.de/tourismus.

Tourismusverkehrsverband Franken e. V., Pretzfelder Str. 15, 90425 Nürnberg, ✆ 0911/941510. www.frankentourismus.de.

Flughafenauskunft, ✆ 0911/93700. www.airport-nuernberg.de.

Bibliotheken und Archive

Staatsarchiv Nürnberg, das größte bayerische Staatsarchiv außerhalb Münchens verwahrt, ordnet und erschließt Archivgut aus den vormals reichsunmittelbaren Territorien rund um Nürnberg. Es ist aus dem Archiv der Reichsstadt Nürnberg hervorgegangen, das 1806 an Bayern fiel und 1880 vom Rathaus in den heutigen Bau umzog. Auf 24 Regalkilometern werden alte Ratsbücher und Krönungsakten sowie zeitgeschichtliche Akten wie das umfangreiche Material zu den Nürnberger Prozessen aufbewahrt. Archivstr. 17, ✆ 0911/935190.

Stadtarchiv Nürnberg, Archivierung stadtgeschichtlicher Zeugnisse von der reichsstädtischen Zeit bis zur Gegenwart. Norishalle, ✆ 0911/2312770. www.stadtarchiv.nuernberg.de.

Stadtbibliothek Nürnberg, die Zentralbibliothek ist tgl. 11–19 Uhr und Sa 11–16 Uhr geöffnet und befindet sich im architektonisch reizvollen Erweiterungsbau des Katharinenklosters. Gewerbemuseumsplatz 4, ✆ 0911/2313106. Zweigstellen gibt es in den Stadtteilen Langwasser, Gostenhof, Gibitzenhof, Schoppershof, Lichtenhof und Maxfeld. Zusätzlich unterhält die Stadt Nürnberg zwei mobile Fahrbibliotheken. www.stadtbibliothek.nuernberg.de.

Nürnberg im Kasten

Das Bestelmeiersche Magazin

In Nürnberg gab es im späten 18. Jahrhundert einen Vorläufer der modernen Waren- und Versandhäuser: das Magazin von *Georg Hieronymus Bestelmeier*. Eine zeitgenössische Beschreibung dieses Magazins ist dem Buch „Reynaldos Reisen durch Deutschland" entnommen. „Wir konnten und wollten Nürnberg nicht verlassen, ohne vorher das Bestelmeiersche Magazin zu besehen, wo man Alles, was Nürnbergische Kunst und Nürnberger Fleiß vermag, beisammen sieht, nur mit Ausnahme der gröberen Arbeiten. In der schönsten Ordnung sind hier viele Tausend Gegenstände von dem geringfügigsten Kinderspielwerk bis zu dem kostbarsten Hausgeräthen zusammengestellt, und bei weitem das Meiste ist die Arbeit Nürnberger oder Fürther Künstler, und von ihnen entweder selbst erfunden, oder den Ausländern auf das glücklichste nachgeahmt. Nur wenige Stücke des Neuesten und Schönsten, was zu Paris und London an Zimmer-, Haus- und Küchengeräthe, Reisebedürfnissen und dergleichen erscheint, lässt Bestelmeier als Muster für die städtischen Künstler kommen; sein ganzer Mehrbedarf ist ihre Arbeit, worin sie oft, wird anders ihre Mühe belohnt, die Ausländer an Feinheit und Pünktlichkeit übertreffen. Nur die Nachbildung solcher Dinge, wozu ihnen der erste Stoff fehlt, wie z. B. englisches und französisches Porzellan, ist ihnen unmöglich."

Johann Heinrich Meynier (1823)

Stadtbibliothek Erlangen, im Palais Stutterheim, Marktplatz 1, ✆ 09131/862282. www.erlangen.de/stadtbibliothek.

Universitätsbibliothek Erlangen, wie es sich für eine Hochschule gehört, ist die Universitätsbibliothek die am besten ausgestattete Bibliothek der Region. Universitätsstr. 4, ✆ 09 131/8523950. www.ub.uni-erlangen.de.

Volksbücherei Fürth, öffentliche Leihbibliothek mit vier Zweigstellen. Fronmüllerstr. 22, ✆ 0911/974733.

Fahrradverleih

Wer nur ein paar Tage in Nürnberg weilt und die Stadt sowie ihre Umgebung mit dem Fahrrad entdecken möchte, kann sich unter folgenden Adressen einen Drahtesel leihen:

VAG-Rad, etwa 1500 Leihfahrräder und Leihlasträder stehen allen Nürnbergern und Gästen der Stadt an 38 Stationen zur Verfügung. Nach einmaliger Registrierung (am Verleihterminal, per Internet oder per App) kann man das System nutzen. Kosten: 1 € für 20 Min. (max. 10 € pro Tag). www.vagrad.de.

Ride on a Rainbow, vom simplen Ein-Gang-Rad bis hin zu Rennrad, Mountainbike, Pedersen-Rad, Liegerad und Kinderanhänger ist alles zu mieten, was das Herz eines Fahrradfreaks begehrt. Adam-Kraft-Str. 55, ✆ 0911/397337. http://fahrradladen-nürnberg.de/ride-on-a-rainbow.

Fahrradkiste, Henkestr. 59, Erlangen, ✆ 09 131/209940. www.fahrradkiste.eu.

Fernmeldeturm

Der Nürnberger Fernsehturm ist mit seinen 284 Metern immerhin der dritthöchste in Deutschland und der sechsthöchste Fernsehturm der Welt. Leider ist derzeit die Besucherplattform nicht öffentlich zugänglich.

Fundbüros

Fundbüro Stadt Nürnberg, Siebenkeesstr. 4. ✆ 0911/81009770. www.fundbuero-nuernberg.de.

Fundbüro Stadt Fürth, Schwabacher Str. 170, ✆ 0911/9742387.

Fundbüro Stadt Erlangen, Caritasverband, Mozartstr. 29, ✆ 09131/885650.

Fundservice der Deutschen Bundesbahn, Hauptbahnhof Nürnberg (Osttunnel), ✆ 0911/2192021.

Galerien

Artothek, die Artothek ist keine Verkaufsgalerie, sondern eine „Leih"-Galerie. Seit 1991 bietet die Nürnberger Artothek die Möglichkeit, gegen eine geringe Gebühr an zeitgenössische Kunst für die „eigene" Galerie zu kommen. Jeder Bürger und jede Bürgerin (ab 16 J.) aus dem Großraum kann mit einem Leihausweis mehrere gerahmte und versicherte Kunstwerke des rund 620 Exemplare umfassenden Fundus für zwölf Wochen mit nach Hause nehmen (pro Werk und Quartal 12 €). Königstr. 93, ✆ 0911/209200. www.artothek-online.de.

Galerie Sima, Hochstr. 33, ✆ 0911/263409. www.simagalerie.de.

Galerie Lutz mit der blauen Tür, Friedrichstr. 34, ✆ 0911/3659299. https://galeriemitderblauentuer.regional.de.

Galerie Röver, Großweidenmühlstr. 19, ✆ 0911/336897. www.galerie-röver.de.

Galerie Voigt, Obere Wörthstr. 1, ✆ 0911/226586. www.galerievoigt.de.

Kreis Galerie, Kartäusergasse 14, ✆ 0911/2348610. https://der-kreis-ev.jimdo.com.

Kunst Galerie Fürth, Königsplatz 1, ✆ 0911/9741690. www.kunst-galerie-fuerth.de.

Kunst in der Fürther Altstadt

Internet

Wer sich bereits vorab beim Surfen im Internet über Nürnberg informieren will, kann dies unter folgenden Adressen tun:

www.nuernberg.de (die offizielle Seite der Stadt mit touristischen Hinweisen).

www.fuerthfaktor.de (ein interessantes Magazin über Fürth mit Shopping- und Restauranttipps)

Kartenvorverkauf

Karstadt, Königstr. 14, 2. Stock, ✆ 0911/2132050.

Nürnberger Nachrichten Ticket Corner, Hallplatz 2, ✆ 0911/2162298.

Franken-Ticket, Fürth, Königstr. 95, ✆ 0911/749340. www.frankenticket.org.

Kochkurse

Kochkurse sind seit ein paar Jahren sehr beliebt. Auch Nürnbergs Starkoch Andree Köthe (2 Michelin-Sterne) gewährt mehrmals jährlich interessierten Hobbyköchen Einblicke in seine Kochkünste. Die Kochkurse finden im Bulthaup-Küchenstudio statt (www.breitsprecher.bulthaup.de). Auch Christian Wonka vom Restaurant Wonka (www.restaurant-wonka.de/Kochkurse) sowie Daniela Burkel vom Würzhaus (www.wuerzhaus.info) und Stefan Rottner vom Gasthaus Rottner (www.rottner-hotel.de/Kochschule) bieten Kochkurse an.

Weitere Anbieter unter www.mobilekochkunst.de; www.wittenstein-tafelfreuden.de, www.catering-nuernberg.net und www.kochkurs-nuernberg.de.

LGBT+

Die Schwulengruppe **Fliederlich e. V.** (Sandstr. 7, ✆ 0911/42345710, www.fliederlich.de) unterhält ein eigenes Büro in Nürnberg und gibt eine Zeitung, die Nürnberger Schwulenpost,

Nürnberg im Kasten

Frankens unbekannter Jamie Oliver

Dass Franken respektive Nürnberg in der Kochkunst lange Zeit tonangebend war, beweist auch das erste gedruckte Kochbuch in deutscher Sprache: Die „Kuchemaistrey" wurde 1485 von dem Verleger Peter Wagner in Nürnberg veröffentlicht. Das Buch gründet auf einer süddeutschen Rezeptsammlung und wurde schnell zu einem Bestseller, erschien bis 1674 in zahlreichen Auflagen sowie vielen Raubkopien. Der unbekannte Autor, der in fränkischer Mundart schreibt, widmet sich der gehobenen spätmittelalterlichen Küche, wobei sich neben einer Vorliebe für Petersilie und Flusskrebse auch italienische Einflüsse finden, was sich durch die engen Kontakte zwischen der Reichsstadt Nürnberg und Venedig erklären lässt. Es werden vor allem Wild- und Fischgerichte beschrieben, deren Zubereitung nicht ohne Raffinesse ist: So wird ein Hecht erst geviertelt, dann werden die verschiedenen Teile entweder gebraten, in Wein gekocht, in Essig eingelegt oder gebacken, anschließend werden sie wieder zusammengefügt und mit Petersilie bestreut serviert. Und selbst ein Schlusskapitel über die Diät fehlt nicht …

heraus. Die wichtigsten Aspekte der Arbeit des Vereins sind einerseits der Abbau von Vorurteilen, andererseits der Kampf gegen die gesellschaftliche Diskriminierung sowie die Vertretung schwuler Interessen. Günstige Zimmer und Wohnungen für Schwule und Lesben findet man im Internet unter www.ebab.de. Aktuelle Kneipentipps finden sich auf der Website des NLC (Nürnberger Lederclub, www.nlc-nuernberg.de) unter den Links zu „Nürnberg Szene" sowie unter www.gaycon.de.

Lebkuchen

Dem Lebkuchen kommt in Nürnberg die Bedeutung eines Nationalheiligtums zu. Zwar gab es in anderen deutschen Städten schon lange vorher nachweisbar eine Zunft der Lebküchner, aber nur in Nürnberg wurde die Kunst des Lebkuchenbackens so gepflegt und hochgehalten, dass der Nürnberger Lebkuchen neben den Nürnberger Bratwürsten zu einem Wahrzeichen der Stadt geworden ist. Der endgültige Aufstieg des Nürnberger Lebkuchens begann vor knapp zweihundert Jahren. Für weite Teile des aufstrebenden Bürgertums in Deutschland gehörten Lebkuchen zum festen Bestandteil des weihnachtlichen Gabentisches. Schon Johann Wolfgang Goethe, in vielerlei Hinsicht kein Kostverächter, ließ sich Nürnberger Lebkuchen nach Weimar schicken.

Elisenlebkuchen müssen zu mindestens 25 Prozent aus Mandeln und Haselnüssen bestehen und dürfen höchstens zehn Prozent Mehl enthalten. Mittlerweile ist das Lebkuchengeschäft fest in der Hand von ein paar Großbetrieben. Der Lebkuchen von heute wird am Fließband produziert. Bei 220 Grad Celsius sind die Lebkuchen nach acht Minuten fertig gebacken. Ein Kühlkanal und Spezialvorrichtungen zur automatischen Stapelung ermöglichen es, dass die Lebkuchen schon nach einer halben Stunde versandfertig sind. Neben den großen Firmen haben sich aber immer noch einige wenige kleine Lebküchnereien halten können. Von hervorragender Qualität sind die Lebkuchen von **Eckstein**, Maxfeldstr. 69, ✆ 0911/354155 (www.lebkuchen-eckstein.de), **Mirus**, Pirckheimerstr. 101, ✆ 0911/54744 (www.lebkuchen-mirus.de) und von **Fraunholz**, Wilhelm-Marx-Str. 8, ✆ 0911/335555 (www.fraunholz-lebkuchen.de). Die nach Meinung des Autors besten Lebkuchen Nürnbergs gibt es in der **Bäckerei Düll**, die in der

Innenstadt zwei Filialen betreibt (Bergstr. 23 und Josephsplatz 32; www.lebkuchen-nuernberg.com), in denen man auch den günstigen Lebkuchenbruch kaufen kann.

Bei den großen Firmen – wie **Haeberlein-Metzger**, **Schuhmann**, **Schmidt**, **Weiss** und **Wicklein** – kann man direkt ab Fabrik Lebkuchen und Lebkuchenbruch zu etwas günstigeren Preisen erstehen.

Märkte

Grüner Markt, Hauptmarkt, Mo–Sa 7–20 Uhr.

Spargelmarkt, einwöchiges kulinarisches Happening während der Spargelsaison auf dem Hauptmarkt.

Langwassermarkt, Heinrich-Böll-Platz, Sa 8–13 Uhr.

Kobergerplatz, Fr 8–17 Uhr.

Wochenmarkt Gostenhof, Do 10–18 Uhr vor der Dreieinigkeitskirche.

Wochenmarkt Erlangen, Mo–Sa 7–14 Uhr auf dem Schlossplatz.

Erlanger Bauernmarkt, Marktplatz, Fr 9–14 Uhr am Rathausplatz.

Fürther Bauernmarkt, Waagplatz, Sa 7.30–13 Uhr.

Notruf und Notdienst

Ärztlicher Notdienst in Nürnberg: Adcom Center, Bahnhofstr. 11 a, ✆ 0911/191212.

Presse

In Nürnberg erscheinen zwei regionale Tageszeitungen. Ab etwa 23 Uhr kann man die Nürnberger Nachrichten und die Nürnberger Zeitung in der Ausgabe des kommenden Tages am Hauptbahnhof erstehen. NN und NZ, die wichtigsten Standbeine des „Verlags Nürnberger Presse", sind mit ihrem Anzeigenteil der Werbeträger Nr. 1 in der Region Mittelfranken. Mit einem anderen Mantel und zusätzlichem Lokalteil erscheinen die Nürnberger Nachrichten auch als Fürther Nachrichten und Erlanger Nachrichten.

Nürnberg im Kasten

Lebkuchenrezepte über die Jahrhunderte

„Nimm ein Pfund Zucker, ein halbes Seidelein oder Achtelein Honig, vier Lot Zimmet, anderthalb Lot Muskatrimpf, zwei Lot Ingwer, ein Lot Cardumumlein, ein halb Quentlein Pfeffer, ein Diethäuflein Mehl. Mach ein Lebkuchen fünf Lot schwer."
Rezept aus dem 16. Jahrhundert

„Nehmt Farinmehl und Honig, jedweds gleichviel. Lasst beides über dem Feuer ein wenig vergehn. Mischt Gewürznägelein, Ingwer, Pfeffer, Citronat, Citronenschale und gut Teil abgezogene Mandeln darunter, alles gröblich zerstoßen und zerschnitten, und zwar jedes nach Belieben. Vermischt es wohl durcheinander, wirket es mit Weizenmehl zu einem Teig aus. Drück' selbigen in Form und lass es im Ofen abbacken. Überstreiche es dann mit Honigwasser, so sind sie fertig."
Aus einem Nürnberger Kochbuch (1702)

„Zucker, Weizenmehl, Ölsamen (Haselnüsse, Walnüsse, Mandeln in veränderlichen Gewichtsanteilen), Fruchtzubereitung, Schokoladenüberzug, Oblaten, Apfelextrakt, Volleipulver, Karamellzuckersirup, Persipan, Gewürze, Sojamehl, Trockeneiweiß, Backhonig, Glukosesirup, Stärke, Magermilchpulver, Backtriebmittel: Ammoniumcarbonat, Emulgatoren: Mono- u. Diglyceride, veresterte Mono- u. Diglyceride, Verdickungsmittel: Guarkernmehl, Carrageen, Pektin, Säuerungsmittel: Natriumdiacetat, Citronensäure, Apfelpüree, Milcheiweiß, Arrak-Verschnitt."
Zutaten eines im Jahr 2021 industriell hergestellten Nürnberger Lebkuchen

Nürnberger Nachrichten (NN), Marienplatz 1–5, ✆ 0911/2160, auflagenstärkste Zeitung in Nordbayern mit liberaler Tendenz. www.nordbayern.de.

Nürnberger Zeitung (NZ), Marienplatz 1, ✆ 0911/23510, konservative Ausrichtung. www.nordbayern.de.

Straßenkreuzer, das regionale Sozialmagazin erscheint 11-mal im Jahr und wird auf der Straße verkauft. www.strassenkreuzer.info.

Doppelpunkt, kostenlos in Kneipen ausliegendes Monatsmagazin mit Kulturtipps, Veranstaltungskalender und Kleinanzeigen. www.doppelpunkt.de.

curt, Szenemagazin, das kostenlos verteilt wird und über die neuesten Trends und Events im Nürnberger Nightlife informiert. www.curt.de.

Radio

Seit ein paar Jahren ist die Medienlandschaft bekanntermaßen im Umbruch. Im Nürnberger Sendegebiet haben sich bisher sechs private Radiosender auf dem Markt etablieren können, die sich aber – abgesehen von Radio Z – nur wenig voneinander unterscheiden.

Lokalstationen

Radio Charivari (UKW 98.6 MHz)

Radio F (UKW 94.5 MHz)

Radio Gong (UKW 97.1 MHz)

Radio NRJ (UKW 95.8 MHz)

Hitradio N1 (UKW 92.9 MHz)

Radio Z (UKW 95.8 MHz), Sendezeit 14–2 Uhr;

Schwimmen

Badeseen

Langsee → Freibäder.

Kleiner Dutzendteich, auch wenn hier schon die Teilnehmer eines Minitriathlons ihre Bahnen gezogen haben, eignet sich der kleine Dutzendteich nur bedingt zum Schwimmen.

Birkensee, zwischen Schwaig und Diepersdorf gelegener ehemaliger Baggersee. Auf dem großen Parkplatz halten und dann 800 Meter zu Fuß. Ideal zum Grillen. Bei FKK-Freunden beliebt ist das Nordwestufer. Viele Hunde und am Wochenende sehr voll.

Hallenbäder

Der Eintrittspreis in die städtischen Hallenbäder liegt bei 4,70 € für Erwachsene oder 3,20 € bzw. 2,30 € (ermäßigt). Über die genauen Öffnungszeiten der Nürnberger Bäder informiert der Ansagedienst des städtischen Bäderamtes, ✆ 0911/890700. www.nuernbergbad.de.

Bäckerei Düll: Nürnbergs beste Lebkuchen

Nürnberg

Langwasserbad, Hallenbad mit 50-m-Becken. Breslauer Str. 251, ✆ 0911/803979.

Nordostbad, mit Außenbecken und Doppelröhrenrutsche „Body Racer". Oft sehr voll. Elbinger Str. 85, ✆ 0911/515025.

Südstadtbad, mit Sprungturm, Rutsche, Sauna und Außenbecken. Allersberger Str. 120, ✆ 0911/443884.

Palm Beach Freizeitparadies, mit Wellenbad, Schwimmbecken, mehreren Wasserrutschen, Whirlpools, Sauna mit Dampfbad und Solarium. Albertus-Magnus-Str. 29, 90547 Stein (bei Nürnberg), ✆ 0911/688350. www.palm-beach.de.

Fürth

Fürthermare, im Herbst 2007 eröffnet, mit Riesenrutsche, Thermalbad und Sauna. Tgl. 10–23 Uhr. Fürth, Scherbsgarten 15, ✆ 0911/9704250. www.fuerthermare.de.

Erlangen

Röthelheimbad, große Sportschwimmhalle mit 50-m-Becken, Erlangen, Gebbertstraße 121, ✆ 09131/862928.

Westbad, neu gebautes Hallenbad mit Schwimmer- und Lehrschwimmbecken. Großer Kleinkinderbereich mit Planschmöglichkeiten auf zwei Ebenen. Zudem Vitalbereich mit Dampfbad, Textilsauna und Ruhezone. Damaschkestr. 129, ✆ 09131/8234176.

Freibäder

Die Freibäder sind je nach Wetterlage von Anfang Mai bis Mitte September geöffnet. Die Saisonkarten der städtischen Freibäder in Nürnberg wurden durch eine unverschämt teure Halbjahreskarte (200 €) ersetzt.

Nürnberg

Freibad West, mit 10-Meter-Sprungturm. Das traditionsreiche Bad (beheizt) an der Pegnitz wurde 2011 komplett renoviert und präsentiert sich mit neuen Edelstahlbecken, Sprungturm sowie Riesenrutschen. Wiesentalstr. 41, ✆ 0911/330262.

Naturgartenbad, unbeheizt, kein Plansch-, aber schönes Überlaufbecken und Kinderbecken. Derzeit das „In-Bad" in Nürnberg. Rund ums Schwimmbecken und auf der angrenzenden Wiese tummeln sich all diejenigen, die sehen und gesehen werden wollen. An warmen Sommertagen findet sich dort kaum mehr ein Platz für das schmalste Badetuch. Schlegelstr. 20, ✆ 0911/592545.

Stadionbad, das von der Anlage her schönste Freibad Nürnbergs. Stammt aus den 1920er Jahren, Dusch- und Toilettengebäude im Bauhausstil. Neue Edelstahlbecken, große Spielwiese, FKK-Ecke, Sprungturm, Strömungskanal und Riesenrutsche, die die architektonische Geschlossenheit stört, aber bei den vielen jugendlichen Badegästen beliebt ist. Beheizt. Hans-Kalb-Str. 42, ✆ 0911/869287.

Bayern 07, vereinseigenes Bad, das seine besten Tage schon hinter sich weiß. Dafür findet sich auf der Liegewiese immer Platz (auch zum Beach-Volleyball-Spielen). Am Pulversee 1. www.bayern07.de.

Langseebad, kleiner, sehr kalter See an der Pegnitz. Planschbecken. Auf der Liegewiese mischen sich Nackte und andere. Publikum: Naturverbundene Alt-68er und Sonnenanbeter, denen die Leute im Naturgartenbad zu gestylt sind, sowie Liebhaber von ungechlortem Wasser. Der Sportverein TSV 1846 betreibt hier seit 1921 ein öffentliches Freibad. Ebenseestr. 35, ✆ 0911/543516.

Clubbad, beheizt, mit 50-Meter-Edelstahlbecken. Valznerweiherstr. 200, ✆ 0911/404500. www.fcn-schwimmen.de.

Nürnberg im Kasten

Zum Sonnenbaden nach Nürnberg!

Richtig gelesen! Wie die Zeitschrift „Men's Health" ermittelte, ist Nürnberg die zweitsonnigste Stadt Deutschlands. Im Durchschnitt der letzten 30 Jahre scheint die Sonne pro Jahr 1698 Stunden lang. Unter den 50 größten Städten des Landes hat nur Freiburg mit 1740 Sonnenstunden mehr zu bieten. Rimini, Mallorca ade – Nürnberg, wir kommen!

Das Stadionbad besitzt einen 10-Meter-Turm

Fürth

Sommerbad, landschaftlich schön im Fürther Rednitzgrund gelegen, mit Schwimm- und Erlebnisbecken (beheizt), Beach-Volleyball-Plätze. Scherbsgraben 25, ✆ 0911/72305455.

Erlangen

Röthelheimbad, modernes beheiztes Freibad in Erlangen mit 50-m-Becken in der Sportschwimmhalle. Gebbertstr. 121, ✆ 09131/862902.

Freibad West, ebenfalls in Erlangen mit beheiztem Edelstahlbecken, bis Mitte Sept. geöffnet. Damaschkestr. 129, ✆ 09131/862942.

Stadtführungen und -rundfahrten

Nach wie vor eine der besten Möglichkeiten, eine Stadt zu erkunden. Leider beschäftigen sich Stadtführungen vielerorts allzu oft nur mit den bedeutenden Sehenswürdigkeiten. In Nürnberg, Fürth und Erlangen bietet der Verein **Geschichte für Alle e. V.** ein breites Spektrum themenorientierter Stadtführungen an, die für Einheimische wie Fremde gleichermaßen interessant sind. Der Verein ist dabei sehr auf die wissenschaftlich fundierte Ausarbeitung und die didaktische Umsetzung seiner Stadtführungen bedacht. Das ganze Jahr über können Interessierte an einem der zahlreichen Rundgänge teilnehmen. Eine Voranmeldung ist nicht erforderlich. Für 9,50 € (erm. 8,50 €) erfährt man Details über das „Leben im mittelalterlichen Nürnberg", „Das ehemalige Reichsparteitagsgelände", die „Geschichte der Juden" in Nürnberg, Fürth und Erlangen sowie über verschiedene Stadtteile. Zudem gibt es spezielle Führungen für Kinder („Von Königen, Rittern und Edelfrauen", etc.). Die Touren können auch von Gruppen gebucht werden. Ferner werden pädagogisch konzipierte Stadterkundungsspiele angeboten. Weitere Informationen und Programme gibt es bei Geschichte Für Alle, Wiesentalstr. 32, ✆ 0911/332 735. www.geschichte-fuer-alle.de.

Außerdem findet in Nürnberg tgl. um 13.30 Uhr eine Führung (Mai bis Okt. auch Sa und So um 10.30 Uhr) des **Vereins der Gästeführer Nürnbergs** durch die Altstadt statt, die 12 € kostet. Treffpunkt: Tourist-Information am Hauptmarkt. Weitere Touren auf www.nuernberg-tours.de.

Sehr interessant sind auch die **Schichtwechsel**-Führungen des Obdachlosenmagazins Straßenkreuzer. Diese werfen einen Blick auf den von Armut und gesellschaftlicher Ausgrenzung geprägten Alltag. Kosten: 10 €, erm. 6 €. www.strassenkreuzer.info/stadtfuehrungen.

Schleckermäulern empfiehlt sich eine **kulinarische Führung** durch Nürnberg („Wie schmeckt Nürnberg?"). Es geht entweder durch St. Johannis oder durch die Altstadt. Jeweils mit rund sechs Stationen. Alles für magenfüllende 59 €. ✆ 0160/2671787. www.wie-schmeckt-nuernberg.de.

An einer **Stadtrundfahrt** mit dem Bus kann man vom 1.5. bis 31.10. und vom 30.11. bis 23.12. tgl. um 10 Uhr teilnehmen. Abfahrt: Königstr. 93, Dauer 2 Std., 15 €, Kinder 8 €. ✆ 09107/997 979. www.nürnberg-stadtrundfahrt.de.

Altstadtrundfahrt mit der „Bimmelbahn". Von April bis Okt. tgl., im März und Nov. nur am Wochenende. Abfahrt: 10.15, 11.15, 12.15, 13.15, 14.15, 15.15 und 16.15 Uhr am Hauptmarkt (Schöner Brunnen). Dauer 0:30–0:40 Std., 9 €, erm. 4 €. www.city-tour.info/nuernberg/stadtrundfahrt.

Ungefähr sechsmal jährlich führen die **Altstadtfreunde Nürnberg e. V.** zu verschiedenen historischen Gebäuden. Informationen: Weißgerbergasse 10, ✆ 0911/241393. www.altstadtfreunde-nuernberg.de.

Mit dem **Segway** Nürnberg zu erkunden ist eine ungewöhnliche aber interessante Alternative. Tourpreis 50 € pro Pers., Dauer 2 Std., buchbar für 4–7 Personen. ✆ 09133/7687819. www.segtour-nuernberg.de.

Stadtführungen in **Erlangen** organisiert der Verkehrsverein, Rathausplatz 1, ✆ 09131/89510. Zu Führungen in **Fürth** erhält man unter ✆ 0911/2395870 Auskunft. Es gibt ein vielfältiges Programm mit themenorientierten Rundgängen. Die Teilnahme an den Rundgängen kostet 8 €, erm. 3 €. www.erlangen.info/stadtfuehrungen.

Surfen

Nürnberg ist ein Surferparadies. Pegnitz statt Hawaii. Seit März 2022 gibt es eine künstliche Surfwelle im Westen der Stadt.

Nürnberg im Kasten

Der „Glubb"

Ein Name, eine Mannschaft. Wenn vom „Club" bzw. – in der „Landessprache" – vom „Glubb" die Rede ist, wissen Fußballfans aus ganz Deutschland, wer gemeint ist: Der 1. FC Nürnberg. Am 4. Mai 1900 gegründet, hat der Club den deutschen Fußball vor allem in der Zeit zwischen den Weltkriegen dominiert. Insgesamt neun Titel gewannen die Nürnberger und konnten sich lange Zeit als „deutscher Rekordmeister" rühmen, bevor ihnen die Münchner Bayern diesen Ehrentitel abnahmen. Nur eins haben die Münchner den Nürnbergern nicht nachgemacht: Im Jahre 1968 gewann der Club seinen letzten Meistertitel, in der darauf folgenden Saison erfolgte der Abstieg in die Zweitklassigkeit – ein Novum im deutschen Fußball! Ein hartes Schicksal, doch die Nürnberger Fans sind ihrem Club auch in den schweren Zeiten der Zweit- und Drittklassigkeit felsenfest verbunden geblieben. Diese Nibelungentreue ist mehrfach mit einem Wiederaufstieg in die Fußballbundesliga belohnt worden, und als der Verein im Mai 2007 in Berlin den DFB-Pokal gewann, stand ganz Nürnberg Kopf. Ein Jahr später folgte dann allerdings das Déjà-vu: Der Club stieg – diesmal als Pokaltitelträger – aus der Bundesliga ab. Auch das hatte bis dahin kein anderer Verein geschafft ...

Für wahre Fans lohnt sich ein Besuch des Club-Museums am Trainingsgelände in der Valznerweiherstr. 200. Zu den Devotionalien gehört auch die berühmte Mütze von Torwart-Legende Heiner Stuhlfauth. Mo–Fr 9–12.30 und 13.30–17 Uhr, der Eintritt ist frei!

Altes Straßenschild mit Seltenheitswert

Für drei Millionen Euro wurde die acht Meter breite „Fuchslochwelle" gebaut, die in einem Kanal parallel zur Pegnitz verläuft. Das aufgestaute Flusswasser wird über eine Rampe durch den Kanal gelenkt, wo es auf langsameres Wasser trifft, so dass eine Welle entstehen kann. Mit einem Surfbrett kann man dann gegen die Fließrichtung surfen. Infos unter www.nuernberger-dauerwelle.de.

Straßenbahnnostalgie

Von Februar bis November an jedem ersten Wochenende im Monat und im Dezember an jedem der vier Adventswochenenden kann man mit der historischen Burgringlinie 5 um die Stadtmauer herumfahren (9 €, ermäßigt 5,50 €). Die Nostalgiebahn startet an den jeweiligen Wochenenden von 10.30 bis 16.30 Uhr zu jeder vollen Stunde am Hauptbahnhof. Fahrpreis inkl. Eintritt ins historische Straßenbahndepot: 6 €, erm. 3 €. Wer will, kann zu besonderen Anlässen ein historisches Fahrzeug mieten. Infos: ✆ 0911/2834592. www.sfnbg.de/index.php/de/hist-fahrten/burgringlinie.

Telefon

Beachtet man die folgenden Hinweise, so kann man sich anhand der Telefonnummern orientieren:

Innerhalb von Nürnberg und Fürth ist keine Vorwahl nötig. Ausnahme: die südlichen Stadtteile wie Katzwang haben oft die Schwabacher Vorwahl „09122". Erlangen hat die Vorwahl „09131". Für das Telefonieren von anderen Städten oder Regionen in Deutschland nach Nürnberg oder Fürth muss man die Vorwahl „0911" wählen.

Wandern

Rund um Nürnberg, Fürth und Erlangen existieren zahlreiche attraktive Wandergebiete, von denen die Fränkische Schweiz das bekannteste ist. Wer nicht gerne alleine wandert, kann sich an den Fränkischen Albverein wenden, der geführte Wanderungen anbietet und sich auch um die Markierung der Wanderwege kümmert. **Fränkischer Albverein e. V.**, Heynestr. 41, Nürnberg, ✆ 0911/429582. www.fraenkischer-albverein.de.

Kompakt

Alle Museen

Nürnberg kann sich einer der vielfältigsten Museumslandschaften Deutschlands rühmen. Wer also gern ins Museum geht, kommt in Nürnberg auf seine Kosten. Für ganz fleißige Museumsbesucher bieten die städtischen Museen in Nürnberg eine **Tageskarte** an, mit der man für 9 € sieben städtischen Museen besuchen kann (→ S. 211). Für alle Besucher, die mindestens eine Nacht in Nürnberg verbringen, gibt es die **Nürnberg Card**, die neben weiteren Vergünstigungen auch zwei Tage lang freien Eintritt in (fast) alle Museen in Nürnberg und Fürth sowie freie Fahrt mit den öffentlichen Verkehrsmitteln bietet (→ S. 212).

(Stadt-)Geschichte

Kaiserburgmuseum: Mittelalterliche Wehrtechnik mit Ritterrüstungen und Schwertern ▪ S. 25

Henkerhaus: Einblicke in das Leben eines Henkers und zur Rechtsgeschichte ▪ S. 37

Lochgefängnisse: Folter in einem mittelalterlichen „Untersuchungsgefängnis" ▪ S. 43

Stadtmuseum Fembohaus: Eine Reise in die Nürnberger Geschichte ▪ S. 41

Museum |22|20|18| Kühnertsgasse (Handwerkermuseum): Einblicke in den Alltag und das Arbeitsleben der reichsstädtischen Handwerker ▪ S. 61

Memorium Nürnberger Prozesse: Von 1945 bis 1949 fanden im Schwurgerichtssaal 600 die „Nürnberger Prozesse" statt ▪ S. 82

Dokumentationszentrum Reichsparteitagsgelände: Dauerausstellung „Faszination und Gewalt" zur NS-Ideologie und Reichsparteitagsarchitektur ▪ S. 130

Museum Industriekultur: Die Geschichte der Industrialisierung mit Schwerpunkt Nürnberg ▪ S. 143

Stadtmuseum Ludwig Erhard: Fürther Stadtgeschichte mit Schwerpunkt Wirtschaft ▪ S. 155

Kriminalmuseum: Geschichte der Fürther Polizei und Gerichtsbarkeit ▪ S. 160

Stadtmuseum Erlangen: Mittelalter, Hugenotten und Siemens ▪ S. 178

Für große und kleine Kinder

Spielzeugmuseum: Nürnbergs Tradition als Spielzeugstadt museal aufbereitet ▪ S. 38

Bratwurstmuseum: Die Nürnberger Bratwurst hat es seit 2021 auch ins Museum geschafft ▪ S. 37

Kindermuseum: An Mitmachstationen lässt sich der Alltag vor 100 Jahren erleben, aber auch die Erde als Schatzkammer kennenlernen ▪ S. 208

Turm der Sinne: Mit interessanten Experimenten wird die sinnliche Wahrnehmung spielerisch infrage gestellt ▪ S. 70

Das Neue Museum ist ein Publikumsmagnet

Erfahrungsfeld zur Entfaltung der Sinne: Experimente, Übungen und Spielstationen fordern zum aktiven Erleben auf ■ S. 136

Walderlebniszentrum Tennenlohe: Vielfältige Möglichkeiten den Naturraum Wald zu erleben und zu erkunden ■ S. 180

Große Namen

Albrecht-Dürer-Haus: Hier wohnte und lebte Albrecht Dürer fast 20 Jahre lang ■ S. 33

Tucherschloss: Das repräsentative Garten- und Sommerhaus der Familie Tucher wurde im Stil französischer Renaissanceschlösser errichtet ■ S. 49

Ludwig-Erhard-Zentrum: Dauerausstellung im Fürther Geburtshaus des ehemaligen Bundeskanzlers ■ S. 158

Kulturgeschichte

Germanisches Nationalmuseum: 1,2 Millionen Objekte zur Kunst- und Kulturgeschichte des deutschsprachigen Raumes, inklusive „Goldkegel" von Ezelsdorf und Behaim-Globus ■ S. 66

Jüdisches Museum Franken: Die facettenreiche Geschichte und Kultur der Juden in Fürth und Franken ■ S. 160

Antikensammlung Erlangen: Gipsabgüsse antiker Statuen und Reliefs sowie antike griechische Vasen ■ S. 179

Naturwissenschaft und Technik

Deutsches Museum: Unter dem Motto „Von Fiction zu Science" werden Naturwissenschaft und Technik erlebbar gemacht ■ S. 37

Naturhistorisches Museum: Archäologie, Mineralien und Fossilien aus allen Erdzeitaltern sowie Völkerkunde ■ S. 62

DB Museum und Museum für Kommunikation: Erlebbare Eisenbahn- und Kommunikationsgeschichte nicht nur für Technikfreaks ■ S. 68

Nikolaus-Copernicus-Planetarium: Mehrere Spezialprojektoren ermöglichen einen faszinierenden Blick ins Weltall ■ S. 79

Krankenhausmuseum: Die Geschichte des Nürnberger Gesundheitswesen vom einstigen Siechkobel bis zum modernen Klinikum ■ S. 94

Historisches Straßenbahndepot: Sammlung historischer Fahrzeuge, darunter eine historische Pferdebahn ■ S. 117

Sternwarte: Ein Blick in ferne Sternenwelten ■ S. 142

Merks Motor Museum: In dem ansprechenden Oldtimer-Museum, das einer privaten Leidenschaft entsprungen ist, werden mehr als 80 Oldtimer und rund zwanzig Motorräder ausgestellt. Das Spektrum reicht vom Chevrolet Coach aus dem Jahr 1927 bis zum Renault R 4. Klingenhofstr. 51. Do–So 10–17 Uhr, 6 €, erm. 4 €. www.merks-motor-museum.de.

Deutsches Rundfunkmuseum: Radioschätze vom „Volksempfänger" bis zum „Heinzelmann" ■ S. 162

Unternehmensmuseum für Medizinische Technik: Ausstellung in Erlangen zu Heilungsmöglichkeiten durch moderne Technik ■ S. 179

Sammlungen und Wechselausstellungen

Kunsthaus K4: Städtisches Kulturzentrum mit Ausstellungen ■ S. 59

Neues Museum – Staatliches Museum für Kunst und Design: Ein toller Museumsbau mit einer phantastischen Designsammlung (Malerei und Plastik treffen Fotografie, Videokunst und Installationen) ■ S. 59

Kunsthalle: Ansprechende Wechselausstellungen moderner und zeitgenössischer Kunst ■ S. 61

Kunstvilla: In einer neubarocken Kaufmannsvilla wird auf 600 m² regionale Kunst des 20. und 21. Jahrhunderts präsentiert. Blumenstr. 17. Di–So 10–18 Uhr, Mi bis 20 Uhr. Eintritt 5 €, erm. 2,50 €. www.kunstvilla.org

Palais Stutterheim: Erlanger Wechselausstellungen zu wesentlichen Strömungen der internationalen Kunst nach 1945 ■ S. 174

Kompakt

Alle Restaurants

Bio und vegetarisch

Palais Schaumburg (Tour 4) Links-alternative Szenekneipe ▪ S. 86

Café Kiosk (Tour 4) Sonne und vegetarische Küche ▪ S. 88

Frankenstube (Tour 6) Ökokost und viel Fleischloses ▪ S. 107

Muskat (Erlangen) Zertifiziertes Biorestaurant (Slow Food) ▪ S. 181

Bier, mit und ohne Garten

Bierwerk (Tour 3) Ein Paradies für Bierliebhaber ▪ S. 74

Mops von Gostenhof (Tour 4) Landbiere für Hipster ▪ S. 87

Der Gostenhofer Dorfschulze (Tour 4) Fränkische Bierspezialitäten ▪ S. 85

Schankwirtschaft (Tour 4) Das Paradies für Gostenhofer Bierfreunde ▪ S. 87

Landbierparadies (Tour 7) Fränkisches Landbier aus dem Holzfass ▪ S. 114

Humbser und Freunde (Fürth) Historisches Brauhaus ▪ S. 168

Steinbach-Bräu (Erlangen) Das Mekka der Erlanger Biertrinker ▪ S. 181

Zur Ludwigshöhe (Erlangen, Umgebung) Beliebte Ausflugsgaststätte ▪ S. 182

Brasilianisch

1515 Rhinocerus (Tour 5) Ein Stück Brasilien in Franken ▪ S. 99

Brezen und Co.

Brezen Kolb (Tour 3) Die besten Brezen in Nürnberg ▪ S. 74

Cafés und Coffee-Shops

Café Wanderer (Tour 2) The place to be ▪ S. 54

Café Neef (Tour 2) Tortenparadies ▪ S. 54

Café Arte (Tour 3) Nettes Museumscafé ▪ S. 74

Atelier Ladencafé (Tour 5) Wunderbares Vorstadtcafé ▪ S. 100

Espressolab (Tour 6) Cafébar auf dem einstigen Tucherareal ▪ S. 108

Pavillon Café (Tour 7) Café im 1950er-Jahre-Pavillon ▪ S. 115

Stadtparkcafé (Fürth) Schöne Gartenterrasse ▪ S. 169

Tante Förster (Fürth) Café mit großer Straßenterrasse ▪ S. 169

Café Badehaus (Fürth) Charmant mit Flussbadflair ▪ S. 169

Café im Jüdischen Museum (Fürth) Ansprechendes Tagescafé ▪ S. 169

Rösttrommel (Erlangen) Qualitätscafé ▪ S. 182

Chinesisch

Chiba (Tour 3) Authentische Sichuan-Küche ▪ S. 74

Chopstick (Fürth) Gourmetasiate ▪ S. 168

Eis und andere süße Träume

Paradiso dei Dolci (Tour 2) Ein Paradies für Schleckermäuler ▪ S. 53

Kleine Eismanufaktur (Tour 2) Gilt als beste Eisdiele der Stadt ▪ S. 54

Konditorei Rittinghausen (Tour 7) Für Naschkatzen ▪ S. 115

Süße Freiheit (Fürth) Süßigkeiten unter Stuck ▪ S. 169

Fischküche

Fischküche Pirckheimer (Tour 6) Fisch in allen Variationen ▪ S. 106

Fränkisch

Bratwurst-Röslein (Tour 2) Fränkisch groß und günstig ▪ S. 51

Bratwursthäusle (Tour 2) Bratwürste auf Buchenholzscheiten ▪ S. 52

Albrecht-Dürer-Stuben (Tour 2) Bestes fränkisches Essen in der Altstadt ▪ S. 52

Hütt'n (Tour 2) Fränkische Küche zu zivilen Preisen ▪ S. 53

Fränk'ness und Imperial (Tour 3) Fränkische Snacks ▪ S. 71

Historische Bratwurstküche (Tour 3) Rostbratwürste im historischen Ambiente ▪ S. 72

Bratwurstglöcklein (Tour 3) Bratwürste im Handwerkerhof ▪ S. 72

Pegnitztal (Tour 5) Blank gescheuerte Holztische ▪ S. 99

Schäufelewärtschaft (Tour 7) Schäufele und mehr ▪ S. 114

Petzengarten (Tour 7) Landgasthof-Flair ▪ S. 118

Zum Alten Forsthaus (Knoblauchsland) Eine Landpartie ▪ S. 147

Alte Post (Knoblauchsland) Gehobene fränkische Küche ▪ S. 147

Bammes (Knoblauchsland) Traditionsreicher Gasthof ▪ S. 147

Schindlerhof (Knoblauchsland) Kreative fränkische Küche in Boxdorf ▪ S. 147

Grüner Brauhaus (Fürth) Riesige Schnitzel ▪ S. 165

Stadtwappen (Fürth) Gutbürgerliche Küche ▪ S. 165

Mein lieber Schwan (Erlangen) Rustikales Lokal ▪ S. 180

Roter Ochse (Erlangen, Umgebung) Gut geführter Landgasthof ▪ S. 182

Französisch

Essigbrätlein (Tour 2) Klassische französische Küche inkl. Austern ▪ S. 50

Prison St. Michel (Tour 2) Urig in einem alten Fachwerkhaus ▪ S. 51

Zeit & Raum (Tour 3) Flammkuchen, Galettes und Fondues ▪ S. 71

ess.brand (Tour 4) Ein gastronomisches Kleinod ▪ S. 85

Le Virage (Tour 5) Anspruchsvolle französische Küche ▪ S. 98

Crêperie Yechet Mad (Tour 7) Crêpes in den verschiedenen Variationen ▪ S. 114

Basilikum (Erlangen) Stimmungsvolles Restaurant ▪ S. 180

Frühstück

Treibhaus (Tour 3) Frühstück bis 14 Uhr ▪ S. 74

Café Beer (Tour 3) Alteingesessenes Café in der Fußgängerzone ▪ S. 74

Balazzo Brozzi (Tour 4) Frühstück für die links-alternative Szene ▪ S. 85

Griechisch

Eleon (Tour 5) Der etwas andere Grieche ▪ S. 99

Graf Moltke (Tour 5) Seit über 35 Jahren unverändert ▪ S. 99

Taverna Meteora (Tour 6) Große Terrasse ▪ S. 107

Hallerschloss (Tour 7) Kretische Spezialitäten ▪ S. 115

Hauben und Sterne

Essigbrätlein (Tour 2) Nürnbergs Gourmettempel ▪ S. 50

Etz (Tour 5) Kreativ und ungewöhnlich ▪ S. 97

Einzimmer Küche Bar (Tour 2) Motto: Klein, aber fein ▪ S. 51

Imperial (Tour 3) Fernsehkoch Alexander Herrmann tischt auf ▪ S. 71

Koch und Kellner (Tour 4) Gourmetküche in Gostenhof ▪ S. 84

Veles (Tour 4) Offene Gourmetküche ▪ S. 85

Wonka (Tour 5) Internationale Küche auf hohem Niveau ▪ S. 97

Würzhaus (Tour 5) Kulinarischer Fixstern in der Nordstadt ▪ S. 98

Kupferpfanne (Fürth) Fürth für Feinschmecker ▪ S. 165

In Vino Veritas (Erlangen) Wein und edle Küche ▪ S. 181

Indisch

Tibet (Tour 5) Indisch in Kneipenatmosphäre ▪ S. 100

Frida Kahlo (Tour 6) Indisch und mexikanisch ▪ S. 108

Italienisch

A Tavola (Tour 2) Sardische Köstlichkeiten ▪ S. 52

Il Rossini (Tour 2) Trattoriaflair ▪ S. 52

L'Osteria (Tour 2) Phantastisches Pizzaangebot ▪ S. 52

Cucina al Centro (Tour 3) Kleines italienisches Bistro ▪ S. 73

Padelle d'Italia (Tour 3) Ausgezeichneter Italiener ▪ S. 74

Da Claudio (Tour 4) Nürnbergs Nobelitaliener ▪ S. 85

Gatto Rosso (Tour 4) Anspruchsvolle italienische Küche ▪ S. 86

Weinklang (Tour 5) Nobelitaliener ▪ S. 100

Da Ugo (Tour 5) Eine ansprechende Trattoria ▪ S. 99

Hunger & Durst (Tour 5) Tagliata und mehr ▪ S. 99

Culina (Tour 6) Gehobene sardische Küche ▪ S. 106

Di Dio (Tour 6) Markthallenflair ▪ S. 108

Bardolino (Tour 7) Alteingesessener Italiener ▪ S. 114

La Palma (Fürth) Der beste Italiener in Fürth ▪ S. 165

Pastarello (Fürth) Leckere selbstgemachte Pasta ▪ S. 168

Salz & Pfeffer (Erlangen) Anspruchsvolle Küche ▪ S. 180

Schauburg (Erlangen) Kleine ansprechende Trattoria ▪ S. 181

Japanisch

Sushi Glas (Tour 3) Sushibar mit minimalistischem Design ▪ S. 71

Fuyiyama (Tour 3) Sushi und panasiatisch ▪ S. 73

Ishihara (Tour 3) Jenseits von Sushi ▪ S. 71

Cô Dung (Tour 3) Eine der besten Sushi-Adressen ▪ S. 73

Kokono (Tour 3) Pan-Asian-Cuisine und Sushi ▪ S. 74

Kokoro (Tour 3) Sushi in coolem Ambiente ▪ S. 74

Hiro Sakao (Fürth) Fürths bester Japaner ▪ S. 165

Haru (Erlangen) Verführerisches Sushi ▪ S. 182

Kneipenflair

Meisengeige (Tour 2) Szenekneipe mit legendärem Ruf ▪ S. 54

Fatal (Tour 5) Nette Cafés mit Regenbogenflair ▪ S. 99

Casablanca (Tour 7) Kneipe des Kinovereins ▪ S. 114

Babylon (Fürth) Kneipe des gleichnamigen Kinos ▪ S. 168

Sax (Erlangen) Modernes Bistro ▪ S. 181

Küche querbeet

Sebald (Tour 2) Ansprechende internationale Küche ▪ S. 51

Estragon (Tour 3) Mediterran und vegetarisch ▪ S. 72

Restauration Kopernikus (Tour 3) Fränkische und polnische Spezialitäten ▪ S. 72

Karstadt/Perfetto (Tour 3) Fisch, Steak oder asiatisch ▪ S. 73

Literaturhaus (Tour 3) Fränkische und mediterrane Küche ▪ S. 74

Paradies (Tour 5) Gaststätte mit Biergarten ▪ S. 99

Lönneberga (Tour 6) Internationale Küche ▪ S. 107

Südlich (Tour 7) Ansprechende mediterrane Küche ▪ S. 114

La Scala im Kulturforum (Fürth) Zeitlose Adresse ▪ S. 168

Herzstück (Erlangen) Mediterrane Fusions-Küche ▪ S. 181

Polster (Erlangen) Haute Cuisine und fränkischer Tradition ▪ S. 180

Mexikanisch

Hot Tacos (Tour 4) Tacos, Burritos und Quesadillas ▪ S. 87

Snacks und kleine Gerichte

Mischbar (Tour 2) Smoothies, Bagels, Wraps ▪ S. 53

Kaspar Schmauser (Tour 2) Bowls, Suppen, Salate ▪ S. 53

Café Katz (Tour 2) Szenetreff mit sonniger Terrasse ▪ S. 53

Butterbrot (Tour 4) Liebevolle Stullen ▪ S. 88

Salon Regina (Tour 4) Szenetreff mit Wohnzimmeratmosphäre ▪ S. 85

Mainheim (Tour 4) Gostenhof für Hipster ▪ S. 88

Café Schnepperschütz (Tour 5) Herrliches Sommercafé ▪ S. 100

Suppenkaspar (Fürth) Für Suppenliebhaber ▪ S. 168

Kofferfabrik (Fürth) Alternativer Treffpunkt in einer alten Fabrik ▪ S. 168

Erlanger Teehaus (Erlangen) Tee, Crêpes und mehr ▪ S. 182

Steaks, Burger und anderes Fastfood

Goldener Pudel (Tour 3) Steakhouse im Lounge-Stil ▪ S. 71

Eku-Inn (Tour 3) Der Klassiker unter den Steakhäusern ▪ S. 72

Zu den zwei goldenen Hirschen (Das kleine Steakhouse) (Tour 6) Günstigstes Steakhouse der Stadt ▪ S. 108

Auguste (Tour 7) Für Liebhaber von Currywurst & Co. ▪ S. 118

Tapas und Co.

Andalusischer Hund (Fürth) Tapas nach dem Theater ▪ S. 168

Thailändisch

Engelhardts (Tour 2) Thaiküche mit Fachwerkflair ▪ S. 51

Etage (Tour 5) Gehobene thailändische Küche ▪ S. 99

Wirtshauskatze (Tour 5) Authentische Küche zu günstigen Preisen ▪ S. 99

Thai Food 1 (Tour 6) Ausgezeichneter Thai-Imbiss ▪ S. 107

Cantina (Tour 6) Restaurant-Kneipe in der Nordstadt ▪ S. 107

Arooi Dii (Tour 7) Südstadt-Thailänder ▪ S. 114

Thai Food 2 (Erlangen) Thai-Imbiss mit authentischer Küche ▪ S. 182

Zen (Erlangen) Thailändische Küche im Gründerzeithaus ▪ S. 181

Vietnamesisch

Thanh (Tour 5) Hippes vietnamesisches Restaurant ▪ S. 99

Wein und mehr

Weinerei (Tour 3) Wein und mehr ▪ S. 74

1897 (Tour 4) Tolle Weinbar mit Stuck ▪ S. 85

Weinstockwerk (Tour 4) Weinbar und Steak ▪ S. 88

Kaffee- und Weinstube im Barockhäusle (Tour 5) Bürgerliche Weinstube ▪ S. 100

Cavatappi (Fürth) Italienische Weinbar ▪ S. 169

Enoteca (Erlangen) Leckerer Wein am Stehtisch ▪ S. 182

Kompakt

Alle Shopping-Adressen

Bier und Wein

Die Bierothek, Äußere Laufer Gasse 8, Tour 2 ▪ S. 54

Weinkost Auch, Weinmarkt 10, Tour 2 ▪ S. 55

Karl Kerler, Braillestr 20, Tour 6 ▪ S. 108

Landbierparadies, Galgenhofstr. 60, Tour 7 ▪ S. 115

Wein & Meer, Gustavstr. 43, Fürth ▪ S. 169

Bücher

Antiquariat Heubeck, Albrecht-Dürer-Platz 3, Tour 2 ▪ S. 55

Antiquariat Deuerlein, Lorenzer Str. 33, Tour 3 ▪ S. 74

Ultra Comix, Vordere Sterngasse 2, Tour 3 ▪ S. 74

Design, Möbel und Wohnaccessoires

Schönheiten, Weinmarkt 12, Tour 2 ▪ S. 55

Feinkost und Lebensmittel

Burgbäcker, Bergstr. 23, Tour 2 ▪ S. 54

Tafelzier, Weintraubengasse 2, Tour 2 ▪ S. 55

Freivon, Hans-Sachs-Gasse 9, Tour 2 ▪ S. 55

Odila, Hauptmarkt 11, Tour 2 ▪ S. 55

Chocolat, Josephsplatz 26/28, Tour 3 ▪ S. 74

Lotus Naturkostladen, Unschlittplatz 1, Tour 3 ▪ S. 75

ebl, Kornmarkt. 8, Tour 3 ▪ S. 75

Zero Hero, Kanalstr. 11a, Tour 4 ▪ S. 88

The 4/20 Chilli Lounge, Willstr. 3, Tour 4 ▪ S. 88

Grüner Laden, Uhlandstr. 30, Tour 6 ▪ S. 108

Olio Extra Vergine di Olivia, Forsthofstr. 24, Tour 7 ▪ S. 115

Dodal Regional, Heuwaagstr. 20, Erlangen ▪ S. 182

Vier Jahreszeiten, Richard-Wagner-Str. 2, Erlangen ▪ S. 182

Märkte

Gostenhofer Markt, Tour 4 ▪ S. 88

Koberger Markt, Koberger Platz, Tour 6 ▪ S. 108

Mode und Schuhe

U eins, Ludwigsplatz 12–24, Tour 3 ▪ S. 75

Glore Fashion, Karl-Grillenberger-Str. 24, Tour 3 ▪ S. 75

Gudrun Sjödèn, Josephsplatz 1, Tour 3 ▪ S. 75

Kauf Dich glücklich, Vordere Ledergasse 2, Tour 3 ▪ S. 75

Leib & Seele, Adlerstr. 38, Tour 3 ▪ S. 75

Lebkuckucksnest, Luitpoldstr. 9, Tour 3 ▪ S. 75

Crämer & Co, Breite Gasse 18, Tour 3 ▪ S. 75

British Empire, Krebsgasse 9, Tour 3 ▪ S. 75

Kerns Paare, Kernstr. 7, Tour 4 ▪ S. 88

Dreikönig, Kammererstr. 4, Erlangen ▪ S. 182

Scala, Hauptstr. 33, Erlangen ▪ S. 182

Papier und Schreibwaren

Papierladen, Wasserturmstr. 14, Erlangen ▪ S. 182

Sport

Mammut Store, Josephsplatz 18, Tour 3 ▪ S. 75

1.-FCN Clubhaus, Josephplatz 4, Tour 3 ▪ S. 75

Fietzophren, Bucher Str. 48 a, Tour 6 ▪ S. 108

Pedersen Rad, Gustavstr. 56, Fürth ▪ S. 169

Taschen und Accessoires

Karin Suchanka, Weinmarkt 12 a, Tour 2 ▪ S. 55

Monsun, Trödelmarkt 34, Tour 2 ▪ S. 55

Pojng, Gustavstr. 58, Fürth ▪ S. 169

Eigenart, Schiffstr. 12, Erlangen ▪ S. 182

Tee und Gewürze

Wurzelsepp, Hauptmarkt 1, Tour 2 ▪ S. 54

Madlon Scharff, Tuchgasse 4, Tour 2 ▪ S. 55

Der Senfladen, Bergstr. 27, Tour 2 ▪ S. 55

Evas Teeplantage, Vordere Sterngasse, Tour 3 ▪ S. 75

Tiekings, Gustavstr. 48, Fürth ▪ S. 169

Vintage

Oxfam, Dr.-Kurt-Schuhmacher-Str. 16, Tour 3 ▪ S. 75

Retro-Laden Flex, Kernstr. 7, Tour 4 ▪ S. 88

14,80, Kernstr. 32, Tour 4 ▪ S. 88

Vinty's, Fürther Str. 74a–76, Tour 4 ▪ S. 88

Verzeichnisse

Kartenverzeichnis und Zeichenerklärung

▾ Kartenausschnitte im Buch

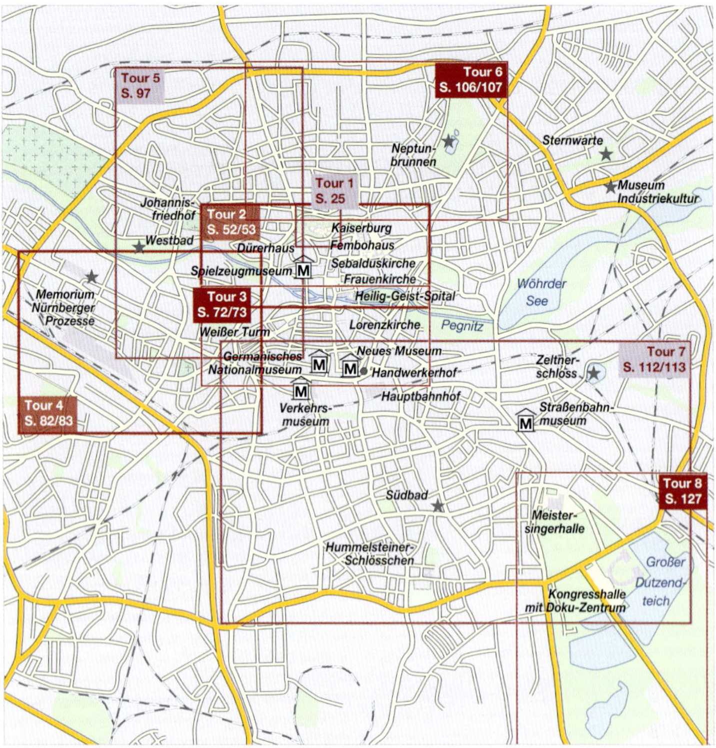

Nürnberg im Kasten

Autobahn
Hauptverkehrs-/Nebenstraße
Bahnlinie
Bebaute Fläche
Grünfläche
Friedhof
Jüdischer Friedhof
Fußgängerzone
Rundgang Anfang/Ende
Kirche
Information
Museum
Sehenswürdigkeit
Krankenhaus
Post
S-Bahn-/U-Bahn-Haltestelle
Parkplatz/Parkhaus

Was haben Sie entdeckt?

Haben Sie ein besonderes Restaurant, ein neues Museum oder ein nettes Hotel entdeckt? Wenn Sie Ergänzungen, Verbesserungen oder Tipps zum Buch haben, lassen Sie es uns wissen!

Schreiben Sie an: Ralf Nestmeyer, Stichwort „Nürnberg"
c/o Michael Müller Verlag GmbH | Gerberei 19 | D – 91054 Erlangen
ralf.nestmeyer@michael-mueller-verlag.de

Vielen Dank!

Ich möchte mich bei allen Lesern bedanken, die die Arbeit an diesem Reiseführer durch ihre Zuschriften mit wertvollen Tipps und Hinweisen unterstützt haben.

Impressum

Text und Recherche: Ralf Nestmeyer | **Lektorat:** D&M Services GmbH: Christine Beil | **Redaktion:** Christine Hetterle | **Layout:** D&M Services GmbH: Jana Locker, Julia Lüssow, Heike Wurthmann | **Karten:** Hans-Joachim Bode, Theresa Flenger, Judit Ladik | **Fotos:** alle Ralf Nestmeyer außer: S. 140 und 210 (Christiane Bauer), S. 200 (Matthias Damm) | **Innentitel:** Sebalduskirche | **Covergestaltung:** Karl Serwotka | **Covermotiv:** Germanisches Nationalmuseum und Straße der Menschenrechte bei Abenddämmerung, Nürnberg © mauritius images / Helmut Meyer zur Capellen / imageBROKER

ISBN 978-3-95654-974-8

Abruzzen ■ Ägypten ■ Albanien ■ Algarve ■ Algarve ■ Allgäu ■ Altmühltal & Fränk. Seenland ■ Amsterdam ■ Andalusien ■ Andalusien ■ Apulien ■ Australien – Der Osten ■ Azoren ■ Bali & Lombok ■ Barcelona ■ Bayerischer Wald ■ Berchtesgadener Land ■ Berlin ■ Bodensee ■ Bornholm ■ Bremen mit Bremerhaven ■ Bretagne ■ Brüssel ■ Budapest ■ Chalkidiki ■ Chiemgauer Alpen ■ Chiemgau & Berchtesgadener Land ■ Chios ■ Cilento ■ Comer See ■ Cornwall & Devon ■ Costa Brava ■ Costa de la Luz ■ Côte d'Azur ■ Cuba ■ Dänemark Nordseeküste ■ Dolomiten ■ Dolomiten ■ Dominikanische Republik ■ Dresden ■ Dublin ■ Düsseldorf ■ Ecuador ■ Eifel ■ Elba ■ Elsass ■ Elsass ■ Fehmarn ■ Florenz & Chianti ■ Föhr & Amrum ■ Franken ■ Fränkische Schweiz ■ Fränkische Schweiz ■ Friaul-Julisch Venetien ■ Fuerteventura ■ Gardasee ■ Gardasee ■ Golf von Neapel ■ Gomera ■ Gran Canaria ■ Hamburg ■ Harz ■ Haute-Provence ■ Ibiza & Formentera ■ Irland ■ Island ■ Istanbul ■ Istrien ■ Jerusalem ■ Kalabrien & Basilikata ■ Kanada – der Westen ■ Karpathos ■ Kärnten ■ Katalonien ■ Kefalonia & Ithaka ■ Köln ■ Kopenhagen ■ Korfu ■ Korsika ■ Korsika Fernwanderwege ■ Korsika ■ Kos ■ Krakau ■ Kreta ■ Kreta ■ Kroatische Inseln & Küstenstädte ■ Kykladen ■ Lago Maggiore ■ Lago Maggiore ■ La Palma ■ La Palma ■ Languedoc-Roussillon ■ Lanzarote ■ Latium mit Rom ■ Lesbos ■ Ligurien ■ Ligurien ■ Limnos ■ Limousin & Auvergne ■ Liparische Inseln ■ Lissabon & Costa de Lisboa ■ Lissabon ■ London ■ Lübeck ■ Lüneburg & Lüneburger Heide ■ Madeira ■ Madeira ■ Madrid ■ Mailand ■ Mainfranken ■ Mainz ■ Mallorca ■ Mallorca ■ Malta, Gozo, Comino ■ Marken ■ Marseille ■ Mecklenburgische Seenplatte ■ Mecklenburg-Vorpommern ■ Menorca ■ Midi-Pyrénées ■ Mittel- und Süddalmatien ■ Montenegro ■ Moskau ■ München ■ Münchner Ausflugsberge ■ Münster & Münsterland ■ Naxos ■ Neuseeland ■ New York ■ Niederlande ■ Nord- u. Mittelengland ■ Nord- u. Mittelgriechenland ■ Norddalmatien ■ Norderney ■ Nordkroatien ■ Nördliche Sporaden ■ Nordportugal ■ Nordseeküste – Schleswig Holstein ■ Nordspanien ■ Normandie ■ Norwegen ■ Nürnberg, Fürth, Erlangen ■ Oberbayerische Seen ■ Oberitalien ■ Oberitalienische Seen ■ Odenwald ■ Oslo ■ Ostfriesland – Ostfriesische Inseln ■ Ostseeküste – Mecklenburg-Vorpommern ■ Ostseeküste – von Lübeck bis Kiel ■ Paris ■ Peloponnes ■ Pfalz ■ Pfälzerwald ■ Piemont & Aostatal ■ Piemont ■ Polnische Ostseeküste ■ Porto ■ Portugal ■ Potsdam ■ Prag ■ Provence & Côte d'Azur ■ Provence ■ Rhodos ■ Rom ■ Rügen, Stralsund, Hiddensee ■ Rumänien ■ Rund um Meran ■ Salzburg & Salzkammergut ■ Samos ■ Santorini ■ Sardinien ■ Sardinien ■ Schottland ■ Schwäbische Alb ■ Schwarzwald Mitte/Nord ■ Shanghai ■ Sizilien ■ Sizilien ■ Slowakei ■ Slowenien ■ Span. Jakobsweg ■ Spreewald ■ Sri Lanka ■ St. Petersburg ■ Steiermark ■ Stockholm ■ Straßburg ■ Südböhmen – Böhmerwald ■ Südengland ■ Südfrankreich ■ Südnorwegen ■ Südschwarzwald ■ Südschweden ■ Südtirol ■ Südtoscana ■ Südwestfrankreich ■ Sylt ■ Tallinn ■ Teneriffa ■ Teneriffa ■ Tessin ■ Thailand – der Norden ■ Thassos & Samothraki ■ Thüringen ■ Toskana ■ Toskana ■ Tschechien ■ Türkei ■ Türkei – Lykische Küste ■ Türkei – Mittelmeerküste ■ Türkei – Südägäis ■ Türkische Riviera – Kappadokien ■ Umbrien ■ USA – Südwesten ■ Usedom ■ Varadero & Havanna ■ Venedig ■ Valdarno, Casentino & Florenz ■ Venetien ■ Wachau, Wald- u. Weinviertel ■ Wales ■ Warschau ■ Westböhmen & Bäderdreieck ■ Wien ■ Zakynthos ■ Zypern

MM-Travel **MM-City** **MM-Wandern**

Register

Die in Klammern gesetzten Koordinaten verweisen auf die herausnehmbare Nürnberg-Karte.

Alltagsdesign im Neuen Museum

Postbank
aus dem
Knoblauchsland

nice
Hipster
Scheiß HIPSTER

NÜRNBERG
Kunst in Nürnberg
von 1900 bis heute
Kunstvilla Di–So 11–18 · Mi –20
Kunstvilla
Blumenstraße 17, Nürnberg · kunstvilla.org

Unsere App zum Buch – unser Buch mit App

mmtravel® App

Diesen Städteführer besitzen Sie nicht nur auf Papier. Bei Ihrem Cityguide des Michael Müller Verlags ist die App **mmtravel**® inklusive.

Die App **mmtravel**® ...

... ist ein echter, vollständiger Offline-Reiseführer: alle Texte, alle Bilder und alle Karten – kompakt auf Ihrem Handy oder Tablet

... besitzt auch offline alle digitalen Benefits: Suchfunktion, Verlinkung von Text und Karte, eigene Favoriten und Kommentare

... gestaltet den Städte-Trip nach Ihrem Geschmack und Ihren Interessen: Die intuitive Filterfunktion hilft bei der Planung und vor Ort

... enthält ausführlicher kommentierte Adressen (POIs) als andere Reise-Apps: Sie können sogar nach „vegetarisch", „hip", „am Wasser" oder „gratis" auswählen

... unterstützt Sie mit GPS: Sie sehen, wo Sie sind, Ihre ausgewählte Tour und alle Tipps in der Nähe

Ihren Freischaltcode finden Sie im Umschlag

Noch mehr Service – gratis auf
www.mmtravel.com

Auf mmtravel.com richten Sie sich Ihr Benutzerkonto ein. Die Seite macht aber noch mehr für Sie:

- Hier finden Sie Updates für Ihren Cityguide.
- Lust auf mehr Metropolen? Die Sneak-Preview zu allen Städteführern aus unserem Programm: die Stadtpläne mit sämtlichen POIs (Points of Interest) in Kurzform.